# 회사의 법적구조와 회계처리

공인회계사 박영준 저

| | | | |
|---|---|---|---|
| 제1편 | 회사의 개요 | 제8편 | 합병과 회계처리 |
| 제2편 | 주식회사의 법적구조 | 제9편 | 자본거래와 손익거래의 구분 |
| 제3편 | 주식회사 설립과 회계 | 제10편 | 이익잉여금의 처리 |
| 제4편 | 자본의 회계처리 | 제11편 | 합병합자유한회사의 법적구조 |
| 제5편 | 증자와 회계처리 | 제12편 | 합병합자유한회사의 회계처리 |
| 제6편 | 감자의 회계처리 | 제13편 | 주식회사에 관한 연습문제 |
| 제7편 | 사채와 회계처리 | | |

조세신보사

## 머 리 말

우리 나라 회사들은 국제적인 대기업으로 눈부시게 성장발전 하고 있으며. 계속 발전하는 주식회사제도가 발전하는 단계에 있다.

이러한 기업의 성장·발전은 주식회사제도의 발전, 기업의 원활한 자금조달, 그리고 회사의 팽창을 위한 타기업합병에 기인된 것으로 볼 수 있다. 즉, 기업이 성장·발전하기 위해서는 회사의 설립, 회사 자본의 증자·감자·사채발행에 따른 타인자본의 조달, 이익의 처분, 그리고 기업합병 등의 재무상의 경영정책을 수행하여야만 한다.

이러한 경영정책을 수행하기 위해서는 실무적으로는 법에 합당한 절차를 따르는 업무처리와 회계처리를 함으로써 수행되는 것이다.

본서에서는 이러한 법의 이론이 무엇이며, 어떠한 법적절차에 따라서 업무를 수행하여야 하며, 회계처리는 어떻게 하여야 하는가를 회사, 경영자, 세무사, 공인회계사, 경리실무자, 조세전문가 업무를 수행하는데 도움이 될 수 있도록 상세하게 설명하려고 노력 하였다,

또한 이러한 업무와 관련되는 세무회계상의 문제를 각 세법에 따른 실례를 들어 설명하였으며, 앞으로 조세체제의 변화를 외국의 입법예로 설명하였다.

그러므로 본서가 경리담당자나 회사 각 업무 담당자에게 도움이 되었으면 한다.

2023. 11. 5
저자 드림

# 목 차

## 제1편 회사의 개요 ―――――――――――――――――17
　1. 회사의 의의와 요건 ――――――――――――――19
　2. 회사의 설립 ――――――――――――――――― 21
　3. 회사의 합병 ――――――――――――――――― 24
　4. 회사의 소멸 ――――――――――――――――― 24
　5. 회사회계의 종류 ―――――――――――――― 26

## 제2편 주식회사의 법적구조 ―――――――――――――27

### 제1절 주식회사의 설립 ―――――――――――――――29
　1. 발기인의 정관작성과 절대적 기재사항 ――――――― 30
　2. 설립 당시의 주식발행사항의 결정 ―――――――――30
　3. 성립절차 ―――――――――――――――――――30
　4. 주식인수인의 의무·통지·최고 ―――――――――32
　5. 주식에 대한 납입 ―――――――――――――― 33
　6. 주식인수의 실권절차 ―――――――――――――33
　7. 창립총회 ――――――――――――――――― 34
　8. 주식회사의 설립의 등기 ――――――――――――38
　9. 납입금보관자의 증명과 책임 ―――――――――― 41
　10. 권리주의양도 ―――――――――――――――― 41
　11. 주식인수의 무효주장, 취소의 제한 ――――――― 41
　12. 발기인의 주식인수 ――――――――――――――41
　13. 발기인의 책임 ―――――――――――――――41
　14. 주식회사 설립무효의 소 ―――――――――――43

### 제2절 주식회사의 주식과 주권 ――――――――――――44
　1. 주식 ―――――――――――――――――――― 44
　2. 주식회사의 주권 ――――――――――――――― 59
　3. 주식회사 주식의 포괄적 교환 ――――――――――― 61
　4. 주식회사 주식의 포괄적 이전 ―――――――――― 67
　5. 지배주주에 따른 소수주식의 전부취득 ――――――― 71

## 제3절 주식회사의 기관 ———————————————— 73
1. 주주총회 ———————————————————— 73
2. 이사 —————————————————————— 79
3. 주식회사의 이사회 —————————————— 86
4. 주식회사의 감사 및 감사위원회 ———————— 89

## 제4절 주식회사의 신주발행 ———————————— 94
1. 신주발행의 결정 ——————————————— 94
2. 액면미달의 발행 ——————————————— 94
3. 신주인수권 —————————————————— 95
4. 신주인수권자에 대한 최고 —————————— 95
5. 주식청약서 —————————————————— 96
6. 신주인수권증서의 발행 ———————————— 97
7. 신주인수권의 양도 —————————————— 97
8. 신주인수권의 저자등록 ———————————— 97
9. 신주인수권증서에 따른 청약 ————————— 98
10. 주식에 대한 납입 —————————————— 98
11. 현물출자의 검사 —————————————— 98
12. 주주가 되는 시기, 납입해태의 효과 ————— 99
13. 신주발행의 불공정과 무효 ————————— 99
14. 신주발행에 준용하는 상법규정 ——————— 100
15. 미상각액의 등기 —————————————— 100
16. 인수의 무효주장, 최소의 제한 ——————— 100
17. 이사의 인수담보 —————————————— 101
18. 신주발행무효판결의 효력 ————————— 101

## 제5절 주식회사의 정관 변경 ——————————— 102
1. 정관변경의 방법 —————————————— 102
2. 정관변경의 특별결의 ———————————— 103
3.. 종류 주주총회 ——————————————— 103

## 제6절 주식회사의 자본금 감소 —————————— 103
1. 자본금 감소의 의의 ————————————— 103
2. 자본금 감소의 방법 ————————————— 103

  3. 자본감소의 절차 ---------- 105
  4. 자본금 감소의 무효 ---------- 106
## 제7절 주식회사의 회계 ---------- 106
  1. 재무제표 등의 승인과 공고 ---------- 106
  2. 준비금제도 ---------- 112
  3. 배당제도 ---------- 115
  4. 주주의 회계장부 열람권 ---------- 119
  5. 회사의 업무, 재산상태의 검사 ---------- 119
  6. 이익공여의 금지 ---------- 120
  7. 사용인의 우선변제권 ---------- 120
## 제8절 사채 ---------- 120
  1. 사채의 통칙 ---------- 121
  2. 사채권자 집회 ---------- 126
  3. 전환사채 ---------- 129
  4. 신주인수권부 사채 ---------- 133
## 제9절 주식회사의 해산 ---------- 136
## 제10절 주식회사의 합병 ---------- 139
  1. 합병의 의의와 종류 ---------- 139
  2. 합병계약서와 그 승인결의 ---------- 139
  3. 합병계약서 등의 공시 ---------- 140
  4. 합병반대주주의 주식매수청구권 ---------- 140
  5. 흡수합병의 합병계약서 ---------- 140
  6. 합병대가가 모회사주식인 경우의 특칙 ---------- 141
  7. 신설합병의 합병계약서 ---------- 141
  8. 합명회사·합자회사의 합병계약서 ---------- 142
  9. 흡수합병의 보고총회 ---------- 142
  10. 신설합병의 창립총회 ---------- 142
  11. 특수한 형태의 합병 ---------- 143
  12. 이사·감사의 임기 ---------- 143
  13. 채권자 보호 절차 ---------- 144
  14. 합병에 관한 서류의 사후공시 ---------- 144

15. 합병의 등기 ---------- 145
16. 합병무효의 소 ---------- 145

### 제11절 회사의 분할 ---------- 147
1. 분할의 방법 ---------- 147
2. 분할의 제한 ---------- 148
3. 분할의 절차 ---------- 148
4. 채권자의 보호절차 ---------- 151
5. 주식매수청구권 ---------- 152
6. 그 밖의 절차 ---------- 152
7. 분할의 등기 ---------- 152
8. 분할의 효과 ---------- 152

### 제12절 주식회사의 청산 ---------- 154
1. 청산인의 결정과 등기 ---------- 155
2. 청산인의 직무 ---------- 156
3. 청산인회와 대표청산인 ---------- 158

## 제3편 주식회사의 설립과 회계 ---------- 161

### 제1절 주식회사회계의 개요 ---------- 163
1. 주식회사의 의의 ---------- 163
2. 주식회사회계의 의의 ---------- 164
3. 주식회사 회계의 영역 ---------- 164
4. 주식회사 설립회계 ---------- 165
5. 주식회사의 증자회계 ---------- 165
6. 주식회사의 감자회계 ---------- 166
7. 주식회사의 사채회계 ---------- 167
8. 합병회계 ---------- 168
9. 이익처분회계 ---------- 169
10. 정리회계 및청산회계 ---------- 170
11. 그 밖의 회계 ---------- 170

### 제2절 주식회사의 설립과 회계처리 ---------- 171
1. 발기설립의 경우 ---------- 171
2. 모집설립의 경우 ---------- 172

3. 설립에 관하여 지출하는 비용 ---------------------------------------- 174
**제3절 설립에 관련된 세무회계처리** -------------------------------------- 177
　　1. 현물출자에 따른 세무회계처리 ---------------------------------------- 177
　　2. 취득세와 등록세 ---------------------------------------------------- 179
　　3. 창업비와 개업비 ---------------------------------------------------- 180
　　4. 설립시의 각종신고의무 ---------------------------------------------- 180
**제4절 청산에 관련된청산소득의 세무처리** ------------------------------- 183
　　1. 청산소득의 의의 ---------------------------------------------------- 183
　　2. 청산소득에 대한 법인세 납세의무 ------------------------------------ 183
　　3. 청산소득금액 계산 ------------------------------------------------- 184

# 제4편 자본의 회계처리 ----------------------------------------------------- 187
　제1절 자본의 개념 -------------------------------------------------------- 189
　　1. 자본의 의의 -------------------------------------------------------- 190
　　2. 자본의 본질 -------------------------------------------------------- 191
　　3. 자본의 등식 -------------------------------------------------------- 191
　제2절 자본계정의 분류 --------------------------------------------------- 193
　제3절 세무자본회계 ------------------------------------------------------- 193
　　1. 자본과 소득의 구분 ------------------------------------------------- 193
　　2. 소득의 구성과 자본손익 및 투자손익 --------------------------------- 196
　　3. 자본손익과 투자손익의 의의와 상호관계 ------------------------------ 197
　　4. 자본손익과 투자손익의 과세관계 ------------------------------------- 199
　제4절 자본금 ------------------------------------------------------------- 203
　　1. 자본금의 의의 ------------------------------------------------------ 203
　　2. 수권자본제도 ------------------------------------------------------- 203
　　3. 법인설립시의 자본금 ----------------------------------------------- 204
　　4. 자본금의 회계처리 ------------------------------------------------- 205

# 제5편 증자와 회계처리 ---------------------------------------------------- 211
　제1절 증자의개요 -------------------------------------------------------- 213
　제2절 증자의 방법과 회계처리 ------------------------------------------- 215
　제3절 협의의 신주발행 --------------------------------------------------- 217

1. 협의의 신주발행방법-------------------------------------------------- 217
2. 신주발행비의 회계처리------------------------------------------------219
3. 신주에 대한 배당----------------------------------------------------219
### 제4절 흡수합병 ----------------------------------------------------221
1. 흡수합병의 개요----------------------------------------------------221
2. 흡수합병의 회계처리------------------------------------------------222
### 제5절 전환사채의 전환------------------------------------------------224
1. 전환사채의 의의----------------------------------------------------224
2. 전환사채에 관한 회계처리--------------------------------------------226
3. 전환에 따른 이자와 배당---------------------------------------------229
### 제6절 법정준비금의 자본전입-------------------------------------------230
1. 법정준비금의 자본전입의 의의----------------------------------------230
2. 준비금의 자본전입에 따른 회계처리----------------------------------231
### 제7절 주식배당----------------------------------------------------233
1. 주식배당의 의의----------------------------------------------------233
2. 주식배당의 요건----------------------------------------------------233
3. 주식배당 방법------------------------------------------------------234
### 제8절 전환주식의 전환-----------------------------------------------241
### 제9절 증자에 관련된 세무회계처리-------------------------------------246
1. 증자하는 회사------------------------------------------------------246
2. 준비금의 ---------------------------------------------------------247

## 제6편 감자와 회계처리---------------------------------------------- 251
### 제1절 감자의 의의--------------------------------------------------253
1. 자본금의 감소------------------------------------------------------223
2. 감자와 채권자보호--------------------------------------------------253
3. 감자의 종류-------------------------------------------------------254
### 제2절 형식적 감자--------------------------------------------------255
1. 결손금의 전보를 위한 감자-------------------------------------------255
2. 이익배당을 위한 감자-----------------------------------------------255
3. 주가등귀를 위한 감자-----------------------------------------------256

4. 우선주의 발행을 피하기 위해 ---------------------- 556
5. 합병회사를 동일하게 하기 위해 --------------------- 255
6. 무형자산을 상각하기 위한 감자 ---------------------- 258
### 제3절 실질적 감자 ---------------------------------- 259
1. 과잉자산 축소를 위한 감자 ------------------------- 259
2. 투하자본을 회수하기 위한 감자 ---------------------- 259
### 제4절 감자의 방법 ---------------------------------- 260
1. 주금액의 감소 ----------------------------------- 260
2. 주식수의 감소 ----------------------------------- 261
### 제5절 감자차익의 처리 ------------------------------ 262
1. 감자차익의 성격 --------------------------------- 262
2. 감자차익의 산정 --------------------------------- 263
3. 감자차익의 기업회계상 처리방법 --------------------- 267
4. 감자차익의 세무회계 ----------------------------- 269
5. 감자차익의 익금불산입 ---------------------------- 267
### 제6절 감자차손의 처리 ------------------------------ 272
### 제7절 수권주식과 감자 ------------------------------ 273
1. 수권주식제도 ------------------------------------ 273
2. 감자와 수권주주와의 관계 -------------------------- 274
### 제8절 이익에 따른 주식소각 -------------------------- 276
### 제9절 상환주식의 상환 ------------------------------ 277
1. 상환주식의 의의 --------------------------------- 277
2. 상환주식의 종류 --------------------------------- 277
3. 상환주식의 유리성 ------------------------------- 278
### 제10절 감자에 관련된 세무회계처리 -------------------- 280
1. 감자차익의 회계처리 ----------------------------- 280

# 제7편 사채와 회계처리 ------------------------------- 283
## 제1절 사채의 개요 ---------------------------------- 285
## 제2절 사채발행과 그 처리 ---------------------------- 287

1. 사채의 종류----------------------------------------288
2. 사채발행비----------------------------------------288
3. 직접모집에 따라 발행할 경우-----------------------290
4. 위탁모집에 따라 사채를 발행할 경우---------------291

### 제3절 사채의 회계처리방법----------------------------292
1. 사채발행시의 회계처리-----------------------------292

### 제4절 사채의 이자지급과 그 회계처리----------------294
### 제5절 사채할인발행차금 및 사채발행비의 회계-------296
### 제6절 사채상환과 그의 회계처리---------------------297
1. 만기상환의 처리-----------------------------------298
2. 정기분할상환의 처리-------------------------------298
3. 조기상환의 회계처리-------------------------------300
4. 매입상환의 손실-----------------------------------300

### 제7절 사채상환이익과 상환손실의 회계처리-----------302
1. 사채상환이익의 회계처리---------------------------302
2. 사채상환손실의 내용-------------------------------303
3. 사채상환손실의 계상-------------------------------304
4. 사채상환손실의 회계처리---------------------------304

### 제8절 감채기금·감채적립금의 그 처리----------------307
1. 감채적립금을 설정하는 방법------------------------307
2. 감채기금만을 적립하는 방법------------------------308
3. 감채적립금을 설정하는 동시에 감채기금을 설정하는 방법----308

### 제9절 자기사채와 그의 처리-------------------------310
1. 자기사채취득에 관한 회계처리----------------------310
2. 자기사채 매각에 관한 회계처리---------------------311

### 제10절 사채의 차환과 그의 처리---------------------313
### 제11절 전환사채와 그의 처리-----------------------316
1. 전환사채의 개요-----------------------------------316
2. 전환사채의 성격-----------------------------------317
3. 전환사채의 장점-----------------------------------317

4. 상환할증금의 의의와 계산방법 -------- 318
5. 사채의 발행가액의 회계 -------- 318

## 제12절 전환사채에 대한 회계처리 -------- 322
1. 전환사채발행자의 회계처리 -------- 324
2. 전환사채 소유자의 회계처리 -------- 324
3. 계정처리 -------- 326

## 제13절 사채에 관련한 세무문제 -------- 327
1. 사채이자와 관련되는 세법상 회계처리 -------- 327
2. 사채권자에 대한 세무회계처리 -------- 328
3. 사채이자의 손금불산입 -------- 329

## 제14절 신주인수권부사채의 회계처리 -------- 331
1. 신주인수권부사채의 개요 -------- 331
2. 신주인수권부사채발행자의 회계처리 -------- 225
3. 신주인수권부사채발행자의의회계처리 -------- 334
4. 신주인수권부사채의 계정처리 -------- 334

# 제8편 합병과 회계처리 -------- 3337

## 제1절 합병의 개념과 절차 -------- 339
1. 합병의 개념 -------- 339
2. 합병의 절차 -------- 341
3. 합병교부금 -------- 343

## 제2절 합병비율 -------- 345
1. 순자산 평가법 -------- 346
2. 수익환원가치법 -------- 347
3. 순자산평가법과 수익환원가치법 -------- 348
4. 주가평가법 -------- 349

## 제3절 합병의 본질과 회계처리법 -------- 350
1 현물출자설 -------- 350
2. 인격합일설 -------- 357
3. 현물출자설·인격합릴설과 매수법지분풀링법 -------- 360

## 제4절 합병법인의 기업획기준상 회계 ─── 355
## 제5절 합병에 관련된 세무처리 ─── 366
　1. 우리세법에서 합병본질 ─── 366
　2. 합병시 합병법인에 대한 과세 ─── 366
　3. 합병법인의 세법상 회계처리 ─── 368
　4. 합병시 피합병법인에 대한 과세 ─── 369
　5. 합병시 합병법인에 대한 과세 ─── 374
　6. 적격합병시 합병법인에 대한 과세특례 ─── 375
　7. 합병시 이월결손금 등 공제한도 ─── 380
　8. 피합병주주의 세법상 회계처리 ─── 383

# 제9편 자본거래와 손익거래의구분 ─── 385

## 제1절 자본의 개요 ─── 387
　1. 자본의 본질 ─── 388
　2. 자본의 구성 ─── 389
　3. 자본구조계획 ─── 389
　4. 자본의 구성 요소 ─── 389

## 제2절 자본거래의 처리 ─── 391
　1. 자본거래의 처리 ─── 391
　2. 자본거래와 손익거래의 구분이유 ─── 391
　3. 자본거래와 손익거래의 구분원칙 ─── 391
　4. 자본거래의 유형 ─── 391
　5. 법인세법상 자본 등의 거래 ─── 392
　6. 자본거래로 인한 수익의 익금불산입 ─── 393
　7. 자본거래 등으로 인한 손비의 손금불산입 ─── 394

## 제3절 자본금의 처리 ─── 395

# 제10편 이익잉여금처분의 처리 ─── 401

## 제1절 이익잉여금처분과 회계제칙의 관계 ─── 403
　1. 이익잉여금의 의의 ─── 397
　2. 이익잉여금처분의 정의 ─── 397
　3. 이익잉여금처분계산서의 기재과목과 범위 ─── 399

4. 미처분잉여금의 회계······································400
　제2절 이익잉여금처분의 분개처리와 절차················405
　제3절 이익처분에 관련한 세무회계처리·····················406

# 제11편 합명·합자·유한회사의 법적구조와 회계········431
　제1절 합명회사의 운영과 법적구조·························433
　　1. 합명회사의 설립··········································434
　　2. 합명회사의 내부관계····································436
　　3. 합명법인의 외부관계····································438
　　4. 합명회사 사원의 퇴사··································440
　　5. 합명회사의 해산·········································442
　　6. 합명회사의 합병·········································443
　　7. 합명회사의 조직변경···································444
　　8. 합명회사의 청산·········································445
　　9. 장부서류의 보존·········································448
　　10. 사원의 책임의 소멸시기······························448
　제2절 합자회사의 운영과 법적구조························449
　　1. 정관의 절대적기재사항································449
　　2. 합자회사의 등기사항···································450
　　3. 유한책임사원············································450
　　4. 무한책임사원············································452
　　5. 합자회사의 해산과 계속······························452
　　6. 조직변경··················································453
　　7. 청산인·····················································453
　제3절 유한책임회사의 운영과 법적구조·················454
　　1. 유한책임회사의 개요··································454
　　2. 유한책임회사의 설립··································454
　　3. 유한책임회사의 내부관계····························455
　　4. 유한책임회사의 외부관계····························457
　　5. 사원의 가입 및 탈퇴··································458
　　6. 유한책임회사의 회계 등·····························459

7. 유한책임회사의 해산················································460
8. 유한책임회사의 조직변경··········································461
9. 유한책임회사의 청산················································461

## 제4절 유한회사의 운영과 법적구조································462

1. 유한회사의 개요·······················································462
2. 유한회사의 설립·······················································463
3. 유한회사 사원의 권리의무········································466
4. 유한회사의 관리·······················································468
5. 유한회사 정관의 변경···············································480

## 제12편 합명·합자·유한회사의 회계처리··············483

## 제1절 합명합자회사의 특징············································485

1. 회사의 설립····························································485
2. 결산········································································491
3. 사원의 입사····························································495
4. 사원의 퇴사····························································498
5. 합명합지회사의 해산과 청산····································501

## 제2절 유한회사의 회계··················································506

1. 설립시의 회계·························································506
2. 결산의 회계····························································508
3. 이익처분의 회계······················································508
4. 증감자의 회계·························································509
5. 조직변경회계··························································511
6. 합병회계·································································513

## 제13편 결산·······································································515

제1절 결산의 순서·························································517
제2절 결산의 점검·························································537
제6절 손익조정의 방법과 결산서류·······························556
제7절 세무조정과 세무조정계산서··································522

## 제14편 회사회계에 관한 연습문제··························571

# 제1편
# 회사의 개요

1. 회사의 의의와 요건
2. 회사의 설립
3. 회사의 합병
4. 회사의 소멸
5. 회사회계

## 1. 회사의 의의와 요건

회사란 상행위나 그 밖의 영리를 목적으로 하여 설립한 법인을 말한다.(상법 §169)
 회사의 요건으로서는 다음과 같다.
　① 영리성--영리를 목적으로 하되 그 이익을 주주 사원에게 귀속시키는 요소가 있어야 한다.
　② 사단성--복수인의 공동목적을 위한 결합체이다.
　③ 법인성--회사는 모두 법인으로서 설립된다.
　④ 상인성--회사는 상행위를 하는 상인이 된다.
　⑤ 준칙성--상법의 규정에 따라 설립되어야 한다.
 상법상 회사의 종류는 합명회사·합자회사·유한책임회사·주식회사·유한회사의 5종으로 분류된다.(상법 §170)
 회사는 상법상 회사편과 특별법령 상관습법 각 회사의 정관 등에 따라 그 내외의 법률관계를 가지게 됨으로, 회사의 종류·조직·설립·계산·해산 등에 관하여는 회사법을 준수하여야 한다.
 그리고 회사는 다른 회사의 무한책임사원이 되지 못하고 (상법§173), 회사는 합병할 수도 있다.
 또한 회사설립목적이 불법인 것일 때나 정당한 사유없이 설립 후 1년 내 영업을 개시하지 아니 하거나 1년이상 영업을 휴지하는 때 또는 이사 등이 법령정관에 위반하여 회사의 존속을 허용할 수 없는 행위를 한 때는 이해관계인이나 검사의 청구에 따라 또는 직권으로 법원이 해산을 명할 수 있다.(상법§176)

① 합명회사
 무한책임사원만으로 구성되는 일원적(一元的) 조직의 회사를 말한다.
 사원 전원이 회사채무에 대하여 직접연대 무한책임을 지고 (상법§212) 이에 대응하여 각 사원이 업무집행의 권리 및 대표권을 가진다.
 또 사원에게는 출자의무가 있으므로 이른바 자기 재산을 스스로 자본적으로 운영하고 채권자에 대하여는 무한책임을 지는 개인기업이 복합화된 것이라고 볼 수 있다.
 따라서 각 사원의 인적신용이 중요시 되고 대내적으로도 각 사원간에 밀접한 신뢰관계를 필요로 한다.

 신뢰관계의 필요는 어떤 사원의 대표행위에 기인한 책임을 연대책임으로 하는 결과, 타사원이 이를 무한히 부담하여야 한다는 점을 고려한다면 이는 당연한 것이다.

 또 사원은 공동의 이익을 각자가 협력해서 달성하여야 하므로 특히 업무집행의무를 진다.(상법 §200①)

 사원간의 신뢰관계를 유지하기 위하여 제명선고제도(除名宣告制度)가 있고(상법 §220), 지분의 양도는 제한되고 있으며, 다른 종사원의 동의가 있어야 한다.(상법 §197). 그러나 이것은 사원의 투하 자본회수의 이익을 제한하므로 법은 지분의 환급을 수반하는 임의퇴사를 인정하고 있다.

 사원의 출자는 금전출자현물출자 이외에 신용출자(회사를 위하여 보증을 하고 어음수표의 인수 및 배서를 하며 물적담보를 제공하는 등의 신용행위)노무출자 등이 있다.

 ②합자회사

 합자회사란 무한책임사원과 유한책임사원으로 구성되는 이원적 조직적 조직의 회사이다.

 합자회사는 합명회사와 같이 인적회사성을 가진다 이른바 합명회사에 유한책임사원을 가입시킨 것과 같은 회사이며, 상법은 합명회사에 관한 많은 규정을 준용하도록 하고 있다.(상법 §269)

 합자회사는 유한책임사원이 무한책임사원이 경영하는 회사기업에 출자를 하고 이익의 배당을 받는다는 점에서 익명조합과 유사한 점이 있으나, 법률상으로는 유한책임사원도 회사의 구성원으로서 사원의 지위를 가지고 대외적으로는 출자액의 한도내에서 책임을 직접부담하지 않는다.(상법 §275)

 유한책임사원의 책임은 출자가액을 한도로 하여 회사채권자에 대하여 직접 연대하여 부담하고, 이미 출자의 전부 또는 일부를 이행한 경우에는 그 한도내에서 책임을 면하게 된다.(상법 § 279)

 또 유한책임사원은 회사의 경영에 대한 직접적인 권한을 가지지않으나, 감시권을 가지며, 회사자체가 소규모의 인적신용을 중시하는 기업이므로 유한책임사원의 지분양도는 제한되어 무한책임가원 전원의 동의를 요한다.(상법§ 276)

 ③ 주식회사

사원(주주)의 지위가 주식이라고 하는 세분화된 균등비율적 단위의 형식을 취하며, 주주는 회사에 대하여 출자가액의 한도에서만 책임을지는 회사를 말한다

이 주식이라는 제도와 유한책임의 제도가 다른 회사에 대한 주식회사의 특징이다.

주주의 유한책임의 결과, 회사채권자는 회사재산에 따라서만 그의 채권을 만족시킬 수 있으므로 상법은 자본의 제도를 정하고 그 금액의 한도까지는 적어도 회사의 순자산이 내부에 유보되도록 요구하고 있다. 이 자본금액은 원칙적으로 주주의 출자가액에 의하여 구성된다.(상법 §451)

회사는 자본에 상당하는 회사의 순자산을 확보하기 위하여 여러 가지의 제약을 받는다. 특히 회사의 순재산액이 자본·법정준비금의 총계액에 미달할 때에는 자본결손이 생겨 회사는 "손실을 전보하지 않으면 이익배당을 할 수 없고, 따라서 이에 반하면 회사채권자는 위법배당의 반환청구권을 가지게 된다.

자본제도로 말미암아 주식회사에 있어서는 사원의 퇴사에 있어서는 사원의 퇴사에 따른 투하자본의 회수는 할수 없다. 따라서 주식회사에 있어서는 주주의 개성에 중점을 두지 아니하고 주식의 양도(즉, 주주의 지위)가 자유로 행히어질 수 있고(상법§ 335 ①) 이것에 의하여 투하자본의 회수가 가능하게 된다.

주주의 지위의 균등화율적 단위와 유한책임에 따르는 기구상의 특색은 주식의 개성상실과 대규모적 자본형성에 있고, 이것 때문에 주식회사는 전형적인 물적회사라고 불리운다.

④ 유한회사

다수의 균등액의 출자로 구성되는 자본을 가지고 사원 전원이 자본에 대한 출자의무를 부담할 뿐이고 회사채권자에 대해서는 아무런 책임을 지지 않는 특질을 가진 물적회사로서 상행위 기타 영리를 목적으로 상법에 의하여 설립된 사단법인 (상법 §169)이다.

## 2. 회사의 설립

**[POINT]**-------------------------------------------------------------------
상행위, 그 밖의 영리를 목적으로 하여 설립된 법인을 상법상 회사(상법169)라고 하며,

회사가 법적인 자격자로서 존재하게 되는 것을 "회사의 설립"이라 하고, 회사를 설립시키는 절차를 동적으로 관찰하여 "회사의 설립이라 한다. 즉, 회사의 설립이란 회사는 하나의 법인을 성립시키는 여러 가지의 행위로 이루어진 법률요건이다. 따라서 이 법인은 설립시키는 여러 가지 행위는 정관의 작성에서 시작하여 설립등기로 끝나는 것이다.

회사의 설립에는 "자유설립주의" "특허주의" "면허주의" "준칙주의" 등이 있어나 요점, 다수의 문명국가에서는 "준칙주의"중 "엄격주의"를 채택하여 그 요건을 강화하고 발기인의 책임을 가중시키고 있다.

우리나라 상법도 이 주의를 원칙으로 하고 있으나, 일정한 영업에 대해서는 영업면허제도를 택함으로서 실질적으로는 "엄격준칙주의"와 "설립면허주의"의 중도로 가고 있다.

### (1) 회사설립의 요건

#### (가) 정관작성

회사의 실체는 자본과 노동력의 결합으로 이루어지는데, 실제로는 정관의 작성에 따라 그것이 결합된다. 정관은 회사의 기본규칙이며, 실질적으로는 규칙인 정관, 형식적으로는 서면인 정관을 말한다.

정관의 방식은 일정한 사항을 기재하여 관계당사자가 기명날인 하면 되는 것이지만. 물적회사인 경우에는 다시 공정인의 인증절차를 필요로 한다.

정관의 기재사항에는 절대적 기재사항과 상대적 필요사항 및 임의적기재사항의 3가지가 있다.(상법§179, §270, §289, §543②)

#### (나) 설립절차

정관의 작성으로 법률상 충분한 회사실체가 이루어진 것으로 인정되지만, 물적회사의 경우에는 다시 인수·납입 등에 따라 자본을 결합시키고 운영조직(이사·감사 등의 선임)을 결정하여야 하므로, 회사 중 "주식회사"의 설립절차를 들어보면 다음과 같다.

<발기설립시>
 ① 정관에 대한 공정인의 공정
 ② 발기인의 주식수
 ③ 납입과 현물출자의 이행
 ④ 임원선출

⑤ 검사인의 선임
⑥ 검사인의 조사 및 보고

**<모집설립시>**

발기인이 회사의 설립시에 발행하는 주식의 총수를 인수하지 아니하였을 때에는 주주를 모집하여야 한다.(상법§301)

① 주식의 인수청약(상법§302
② 인수인에 대한 통지최고(상법§304)
③ 주식에 대한 납입
④ 창립총회

**(다) 설립등기**

형성된 회사실체는 법정된 요건을 갖춤으로서 비로서 법률상 완전한 존재가 되는 것인데. 본점 소재지에서 설립등기라는 형식을 갖춤으로서 회사가 설립하게 된다.

① 등기사항

각 회사(합명회사·합자회사·주식회사·유한회사)에 따라 법정되어 있다.(상법 §180, §271, §317, §549)

② 등기기한

합명회사·합자회사에는 아무런 제한이 없으나 주식회사와 유한회사는 법정 소정의 시기로부터 2주간으로 하고 관청의 허가 또는 인가를 요하는 것에 관하여는 그 서류가 도달한 날로부터 기산한다.(상법§317)

③ 등기의 효력

본질적으로는 설립등기를 함으로써 회사가 설립되며, 부수적으로는 상호 전용권을 취득하고 따로 상호등기부에 등기를 할 필요가 없으며, 주권의 발행, 주식의 양도 및 그 예약을 완전히 할 수 있으며, 주식청약서의 요건 결격을 이유로 주식인수의 청약을 취소할 수 없게 된다.(상법 §319, §320)

## (2) 회사설립 무효

상법은 사실상의 회사의 존재를 고려하는 입장에서 설립무효에 대하여 매우 신중한 태도로 임하고 있어 설립무효의 주장은 소(訴)만으로 하고 있으며, 소의 제기기간도 회사설립의 날로부터 2년내로 한정하였고, 또 소의 재기기간도 회사설립의 날로부터 2년내로 한정하였고, 또 소의 제기권자도 인적회사에 있어서는 사원, 물적회사에 있어서는 주주 또는 이사(유한회사의 감사 포함)에 국한하고 있다.(상법 §184, §185, §529, §328, §552)

### (3) 회사설립 취소

회사설립의 취소는 인적회사나 유한회사의 경우, 행위무능력자, 착오에 따른 의사표시자 또는 하자에 따른 의사표시자나 그 대리인 및 승계자 등 취소권이 있는 자가 회사를 상대로 회사설립의 날로부터 2년 이내에 제기하도록 하는 제도를 인정하고 있다. 다만, 사행행위를 이유로 하는 경우에는 채권자가 사원과 회사를 상대로 소(訴)를 제기할 수 있다.(상법 §84, §185, §269, §552)

## 3. 회사의 합병

회사의 합병이란 법정절차에 따라서 하는 회사간의 행위로서 당사자인 회사의 일부 또는 전부가 해산하고, 그 재산이 포괄적으로 존속회사 또는 신설회사의 사원이 되는 효과를 가져오는 것을 말한다. 즉, 합병이란 2개 이상의 회사가 법정된 절차에 따라 단일 회사가 되는 것이라고 말할 수 있다.

합병의 경우는 회사의 경제적 계속성을 위하여 해산회사는 청산절차를 필요로 하지 않는다.

합병의 경제적 목적은 경쟁력의 강화를 위한 기업규모의 확장, 영업비의 절약 등을 위한 경영합리화, 경영이 부진한 회사의 정리, 경쟁의 회피, 원료공급원의 확보, 시장의 확대 등을 들수 있다.

합병의 방법에는 ① 당사회사 중에서 1회사가 존속하고 다른 회사는 해산하며, 그 사원 및 재산이 존속회사에 포괄적으로 승계되는 흡수합병과 ② 모든 당사회사가 해산하고 새로이 신회사를 설립하여 해산회사의 사원 및 재산을 신회사에 포괄적으로 승계시키는 신설합병이 있다. 그러나 실제에 있어서는 주로 절차가 간단하고 비용이 적게 소요되는 흡수합병의 방법을 택하기도 한다.

## 4. 회사의 소멸

회사의 소멸이란 법인격을 잃는 것을 말한다.

회사가 소멸하는 경우는 다음과 같다.

① 합병에 따른 경우(상법§227①, 상법§609)

② 파산한 회사가 파산절차를 종료한 상법 §269, §517, 경우 (파산법 §4)

③ 합병이나 파산이외의 원인으로 인하여 해산한 회사(상법§227①, §268, §517, §609)의 청산절차 종료의 경우이다.

회사의 해산은 회사가 법인격을 잃는 원인이 되는 법률요건이며, 이에 따라 회사는 즉시 소멸하는 것이 아니다.

해산 후에도 청산의 목적, 범위 내에서 존속한다. 파산으로 인하여 해산하는 경우에도 파산절차의 종료로 회사가 소멸한다.

이에 대하여 합병의 경우에는 합병 그 자체가 생긴 경우에 소멸회사는 청산절차를 거치지 아니하고 즉시 소멸한다. (상법 §250, §269, §531)

## 5. 회사회계의 종류

회사회계란 기업 등의 재산의 증감변화를 기록하고 계상하여, 그 결과와 원인을 분명히 하는 업무를 말한다.

회계는 당초 금전출납으로서 행하고, 수지잔액과 수지의 사유를 대조하여 그 정확성을 확인하는데 목표가 있었다. 그 후 금전만을 대상으로 할 뿐만 아니고, 주로 기업획계 있어서 채권·채무·동산·부동산과 같은 것도 포함한 재산전반의 증감변화를 기록계산하는 내용으로 발전하였다, 재산의 증감변화의 기록계산에는 일정한 질서가 없으면 그 결과와 원인을 부명히 할 수는 없지만, 그 때문에 생각해 낸 것이 부기이다. 그 의미로서는 부기는 회계의 기술적인 면을 나타낸 것이라고 할 수 있다.

상법의 규정에 따른 기업형태는 주식회사·합명회사·합자회사와 유한회사로 구별된다. 이에 따라 회사회계는 다음과 같이 분류할 수 있다.

① 주식회사 회계
② 합병회사 회계
③ 합자회사 회계
④ 유한회사 회계

# 제2편
# 주식회사의 법적구조

제1절 주식회사의 설립
제2절 주식회사의 주식과주권
제3절 주식회사의 기관
제4절 주식회사의 신주발행
제5절 주식회사의 정관변경
제6절 주식회사의 자존금 감소
제7절 주식회사의 회계
제8절 사 채
제9절 주식회사의 해산
제10절 주식회사의 합병
제11절 회사의 분할

# - 주식회사의 의의와 실정 -

주식회사(Stock Company Company Lmited by Shares)란 사원(주주)의 지위가 주식이라고 하는 세분화된 균등비율적 단위의 형식을 취하며, 주주는 회사에 대하여 출자가액의 한도에서만 책임을 지는 회사를 말한다.

이 주식이라고 하는 제도와 유한책임의 제도가 다른 회사에 대한 주식회사의 특징이다.

주주의 유한책임의 결과, 회사채권자는 회사재산에 따라서만 그의 채권을 만족시킬 수 있으므로 상법은 자본의 제도를 정하고 그 금액의 한도까지는 적어도 회사의 순재산이 내부에 유보되도록 요구하고 있다. 이 자본금액은 원칙으로 주주의 출자가액에 따라 구성된다.(상법 451)

회사는 이 자본에 상당하는 회사의 순재산을 확보하기 위하여 여러 가지의 제약을 받는다. 특히 회사의 순재산액이 자본·법정준비금의 총계약에 미달할 때에는 자본결손이 생겨 회사는 "손실을 전보하지 않으면 이익배당을 할 수 없고, 따라서 이에 반하면 회사채권자는 위법배당의 반환청구권을 가지게 된다.

위에서와 같은 자본제도로 말미암아 주식회사에 있어서는 사원의 퇴사에 따른 투하자본의 회수는 할 수 없다. 따라서 주식회사에 있어서는 주주의 개성에 중점을 두지 아니하고 주식의 양도(즉, 주주의 지위)가 자유로 행하여질 수 있고(상법 335①), 이것에 따라 투하자본의 회수가 가능하게 된다.

주주의 지위의 균등화율적 단위와 유한책임에 따르는 기구상의 특색은 주식의 개성상실과 대규모적 자본형성에 있고, 이것 때문에 주식회사는 전형적인 물적회사라고 불리운다.

그리고 회사의 경영에 관하여는 주주는 업무집행권이나 대표권을 갖지 못하고, 전문적 경영자로서의 이사, 이사회 및 대표이사의 제도가 두어지고 주주는 주주총회의 구성원으로서 이사의 선임·해임권을 포함한 회사의 기본적 중요사항에 관하여서만 의결권을 가지는 동시에 경영에 대한 감독적인 제권한이 부여되어 있다. 그러나 근래, 주식의 분산, 대중투자화에 따라 주주가 회사의 경영에는 관계를 가지고 있고 주주총회에도 출석하지 않고 오히려 이익배당과 주식거래에 중점을 두는 경향이 강하게 되어 이른바 소유와 경영의 분리가 심각하게 되었다.

# 제1절 주식회사설립

상법의 규정에 따라서 정관을 정하고, 자본의 불입을 확정하고, 제기관을 정하고 설립등기를 하는 것에 따라 주식회사를 조직, 발족케 하는 것을 말한다.

주식회사의 설립에는 발기설립과 모집설립이 있는데, 법률상 주식회사가 성립하는 것은 설립등기가 완료한 때이고, 재무상은 어느 것도 동일의 형태로서 인식된다.

「설립중의 회사」의 존재를 인정하고 설립중의 제거래에 대하여서도 해당 회사의 회계처리사항이라고 인식하는 생각도 있는데 설립등기의 완료전은 법률적으로 회사는 존재하지 않는 것이기 때문에 등기완료일에 있어서의 출자거래를 가지고 회사회계의 시작이라고 하는 것이 올바르다.

## 1. 발기인의 정관작성과 절대적 기재사항

주식회사를 설립함에는 발기인이 정관을 작성하여야 하며(상법 288), 정관작성에는 목적, 상호, 회사가 발행할 주식의 총수, 액면주식을 발행하는 경우 1주의 금액, 회사의 설립시에 발행하는 주식의 총수, 본점의 소재지, 회사가 공고를 하는 방법, 발기인의 성명·주민등록번호 및 주소를 기재하고 각 발기인이 기명날인 또는 서명하여야 한다.(상법 289 ①)

회사의 공고는 관보 또는 시사에 관한 사항을 게재하는 일간신문에 하여야 한다. 다만, 회사는 그 공고를 정관으로 정하는 바에 따라 전자적방법으로 할 수 있다.(상법 289 ③)

회사는 이에 따라 전자적 방법으로 공고할 경우 대통령령으로 정하는 기간까지 계속 공고하고 재무제표를 전자적 방법으로 공고할 경우에는 제450조에서 정한 기간까지 계속 공고하여야 한다. 다만, 공고기간 이후에도 누구나 그 내용을 열람할 수 있도록 하여야 한다. (상법289 ④)

그리고 회사가 전자적 방법으로 공고를 할 경우에는 게시기간과 게시내용에 대하여 증명하여야 한다.(상법289 ⑤)

## 2. 설립당시의 주식발행사항의 결정

회사설립시에 발행하는 주식에 관하여 다음의 사항은 정관으로 달리 정하지 아니하면 발기인전원의 동의로 이를 정한다.(상법 291)

① 주식의 종류와 수
② 액면이상의 주식을 발행하는 때에는 그 수와 금액

③ 액면주식을 발행하는 경우에는 주식의 발행가액과 주식의 발행가액 중 자본금으로 계상하는 금액

## 3. 성립절차

정관의 작성으로 법률상 충분한 회사실체가 이루어진 것으로 인정되지만, 물적회사인 경우에는 다시 인수·납입 등에 따라야 하므로 회사 중 주식회사의 설립절차를 들어 보면 다음과 같다.

### (1) 발기설립시

① 정관에 대한 효력발생

정관은 공증인의 인증을 받음으로써 효력이 생긴다. 다만, 자본금 총액이 10억원 미만인 회사를 제295조 제1항에 따라 발기설립하는 경우에는 제289조 제1항에 따라 각 발기인이 정관에 기명날인 또는 서명함으로써 효력이 생긴다.(상법 292)

② 발기인의 주식 인수

각 발기인은 서면에 따라 주식을 인수하여야 한다.(상법 293)

③ 납입과 현물출자의 이행

발기인이 회사의 설립시에 발행하는 주식의 총수를 인수한 때에는 지체없이 각 주식에 대하여 그 인수가액의 전액을 납입하여야 한다. 이 경우 발기인은 납입을 맡을 은행 그 밖에 금융기관과 납입장소를 지정하여야 하며, 현물출자를 하는 발기인은 납입기일에 지체없이 출자의 목적인 재산을 인도하고 등기·등록 그 밖에 권리의 설정 또는 이전을 요할 경우에는 이에 관한 서류를 완비하여 교부하여야 한다.(상법 295)

④ 임원선임

납입과 현물출자의 이행이 완료된 때에는 발기인은 지체없이 의결권의 과반수로 이사와 감사를 선임하여야 하며, 발기인의 의결권은 그 인수주식의 1주에 대하여 1개로 한다.(상법 296)

⑤ 의사록의 작성

발기인은 의사록을 작성하여 의사의 경과와 그 결과를 기재하고 기명날인 또는 서명하여야 한다.(상법 297)

⑥ 이사·감사의 조사·보고와 검사인의 선임청구

㉮ 이사·감사의 조사·보고

이사와 감사는 취임후 지체없이 회사의 설립에 관한 모든 사항이 법령 또는 정관의 규정에 위반되지 아니하는지의 여부를 조사하여 발기인에게 보고하여야 하며, 이사와 감사중 발기인이었던 자·현물출자자 또는 회사성립후 양수할 재산의 계약당사자인 자는 조사·보고에 참가하지 못하며, 이사와 감사의 전원이 이에 해당하는 때에는 이사는 공증인으로 하여금 조사·보고를 하게 하여야 한다.(상법 298 ①, ②, ③)

㉯ 검사인의 선임

정관으로 제290조(변태설립사항) 각 호의 사항을 정한 때에는 이사는 이에 관한 조사를 하게 하기 위하여 검사인의 선임을 법원에 청구하여야 한다. 다만, 제299조의2(현물출자 등의 증명)의 경우에는 그러하지 아니하다.(상법 298 ④)

⑦ 검사인의 조사·보고

검사인은 상법 제290조(변태설립사항) 각 호의 사항과 상법 제295조(발기설립의 경우의 납입과 현물출자의 이행)에 따른 현물출자의 이행을 조사하여 법원에 보고하여야 한다. (상법299) 이 규정은 다음 각 호의 어느 하나에 해당할 경우에는 적용하지 아니한다.

㉮ 제290조 제2호 및 제3호의 재산총액이 자본금의 5분의1을 초과하지 아니하고 대통령령으로 정한 금액을 초과하지 아니하는 경우

㉯ 제290조 제2호 또는 제3호의 재산이 거래소에서 시세가 있는 유가증권인 경우로서 정관에 적힌 가격이 대통령령으로 정한 방법으로 산정된 시세를 초과하지 아니하는 경우

㉰ 그 밖에 위 가) 및 나)에 준하는 경우로서 대통령령으로 정하는 경우

검사인은 이 조사보고서를 작성한 후 지체없이 그 등본을 각 발기인에게 교부하여야 한다. 만일 검사인이 조사보고서에 사실과 다른 사항이 있는 경우에는 발기인은 이에 대한 설명서를 법원에 제출할 수 있다.(상법 299)

⑧ 현물출자 등의 증명

정관에 기재함으로써 그 효력이 있는 변태설립사항 중 발기인이 받을 특별이익과 이를 받을 자의 성명 및 회사가 부담할 설립비용과 발기인이 받을 보수액을 기재한 사항에 관하여는 공증인의 조사·보고로 현물출자를 하는 자의 성명과 그 목적인 재산의 종류·수량·가격과 이에 대하여 부여할 주식의 종류와 수 및 회사설립 후에 양수할 것을 약정한 재산의 종류·수량·가격과 그 양도인의 성명사항과 상법 제295조에 따른 현물출자의 이행에 관하여는 공인된 감정인의 감정으로 검사인의 조사에 갈음할 수 있다. 이 경우 공증인 또는 감정인은 조사 또는 감정결과를 법원에 보고하여야 한다.(상법 299의 2)

⑨ 법원의 변경처분

법원은 검사인 또는 공증인의 조사보고서 또는 감정인의 감정결과와 발기인의 설명서를 심사하여 제290조(변태설립사항)에 따른 사항을 부당하다고 인정한 때에는 이를 변경하여 각발기인에게 통고할 수 있으며, 변경에 불복하는 발기인은 그 주식의 인수를 취소할 수 있다. 이 경우에는 정관을 변경하여 설립에 관한 절차를 속행할 수 있다.

법원의 통고가 있은 후 2주내에 주식의 인수를 취소한 발기인이 없는 때에는 정관은 통고에 따라서 변경된 것으로 본다.(상법 300)

### (2) 모집설립의 경우의 주식모집

발기인이 회사의 설립시에 발행하는 주식의 총수를 인수하지 아니한 때에는 주주를 모집하여야 한다.(상법 301)

① 주식의 인수청약, 주식청약서의 기재사항

주식인수의 청약을 하고자 하는 자는 주식청약서 2통에 인수할 주식의 종류 및 수와 주소를 기재하고 기명날인 또는 서명하여야 한다.(상법 302 ①)

주식청약서는 발기인이 작성하고 다음의 사항을 적어야 한다.(상법 302 ②)

㉮ 정관의 인증년월일과 공증인의 성명

㉯ 상법 제289조(정관의 작성, 절대적 기재사항)제1항과 상법 제290조(변태설립사항)에 게기한 사항

㉰ 회사의 존립기간 또는 해산사유를 정한 때에는 그 규정

㉱ 각발기인이 인수한 주식의 종류와 수

㉲ 상법 제291조(설립당시의 주식발행사항의 결정)에 게기한 사항

㉳ 주식의 양도에 관하여 이사회의 승인을 얻도록 정한 때에는 그 규정

㉴ 주주에게 배당할 이익으로 주식을 소각할 것을 정한 때에는 그 규정

㉵ 일정한 시기까지 창립총회를 종결하지 아니한 때에는 주식의 인수를 취소할 수 있다는 뜻

㉶ 납입을 맡을 은행 그 밖의 금융기관과 납입장소

㉷ 명의개서대리인을 둔 때에는 그 성명·주소 및 영업소

민법 제107조제1항 단서의 규정은 주식인수의 청약에는 적용하지 아니한다.(상법 302 ②)

## 4. 주식인수인의 의무·통지·최고

주식인수를 청약한 자는 발기인이 배정한 주식의 수에 따라서 인수가액을 납입할 의무를 부담한다.(상법 303)

(1) 주식인수인 등에 대한 통지, 최고

주식인수인 또는 주식청약인에 대한 통지나 최고는 주식인수증 또는 주식청약서에 기재한 주소 또는 그 자로부터 회사에 통지한 주소로 하면 된다. 이 통지 또는 최고는 보통 그 도달할 시기에 도달한 것으로 본다.(상법 304)

## 5. 주식에 대한 납입

주식납입이란 주식인수인이 금전출자의 의무를 이행하는 것이다.

주식을 인수한 자는 회사설립의 경우에는 발기인이 지정하는 날까지, 신주발생의 경우에는 주식청약서에 기재된 납일기일까지 그 인수가액의 전액을 납입하여야 한다.(상법 305①·421·420)

신주발행의 경우 납입을 한 신주인수인은 납입기일로부터 주주가 되고 납입기일까지 납입을 하지 아니한 때에는 실권한다.(상법 423)

납입을 맡은 은행 그 밖에 금융기관의 명칭과 납입장소는 이것을 주식청약서에 기재하여야 한다. 납입은 주식청약서에 기재된 납입장소에서 하여야 한다.(상법 305②)

### (1) 납입금의 보관자 등의 변경

납입금의 보관자 또는 납입장소를 변경할 때에는 법원의 허가를 얻어야 한다.(상법 306·425)

### (2) 납입금 보관자의 증명과 책임

납입금을 보관한 은행이나 그 밖의 금융기관은 발기인 또는 이사의 청구가 있는 때에는 보관금액에 관하여 증명서를 교부하여야 한다. 또 증명서를 교부한 이상 납입의 부실 또는 그 금액의 반환에 관한 제한이 있음을 이유로 하여 회사에 대항하지 못한다.(상법 318)

## 6. 주식인수의 실권절차

주식인수인이 납입을 하지 아니한 때에는 발기인은 일정한 기일을 정하여 그 기일내에 납입을 하지 아니하면 그 권리를 잃는다는 뜻을 기일의 2주간전에 그 주식인수인에게 통지하여야 한다.(상법 307①)

이 통지를 받은 주식인수인이 그 기일내에 납입의 이행을 하지 아니한 때에는 그 권리를 잃는다. 이 경우에는 발기인은 다시 그 주식에 대한 주주를 모집할 수 있다. 이는 그 주식인수인

에 대한 손해배상의 청구에 영향을 미치지 아니한다.(상법 307②,③)

## 7. 창립총회

창립총회란 회사설립에 있어서 주식의 불입 및 현물출자의 급부가 있은 후 발기인이 개최하는 주식인수인의 총회를 말한다.

창립총회는 발기인이 회사창립에 관한 사항 등을 보고하는 주식인수인의 총회이고, 그 운영에 대하여는 주주총회의 규정이 준용되는 것이 많다. 그러나 창립총회의 결의는 출석주식인수인의 결의권의 3분의 2이상으로 또한 인수주식총수의 과반수로써 결정하는 것으로 되어 있고, 이 점은 주주총회에 비하여 그 결의의 중요성에서부터 상당히 요건이 엄격화되어 있다.

창립총회의 결의 사항에는 발기인의 창립사항보고, 감사의 조사보고서 제출, 이사·감사의 선임, 이사·감사의 창립절차의 조사보고, 변태설립사항의 변경, 정관의 변경, 설립의 폐지 등 중요한 의결사항이 많다.

### (1) 소집의 통지
#### (가) 통지서의 발송

창립총회를 소집함에는 회일을 정하여 주주총회일의 2주 전에 각 주주에게 서면으로 통지를 발송하거나 각 주주의 동의를 받아 전자문서로 통지를 발송하여야 한다. 다만, 그 통지가 주주명부상 주주의 주소에 계속 3년간 도달하지 아니한 경우에는 회사는 해당 주주에게 총회의 소집을 통지하지 아니할 수 있다.(상법 308②, 363①)

위에 불구하고 자본금 총액이 10억원 미만인 회사가 주주총회를 소집하는 경우에는 주주총회의 10일 전에 각 주주에게 서면으로 통지를 발송하거나 각 주주의 동의를 받아 전자문서로 통지를 발송할 수 있다. (상법363 제3항)

자본금 총액이 10억원 미만인 회사는 주주전원의 동의가 있을 경우에는 소집절차 없이 주주총회를 개최할 수 있고, 서면에 따른 결의로서 주주총회의 결의를 갈음할 수 있다. 결의의 목적 사항에 대하여 주주전원이 서면으로 동의를 한 때에는 서면에 따른 결의가 있는 것으로 본다. (상법363제4항)

이 서면에 따른 결의는 주주총회의 결의와 같은 효력이 있다. (상법363제5항)

#### (나) 통지서의 기재사항

창립총회 소집통지서에는 회의의 목적사항을 적어야 한다.(상법 308②, 363②)

### (2) 소집지

창립총회는 정관에 다른 정함이 없으면 본점소재지 또는 이에 인접한 지에 소집하여야 한다.(상법 308②, 364)

### (3) 창립총회의 의결권 행사

주주는 대리인으로 하여금 그 의결권을 행사하게 할 수 있다. 이 경우에는 그 대리권을 증명하는 서면을 창립총회에 제출하여야 한다. 그리고 창립총회의 결의에 관하여 특별한 이해관계가 있는 자는 의결권을 행사하지 못한다.(상법 308②, 368③④)
이해관계가 있는 자는 의결권을 행사하지 못한다.(상법 308②, 368③④)

### (4) 의결권의 불통일행사

주주가 2이상의 의결권을 가지고 있는 때에는 이를 통일하지 아니하고 행사할 수 있다. 이 경우 회일의 3일 전에 회사에 대하여 서면으로 그 뜻과 이유를 통지하여야 하며, 주주가 주식의 신탁을 인수하였거나 그 밖에 타인을 위하여 주식을 가지고 있는 경우 외에는 회사는 주주의 의결권의 불통일행사를 거부할 수 있다.(상법 308②, 368의2)

### (5) 의결권

의결권은 1주마다 1개로 한다.(상법 308②, 369①)

### (6) 의결권의 계산

창립총회의 결의에 관하여는 상법 제368조(총회의결의 방법과 의결권의 행사) 제3항에 따라 행사할 수 없는 주식의 의결권 수는 출석한 주주의 의결권의 수에 산입하지 아니한다.(상법 308②, 371②)

### (7) 총회의 연기, 속행의 연기

창립총회에서 회의의 속행 또는 연기의 결의를 할 수 있다. 이 경우에는 상법 제363조(소집의 통지·공고)의 규정을 적용하지 아니한다.(상법 308②, 372)

### (8) 총회의 의사록

총회의 의사에는 의사록을 작성하여야 한다. 이 의사록에는 의사의 경과요령과 그 결과를 기재하고 의장과 출석한 이사가 기명날인 또는 서명하여야 한다.(상법 308②, 373)

### (9) 결의취소의 소

총회의 소집절차 또는 결의방법이 법령 또는 정관에 위반하거나 현저하게 불공정한 때 또는 그 결의의 내용이 정관에 위반한 때에는 주주·이사 또는 감사는 결의의 날로부터 2개월내에 결의취소의 소를 제기할 수 있다.(상법 308②, 376①)

① 전속관할

결의취소의 소는 본점 소재지의 지방법원의 관할에 전속한다.(상법 186)

② 소제기의 공고
설립무효의 소 또는 설립취소의 소가 제기된 때에는 회사는 지체없이 공고하여야 한다.(상법 187)
③ 소의 병합심리
수개의 설립무효의 소 또는 설립취소의 소가 제기된 때에는 법원은 이를 병합심리하여야 한다.(상법 188)
④ 판결의 효력
설립무효의 판결 또는 설립취소의 판결은 제삼자에 대하여도 그 효력이 있다.(상법 190 본문)

⑤ 패소원고의 책임
설립무효의 소 또는 설립취소의 소를 제기한 자가 패소한 경우에 악의 또는 중대한 과실이 있는 때에는 회사에 대하여 연대하여 손해를 배상할 책임이 있다.(상법 191)
⑥ 제소주주의 담보제공의무
주주가 결의취소의 소를 제기한 때에는 법원은 회사의 청구에 따라 상당한 담보를 제공할 것을 명할 수 있다. 그러나 그 주주가 이사 또는 감사인 때에는 그러하지 아니하다.(상법 308②, 377) 회사가 청구를 함에는 이해관계인의 청구가 악의임을 소명하여야 한다.
⑦ 결의취소의 등기
결따른 사항이 등기된 경우에 결의 취소의 판결이 확정된 때에는 본점과 지점의 소재지에서 등기하여야 한다.(상법 308 ², 378)
⑧ 법원의 재량에 따른 청구기각
결의취소의 소가 제기된 경우에 결의의 내용, 회사의 현황과 제반사정을 참작하여 그 취소가 부적당하다고 인정한 때에는 법원은 그 청구를 기각할 수 있다.(상법 308②, 379)
⑨ 결의무효 및 부존재확인의 소
다음의 규정은 총회의 결의의 내용이 법령에 위반한 것을 이유로 하여 결의무효의 확인을 청구하는 소와 총회의 소집절차 또는 결의방법에 총회결의가 존재한다고 볼 수 없을 정도의 중대한 하자가 있는 것을 이유로 하여 결의부존재의 확인을 청구하는 소에 이를 준용한다.
㉮ 상법 제186조(전속관할)
㉯ 상법 제187조(소제기의 공고)
㉰ 상법 제188조(소의 병합심리)

㉑ 상법 제190조(판결효력) 본문
㉒ 상법 제191조(패소원고의 책임)
㉓ 상법 제377조(제소주주의 담보제공의무)
㉔ 상법 제378조(결의취소의 등기)
⑩ 부당결의의 취소, 변경의 소
 주주가 상법 제368조 제3항에 따라 의결권을 행사할 수 없었던 경우에 결의가 현저하게 부당하고 그 주주가 의결권을 행사하였더라면 이를 저지할 수 있었을 때에는 그 주주는 그 결의의 날로부터 2개월내에 결의의 취소의 소 또는 변경의 소를 제기할 수 있다.(상법 381①)
 다음은 위의 소에 준용한다.(상법 381②)
㉮ 상법 제186조(전속관할)
㉯ 상법 제187조(소제기의 공고)
㉰ 상법 제188조(소의 병합심리)
㉱ 상법 제190조(판결효력) 본문
㉲ 상법 제191조(패소원고의 책임)
㉳ 상법 제377조(제소주주의 담보제공의무)
㉴ 상법 제378조(결의취소의 등기)

## (10) 창립총회의 결의

 창립총회의 결의는 출석한 주식인수인의 의결권의 3분의 2이상이며 인수된 주식의 총수의 과반수에 해당하는 다수로 하여야 한다.(상법 309)

## (11) 변태설립의 경우의 조사

 정관으로 상법 제290조(변태설립사항)에 게기한 사항을 정한 때에는 발기인은 이에 관한 조사를 하게 하기 위하여 검사인의 선임을 법원에 청구하여야 한다.(상법 310①) 이 검사인의 보고서는 이를 창립총회에 제출하여야 한다.(상법 310②)
 그리고 다음 각 호의 사항을 정한 때에는 이사는 이에 관한 조사를 하게 하기 위하여 검사인의 선임을 법원에 청구하여야 한다.(상법 310③, 298④ 단서, 290)
 ① 발기인이 받을 특별이익과 이를 받을 자의 성명
 ② 현물출자를 하는 자의 성명과 그 목적인 재산의 종류, 수량, 가격과 이에 대하여 부여할 주식의 종류와 수
 ③ 회사성립후에 양수할 것을 약정한 재산의 종류, 수량, 가격과 그 양도인의 성명
 ④ 회사가 부담할 설립비용과 발기인이 받을 보수액
 또 위의 ① 및 ④에 기재한 사항에 관하여는 공증인의 조사·보고로, 위 ② 및 ③에 따른 사

항과 상법 제295조(발기설립의 경우의 납입과 현물출자의 이행)에 따른 현물출자의 이행에 관하여는 공인된 감정인의 감정을 감사인의 위의 조사에 갈음할 수 있다. 이 경우 공증인 또는 감정인은 조사 또는 감정결과를 법원에 보고하여야 한다.(상법 310③, 299의2, 209③④, 295)

### (12) 임원의 선임

창립총회에서는 이사와 감사를 선임하여야 한다.(상법 312)

### (13) 이사, 감사의 조사, 보고

이사와 감사는 취임후 지체없이 회사의 설립에 관한 모든 사항이 법령 또는 정관의 규정에 위반되지 아니하는지의 여부를 조사하여 창립총회에 보고하여야 한다.(상법 313①)

그리고 다음의 규정은 위의 조사와 보고에 관하여 준용한다.(상법 313②, 298②,③)

① 이사와 감사중 발기인이었던 자·현물출자자 또는 회사성립후 양수할 재산의 계약당사자인 자는 조사·보고에 참가하지 못한다.

② 이사와 감사의 전원이 위 ①에 해당하는 때에는 이사는 공증인으로 하여금 조사·보고를 하게 하여야 한다.

### (14) 변태설립사항의 변경

창립총회에서는 위 (11)의 각 호에 게기한 사항이 부당하다고 인정한 때에는 이를 변경할 수 있다.(상법 314①)

그리고 다음의 규정은 위의 변경할 수 없다.(상법 314, 300②,③)

① 변경에 불복하는 발기인은 그 주식의 인수를 취소할 수 있다. 이 경우에는 정관을 변경하여 설립에 관한 절차를 속행할 수 있다.

② 법원의 통고가 있은 후 2주내에 주식의 인수를 취소한 발기인이 없는 때에는 정관은 통고에 따라서 변경된 것으로 본다.

### (15) 발기인에 대한 손해배상청구

위 (19)의 규정은 발기인에 대한 손해배상의 청구에 영향을 미치지 아니한다.(상법 315)

### (16) 정관변경, 설립폐지의 결의

창립총회에서는 정관의 변경 또는 설립의 폐지를 결의할 수 있으며, 이 결의는 소집통지서에 그 뜻의 기재가 없는 경우에도 이를 할 수 있다.(상법 316)

## 8. 주식회사의 설립의 등기

주식회사의 설립등기는 발기인이 회사설립시에 발행한 주식의 총수를 인수한 경우에는 제299조(검사인의 조사·보고) 및 제300조(법원의 변경처분)에 따른 절차가 종료한 날로부터, 발기인이 주주를 모집한 경우에는 창립총회가 종결한 날 또는 제314조(변태설립사항의 변경)에 따른 절차가 종료한 날로부터 2주간내에 이를 등기하여야 한다.(상법 317 ①)

이 설립등기에 있어서는 다음의 사항을 등기하여야 한다. (상법 317②

## (1) 주식회사의 본점등기

① 목적
② 상호
③ 회사가 발행할 주식의 총수
④ 액면주식을 발행하는 경우 1주의 금액
⑤ 본점의 소재지
⑥ 회사가 공고를 하는 방법
⑦ 자본금의 액
⑧ 발행주식의 총수, 그 종류와 각종주식의 내용과 수
⑨ 주식의 양도에 관하여 이사회의 승인을 얻도록 정한 때에는 그 규정
⑩ 주식매수선택권을 부여하도록 정한 때에는 그 규정
⑪ 지점의 소재지
⑫ 회사의 존립기간 또는 해산사유를 정한 때에는 그 기간 또는 사유
⑬ 주주에게 배당할 이익으로 주식을 소각할 것을 정한 때에는 그 규정
⑭ 전환주식을 발행하는 경우에는 다음에 게기한 사항
　㉮ 주식을 다른 종류의 주식으로 전환할 수 있다는 뜻
　㉯ 전환의 조건
　㉰ 전환으로 인하여 발행할 주식의 내용
⑮ 사내이사, 사외이사 그 밖에 상무에 종사하지 아니하는 이사, 감사 및 행임원의 성명과 주민등록번호
⑯ 회사를 대표할 이사 또는 집행임원의 성명. 주민등록번호 및 주소
⑰ 둘 이상의 대표이사 또는 대표집행임원이 공동으로 회사를 대표할 것을 정한 경우에는 그 규정
⑱ 명의개서대리인을 둔 때에는 그 상호 및 본점소재지
⑲ 감사위원회를 설치한 때에는 감사위원회 위원의 성명 및 주민등록번호

## (2) 주식회사의 지점설치, 이전시 지점설치,신지점의 등기

회사의 설립과 동시에 지점을 설치하는 경우에는 설립등기를 한후 2주간내에 지점소재지에서 다음조 각 호의 사항(다른 지점의 소재지를 제외한다)을 등기하여야 한다.(상법 317④, 181①)
① 목적
② 상호
③ 회사가 발행할 주식의 총수
④ 액면주식을 발행하는 경우 1주의 금액
⑤ 자본금의 액
⑥ 발행주식의 총수, 그 종류와 각종 주식의 내용과 수
⑦ 주식의 양도에 관하여 이사회의 승인을 얻도록 정한 때에는 그 규정
⑧ 주식매수선택권을 부여하도록 정한 때에는 그 규정
⑨ 지점의 소재지
⑩ 주주에게 배당할 이익으로 주식을 소각할 것을 정한 때에는 그 규정
⑪ 명의개서인을 둔 때에는 그 상호 및 본점소재지
⑫ 감사위원회를 설치한 때에는 감사위원회 위원의 성명 및 주민등록번호

### (3) 주식회사 지점설치의 등기

회사의 설립과 동시에 지점을 설치하는 경우에는 설립등기를 한후 2주간내에 지점소재지에 다음조 각 호의 사항(다른 지점의 소재지를 제외한다)을 등기하여야 한다.(상법 317, ① )
① 목적
② 상호
③ 사내이사, 사외이사 그 밖에 상무에 종사하지 아니하는 이사, 감사 및 집행임원 의성명과 주민등록번호
④ 이사의 출자목적과 가격 또는 평가의 기준
⑤ 본점의 소재지

회사의 성립후에 지점을 설치하는 경우에는 본점소재지에서는 2주 내에 그 지점소재지와 설치년월일을 등기하고, 그 지점소재지에서는 3주 내에 위 각 호의 사항(다른 지점의 소재지를 제외한다)을 등기하여야 한다.(상법 317④, 181②)

### (4) 주식회사의 본점 또는 이전등기

회사가 본점을 이전하는 경우에는 2주간내에 구소재지에서는 신소재지와 이전년월일을, 신소재지에서는 위 (다)의 각 호의 사항(다른 지점소재지를 제외함)을 등기하여야 한다.(상법 317, 182)

(5) 변경등기

위 (다)에 계기한 사항에 변경이 있을 때에는 본점소재지에서는 2주간내, 지점소재지에서는 3주간내에 변경등기를 하여야 한다.(상법 317, 183)

## 9. 납입금보관자의 증명과 책임

납입금을 보관한 은행이나 그 밖의 금융기관은 발기인 또는 이사의 청구를 받으면 그 보관금액에 관하여 증명서를 교부하고, 위의 은행 그 밖의 금융기관은 증명한 보관금액에 대하여는 납입이 부실하거나 그 금액의 반환에 제한이 있다는 것을 이유로 회사에 대항하지 못한다.(상법 318)

자본금총액이 10억원미만인 회사를 발기설립하는 경우에는 위의 증명서를 은행이나 그 밖의 금융기관의 잔고증명서로 대체할 수 있다.(상법318 ③)

## 10. 권리주의 양도

주식의 인수로 인한 권리의 양도는 회사에 대하여 효력이 없다.(상법 319)

## 11. 주식인수의 무효주장, 취소의 제한

회사성립후에는 주식을 인수한 자는 주식청약서의 요건의 흠결을 이유로 하여 그 인수의 무효를 주장하거나 사기, 강박 또는 착오를 이유로 하여 그 인수를 취소하지 못한다.

창립총회에 출석하여 그 권리를 행사한 자는 회사의 성립전에도 위와 같다.(상법 320)

## 12. 발기인의 주식인수

회사설립시에 발행한 주식으로서 회사성립후에 아직 인수되지 아니한 주식이 있거나 주식인수의 청약이 취소된 때에는 발기인이 이를 공동으로 인수한 것으로 본다.(상법 321①)

## 13. 발기인의 책임

(1) 납입담보 책임

회사의 성립 후 상법 제295조(발기설립의 경우의 납입과 현물출자의 이행) 제1항과 제305조(주식에 대한 납입) 제1항에 따른 납입을 완료하지 아니한 주식이 있는 때에는 발기인은 연대하여 그 납입을 하여야 한다.(상법 321②) 이는 발기인에 대한 손해배상의 청구에 영향을 미치지

아니한다.(상법 321③, 315)

## (2) 발기인의 손해배상 책임

발기인이 회사의 설립에 관하여 그 임무를 해태한 때에는 그 발기인은 회사에 대하여 연대하여 손해를 배상할 책임이 있으며, 발기인이 악의 또는 중대한 과실로 인하여 그 임무를 해태한 때에는 그 발기인은 제3자에 대하여도 연대하여 손해를 배상할 책임이 있다.(상법 322)

## (3) 발기인,임원의 연대책임

이사와 감사는 취임후 지체없이 회사의 설립에 관한 모든 사항이 법령 또는 정관의 규정에 위반되지 아니하는지의 여부를 조사하여 창립총회에 보고하지 않아 제3자에 대하여 손해를 배상할 책임을 지는 경우에 발기인도 책임을 질때에는 그 이사, 감사와 발기인은 연대하여 손해를 배상할 책임이 있다.(상법 323)

## (4) 발기인의 책임면제, 주주의 대표소송

### (가) 회사에 대한 책임면제

이사가 법령 또는 정관에 위반한 행위를 하거나 그 임무를 해태한 때 또는 이 행위가 이사회의 결의에 따른 것인 때에는 그 이사는 회사에 대하여 손해를 배상할 책임이 있는데, 이 책임은 총주주의 동의로 면제할 수 있다.(상법 324, 400)

### (나) 주주의 대표소송

발행주식의 총수는 1% 이상에 해당하는 주식을 가진 주주는 회사에 대하여 이사의 책임을 추궁할 소의 제기를 청구할 수 있으며, 이 청구는 그 이유를 기재한 서면으로 하여야 한다.(상법 324, 403 ①, ②)

회사가 위의 청구를 받은 날로부터 30일내에 소를 제기하지 아니한 때에는 제1항의 주주는 즉시 회사를 위하여 소를 제기할 수 있고, 이 기간의 경과로 인하여 회사에 회복할 수 없는 손해가 생길 염려가 있는 경우에는 주주는 즉시 소를 제기할 수 있다.(상법 324, 401)

위의 소를 제기한 주주의 보유주식이 제소후 발행주식총수의 1%미만으로 감소한 경우(발행주식을 보유주식이 재소 후 발행주식총수의 1% 미만으로 감소한 경우 발행주식을 보유하지 아니하게 된 경우를 제외함)에도 제소의 효력에는 영향이 없다.(상법 324③, 403⑤)

위의 소를 제기한 경우 당사자는 법원의 허가를 얻지 아니하고는 소의 취하, 청구의 포기·인락·화해를 할 수 없다.(상법 324, 403⑥)

다음의 규정은 주주의 대표소송의 소에 준용한다.(상법 403⑦)

① 이사 또는 회사의 업무를 집행하는 이사가 법령 또는 정관에 위반하여 회사의 존속을 허용할 수 없는 행위를 한 때에는 이해관계인이나 검사의 청구에 따라 또는 직권으로 회사의 해

산을 명할 수 있다.(상법 176③)

② 이사가 그 채권자를 해할 것을 알고 회사를 설립한 때에는 채권자는 그 이사와 회사에 대한 소로 회사의 설립취소를 청구할 수 있는 소는 본점소재지의 지방법원의 관할에 속한다.(상법 186)

### (다) 대표소송과 소송참가, 소송고지

회사가 위 (나)의 주주의 대표소송의 청구를 받은 날로부터 30일 내에 소를 제기하지 아니한 때와 그 기간의 경과로 인하여 회사에 회복할 수 없는 손해가 생길 염려가 있는 경우의 주주의 즉시 소를 제기를 소에 참가할 수 없다. 이 소를 제기한 주주는 소를 제기한 후 지체없이 회사에 대하여 그 소송을 고지하여야 한다.(상법 404)

## (5) 회사불성립의 경우의 발기인의 책임

회사가 성립하지 못한 경우에는 발기인은 그 설립에 관한 행위에 대하여 연대하여 책임을 지며, 이 경우에 회사의 설립에 관하여 지급한 비용은 발기인이 부담한다.(상법 326)

## (6) 유사발기인의 책임

주식청약서 기타 주식모집에 관한 서면에 성명과 회사의 설립에 찬조하는 뜻을 기재할 것을 승낙한 자는 발기인과 동일한 책임이 있다.(상법 327)

## (7) 검사인의 손해배상책임

법원이 선임한 검사인이 악의 또는 중대한 과실로 인하여 그 임무를 해태한 때에는 회사 또는 제삼자에 대하여 손해를 배상할 책임이 있다.(상법 325)

# 14. 주식회사 설립무효의 소

회사설립의 무효는 주주·이사 또는 감사에 한정하여 회사성립의 날로부터 2년내에 소만으로 이를 주장할 수 있다.(상법 328①)

## (1) 설립무효 소의 전속관할

이사가 그 채권자를 해할 것을 알고 회사를 설립한 때에는 채권자는 그 이사와 회사에 대한 소를 회사의 설립취소를 청구할 수 있는데, 이 소는 본점소재지의 지방법원의 관할에 전속한다.(상법 186, 상법 328②)

## (2) 소 제기의 공고

주식회사의 자본을 이루는 단위로서의 금액 및 그것을 전제로 한 주주의 권리·의무(주주권)를 말한다. 주식회사는 자본단체이므로 자본이 없이는 성립할 수 없다. 자본은 사원인 주주의 출자이며, 권리와 의무의 단위로서의 주식으로 나누어진다. 따라서, 주식에는 자본을 구성하는 분자로서의 금액의 뜻과 주주의 회사에 대한 권리·의무의 단위인 주주권으로서의 뜻이 있다. 주식과 유사한 것에 합명회사나 합자회사의 "지분"이 있으나, 주식은 1명이 많이 소유할수 있는 데 대하여 지분은 각인의 출자분을 각각 하나의 지분으로 하는 점에 양자의 차이가 있다. 또, 통속적으로는 주식과 주권을 혼동하는 일이 많으나, 주권은 주식(주주권)을 표창하는 유가증권이다. 주식을 줄여서 "주"라고도 한다.

### (2) 주식의 본질

주식의 본질에 관하여는 주주가 주주라는 지위에서 가지고 있는 권리와 의무가 합체하여 단일한 권리로 되었다는 설, 그리고 주주가 주주의 자격에서 가지고 있는 많은 권리의무가 집합하였다는 설, 주주의 권리의무가 생기게 되는 법률상의 지위 또는 자격이라는 설 등이 있으나 주주의 회사에 대한 법률상의 지위라고 해석하는 것이 가장 타당할 것이다.

주주는 이런 지위에 기하여 회사에 대해서 여러 가지 권리를 가지게 되는데, 주주의 권리는 주주가 소유하는 주식수에 비례하여 정하여진다. 예컨대, 각 주주는 1주에 1결의권을 가지고(상법 369①) 이익 또는 이자의 배당은 각 주주가 소유하고 있는 주식수에 따라 하며(상법 464) 회사가 해산하여 청산한 후에 아직 재산이 남아 있는 때에는, 그 재산을 각 주주가 가진 주식의 수에 따라 주주에게 분배하여야 한다.(상법 538)

이와 같이 주주는 그가 가지고 있는 주식수에 따라 권리의 비율이 정하여지므로, 주식은 주주의 회사에 대한 비율적지위라고도 한다. 예컨대, 백만주의 주식을 발행한 회사에 있어서 1주의 주식을 가지고 있는 주주는 백만분의 1의 비율로, 회사의 기업경영에 참가하고, 기업이익의 분배를 받을 수 있다.

### (3) 주식의 종류

상법은 이익배당이나 잔여재산분배 등에 관하여 그 내용이 다른 수종의 주식을 인정하고 있다.(상법 344) 즉, 표준이 되는 주식을 보통주라 하고, 이에 비하여 재산적 내용에 관하여 우선적 지위를 가지는 우선주, 보통주보다 뒤에 배당을 받는 후배주, 이익배당에서는 보통주에 우선하고 잔여재산분배에서는 뒤에 배당하는 경우와 같은 혼합주 등이 있다. 또, 회사가 한때의 자금조달의 필요에 따라 배당우선주를 발행하지만, 일정한 요건하에 이익으로서 소각할 수 있는 상환주식, 수 종의 주식을 발행하는 경우에 다른 종류의 주식으로 전환할 수 있는 권리가 인정된 전환주식이 인정되고 있다.(상법 345~351)

설립무효의 소 또는 설립취소의 소가 제기된 때에는 회사는 지체없이 공고하여야 한다.(상법 187, 상법 328②)

### (3) 소의 병합심리

수개의 설립무효의 소 또는 설립취소의 소가 제기된 때에는 법원은 이를 병합심리하여야 한다.(상법 188, 상법 328②)

### (4) 하자의 보완 등과 청구의 기각

설립무효의 소 또는 설립취소의 소가 그 심리중에 원인이 된 하자가 보완되고 회사의 현황과 제반사정을 참작하여 설립을 무효 또는 취소하는 것이 부적당하다고 인정한 때에는 법원은 그 청구를 기각할 수 있다.(상법 189, 상법 328②)

### (5) 판결의 효력

설립무효의 판결 또는 설립취소의 판결은 제삼자에 대하여도 그 효력이 있다. 그러나, 판결확정전에 생긴 회사와 사원 및 제삼자간의 권리의무에 영향을 미치지 아니한다.(상법 190, 상법 328②)

### (6) 패소원고의 책임

설립무효의 소 또는 설립취소의 소를 제기한 자가 패소한 경우에 악의 또는 중대한 과실이 있는 때에는 회사에 대하여 연대하여 손해를 배상할 책임이 있다.(상법 191, 상법 328②)

### (7) 설립무효, 취소의 등기

설립무효의 판결 또는 설립취소의 판결이 확정된 때에는 본점과 지점의 소재지에서 등기하여야 한다.(상법 192, 상법 328②)

### (8) 설립무효,취소판결의 효과

설립무효의 판결 또는 설립취소의 판결이 확정된 때에는 해산의 경우에 준하여 청산하여야 하며, 이 경우에는 법원은 사원 그 밖의 이해관계인의 청구에 따라 청산인을 선임할 수 있다.(상법 193, 상법 328②)

# 제2절 주식회사의 주식과 주권

## 1. 주식

### (1) 주식의 의의

### (가) 상환주식

이익배당에 관하여 우선적 내용이 있는 종류의 주식에 대하여 이익으로써 소각할 수 있다. 이 경우에는 상환가액, 상환기간, 상환방법과 수를 정관에 기재하여야 한다.(상법 345)

### (나) 전환주식

전환주식이란 미리 정하여진 전환율로 전환기간 중에 주주의 선택에 따라 당해 회사의 타주식에 전환할 수 있는 권리가 인정되고 있는 주식을 말한다.

전환주는 우선주인 경우가 많고, 일반적으로 우선주에서 보통주로 전환할 수 있다.

전환주식을 발행하는 이유는 주식인수의 희망자를 많게 하여 설립과 증자를 용이하게 하기 위해서이다. 회사설립시 또는 신주발행시에 비참가적 우선주에 보통주로 전환할 수 있는 권리가 부여되어 있는 때에는, 회사의 이익이 증가하여 보통주의 경우가 유리하게 된 때에는 보통주로 전환할 수 있게 되어 유리하므로 주식인수의 희망자가 많아진다.

즉, 일반적으로 주식의 전환은 원금에 대한 안전성이 높고, 수익성·투기성이 낮은 상위증권에서 안정성이 낮고, 수익성·투기성이 높은 하위증권으로 이루어지는데, 전환주식으로서는 우선주가 보통주에로 전환권을 가지는 것이 보통이다. 이것을 특히 전환우선주(Convertible Preferred Stock)라 부른다.

전환주식제도는 주주의 모집을 용이하게 하기 위하여 미국법에 따라 도입된 제도이며, 구 상법에서는, 전환주식은 자본증가시에 한정하여 발행할 수 있었으나 신 상법은 회사설립시에도 발행할 수 있게 하였다(상법 346). 전환주식을 발행하려면 정관으로, 주식을 다른 종류의 주식으로 전환할 수 있다는 뜻과 전환의 조건, 전환으로 인하여 발행할 주식의 내용, 전환을 청구할 수 있는 기간을 주식청약서에 기재하여야 한다.(상법 347) 또한 전환으로 인하여 신주식을 발행하는 경우에는 전환 전의 주식의 발행가액을 신주식의 발행가액으로 하여야 하고(상법 348), 전환을 청구하는 전환주주는 전환하고자 하는 주식의 종류, 수와 청구연월일을 기재하여 기명날인한 청구서 2통에 주권을 첨부하여 회사에 제출하여야 한다. 그러나 전환의 청구는 주주명부 폐쇄기간 중에는 하지 못한다.(상법 349)

전환주식의 효력발생시기는 주식의 전환을 청구한 때이나 이익이나 이자의 배당에 대해서는 그 청구를 한 때가 속하는 사업연도말에 전환된 것으로 본다.(상법 350) 주식의 전환으로 인한 변경등기는 전환한 청구한 날이 속하는 달의 말일부터 2주간 내에 본점소재지에서 하여야 한다.(상법 351) 전환주식의 전환권행사시에는 주주의 회사에 대한 주주권의 내용만 달라질 뿐 자산이나 자본에서는 아무런 변화가 없다.

회사설립시에 발행하는 주식에 관하여 다음의 사항은 정관으로 달리 정하지 아니하면 발기인전원의 동의로 이를 정한다.(상법 291)
① 주식의 종류와 수
② 액면이상의 주식을 발행하는 때에는 그 수와 금액
③ 액면주식을 발행하는 경우에는 주식의 발행가액과 주식이 발행가액 중 자본금으로 계상하는 금액

## 3. 성립절차

정관의 작성으로 법률상 충분한 회사실체가 이루어진 것으로 인정되지만, 물적회사인 경우에는 다시 인수·납입 등에 따라야 하므로 회사 중 주식회사의 설립절차를 들어 보면 다음과 같다.

(1) 발기설립시

① 정관에 대한 효력발생

정관은 공증인의 인증을 받음으로써 효력이 생긴다. 다만, 자본금 총액이 10억원 미만인 회사를 제295조 제1항에 따라 발기설립하는 경우에는 제289조 제1항에 따라 각 발기인이 정관에 기명날인 또는 서명함으로써 효력이 생긴다.(상법 292)

② 발기인의 주식 인수

각 발기인은 서면에 따라 주식을 인수하여야 한다.(상법 293)

③ 납입과 현물출자의 이행

발기인이 회사의 설립시에 발행하는 주식의 총수를 인수한 때에는 지체없이 각 주식에 대하여 그 인수가액의 전액을 납입하여야 한다. 이 경우 발기인은 납입을 맡을 은행 그 밖에 금융기관과 납입장소를 지정하여야 하며, 현물출자를 하는 발기인은 납입기일에 지체없이 출자의 목적인 재산을 인도하고 등기·등록 그 밖에 권리의 설정 또는 이전을 요할 경우에는 이에 관한 서류를 완비하여 교부하여야 한다.(상법 295)

④ 임원선임

납입과 현물출자의 이행이 완료된 때에는 발기인은 지체없이 의결권의 과반수로 이사와 감사를 선임하여야 하며, 발기인의 의결권은 그 인수주식의 1주에 대하여 1개로 한다.(상법 296)

⑤ 의사록의 작성

발기인은 의사록을 작성하여 의사의 경과와 그 결과를 기재하고 기명날인 또는 서명하여야 한다.(상법 297)

⑥ 이사·감사의 조사·보고와 검사인의 선임청구

자본불입에 따라 자본출자자로 하여금 법률상의 사원자격을 가지게 하는 동시에 회사에 대하여 평형적 지분을 가지게 하는 주식은 주주가 상기의 권리를 가지고 있음을 표상하는 출자증권이므로, 자본불입 등에 따라 회사는 주식을 발행해 주어야 하는 것이다. 그러나 1984년 9월 1일의 개정상법에서는 발행된 주식을 회사에 반납한 후 회사는 이를 소각함으로써 주권의 소지만으로 적법한 소유자로 인정하는 개정상법과 균형을 유지하는 주권불소지제도가 신설되었다.

### (가) 주식의 발행형태
① 설립시

발기인이 수권주식을 자본으로 불입하여 발기설립이든 모집설립이든, 또는 직접발행이든 간접발행이든 또는 현금출자든 현물출자든 간에 납입이 완료된 후 지체없이 주식을 발행하여야 한다.

② 증자시

㉮ 실질적증자(유상증자)

신주인수권을 배정한 후 납입기일에 납입이 완료되면 신주를 발행해야 하는데, 이 때 발행가격은 액면발행, 프레미엄부발행, 할인발행 등 3가지 중 택일하여야 하며, 어떠한 발행가격이라도 법정자본금은 권면 액으로 표시되고, 동 차액은 주식 발행액면초과금 또는 주식할인발행차금으로서 자본준비금이나, 자본에서 공제하는 형식으로 처리하도록 기업회계기준에서 정하고 있고, 세법도 이에 따라 익금불산입과 손금불산입으로 하고 있다.

㉯ 형식적증자(무상증자)

1) 준비금의 자본전입 : 매결산시의 금전에 따른 이익배당액의 10% 이상 적립한 이익준비금(상법 458)과 합병차익·주식발행액면초과액·감가차익·국고보조금·공사부담금·보험차익·자산수증이익·채무면제이익·자기주식처분이익 및 그 밖의 자본잉여금(상법 459)을 이사회의 결의(상법 461)에 따라 준비금의 전부 또는 일부를 자본금에 전입을 할 수 있도록 하고 있다. 그러나 정관으로 주주총회에서 결정하기로 정한 경우에는 그러하지 아니하다.(상법 461 ① 단서) 이 경우, 신주를 발행하여 현주주에게 소유주식에 비례하여 무상으로 교부하여야 한다.

2) 재평가적립금자본전입 : 재평가법에 따라 재평가적립금이 생긴 경우에는 이월결손금, 외화환율차손금 등을 차감한 잔액을 이사회의 결의에 따라 자본전입할 수 있다. 역시 신주발행분은 현주주에게 소유주식비례에 따라 무상으로 교부하여야 한다.

3) 주식배당(Stock Dividends) : 주식배당이란 이익배당의 일부를 금액으로 하지 않고 자본전입하여 신주를 발행하고 신주를 주주에게 지주비율에 따라 무상으로 분배하는 것이다. 구 상법에서는 현금배당만을 인정했으나 개정상법에서는 주식배당도 총배당액의 2분의 1 범위 내

에서 인정하도록 신설되었으므로(상법 462의2), 이 주식배당제도에 대하여는 법률적인 본질이 주식분할설과 이익배당설로 양분되어 있으나 국내에서는 이익배당설이 다수설로서 배당으로 본다. 그러나 주식배당은 특수한 신주발행이므로 보통의 증자신주발행에 관한 절차가 적용되지 아니하고 상법 제462조의 2에 따라 주주총회의 보통결의로서 주식배당을 한다는 뜻과 그 배당액, 배당되는 주식의 종류를 결정하여야 하며, 또한 주식은 그 권면액만으로 발행하도록 하고 있고 신주배정 권리가 기존주주에게 귀속되고 신주발행의 효력발생시기는 주식배당결의를 한 주주총회가 종결한 때이고, 그 때부터 신주의 주주가 된다. 또한, 주식배당의 효력이 발생하면 지체없이 주식을 발행하고 자본금과 발행주식총수의 증가에 따라 변경등기를 하여야 한다.(상법 317④, 183)

4) 전환주식과 전환사채의 전환 : 전환주식이나 전환사채는 소유자의 전환권행사에 따라 미리 정하여진 전환조건으로 보통주로 전환하게 된다. 전환주식의 경우에는 주주의 회사에 대한 주주권의 내용만 달라지나, 자산이나 자본에는 아무런 변화가 없으나, 전환사채의 경우에는 부채가 자본으로 전환된다.

5) 신주인수권부사채 : 개정상법은 신주인수권부사채제도를 신규도입하여(상법 516의 2~10) 전환사채와 같이 그 발행권을 원칙적으로 이사회에 부여하였으나(상법 516의2②), 기존주주의 이익보호를 위하여 주주이외의 자에 대하여 신주인수권사채를 발행하는 경우에 그 발행할 수 있는 신주인수권부 사채의 액, 신주인수권의 내용과 신주인수권을 행사할 수 있는 기간에 관하여 정관에 규정이 없으면 주주총회의 결의로서 발행하여야 하며 주주총회의(상법 516의2④), 분리형이나 비분리형이거나 간에 발행조건에 따라 신주인수권을 행사한 자는 신주의 발행가액의 전액을 납입한 때에 주주가 되고, 이에 따라 주식을 발행해 주어야 한다.(상법 516의9) 또한, 사채총액의 감소와 발행주식총수의 증가에 따른 변경등기가 필요하다.(상법 516조의7, 415의2, 183)

③ 특수한 주식발행

㉮ 회사의 합병 : 신설합병이나 흡수합병이거나간에 구주주의 지주수에 따라 합병비율대로 신회사의 주식이 새로 발행되어 교부된다.

㉯ 주식의 병합 : 2주 이상을 합하여 하나의 주식으로 병합하여 주 금액의 단위를 병합 전보다 크게 하는 것으로 구주 대신 신주를 발행해 주되, 법인의 자산·부채·자본에는 전혀 영향이 없는 것이다.

㉰ 주식의 발행

주식의 병합과는 반대로 하나의 주식을 2개 이상의 주식으로 세분과하여 분할전 주금액보다 작은 주금액으로 분할하여 신주를 발행하는 것으로서 주식수만 증가될 뿐 자본·부채·자산에는 변동이 없다.

### (나) 액면미달발행의 제한

주식은 액면미달의 가액으로 발행하지 못한다. 그러나 회사가 성립한 날로부터 2년을 경과한 후에 주식을 발행하는 경우에는 회사는 주주총회의 결의와 법원의 인가를 얻어서 주식을 액면미달의 가액으로 발행할 수 있다.(상법 330)

## (7) 주주의 책임

주주의 책임은 그가 가진 주식의 인수가액을 한도로 한다.(상법 331)

## (8) 가설인, 타인의 명의에 따른 인수인의 책임

가설인의 명의로 주식을 인수하거나 타인의 승락없이 그 명의로 주식을 인수한 자는 주식인수인으로서의 책임이 있으며, 타인의 승락을 얻어 그 명의로 주식을 인수한 자는 타인과 연대하여 납입할 책임이 있다.(상법 332)

## (9) 주식의 공유

수인이 공동으로 주식을 인수한 자는 연대하여 납입할 책임이 있으며, 주식이 수인의 공유에 속하는 때에는 공유자는 주주의 권리를 행사할 자 1명을 정하여야 하며, 주주의 권리를 행사할 자가 없는 때에는 공유자에 대한 통지나 최고는 그 1인에 대하여 하면 된다.(상법 333)

## (10) 주식의 양도

### (가) 주식의 양도성

법률행위에 따라 주주권인 주식을 이전하는 일이며, 주주는 원칙적으로 자유롭게 양도할 수 있다. 이것은 "주식양도 자유의 원칙"이라 하며, 정관에 따라서도 이를 금지·제한하지 못한다. 다만, 주식의 양도는 정관이 정하는 바에 따라 이사회의 승인을 얻도록 할 수 있다. 이 단서의 규정에 위반하여 이사회의 승인을 얻지 아니한 주식의 양도는 회사에 대하여 효력이 없다.

주권발행전에 한 주식의 양도는 회사에 대하여 효력이 없다. 그러나 회사성립후 또는 신주의 납입기일후 6개월이 경과한 때에는 그러하지 아니하다.(상법 335)

### (나) 양도승인의 청구

주식의 양도에 관하여 이사회의 승인을 얻어야 하는 경우에는 주식을 양도하고자 하는 주주는 회사에 대하여 양도의 상대방 및 양도하고자 하는 주식의 종류와 수를 기재한 서면으로 양도의 승인을 청구할 수 있다.(상법 335의2 ①)

① 승인통지

회사는 위의 청구가 있는 날부터 1개월이내에 주주에게 그 승인여부를 서면으로 통지하여야 한다.(상법 335의2 ②)
② 이사회의 승인 간주
회사가 위 ①의 기간 내에 주주에게 거부의 통지를 하지 아니한 때에는 주식의 양도에 관하여 이사회의 승인이 있는 것으로 본다.(상법 335의2 ③)
③ 위 ①의 양도승인거부의 통지를 받은 주주는 통지를 받은 날부터 20일내에 회사에 대하여 양도의 상대방의 지정 또는 그 주식의 매수를 청구할 수 있다.(상법 335의2 ④)

### (다) 양도상대방의 지정청구
① 주주가 양도의 상대방을 지정하여 줄 것을 청구한 경우에는 이사회는 이를 지정하고, 그 청구가 있은 날부터 2주간내에 주주 및 지정된 상대방에게 서면으로 이를 통지하여야 한다.
② 이 기간내에 주주에게 상대방지정의 통지를 하지 아니한 때에는 주식의 양도에 관하여 이사회의 승인이 있는 것으로 본다.(상법 335의3)

### (라) 지정된 자의 매도청구권
위 (다)의 ①에 따라 상대방으로 지정된 자는 지정통지를 받은 날부터 10일이내에 지정청구를 한 주주에 대하여 서면으로 그 주식을 자기에게 매도할 것을 청구할 수 있으며, 위 (다)의 ②의 규정은 주식의 양도상대방으로 지정된 자가 10일 이내에 매도의 청구를 하지 아니한 때에 이를 준용한다.(상법 335의4)

### (마) 매도가액의 결정
위 (라)의 경우에 그 주식의 매도가액은 주주와 매도청구인간의 협의로 이를 결정하며, 상법 제374조의2(반대주주의 주식매수청구권) 제4항 및 제5항의 규정은 위 (라)에 따른 청구를 받은 날부터 30일 이내에 협의가 이루어지지 아니하는 경우에 이를 준용한다.(상법 335의5)

### (바) 주식의 매수청구
주주가 회사에 대하여 주식의 매수를 청구한 경우에 아래 사항을 준용한다.
① 회사는 매수청구를 받은 날부터 2개월 이내에 그 주식을 매수하여야 한다.
② 위 ①에 따른 주식의 매수가액은 주주와 회사간의 협의에 따라 결정한다.
③ 주식매수청구를 받은 날부터 30일 이내에 위 ②에 따른 협의가 이루어지지 아니한 경우에는 회사 또는 주식의 매수를 청구한 주주는 법원에 대하여 매수가액의 결정을 청구할 수 있다.

### (사) 주식의 양수인에 따른 승인청구

주식의 양도에 관하여 이사회의 승인을 얻어야 하는 경우에 주식을 취득한 자는 회사에 대하여 그 주식의 종류와 수를 기재한 서면으로 그 취득의 승인을 청구할 수 있다.(상법 335의7 ①) 이 경우 위 (나)·(다)·(라)·(마)·(바)의 규정은 위에 준용한다.(상법 335의7 ②)

#### (아) 주식의 양도방법

주식의 양도에 있어서는 주권을 교부하여야 하고, 주권의 점유자는 이를 적법한 소지인으로 추정한다.(상법 336)

### (11) 주식

주식이란 주권을 말한다.

#### (가) 주식명부의 기재사항

① 주식을 발행한 때

회사가 주식을 발행한 때에는 주주명부에 다음의 사항을 기재하여야 한다.(상법 352①)

㈎ 주주의 성명과 주소
㈏ 각 주주가 가진 주식의 종류와 그 수
㈐ 각 주주가 가진 주식의 주권을 발행한 때에는 그 주권의 번호
㈑ 각주식의 취득년월일

② 전환주식을 발행한 때

위의 ① 및 ②의 경우에 전환주식을 발행한 때에는 다음의 사항을 기재하여야 한다.(상법 352③, 347)

㈎ 주식을 다른 종류의 주식으로 전환할 수 있다는 뜻
㈏ 전환의 조건
㈐ 전환으로 인하여 발행할 주식의 내용
㈑ 전환을 청구할 수 있는 기간

#### (나) 주주명부의 효력

주주 또는 질권자에 대한 회사의 통지 또는 최고는 주주명부에 기재한 주소 또는 그 자로부터 회사에 통지한 주소로 하면 된다.(상법 353①)

위의 통지 또는 최고는 보통 그 도달할 시기에 도달한 것으로 본다.(상법 353②)

#### (다) 주식이전의 대항요건

주식의 이전은 취득자의 성명과 주소를 주주명부에 기재하지 아니하면 회사에 대항하지

못하며, 회사는 정관이 정하는 바에 따라 명의개서인을 둘 수 있다. 이 경우 명의개서대리인이 취득자의 성명과 주소를 주주명부의 복본에 기재한 때에는 위의 명의개서가 있는 것으로본다.(상법 337)

## (12) 주식의 입질

주식을 질권의 목적으로 하는 것, 주식 즉, 주주권은 재산적 가치를 가지는 것이므로, 그것이 증권으로 표창되어 있는 한 개의 가치물(유가증권)로서 등장할 때에는 그것을 재산적으로 이용하기 위하여 입질할 수 있게 할 필요가 있다.

상법도 역시 주식의 질권의 목적물이 될 수 있다는 것을 인정하고 있다.(상법 338~340) 다만, 회사는 원칙으로 자기주식을 질권의 목적으로 받을 수 없다.(상법 341)

입질의 방법에는 무기명주식의 입질방법과 기명식주식의 입질방법이 있다.

### (가) 주식의 입질

주식의 입질에 관하여는 상법은 두 가지 방법을 인정하고 있다. 그의 하나는 약식입질의 경우인데, 이 때에 질권은 다만, 주권의 교부에 따라 성립하고 그 질권으로써 제3자에게 대항하기 위하여는 계속 주권을 점유하여야 한다. 그의 둘은 정식입질 또는 등록질(登錄質)의 경우인데, 회사가 질권설정자의 청구에 따라 질권자의 성명과 주소를 주주명부에 부기하고 그 성명을 주권에 기재하는 경우이다.(상법 340)

### (나) 질권의 물상대위

주식의 질권자에게는 물상대위도 인정된다. 즉, 상법은 주식의 소각·병합·분할·전환이 있는 때에는 이로 인하여 종전의 주주가 받을 금전이나 주식에 대하여도 종전의 주식을 목적으로 한 질권을 행사할 수 있다.(상법 339)

### (다) 주식의 등록질

주식을 질권의 목적으로 한 경우에 회사가 질권설정자의 청구에 따라 그 성명과 주소를 주주명부에 덧붙여 쓰고 그 성명을 주권에 적은 경우에는 질권자는 회사로부터 이익배당, 잔여재산의 분배 또는 위 (2)에 따른 금전의 지급을 받아 다른 채권자에 우선하여 자기채권의 변제에 충당할 수 있다.(상법 340①)

그 지급을 받거나 물상대위권을 행사하는 때에는 미리 압류를 할 필요가 없다. 그러나 질권자의 채권의 기한이 도래하지 않았을 때에는 질권자는 회사로 하여금 위에서 말한 금액을 공탁시킬 수 있는데, 이 경우에는 질권은 그 공탁금에 의존한다.(상법 340② · 민법 353③) 또 등록질권자는 주식의 병합·전환 또는 합병 혹은 준비금의 자본수입으로 인한 신주발행의 경우에 주주가 받을 주권의 교부를 회사에 대하여 청구할 수 있다.(상법 340③)

### (13) 주식매수선택권

회사는 정관이 정한 바에 따라 주주총회의 결의(상법 434)로 회사의 설립·경영과 기술혁신 등에 기여하거나 기여할 수 있는 회사의 이사 집행임원·감사 또는 피용자에게 미리 정한 가액(이하 "주식매수선택권의 행사가액"이라 한다)으로 신주를 인수하거나 자기의 주식을 매수할 수 있는 권리 (이하 "주식매수선택권"이라 한다)를 부여할 수 있다. 이 경우 주식의 실질가액은 주식매수선택권의 행사가액이 주식의 실질가액보다 낮은 경우에 회사는 그 차액을 금전으로 지급하거나 그 차액에 상당하는 자기의 주식을 양도할 수 있다. 이 경우 주식의 실질가액은 주식매수선택권의 행사일을 기준으로 평가 한다.(상법 340의2 ①)

#### (가) 주식매수선택권을 부여할 수 없는 경우

다음 각 호의 어느 하나에 해당하는 자에게는 위에 규정된 주식매수선택권을 부여할 수 없다. (상법 340의2 ②)

① 의결권없는 주식을 제외한 발행주식총수의 100분의 10 이상의 주식을 가진 주주
② 이사·집행임원·감사의 선임과 해임등 회사의 주요경영사항에 대하여 사실상 영향력을 행사하는 자
③ 위 ①과 ②에 규정된 자의 배우자와 직계존·비속

#### (나) 발행할 신주또는 양도할 자기주식의 한도

위에 따라 발행할 신주 또는 양도할 자기의 주식은 회사의 발행주식총액의 10%를 초과할 수 없다.(상법 340의2 ③)

#### (다) 주식매수선택권의 행사가액의 요건

위에 규정한 주식매수선택권의 행사가액은 다음 각 호의 가액 이상이어야 한다.(상법 340의2 ④)

① 신주를 발행하는 경우에는 주식매수선택권의 부여일을 기준으로 한 주식의 실질가액과 주식의 권면액중 높은 금액. 다만, 무액면주식을 발행한 경우에는 자본으로 계상되는 금액 중 1주에 해당하는 금액을 권면액으로 본다.
② 자기의 주식을 양도하는 경우에는 주식매수선택권의 부여일을 기준으로 한 주식의 실질가액

#### (라) 주식매수선택권의 부여

① 정관에 기재할 사항

주식매수선택권에 관한 정관의 규정에는 다음 각 호의 사항을 기재하여야 한다.(상법 340의3 ①)

㉮ 일정한 경우 주식매수선택권을 부여할 수 있다는 뜻
㉯ 주식매수선택권의 행사로 발행하거나 양도할 주식의 종류와 수

㉰ 주식매수선택권을 부여받을 자의 자격요건
㉱ 주식매수선택권의 행사기간
㉲ 일정한 경우 이사회결의로 주식매수선택권의 부여를 취소할 수 있다는 뜻
② 주주총회의 결의 사항
주식매수선택권에 관한 주주총회의 결의에 있어서는 다음 각 호의 사항을 정하여야 한다.(상법 340의3 ②)
㉮ 주식매수선택권을 부여받을 자의 성명
㉯ 주식매수선택권의 부여방법
㉰ 주식매수선택권의 행사가액과 그 조정에 관한 사항
㉱ 주식매수선택권의 행사기간
㉲ 주식매수선택권을 부여받을 자 각각에 대하여 주식매수선택권의 행사로 발행하거나 양도할 주식의 종류와 수
③ 계약서의 작성
회사는 위 ②의 주주총회 결의에 따라 주식매수선택권을 부여 받은 자와 계약을 체결하고 상당한 기간내에 그에 관한 계약서를 작성하여야 한다.(상법 340의3 ③)
④ 비치와 열람
회사는 위 ③의 계약서를 주식매수선택권의 행사기간이 종료할 때까지 본점에 비치하고 주주로 하여금 영업시간내에 이를 열람할 수 있도록 하여야 한다.(상법 340의3 ④)

**(마) 주식매수선택권의 행사**

주식매수선택권은 위 (라)의 ② 각 호의 사항을 정하는 주주총회결의일부터 2년이상 재임 또는 재직하여야 이를 행사할 수 있다.(상법 340의4 ①)

주식매수선택권은 이를 양도할 수 없다. 다만, 주식매수선택권을 행사할 수 있는 자가 사망한 경우에는 그 상속인이 이를 행사할 수 있다.(상법 340의3 ②)

## (14) 준용규정

주식매수선택권의 행사로 신주를 발행하는 경우에 다음의 사항을 준용한다.(상법 340의5)
① 상법 제350조(전환의 효력발생) 제2항, 제3항 후단
② 상법 제351조(전환의 등기)
③ 상법 제516조의9(신주인수권의 행사) 제1항·제3항·제4항
④ 상법 제516조의10(주주가 되는 시기) 전단

## (15) 주식의 취득

### (가) 자기주식의 취득과 처분

① 자기주식의 의의

회사가 취득하였거나 또는 질권의 목적으로 받은 자사의 주식을 자기주식이라 한다.

② 자기주식의 취득

주권은 유가증권이며, 그 자체가 재산상의 가치를 가지는 것이므로 자사의 주식이라도 성질상으로는 이것을 유가증권으로서 보유할 수 있을 것이다. 그러나 자기주식의 취득을 인정하는 것은 실질적으로는 자본의 환급이 되어 자본유지(충실)의 원칙에 반하게 되므로, 상법에서는 이를 금지하고, 다음의 5가지의 경우에 한정하여 예외적으로 인정하고 있다.(상법 341)

㉮ 주식을 소각하기 위한 때

㉯ 회사의 합병 또는 다른 회사의 영업전부의 양수로 인한 때

㉰ 회사의 권리를 실행함에 있어 그 목적을 달성하기 위하여 필요한 때

㉱ 단주의 처리를 위하여 필요한 때

㉲ 주주가 주식매수청구권을 행사한 때

③ 주식매수선택권 부여목적의 자기주식 취득

회사는 주식을 양도할 목적으로 취득하거나 퇴직하는 이사·감사 또는 피용자의 주식을 양수함으로써 자기의 주식을 취득함에 있어서는 발행주식총수의 100분의 10을 초과하지 아니하는 범위안에서 자기의 계산으로 자기의 주식을 취득 할 수 있다. 다만, 그 취득금액은 이익배당이 가능한 한도이내이어야 한다.

회사가 이들 주식을 발행주식총수의 100분의 10이상의 주식을 가진 주주로부터 유상으로 취득하는 경우에는 다음 각 호의 사항에 관하여 주주총회의 결의가 있어야 한다. 이 경우 회사는 주주총회 결의 후 6개월 이내에 주식을 취득하여야 한다.(상법 341의2 ①②)

㉮ 주식을 양도하고자 하는 주주의 성명

㉯ 취득할 주식의 종류와 수

㉰ 취득할 주식의 가액

회사가 위의 자기의 주식을 취득한 경우에는 상당한 시기에 이를 처분하여야 한다.(상법 341의2 ③)

회사가 자사의 주식을 소유하는 것은 상법에 따라 다음의 경우를 제외하고는 금지되어 있다. 이것은 ① 주식의 소각을 하기 위한 때, ② 합병 또는 타사의 영업의 전부를 물려받을 때, ③ 회사의 권리의 실행에 즈음하여 그 목적을 달성하기 위하여 필요한 때(예컨대 회사가 강제집행·대물변제 등에 따라 권리를 실행함에 있어서 상대편에 자기주식외에 재산이 없는 경우) ④ 단주의 처리를 위하여 필요한 때 ⑤ 주주가 주식매수청구권을 행사한 때이다.

④ 자기주식의 처분

자기주식은 주식을 소각하기 위한 때에는 지체없이 주식실효의 절차를 밟아야 하고, 회사의 합병 또는 다른 회사의 영업전부의 양수로 인한 때, 회사의 권리를 실행함에 있어 그 목적을 달성하기 위하여 필요한 때, 단주의 처리를 위하여 필요한 때, 주주가 주식매수청구권을 행사한 때, 회사의 합병 또는 다른 회사의 영업전부의 양수로 인한 때 및 회사의 권리를 실행함에 있어 그 목적을 달성하기 위하여 필요한 때의 경우에는 상당한 시기에 주식 또는 질권을 처분할 것이 요구되어 있다.(상법 342)

### (나) 자회사에 따른 모회사주식의 취득

다른 회사의 발행주식의 총수의 50%를 초과하는 주식을 가진 회사(이하 "모회사"라 한다)의 주식은 다음의 경우를 제외하고는 그 다른 회사(이하 "자회사"라 한다)가 이를 취득할 수 없다.(상법 342의2 ①)

① 주식의 포괄적 교환, 주식의 포괄적 이전, 회사의 합병 또는 다른 회사의 영업전부의 양수로 인한 때

② 회사의 권리를 실행함에 있어 그 목적을 달성하기 위하여 필요한 때

위 각 호의 경우 자회사는 그 주식을 취득한 날로부터 6개월이내에 모회사의 주식을 처분하여야 한다.(상법 342의2 ②)

또 다른 회사의 발행주식의 총수의 50%를 초과하는 주식을 모회사 및 자회사 또는 자회사가 가지고 있는 경우 그 다른 회사는 이 법의 적용에 있어 그 모회사의 자회사로 본다.(상법 342의2 ③)

### (다) 다른회사 의 주식취득

회사가 다른 회사의 발행주식총수의 1%를 초과하여 취득한 때에는 그 다른 회사에 대하여 지체없이 이를 통지하여야 한다.(상법 342의3)

## (16) 주식의 소각

### (가) 주식소각의 의의

주식의 소각이란 발행완료의 주식을 소각하는 것을 말하고, 감자(減資)에 따른 경우와 정관에 따르는 이익의 소각의 경우가 있다.

이익에 따른 소각은 정관에 따라 보통주식에 대하여 행하게 되는데, 재무상의 수속·효과는 주식의 상환과 동양이다.

감자에 따른 상각은 회사가 주주로부터 주식을 취득하고 자본을 감소케하는 것에 따라서 취

득한 자기주식을 실효(失效)케 하는 것이다.

이 주식의 소각에는 임의와 강제의 2방식이 있다. 임의소각은 소각에 응하는 주주로부터 주식을 취득하고 실효케 하는 것이고, 강제소각은 추선 등의 공정한 방법으로 소각해야 할 주식을 특정하고, 그 주식을 취득하여 실효케 하는 것이다.

보통감자에 따른 소각은 액면금액 보다 낮은 가액으로 자기주식을 취득하고, 그 가액차로부터 생기는 감자차익으로 이월결손금을 보전하는 경우에 이용한다.

### (나) 주식소각의 공고와 통지

주식을 소각할 경우에는 회사는 1월이상의 기간을 정하여 그 뜻과 그 기간 내에 주권을 회사에 제출할 것을 공고하고 주주명부에 기재된 주주와 질권자에 대하여는 각별로 그 통지를 하여야 한다.(상법 343②, 440)

### (다) 주식소각의 효력

주식의 병합은 위의 기간이 만료한 때에 그 효력이 생긴다. 그러나 상법 제232조(채권자의 이의)에 따른 절차가 종료하지 아니한 때에는 그 종료한 때에 효력이 생긴다.(상법 343②, 441)

## (17) 주주명부

주주 및 주권에 관한 사항을 명확히 기재하여 회사에 비치하여 두는 장부를 말한다.

### (가) 주주명부의 기재사항

① 주식의 기재사항

주식을 발행한 때에는 주주명부에 다음의 사항을 기재하여야 한다.(상법 352①)

㉮ 주주의 성명과 주소
㉯ 각 주주가 가진 주식의 종류와 그 수
㉰ 각 주주가 가진 주식의 주권을 발행한 때에는 그 주권의 번호
㉱ 각 주식의 취득연월일

② 전환주식

위의 경우에 전환주식을 발행한 때에는 다음의 사항도 기재하여야 한다.(상법 352②)

㉮ 주식을 다른 종류의 주식으로 전환할 수 있다는 뜻
㉯ 전환의 조건
㉰ 전환으로 인하여 발행할 주식의 내용
㉱ 전환을 청구할 수 있는 기간

### (나) 주주명부의 비치

주주의 명부는 본점에 비치하여야 한다.(상법 396①) 기명주식의 이전은 주주명부에 명의개서를 하지 않으면 신취득자는 회사에 대하여 이것을 주장할 수 없다.(상법 337)

### (다) 주주명부의 폐쇄, 기준일

회사는 의결권을 행사하거나 배당을 받을 자 그 밖의 주주 또는 질권자로서 권리를 행사할 자를 정하기 위하여 일정한 기간(폐쇄기간)을 정하여 주주명부의 기재변경을 정지하거나 일정한 날에 주주명부에 기재된 주주 또는 질권자를 그 권리를 행사할 주주 또는 질권자로 볼 수 있다. 이것을 주주명부의 폐쇄라고 한다.(상법 354①)

주주명부폐쇄의 기간은 3개월을 초과하지 못하고(상법 354②) 또 이 기간은 2주간 전에 공고하여야 한다. 다만, 정관으로 그 기간을 지정한 때에는 공고할 필요가 없다.(상법 354④) 또 회사는 일정한 날을 정하고 그 날을 현재로 주주명부에 기재된 주주 또는 질권자로서 그 권리를 행사할 날에 앞선 3개월내의 날로 정하여야 한다.(상법 354③)

### (라) 주주명부의 효력

주주 또는 질권자에 대한 회사의 통지 또는 최고는 주주명부에 기재한 주소 또는 그 자로부터 회사에 통지한 주소로 하면 된다.(상법 353①) 이 통지 또는 최고는 보통 그 도달할 시기에 도달한 것으로 본다.(상법 353②, 304②)

## 2. 주식회사의 주권

### (1) 주권의 의의

주주권을 표시하는 유가증권이며, 이것에 따라 주주권이 양도되고 유통된다. 이와 같은 주주권의 증권화제도야말로 주식의 가장 중요한 경제적 특색의 하나이다. 주권은 이른바 단체적·사원권적 유가증권이고, 어음·수표와 같이 설권증권은 아니며, 그 특질은 대량증권·대체증권·불완전유가증권·요식증권이다.

### (2) 주권발행의 시기

회사는 성립후 또는 신주의 납입기일후 지체없이 주권을 발행하여야 하는데, 주권은 회사의 성립후 또는 신주의 납입기일후가 아니면 발행하지 못한다. 이에 위반하여 발행한 주권은 무효로 한다. 그러나 발행한 자에 대한 손해배상의 청구에 영향을 미치지 아니한다.(상법 355)

### (3) 주권의 기재사항

주권에는 다음의 사항과 번호를 기재하고 대표이사가 기명날인 또는 서명 하여야 한다.(상법 356)

① 회사의 상호
② 회사의 성립년월일
③ 회사가 발행할 주식의 총수
④ 액면주식을 발행하는 경우 1주의 금액
⑤ 회사의 성립후 발행된 주식에 관하여는 그 발행년월일
⑥ 종류의 주식이 있는 때에는 그 주식의 종류와 내용
⑦ 주식의 양도에 관하여 이사회의 승인을 얻도록 정한 때에는 그 규정

### (4) 주식의 전자등록

회사는 주권을 발행하는 대신 정관으로 정하는 바에 따라 전자등록기관(유가증권등의 전자등록업무를 취급하는 것으로 지정된 기관을 말한다)의 전자등록부에 주식을 등록할 수 있다. (상법356의2 ①)

전자등록부에 등록된 주식의 양도나 입질은 전자등록부에 등록하여야 효력이 발생하며,((상법 356의2 ②)    전자등록부에 주식을 등록한 자는 그 등록된 주식에 대한 권리를 적법하게 보유한 것으로 추정하며, 이러한 전자등록부를 선의로, 그리고 중대한 과실없이 신뢰하고 위의 등록에 따라 권리를 취득한 자는 그 권리를 적법하게 취득한다.(상법356의2 ③)

전자등록의 절차, 방법 및 효과, 전자등록기관의 지정.감독 등 주식의 전자등록 등에 관하여 필요한 사항은 대통령령으로정한다.(상법356의2 ④)

### (5) 주권의 불소지

주주는 정관에 다른 정함이 있는 경우를 제외하고는 그 주식에 대하여 주권의 소지를하지 아니하겠다는 뜻을 회사에 신고할 수 있는데, 이 신고가 있는 때에는 회사는 지체없이 주권을 발행하지 아니한다는 뜻을 주주명부와 그 복본에 기재하고, 그 사실을 주주에게 통지하여야 한다. 이 경우 회사는 그 주권을 발행할 수 없다.(상법 358의2 ①,②)

그리고 이미 발행된 주권이 있는 때에는 이를 회사에 제출하여야 하며, 회사는 제출된 주권을 무효로 하거나 명의개서대리인에게 임치하여야 한다.(상법 358의2 ③)

위에 불구하고 주주는 언제든지 회사에 대하여 주권의 발행 또는 반환을 청구할 수 있다.(상법 358의2 ④)

### (6) 주권의 선의취득

수표법 제21조의 규정은 주권에 관하여 이를 준용한다.(상법 359)

### (7) 주권의 제권판결, 재발행

주권은 공시최고의 절차에 따라 이를 무효로 할 수 있고, 주권을 상실한 자는 제권판결을 얻지 아니하면 회사에 대하여 주권의 재발행을 청구하지 못한다.(상법 360)

## 3. 주식회사 주식의 포괄적 교환

회사는 주식의 포괄적 교환에 따라 다른 회사의 발행주식의 총수를 소유하는 회사(이하 "완전모회사"라 함)가 될 수 있다. 이 경우 그 다른 회사를 "완전자회사"라 한다.(상법 360의2 ①)

이는 주식의 포괄적 교환에 따른 완전모·자회사 관계를 형성할 수 있도록 하고 있다.

주식의 포괄적 교환(이하 이 관에서 "주식교환"이라 한다)에 따라 완전자회사가 되는 회사의 주주가 가지는 그 회사의 주식은 주식을 교환하는 날에 주식교환에 따라 완전모회사가 되는 회사에 이전하고, 그 완전자회사가 되는 회사의 주주는 그 완전모회사가 되는 회사가 주식교환을 위하여 발행하는 신주의 배정을 받거나 그 회사 자기주식의 이전을 받음으로써 그 회사의 주주가 된다.(상법 360의2 ②)

### (1) 주식교환의 절차

#### (가) 주식교환계약서의 작성과 주주총회의 승인

주식교환을 하고자 하는 회사는 주식교환계약서를 작성하여 주주총회의 승인을 얻어야 한다.(상법 360의3 ①)

주식교환계약서에는 다음 각 호의 사항을 적어야 한다. (상법 363의3 ③)

① 완전모회사가 되는 회사가 주식교환으로 인하여 정관을 변경하는 경우에는 그 규정
② 완전모회사가 되는 회사가 주식교환을 위하여 신주를 발행하거나 자기주식을 이전하는 경우에는 발행하는 신주 또는 이전하는 자기주식의 총수·종류와 종류별 주식의 수 및 완전자회사가 되는 회사의 주주에 대한 신주의 배정 또는 자기주식의 이전에 관한 사항
③ 완전모회사가 되는 회사의 자본금 또는 준비금이 증가하는 경우에는 증가할 자본금 또는 준비금에 관한 사항
④ 완전자회사가 되는 회사의 주주에게 위 ②에 불구하고 그 대가의 전부 또는 일부로서

금전이나 그 밖의 재산을 제공하는 경우에는 그 내용 및 배정에 관한 사항
⑤ 각 회사가 결의를 할 주주총회의 기일
⑥ 주식교환을 할 날
⑦ 각 회사가 주식교환을 할 날까지 이익배당을 할 때에는 그 한도액
⑧ 완전모회사가 되는 회사에 취임할 이사와 감사 또는 감사위원회의 위원을 정한 때에는 그 성명 및 주민등록번호

### (나) 주식교환계약서 등의 비치

이사는 주식교환을 위한 주주총회의 회일의 2주전부터 주식교환의 날 이후 6개월이 경과하는 날까지 다음 각 호의 서류를 본점에 비치하여야 한다.(상법 360의4 ①)
① 주식교환계약서
② 완전모회사가 되는 회사가 주식교환을 위하여 신주를 발행하거나 자기주식을 이전 하는 경우에 완전자회사가 되는 회사의 주주에 대한 신주의 배정 또는 자기 주식의 이전에 관
③ 주주총회의 회일(간이주식교환의 경우에는 공고 또는 통지를 한 날)전 6개월 이내의 날에 작성한 주식교환을 하는 각 회사의 최종 대차대조표 및 손익계산서

위 서류에 관하여 주주는 영업시간 내에 이사회이사록의 열람 또는 등사를 청구할 수 있다.(상법 360의4 ②)

### (다) 통지

주식교환을 위한 주주총회의 소집통지를 하는 때에는 다음 각 호의 사항을 기재하여야 한다.(상법 360의3 ④)
① 주식교환계약서의 주요내용
② 상법 제360조의5(반대주주의 주식매수 청구권) 제1항에 따른 주식매수청구권의 내용 및 행사방법
③ 일방회사의 정관에 주식의 양도에 관하여 이사회의 승인을 요한다는 뜻의 규정이 있고 다른 회사의 정관에 그 규정이 없는 경우 그 뜻

### (라) 주주총회의 결의

주식교환계약서의 작성 후 주주총회의 승인을 얻어야 하며, 승인은 주주총회의 특별결의로 한다.(상법 360의3 ②)

특정종류의 주주에게 손해를 미치게 될 경우에는 종류주주총회를 거쳐야 한다.(상법 435) 그러나 간이주식교환과 소규모주식교환의 경우에는 각각 완전자회사 또는 완전모회사의 주주총회의 특별결의를 이사회의 승인으로 갈음할 수 있다.(상법 360의9①, 360의10⑩)

### (2) 반대주주의 주식매수청구권

주식교환 승인사항에 관하여 이사회의 결의가 있는 때에 그 결의에 반대하는 주주는 주주총회전에 회사에 대하여 서면으로 그 결의에 반대하는 의사를 통지한 경우에는 그 총회의 결의일부터 20일 이내에 주식의 종류와 수를 기재한 서면으로 회사에 대하여 자기가 소유하고 있는 주식의 매수를 청구할 수 있다.(상법 360의5①)

간이주식교환의 경우에도 주식매수청구권을 행사할 수 있으나, 소규모주식교환의 경우에는 주식매수청구권을 인정하지 않는다.(상법 360의10⑦)

### (3) 주권의 실효절차

#### (가) 주권 제출의 공고 및 통지

주식교환에 따라 완전자회사가 되는 회사는 주주총회에서 승인을 한 때에는 다음 각 호의 사항을 주식교환의 날 1개월 전에 공고하고, 주주명부에 기재된 주주와 질권자에 대하여 따로따로 그 통지를 하여야 한다.(상법 360의8 ①)

① 주주총회의 특별결의를 한 때에는 그 뜻
② 주식교환의 날의 전날까지 주권을 회사에 제출하여야 한다는 뜻
③ 주식교환의 날에 주권이 무효가 된다는 뜻

#### (나) 신주권의 교부

주권제출이 완료된 때에는 신주권을 교부하여야 한다. 그러나 주식교환의 날의 전일까지 주권을 회사에 제출할 수 없는 자가 있는 때에는 회사는 그 자의 청구에 따라 3개월 이상의 기간을 정하고 이해관계인에 대하여 그 주권에 대한 이의가 있으면 그 기간내에 제출할 뜻을 공고하고 그 기간이 경과한 후에 신주권을 청구자에게 교부할 수 있다.(상법 360의8 ②, 442)

### (4) 질권자의 권리

질권자는 주식교환으로 인해 주주에게 발행되는 신주나 자기주식에 대해 그리고 단주처리로 인한 대금에 대해 물상대위권을 인정 주주에게 신주를 발행하는 때에는 회사에 대하여 신주권의 교부를 청구할 수 있다.(상법 360의11②, 340③)

### (5) 주식교환사항을 기재한 서면의 사후공시

이사는 다음 각 호의 사항을 기재한 서면을 주식교환의 날부터 6개월간 본점에 비치하여야 한다.(상법 360의12 ①)

① 주식교환의 날
② 주식교환의 날에 완전자회사가 되는 회사에 현존하는 순자산액
③ 주식교환으로 인하여 완전모회사에 이전한 완전자회사의 주식의 수
④ 그 밖의 주식교환에 관한 사항
주주는 영업시간 내 이러한 서류의 열람 및 등사청구가 가능하다.(상법 360의12②)

### (6) 주식교환 효력발생시기와 주식교환의 효과

#### (가) 효력발생시기
주식교환은 주식교환을 할 날(주권제출기간 만료일)에 그 효력이 발생한다.(상법 360의3⑥)

#### (나) 주식교환의 효과
① 완전모·자회사관계의 성립
주식교환에 따라 다른 회사의 발행주식총수를 소유하는 회사는 완전모회사가 되고, 다른 회사는 완전자회사가 된다.
② 주식의 귀속
완전자회사가 되는 회사의 주주는 주식교환에 따라 그 회사의 주식은 완전모회사가 되는 회사에 이전하고, 완전모회사의 주식을 교부받게 된다.
③ 완전모회사의 자본증가의 한도액
완전모회사가 되는 회사의 자본은 주식교환의 날에 완전자회사가 되는 회사에 현존하는 순자산액에서 다음 각 호의 금액을 공제한 금액을 초과하여 증가시킬 수 없다.(상법 360의7①)
㉠ 완전자회사가 되는 회사의 주주에게 지급할 금액
㉡ 상법 제360조의6(실주발행에 갈음할 자기주식의 이전)에 따라 완전자회사가 되는 회사의 주주에게 이전하는 주식의 회계장부가액의 합계액
또한 완전모회사가 되는 회사가 주식교환 이전에 완전자회사가 되는 회사의 주식을 이미 소유하고 있는 경우에는 완전모회사가 되는 회사의 자본은 주식교환의 날에 완전자회사가 되는 회사에 현존하는 순자산액에 그 회사의 발행주식총수에 대한 주식교환으로 인하여 완전모회사가 되는 회사에 이전하는 주식의 수의 비율을 곱한 금액에서 위의 각 호의 금액을 공제한 금액의 한도를 초과하여 이를 증가시킬 수 없다.(상법 360의7②)

### (7) 완전모회사의 이사·감사의 임기
주식교환에 따라 완전모회사가 되는 회사의 이사 및 감사로서 주식교환전에 취임한 자는 주식교환계약서에 다른 정함이 있는 경우를 제외하고는 주식교환후 최초로 도래하는 결산기에

관한 정기총회가 종료하는 때에 퇴임한다.(상법 360의13)

## (8) 주식교환 무효의 소

주식교환의 무효는 각 회사의 주주·이사·감사·감사위원회의 위원·청산인에 한정하여 주식교환의 날부터 6개월내에 소만으로 이를 주장할 수 있다.(상법 360의14①)

이 같은 소는 완전모회사가 되는 회사의 본점소재지의 지방법원의 관할에 전속한다.(상법 360의14②)

### (가) 소의절차

다음의 규정은 위의 소에 이를 준용된다.(상법 360의14④)

① 상법 제187조(소제기의 공고)
② 상법 제188조(소의 병합심리)
③ 상법 제189조(하자의 보완 등과 청구의 기각)
④ 상법 제190조(판결의 효력) 본문
⑤ 상법 제191조(패소원고의 책임)
⑥ 상법 제192조(설립무효, 취소의 등기)
⑦ 상법 제377조(제소주주의 담보제공의무)
⑧ 상법 제431조(신주발행무효판결의 효력)

그리고 상법 제339조(질권의 물상대위)와 상법 제340조(기명주식의 등록질) 제3항의 규정은 아래 (나) ①의 ㉯에 준용한다.

### (나) 소의 효과

① 원고승소

㉮ 대세적 효력 및 불소급효

원고승소의 판결은 이외의 제3자에 대해서도 그 효력이 미치고(상법 360의14③, 190본문), 원고승소의 판결은 장래에 대하여 그 효력 잃는다.(상법 360의14④, 431①)

㉯ 원상회복

주식교환을 무효로 하는 판결이 확정된 때에는 완전모회사가 된 회사는 주식교환을 위하여 발행한 신주 또는 자기주식을 이전받은 주식의 주주에 대하여 그가 소유하였던 완전자회사가 된 회사의 주식을 이전하여야 한다.(상법 360의14③)

② 원고패소

원고패소의 효력은 당사자에·대해서만 미치고, 원고가 악의 또는 중대한 과실이 있는 경우에는 손해배상책임을 진다.(상법 360의14④, 192)

(9) 특수한 주식교환

**(가) 간이주식교환**

완전자회사가 되는 회사의 총주주의 동의가 있거나 그 회사의 발행주식총수의 100분의 90 이상을 완전모회사가 되는 회사가 소유하고 있는 때에는 완전자회사가 되는 회사의 주주총회의 승인은 이를 이사회의 승인으로 갈음할 수 있다.(상법 360의9①)

이 경우에 완전자회사가 되는 회사는 주식교환계약서를 작성한 날부터 2주내에 주주총회의 승인을 얻지 아니하고 주식교환을 한다는 뜻을 공고하거나 주주에게 통지하여야 한다. 다만, 총주주의 동의가 있는 때에는 그러하지 아니하다.(상법 360의9②)

**(나) 소규모 주식교환**

① 이사회의 승인

완전모회사가 되는 회사가 주식교환을 위하여 발행하는 신주의 총수가 그 회사의 발행주식총수의 100분의 5를 초과하지 아니하는 경우에는 그 회사에서의 제360조의3(주식교환계획서의 작성과 주주총회의 승인) 제1항에 따른 주주총회의 승인은 이를 이사회의 승인으로 갈음할 수 있다. 다만, 완전자회사가 되는 회사의 주주에게 지급할 금액을 정한 경우에 그 금액이 제360조의4(주식교환계획서 등의 공시)제1항 제3호에서 규정한 최종 대차대조표에 따라 완전모회사가 되는 회사에 현존하는 순자산액의 100분의 2를 초과하는 때에는 그러하지 아니하다.(상법 360의10①)

완전모회사가 되는 회사의 발행주식총수의 100분의 20 이상에 해당하는 주식을 가지는 주주가 제1항 본문에 따른 주식교환에 반대하는 의사를 통지한 때에는 이사회의 승인에 따른 주식교환을 할 수 없다.(상법 360의10⑤)

② 신주에 갈음한 주식이전

상법 제360조의6(신주발행에 갈음할 자기주식의 이전)에 따라 완전자회사가 되는 회사의 주주에게 이전하는 주식은 소규모주식교환에 있어서 주식교환을 위하여 발행하는 신주로 본다.(상법 360의10②)

③ 공고 및 통지

완전모회사가 되는 회사는 주식교환계약서를 작성한 날부터 2주내에 완전자회사가 되는 회사의 상호와 본점, 주식교환을 할 날 및 상법 제360조의3(주식교환계약서의 작성과 주주총회의 승인)제1항의 승인을 얻지 아니하고 주식교환을 한다는 뜻을 공고하거나 주주에게 통지하여야 한다.(상법 360의10④)

## (10) 완전모회사의 자본증가의 한도액

완전모회사가 되는 회사의 자본금은 주식교환의 날에 완전자회사가 되는 회사에 현존하는

순자산액에서 다음 각 호의 금액을 뺀 금액을 초과하여 증가시킬 수 없다.(상법 360의7①)
  ① 완전자회사가 되는 회사의 주주에게 지급할 금액
  ② 상법 제360조의6(실주발행에 갈음할 자기주식의 이전)에 따라 완전자회사가 되는 회사의 주주에게 이전하는 주식의 회계장부가액의 합계액
  완전모회사가 되는 회사가 주식교환 이전에 완전자회사가 되는 회사의 주식을 이미 소유하고 있는 경우에는 완전모회사가 되는 회사의 자본은 주식교환의 날에 완전자회사가 되는 회사에 현존하는 순자산액에 그 회사의 발행주식총수에 대한 주식교환으로 인하여 완전모회사가 되는 회사에 이전하는 주식의 수의 비율을 곱한 금액에서 위의 각 호의 금액을 공제한 금액의 한도를 초과하여 이를 증가시킬 수 없다.(상법 360의7②)

## 4. 주식회사 주식의 포괄적 이전

### (1) 주식의 포괄적 이전에 따른 완전모회사의 설립

회사는 주식의 포괄적 이전(이하 이 관에서 "주식이전"이라 한다)에 따라 완전모회사를 설립하고 완전자회사가 될 수 있다.(상법 360의15①)

주식이전에 따라 완전자회사가 되는 회사의 주주가 소유하는 그 회사의 주식은 주식이전에 따라 설립하는 완전모회사에 이전하고, 그 완전자회사가 되는 회사의 주주는 그 완전모회사가 주식이전을 위하여 발행하는 주식의 배정을 받음으로써 그 완전모회사의 주주가 된다.(상법 360의15②)

### (2) 주식이전의 절차

#### (가) 주주총회에 따른 주식이전의 승인

① 주식이전계획서의 작성

주식이전을 하고자 하는 회사는 다음 각 호의 사항을 적은 주식이전계획서를 작성하여 주주총회의 승인을 받아야 한다.
  ㉮ 설립하는 완전모회사의 정관의 규정
  ㉯ 설립하는 완전모회사가 주식이전에 있어서 발행하는 주식의 종류와 수 및 완전자회사가 되는 회사의 주주에 대한 주식의 배정에 관한 사항
  ㉰ 설립하는 완전모회사의 자본의 액 및 자본준비금에 관한 사항
  ㉱ 완전자회사가 되는 회사의 주주에 대하여 지급할 금액을 정한 때에는 그 규정
  ㉲ 주식이전을 할 시기
  ㉳ 완전자회사가 되는 회사가 주식이전의 날까지 이익배당을 할 때에는 그 한도액

㊐ 설립하는 완전모회사의 이사와 감사 또는 감사위원회의 위원의 성명 및 주민등록번호
㊑ 회사가 공동으로 주식이전에 따라 완전모회사를 설립하는 때에는 그 뜻
② 주주총회의 승인
회사는 주식의 이전을 위하여 위 (가)의 각 호 사항을 기재한 주식이전계획서에 대한 주주총회의 특별결의에 따른 승인을 얻어야 한다.(상법 360의16②)
이에 반대하는 주주에게는 주식매수청구권이 인정된다.(상법 360의22, 360의5)
③ 통지 및 공고
주식이전을 위한 주주총회를 소집하는 때에는 ① 주식이전계획서의 주요내용, ② 반대주주의 주식매수청구권(제360조의5 제1항)의 내용 및 행사방법, ③ 일방회사의 정관에 주식의 양도에 관하여 이사회의 승인을 요한다는 뜻의 규정이 있고 다른 회사의 정관에 그 규정이 없는 경우 그 뜻을 통지와 공고에 기재하여야 한다.(상법 360의16④, 361의3④)

### (3) 주식이전계획서 등의서류의 공시
이사는 위 2의 (1) (가)에 따라 주주총회의 회일의 2주전부터 주식이전의 날 이후 6개월을 경과하는 날까지 다음 각 호의 서류를 본점에 비치하여야 한다.(상법 360의17①)
① 주식이전계획서(상법 360의16①)
② 완전자회사가 되는 회사의 주주에 대한 주식의 배정에 관하여 그 이유를 기재한 서면
③ 주주총회의 회일전 6개월 이내의 날에 작성한 완전자회사가 되는 회사의 최종 대차대조표 및 손익계산서
위의 서류에 관하여는 상법 제391조의3(이사회의 의사록) 제3항의 규정을 준용한다.(상법 360의17②)

### (4) 완전모회사의 자본금의 한도액
설립하는 완전모회사의 자본은 주식이전의 날에 완전자회사가 되는 회사에 현존하는 순자산액에서 그 회사의 주주에게 지급할 금액을 뺀 액을 초과하지 못한다.(상법 360의18)

### (5) 주권의 실효절차
① 주권제출의 공고와 통지
주식이전에 따라 완전자회사가 되는 회사는 제360조의16(주주총회에 따른 주식이전의 승인)제1항에 따른 결의를 한 때에는 다음 각 호의 사항을 공고하고, 주주명부에 기재된 주주와 질권자에 대하여 따로 따로 그 통지를 하여야 한다.(상법 360의19①)
㉮ 상법 제360조의16 제1항에 따른 결의를 한 뜻
㉯ 1개월을 초과하여 정한 기간내에 주권을 회사에 제출하여야 한다는 뜻

ⓒ 주식이전의 날에 주권이 무효가 된다는 뜻
② 신주권의 교부
주권제출이 완료된 때에는 신주권을 교부하여야 하지만, 주권을 회사에 제출할 수 없는 자가 있는 때에는 회사는 그 자의 청구에 따라 3개월 이상의 기간을 정하고 이해관계인에 대하여 그 주권에 대한 이의가 있으면 그 기간내에 제출할 뜻을 공고하고 그 기간이 경과한 후에 신주권을 청구자에게 교부할 수 있다.(상법 360의19②, 442)
③ 단주처리
주식교환의 경우 발생하는 단주에 대해서는 자본감소를 위한 주식병합에 있어서의 단주처리에 관한 규정이 준용된다.(상법 360의22, 360의11, 443)

### (6) 주식교환 규정의 준용
이사는 주식이전의 날 등의 일정사항을 기재한 서면을 주식이전의 날로부터 6개월간 본점에 비치하여야 한다.(상법 360의22, 360의12)

### (7) 주식이전의 등기
주식이전을 한 때에는 설립한 완전모회사의 본점소재지에서는 2주간에, 지점소재지에서는 3주간 내에 제317조(성립의 등기) 제2항에서 정하는 사항을 등기하여야 한다.(상법 360의20)

### (8) 주식이전의 효력발생시기
주식이전은 이로 인하여 설립한 완전모회사가 그 본점소재지에서 위 (2)에 따른 등기를 함으로써 그 효력이 발생한다.(상법 360의21)

### (9) 주식교환 규정의 준용
주식이전의 경우에 다음의 규정을 준용한다.(상법 360의22)
① 상법 제360조의5(반대주주의 주식매수청구권)
② 상법 제360조의11(단주처리 등에 관한 규정의 준용)
③ 상법 제360조의12(주식교환사항을 기재한 서면의 사후공시)

### (10) 주식이전 무효의 소
**(가) 요건**
주식교환의 무효는 각 회사의 주주·이사·감사·감사위원회의 위원 또는 청산인에 한정하여 주식교환의 날부터 6개월 내에 소만으로 이를 주장할 수 있다.(상법 360의23①)

① 소제기의 공고

주식교환의 무효의 소가 제기된 때에는 회사는 지체없이 공고하여야 한다.(상법 360의23④, 187)

② 소의 병합심리

수개의 주식교환 무효의 소가 제기된 때에는 법원은 이를 병합심리하여야 한다.(상법 360의23④, 188)

③ 하자의 보완 등과 청구의 기각

주식교환의 소가 그 심리 중에 원인이 된 하자가 보완되고 회사의 현황과 제반사정을 참작하여 주식교환을 무효 또는 취소하는 것이 부당하다고 인정한 때에는 법원은 그 청구를 기각할 수 있다.(상법 360의23④, 189)

④ 판결의 효력

주식교환 무효의 판결은 제3자에 대하여도 그 효력이 있다. 그러나 판결확정 전에 생긴 회사와 사원 및 제3자간의 권리의무에 영향을 미치지 아니한다.(상법 360의23④, 190)

⑤ 패소원고의 책임

주식교환 무효의 소를 제기한 자가 패소한 경우에 악의 또는 중대한 과실이 있는 때에는 회사에 대하여 연대하여 손해를 배상할 책임이 있다.(상법 360의23④, 191)

⑥ 주식교환 무효의 등기

주식교환 무효의 판결이 확정된 때에는 본점과 지점의 소재지에서 등기하여야 한다.(상법 360의23④, 192)

⑦ 주식교환 무효 판결의 효과

주식교환 무효의 판결이 확정된 때에는 해산의 경우에 준하여 청산하여야 한다. 이 경우에는 법원은 사원 그 밖의 이해관계인의 청구에 따라 청산인을 선임할 수 있다.(상법 360의23④, 193)

⑧ 제소주주의 담보제공의무

주주가 결의 취소의 소를 제기한 때에는 법원은 회사의 청구에 따라 상당한 담보를 제공할 것을 명할 수 있다. 그러나 그 주주가 이사 또는 감사인 때에는 그러하지 아니한다.

이해관계인이 청구를 한 때에는 법원은 회사의 청구에 따라 상당한 담보를 제공할 것을 명할 수 있다.(상법 360의23④, 377)

**(나) 관할**

위의 소는 완전모회사가 되는 회사의 본점소재지의 지방법원의 관할에 전속한다.(상법 360의23②)

**(다) 주식의 이전**

주식이전을 무효로 하는 판결이 확정된 때에는 완전모회사가 된 회사는 주식이전을 위하여 발행한 주식의 주주에 대하여 그가 소유하였던 완전자회사가 된 회사의 주식을 이전하여야 한다.(상법 360의23③)

① 질권의 물상대위

주식교환이 있는 때에는 이로 인하여 종전의 주주가 받을 금전이나 주식에 대하여도 종전의 주식을 목적으로 한 질권을 행사할 수 있다.(상법 360의23④, 339)

② 기명주식의 등록질

질권자는 회사에 대하여 위 ①의 주식에 대한 주권의 교부를 청구할 수 있다.(상법 360의23④, 340③)

## 5. 지배주주에 따른 소수주식의 전부취득

### (1) 지배주주의 매도청구권

회사의 발행주식총수의 95% 이상을 자기의 계산으로 보유하고 있는 주주(지배주주라 함)는 회사의 경영상 목적을 달성하기 위하여 필요한 경우에는 회사의 다른 주주(소액주주라 함)에게 그 보유하는 주식의 매도를 청구할 수 있다.(상법360의24①)

**(가) 주식의 합산**

보유주식의 수를 산정할 때에는 모회사와 자회사가 보유한 주식을 합산한다. 이 경우 회사가 아닌 주주가 발행주식총수의 50%를 초과하는 주식을 가진 회사가 보유하는 주식도 그 주주가 보유하는 주식과 합산한다..(상법360의24②)

**(나) 주주총회의 승인**

매도청구를 할 때에는 미리 주주총회의 승인을 받아야 한다.(상법360의24③)

**(다) 주주총회의 소집과 설명**

주주총회의 소집을 통지할 때에는 다음 각 호에 관한 사항을 적어야 하고, 매도를 청구하는 지배주주는 주주총회에서 그 내용을 설명하여야 한다.(상법360의24④)

① 지배주주의 회사 주식의 보유현황
② 매도청구의 목적
③ 매매가액의 산정근거와 적정성에 관한 공인된 감정인의 평가

위의 매도청구를 할 때에는 미리 주주총회의 승인을 받아야 한다.(상법 제360의24 제3항)

#### (라) 주주총회의 소집통지

위 (나)의 주주총회의 소집을 통지할 때에는 다음 각 호에 관한 사항을 적어야 하고 매도를 청구하는 지배주주는 주주총회에서 그 내용을 설명하여야 한다.(상법제360의24 제4항)

① 지배주주의 회사 주식의 보유현황
② 매도청구의 목적
③ 매매가액의 산정 근거와 적정성에 관한 공인된 감정인의 평가
④ 매매가액의 지급보증

#### (마) 공고와 통지

지배주주는 매도청구의 날 1개월 전까지 다음 각 호의 사실을 공고하고 주주명부에 적힌 주주와 질권자에게 따로 그 통지를 하여야 한다.

① 소수주주는 매매가액의 수령과 동시에 주권을 지배주주에게 교부하여야 한다는 뜻
② 교부하지 아니할 경우 매매가액을 수령하거나 지배주주가 매매가액을 공탁한 날에 주권은 주주가 된다는 뜻

#### (바) 주식의 매도기일

매도청구를 받은 소액주주는 매도청구를 받은 날부터 2개월 내에 지배주주에게 그 주식을 매도하여야 한다.(상법360의24 제6항)

#### (사) 매도가액의 결정

매도가액은 매도청구를 받은 소액주주와 매도를 청구한 지배주주간의 협의로 결정한다.(상법 360의24 제7항)

#### (아) 매매가액 결정청구

매도청구를 받은 날부터 30일 내에 매매가액에 대한 협의가 이루어지지 아니한 경우에는 매도청구를 받은 소액주주 또는 매도청구를 한 지배주주는 법원의 매매가액의 결정을 청구할 수 있다. (상법360의24 제8항).

법원은 위에 따라 주식의 매매가액을 결정하는 경우에는 회사의 재산상태와 그 밖의 사정을 고려하여 공정한 가액으로 산정하여야 한다.(상법360의24 제9항)

### (2) 소수주주의 매수청구권

지배주주가 있는 회사의 소수주주는 언제든지 지배주주에게 그 보유주식의 매수를 청구할 수 있다. 이 매수청구를 받은 지배주주는 매수를 청구한 날을 기준으로 2개월 내에 매수를 청구한 주주로부터 그 주식을 매수하여야 한다. 이 경우 그 매매가액은 매수를 청구한 주주와 매수청구를 받은 지배주주간의 협의로 결정한다.

위에 따라 매수청구를 받은 날부터 30일 내에 매매가액에 대한 협의가 이루어지지 아니한 경우에는 매수청구를 받은 지배주주 또는 매수청구를 한 소수주주는 법원에 대하여 매매가액의 결정을 청구할 수 있다. 이에 따라 주식의 매매가액을 결정하는 경우에는 회사의 재산상태와 그 밖의 사정을 고려하여 공정한 가액으로 산정하여야 한다.(상법360의25)

### (3) 주식의 이전 등

위의 (1)부터 (2)에 따라 주식을 취득하는 지배주주가 매매가액을 소수주주에게 지급한 때에 주식이 이전된 것으로 본다. 만일, 이 매매가액을 지급할 소액주주를 알 수 없거나 소수주주가 수령을 거부할 경우에는 지배주주는 그 가액을 공탁할 수 있다. 이 경우 주식은 공탁한 날에 지배주주에게 이전된 것으로 본다.(상법360의26)

## 제3절 주식회사의 기관

## 1. 주주총회

### (1) 주주총회의 의의

주주총회란 회사업무에 관한 주요한 의사를 결정하기 위하여, 주주로 구성된 최고의 필요상설기관이다.(상법 361)

### (2) 주주총회의 권한

주주총회는 법령 또는 정관에 정하는 주요한 사항에 한해서 결정권한을 갖고(상법 361) 그 외의 회사운용의 전반에 관한 일반적 권한은 이사회가 갖고 있다. 그러나 총회가 결따른 내용이 집행기관을 구속하고, 이사·감사의 선임권이 총회에 있으므로 주주총회는 여전히 최고기관의 지위에 있다.

### (3) 소집

① 소집의 결정

총회의 소집은 상법에 다른 규정이 있는 경우 외에는 이사회가 이를 결정한다.(상법 362)

② 소집의 통지

총회를 소집함에는 회일을 정하여 2주간 전에 각 주주에 대하여 서면 또는 전자문서로 통지를 발송하여야 한다. 다만, 그 통지가 주주명부상의 주주의 주소에 계속 3년간 도달하지 아니한 때에는 회사는 당해 주주에게 총회의 소집을 통지하지 아니할 수 있다.(상법 363①) 이 통지서에서는 회의의 목적사항을 기재하여야 한다.(상법 363②)

위에도 불구하고 자본금 총액이 10억원 미만인 회사가 주주총회를 소집하는 경우에는 주주총회일의 10일 전에 각 주주에게 서면으로 통지를 발송하거나 각 주주의 동의를 받아 전자문서로 통지를 발송할 수 있다.(상법363③)

③ 자본금총액이 10억원 이하인 회사의 주주총회의 결의

자본금 총액이 10억원 미만인 회사는 주주전원의 동의가 있을 경우에는 소집절차 없이 주주총회를 개최할 수 있고, 서면에 따른 결의로서 주주총회의 결의를 갈음할 수 있다. 결의의 목적사항에 대하여 주주전원이 서면으로 동의를 한 때에는 서면에 따른 결의가 있는 것으로 본다. 이 서면에 따른 결의는 주주총회의 결의와 같은 효력이 있다.(상법 363. ④, ⑤)

④ 소집의 배제

의결권 없는 주주에 대하여는 위 ①부터 ⑤까지의 규정을 적용하지 아니한다.(상법 363④)

⑤ 주주제안권

의결권 없는 주식을 제외한 발행주식총수의 3%이상에 해당하는 주식을 가진 주주는 이사에 대하여 회일의 6주 전에 서면 또는 전자문서로 일정한 사항을 주주총회의 목적사항으로 할 것을 제안(이하 "주주제안"이라 함)할 수 있다.(상법 363의2①)

위의 주주는 이사에 대하여 회일의 6주 전에 서면으로 회의의 목적으로 할 사항에 추가하여 당해 주주가 제출하는 의안의 요령을 위 (나)와 (다)의 통지와 공고에 기재할 것을 청구할 수 있다.(상법 363의2②)

그리고 이사는 위에 따른 주주제안이 있는 경우에는 이를 이사회에 보고하고, 이사회는 주주제안의 내용이 법령 또는 정관에 위반되는 경우를 제외하고는 이를 주주총회의 목적사항으로 하여야 한다. 이 경우 주주제안을 한 자의 청구가 있을 때에는 주주총회에서 당해 의안을 설명할 기회를 주어야 한다.(상법 363의2③)

⑧ 소집지

소집지는 정관에 다른 정함이 없으면 본점소재지 또는 이에 인접한 곳이어야 한다.

⑨ 총회의 소집

정기총회는 매년 1회 일정한 시기에 이를 소집하여야 하고, 연 2회 이상의 결산기를 정한 회사는 매기에 총회를 소집하여야 하고, 임시총회는 필요 있는 경우에 수시로 이를 소집한다.(상법 365)

⑩ 소수주주에 따른 소집청구

발행주식의 총수의 3%이상에 해당하는 주식을 가진 주주는 회의의 목적사항과 소집의 이유를 적은 서면 또는 전자문서를 이사회에 제출하여 임시총회의 소집을 청구할 수 있다.(상법 366①)

위의 청구가 있은 후 지체 없이 총회소집의 절차를 밟지 아니한 때에는 청구한 주주는 법원의 허가를 얻어 총회를 소집할 수 있다. 이 경우 주주총회의 의장은 법원이 이해 관계인

위에 따른 총회는 회사의 업무와 재산 상태를 조사하게 하기 위하여 검사인을 선임할 수 있다.(상법 366③)

### (4) 총회의 질서유지

총회의 의장은 정관이 정함이 없는 때에는 총회에서 선임하고, 총회의 의장은 총회의 질서를 유지하고 의사를 진행하며, 고의로 의사진행을 방해하기 위한 발언·행동을 하는 등 현저히 질서를 문란하게 하는 자에 대하여 그 발언의 정지 또는 퇴장을 명할 수 있다.(상법 366의2)

### (5) 검사인의 선임

총회는 이사가 제출한 서류와 감사의 보고서를 조사하기 위하여 검사인을 선임할 수 있다. (상법 367①)

회사 또는 발행주식총수의 1% 이상에 해당하는 주식을 가진 주주는 총회의 소집절차나 결의방법의 적법성을 조사하기 위하여 총회 전에 법원에 감사인의 선임을 청구할 수 있다.(상법 367②)

### (6) 주주총회의 결의

#### (가) 의결권이 있는 주식

주주는 총회에 출석하여 질문을 하고 의결을 진술하며, 결의에 참가하는 권리를 가지며, 이 권리가 공익권의 대표적인 것이다.

의결권은 원칙으로 1주식 1의결권이며, 회사가 가진 자기주식은 의결권이 없다. 회사·모회사 및 자회사 또는 자회사가 다른 회사의 발행주식의 총수의 1%를 초고하는 주식을 가지고 있는 경우 그 다른 회사가 가지고 있는 회사 또는 모회사의 주식은 의결권이 없다.(상법 369)

#### (나) 의결권의 행사

① 총회의 결의방법과 의결권의 행사

총회의 결의는 상법 또는 정관에 다른 정함이 있는 경우를 제외하고는 출석한 주주의 의결권의 과반수와 발행주식총수의 4분의 1이상의 수로써 하여야 한다.(상법 368①)

주주는 대리인으로 하여 그 의결권을 행사하게 할 수 있는데, 이 경우에는 그 대리인은 대리권을 증명하는 서면을 총회에 제출하여야 한다.(상법 368②)

총회의 결의에 관하여 특별한 이해관계가 있는 자는 의결권을 행사하지 못한다.(상법 368③)

② 의결권의 불통일 행사

주주가 2이상의 의결권을 가지고 있는 때에는 이를 통일하지 아니하고 행사할 수 있다. 이 경우 회일의 3일 전에 회사에 대하여 서면으로 그 뜻과 이유를 통지하여야 한다.(상법 368의2①)

주주가 주식의 신탁을 인수하였거나 그 밖에 타인을 위하여 주식을 가지고 있는 경우 외에는 회사는 주주의 의결권의 불통일행사를 거부할 수 있다.(상법 368의2②)

**(다) 서면에 따른 의결권의 행사**

주주는 정관이 정한 바에 따라 총회에 출석하지 아니하고, 서면에 따라 의결권을 행사할 수 있으며, 회사는 총회의 소집통지에 주주가 이 의결권을 행사하는데 필요한 서면과 참고자료를 첨부하여야 한다.(상법 368의3)

**(라) 전자적방법에 따른 의결권의 행사**

회사는 이사회의 결의로 주주가 전자적 방법으로 의결권을 행사할 수 있음을 정할 수 있는데, 소집통지를 할 경우에는 주주가 의결권을 행사할 수 있다는 내용을 통지하여야 한다.

그리고 회사가 위에 따라 전자적 방법에 따른 의결권 행사를 정한 경우에 주주는 주주확인절차 등 대통령령으로 정하는 바에 따라 의결권을 행사하여야 한다. 이 경우 회사는 의결권행사에 필요한 양식과 참고자료를 주주에게 전자적방법으로 제공하여야 한다.

그 밖에 주주확인 절차 등 전자적방법에 따른 의결권행사의 절차와 그 밖에 필요한 사항은 대통령령으로 정한다.(상법368의4⑥)

**(마) 정족수, 의결권수의 계산**

총회의 결의에 관하여는 의결권 없는 주주가 가진 주식의 수는 발행주식의 총수에 산입하지 아니하며, 총회의 결의에 관하여는 특별한 이해관계가 있는 자로서 의결권을 행사할 수 없는 의결권의 수는 출석한 주주의 의결권의 수에 산입하지 아니한다.(상법 371)

**(바) 총회의 연기, 속행의 결의**

총회에서는 회의의 속행 또는 연기의 결의를 할 수 있으며, 이 경우에는 사법 제363조(소집의

통지·공고)의 규정을 적용하지 아니한다.(상법 372)

### (7) 주주총회의 의사록

주주총회의 의사에는 의사록을 작성하여야 하며, 의사록에는 의사의 경과요령과 그 결과를 기재하고 의장과 출석한 이사가 기명날인 또는 서명하여야 한다.(상법 373)

### (8) 영업양도, 양수, 임대

회사가 다음의 행위를 함에는 상법 제434조(정관변경의 특별결의)의 결의가 있어야 한다.(상법 374①)

① 영업의 전부 또는 중요한 일부의 양도
② 영업전부의 임대 또는 경영위임, 타인과 영업의 손익전부를 같이 하는 계약 그 밖에 이에 준할 계약의 체결·변경 또는 해약
③ 회사의 영업에 중대한 영향을 미치는 다른 회사의 영업 전부 또는 일부의 양수

위의 행위에 관한 주주총회의 소집의 통지를 하는 때에는 상법 374의2(반대주주의 주식매수청구권) 제1항 및 제2항에 따른 주식매수청구권의 내용 및 행사방법을 명시하여야 한다.(상법 374②)

#### (가) 반대주의의 주식매수선택권

위에 따른 결의사항에 반대하는 주주는 주주총회 전에 회사에 대하여 서면으로 그 결의에 반대하는 의사를 통지한 경우에는 그 총회의 결의일부터 20일 내에 주식의 종류와 수를 기재한 서면으로 회사에 대하여 자기가 소유하고 있는 주식의 매수를 청구할 수 있는데, 회사는 이 청구를 받으면 해당회사는 매수청구기간이 종료하는 날부터 2개월이내에 그 주식을 매수하여야 한다. 이에 따른 매수가액은 주주와 회사간의 협의에 따라 결정한다.(상법 374의2①②③)

위의 청구기간이 종료하는 날부터 30일 이내에 위에 따른 협의가 이루어지지 아니한 경우에는 회사 또는 주식의 매수를 청구한 주주는 법원에 대하여 매수가액의 결정을 청구할 수 있다.(상법 374 의2④)

법원이 위에 따라 주식의 매수가액을 결정하는 경우에는 회사의 재정상태 그 밖의 사정을 참작하여 공정한 가액으로 이를 산정해야 한다.(상법 374의2⑤)

#### (나) 사후설립

위 상법 제374조(영업양도, 양수, 임대 등)는 회사가 그 성립 후 2년 내에 그 성립 전부터 존재하는 재산으로서 영업을 위하여 계속하여 사용하여야 할 것을 자본금의 5% 이상에 해당하는 대가로 취득하는 계약을 하는 경우에 이를 준용한다.(상법 375)

**(9) 결의 취소의 소**

총회의 소집절차 또는 결의방법이 법령 또는 정관에 위반하거나 현저하게 불공정한 때 또는 그 결의의 내용이 정관에 위반한 때에는 주주·이사 또는 감사는 결의의 날로부터 2개월 내에 결의취소의 소를 제기할 수 있다.(상법 376①)

① 전속관할

결의취소의 소는 본점소재지의 지방법원의 관할에 속한다.(상법 376②, 186)

② 소제기의 공고

결의취소의 소가 제기된 때에는 회사는 지체없이 공고하여야 한다.(상법 376②, 187)

③ 소의 병합처리

수 개의 결의취소의 소가 제기된 때에는 법원은 이를 병합심리하여야 한다.(상법 376②, 188)

④ 판결의 효력

결의취소의 판결은 제3자의 대하여도 그 효력이 있다.(상법 376②, 190)

⑤ 패소원고의 책임

결의취소의 소를 제기한 자가 패소한 경우에 악의 또는 중대한 과실이 있는 때에는 회사에 대하여 연대하여 손해를 배상할 책임이 있다.(상법 376②, 191)

**(가) 제소주주의 담보제공의무**

주주가 결의취소의 소를 제기한 때에는 법원은 회사의 청구에 따라 상당한 담보를 제공할 것을 명할 수 있다. 그러나 그 주주가 이사 또는 감사인 때에는 그러하지 아니하다.(상법 377①)

**(나) 결의취소의 등기**

결의한 사항이 등기된 경우에 결의취소의 판결이 확정된 때에는 본점과 지점의 소재지에서 등기하여야 한다.(상법 378)

**(다) 법원의 재량에 따른 청구기각**

결의취소의 소가 제기된 경우에 결의의 내용, 회사의 현황과 제반사정을 참작하여 그 취소가 부적당하다고 인정한 때에는 법원은 그 청구를 기각할 수 있다.(상법 379)

**(라) 결의무효 및 부존재확인의 소**

다음의 규정은 총회의 결의의 내용이 법령에 위반한 것을 이유로 하여 결의무효의 확인을 청구하는 소와 총회의 소집절차 또는 결의방법에 총회결의가 존재한다고 볼 수 없을 정도의 중대한 하자가 있는 것을 이유로 하여 결의부존재의 확인을 청구하는 소에 준용한다.(상법 380, 186~188, 190본문, 191, 377, 378)

① 결의무효 및 부존재확인의 소는 본점소재지의 지방법원의 관할에 전속한다.(상법 380)

② 결의무효 및 부존재확인의 소가 제기된 때에는 회사는 지체없이 공고하여야 한다.

③ 수 개의 결의무효 및 부존재확인의 소가 제기된 때에는 법원은 병합심리하여야 한다.

④ 결의무효 및 부존재확인의 판결을 제3자에 대해서도 그 효력이 있다.

⑤ 결의무효 및 부존재확인의 소를 제기한 자가 패소한 경우에 악의 또는 중대한 과실이 있는 때에는 회사에 대하여 연대하여 손해를 배상할 책임이 있다.

⑥ 위 (1)의 제소주주의 담보제공의무(상법 377)

⑦ 위 (2)의 결의취소의 등기(상법 378)

### (마) 부당결의의 취소, 변경의 소

주주가 총회의 결의에 관하여 특별한 이해관계가 있는 자가 의결권을 행사할 수 없었던 결의가 현저하게 부당하고 그 주주가 의결권을 행사하였더라면 이를 저지할 수 있었을 때에는 그 주주는 그 결의의 날로부터 2개월 내에 결의가 부당결의의 취소 변경의 소를 제기할 수 있다.(상법 381①)

다음의 규정은 부당행위의 취소 또는 변경의 소에 준용한다.(상법 381②)

① 부당결의의 취소, 변경의 소는 본점소재지의 지방법원의 관할에 전속한다.(상법 186)

② 부당결의의 취소, 변경의 소가 제기된 때에는 회사는 지체없이 공고하여야 한다.(상법 187)

③ 수개의 부당결의의 취소, 변경의 소가 제기된 때에는 법원은 이를 병합심리하여야 한다.(상법 188)

④ 부당결의의 취소, 변경의 소의 판결을 제3자에 대하여도 그 효력이 있다.

⑤ 부당결의의 취소, 변경의 소를 제기한 자가 패소한 경우에 악의 또는 중대한 과실이 있는 때에는 회사에 대하여 연대하여 손해를 배상할 책임이 있다.(상법 191)

⑥ 주주가 부당결의 취소, 변경의 소를 제기한 때에는 법원은 회사의 청구에 따라 상당한 담보를 제공할 것을 명할 수 있다. 그러나 그 주주가 이사 또는 감사인 때에는 그러하지 아니하다.(상법 377)

⑦ 부당결의 취소, 변경의 소의 사항이 등기된 경우에 부당결의 취소, 변경의 소의 판결이 확정된 때에는 본점과 지점의 소재지에서 등기하여야 한다.(상법 378)

## 2. 이사

### (1) 이사의 개요

이사는 대외적으로 법인을 대표하며, 대내적으로 사무를 집행하는 법인의 기관이다.

① 각 이사는 단독으로 회사의 업무를 집행하거나, 회사를 대표할 권한을 갖지 아니하고, 업무집행기관인 이사회의 구성원으로서, 그 결의에 참여할 지위와 대표이사로 선임될 전제자격

② 이사는 주주총회의 통상결의에 따라 선임되며, 선임권을 제3자에게 위임할 수 없으며, 그 수는 3명 이상이어야 하고 임기는 3년을 최장기로 한다.(상법 382②, 383①②)

이사는 위임의 법정종료사유와(민법 690) 회사의 해산, 정관소정의 자격상실, 임기의 만료, 사임과 해임에 따라 종임한다.

이사는 주주총회의 특별결의로 언제든지 해임이 가능하고 이사가 정당한 이유없이 임기만료전에 그만 둔 때에는 해임으로 인한 손해를 배상해야 한다.(상법 385①)

이사의 선임변경은 등기사항이다.

### (2) 집중투표제도

집중투표란 이사선임에 있어 1주당 선임하고자 하는 이사수에 상당하는 복수의 의결권을 부여하는 방법이다.

2인 이상의 이사의 선임을 목적으로 하는 총회의 소집이 있을 때에는 의결권 없는 주식을 제외한 발행주식총수의 3%이상에 해당하는 주식을 가진 주주는 정관에서 달리 정하는 경우를 제외하고는 회사에 대하여 집중투표의 방법으로 이사를 선임할 것을 청구할 수 있다. 이 청구가 있는 경우에는 의장은 의결에 앞서 그러한 청구가 있다는 취지를 알려야 한다.(상법 382의2 ①, ⑤) 이 청구는 회일의 7일 전까지 서면으로 이를 하여야 한다. 이 서면은 총회가 종결될 때까지 이를 본점에 비치하고 주주로 하여금 영업시간 내에 열람할 수 있게 하여야 한다.(상법 382의2②, ⑥).

이 청구가 있는 경우에 이사의 선임결의에 관하여 각 주주는 1주마다 선임할 이사의 수와 동일한 수의 의결권을 가지며, 그 의결권은 이사 후보자 1명 또는 수인에게 집중하여 투표하는 방법으로 행사할 수 있다. 이에 따른 투표의 방법으로 이사를 선임하는 경우에는 투표의 최다수를 얻은 자부터 순차적으로 이사에 선임되는 것으로 한다.

### (3) 이사의 의무

① 이사의 충실의무

이사는 법령과 정관에 따라 회사를 위하여 그 직무를 충실하게 수행하여야 한다.(상법 382의3)

② 이사의 비밀유지의무

이사는 재임 중 뿐만 아니라 퇴임 후에도 직무상 알게 된 회사의 영업상 비밀을 누설하여서는 아니된다.(상법 382의4)

③ 경업금지

이사는 이사회의 승인이 없으면 제3자의 계산으로 회사의 영업부류에 속하는 거래를 하거나

동종영업을 목적으로 하는 다른 회사의 무한책임사원이나 이사가 되지 못한다.(상법 397①)

④ 정관 등의 비치·공시의무

이사는 회사의 정관, 주주총회의 의사록을 본점과 지점에 비치하여야 하고, 주주명부·사채원부를 본점에 비치하여야 한다. 이 경우 명의개시대리인을 둔 때에는 주주명부나 사채원부 또는 그 복본을 명의개시대리인이 영업소에 비치할 수 있다.(상법 396①)

### (4) 이사의 원수와 임기

**(가) 이사의 원수**

이사는 원칙적으로 3명 이상이어야 하나, 자본의 총액(발행주식의 액면총액)이 10억원 미만인 회사는 1명 또는 2명으로 할 수 있다.(상법 383①)

**(나) 이사의 임기**

이사의 임기는 3년을 초과하지 못하지만(상법 383②), 정관의 규정으로 임기 중의 최의 결산기에 관한 정기주주총회의 종결에 이르기까지 연장할 수 있다.(상법 383③)

### (5) 이사의 해임

**(가) 종임의 사유**

이사는 위임의 일반적 종료사유(이사의 사망·파산·금치산, 해산의 해산·회사의 파산)에 따라 종임하며, 또 임기의 만료·정관소정이 자격상실·총회의 해임결의·소수주주의 청구에 따른 법원의 해임판결 등에 따라 종임된다. 이사는 언제든지 사임할 수 있다.

**(나) 이사해임의 결의**

이사는 언제든지 주주총회의 결의로 이를 해임할 수 있다. 그러나 이사의 임기를 정한 경우에 정당한 이유없이 그 임기만료 전에 해임한 때에는 그 이사는 회사에 대하여 해임으로 인한 손해의 배상을 청구할 수 있다.(상법 385①)

**(다) 소수주주의 해임청구**

이사가 그 직무에 관하여 부정행위 또는 법령이나 정관에 위반한 중대한 사실이 있음에도 불구하고 주주총회에서 그 해임을 부결한 때에는 발행주식의 총수의 3% 이상에 해당하는 주식을 가진 주주는 총회의 결의가 있는 날부터 1개월 내에 그 이사의 해임을 법원에 청구할 수 있다.(상법 385②)

해임청구의 대상이 되는 이사는 임기 중의 이사에 한정하고 퇴임 후 이사의 권리의무를 갖는 자는 대상이 아니다.

### (6) 이사의 결원

법률 또는 정관에 정한 이사의 원수를 결한 경우에는 임기의 만료 또는 사임으로 인하여 퇴

임한 이사는 새로 선임된 이사가 취임할 때까지 이사의 권리의무가 있다.(상법 386①)

그리고 이사의 사망·파산 등에 따라 이사의 정원을 결한 경우 법원이 필요하다고 인정할 때에는 이사·감사 그 밖에 이해관계인의 청구에 따라 일시이사의 직무를 행할 자를 선임할 수 있다. 이 경우에는 본점의 소재지에서 그 등기를 하여야 한다.(상법 386②)

### (7) 자격주

정관으로 이사가 가질 주식의 수를 정한 경우에 다른 규정이 없는 때에는 이사는 그 수의 주권을 감사에게 공탁하여야 한다.(상법 387)

### (8) 이사의 보수

이사의 보수는 정관에 그 액을 정하지 아니한 때에는 주주총회의 결의로 이를 정한다.(상법 388)

### (9) 대표이사

대표이사란 대외적으로 회사를 대표하고 대내적으로는 업무집행을 담당하는 이사로서, 주식회사의 필요적 상설기관이다.

대표이사제도는 업무집행의 권한이 이사회에 속하는 것이나, 이사회를 구성하는 이사 전원에 따른 공동집행이 실제상 불편하므로 이사회에서 선임한 자이다.

대표이사는 이사회의 결의로 선임함이 원칙이나 정관으로 주주총회에서 이를 정할 것을 규정할 수 있으며(상법 389①), 그 임기와 수는 법률상 제한이 없으며 성명과 주소는 등기사항이다.(상법 317②)

대표이사는 이사회 또는 주주총회의 의결에 따라 언제든지 해임할 수 있으며, 이사의 자격을 상실하면 대표이사의 자격도 당연히 상실한다.

대표이사는 회사의 업무에 관한 재판상 재판 외의 모든 행위에 대하여 회사를 대표할 권한이 있으며, 이에 대한 제한은 선의의 제3자에게 대항하지 못한다.(상법 389③, 209)

이러한 대표권은 지배인의 대표권과(상법 11①) 유사하다. 이는 회사의 기관으로서의 권한이며, 그 범위가 회사영업의 전반에 미치고 지배인의 임명권을 포함하고 있는 점에서 상이하다.

대표이사의 업무집행권은 회사의 일상업무에 관한 사항이며, 이사회·주주총회의 결의를 요하는 사항은 필히 그 결의를 얻어 집행해야 한다. 대표이사가 그 업무집행으로 인하여 타인에게 손해를 가한 때에는 회사는 그 대표이사와 연대책임을 진다.(상법 389③, 210)

대표이사 이외의 이사는 업무집행권이, 상무는 대표권이 없으나 사장·부사장·전무이사·그밖에 회사를 대표할 권한이 있는 것으로 인정할 만한 명칭을 사용한 이사의 행위에 대하여는 회사를 대표할 권한이 없어도 선의의 제3자에게는 회사가 책임을 져야하는 표현대표이사제도가 있다.(상법 395)

### (10) 이사와 회사간의 소에 관한 대표
회사가 이사에 대하여 또는 이사가 회사에 대하여 소를 제기하는 경우에 감사는 그 소에 관하여 회사를 대표한다. 회사가 발행주식의 총수의 1% 이상에 해당하는 주식을 가진 주주는 회사에 대하여 이사의 책임을 추궁할 소의 제기를 청구할 수 있다.(상법 394①)

그리고 감사위원회(상법 415의2)의 위원이 소의 당사자인 경우에는 감사위원회 또는 이사는 법원에 회사를 대표할 자를 선임하여 줄 것을 신청하여야 한다.(상법 394②)

### (11) 표현대표이사의 행위와 회사의 책임
대표이사 이외의 이사는 업무집행권이, 상무는 대표권이 없으나 사장·부사장·전무이사 그 밖에 회사를 대표할 권한이 있는 것으로 인정할만한 명칭을 사용한 이사의 행위에 대하여는 회사를 대표할 권한이 없어도 선의의 제3자에게는 책임을 져야 하는 표현대표이사제도가 있다.(상법 395)

### (12) 경업금지
이사는 이사회의 승인이 없으면 자기 또는 제3자의 계산으로 회사의 영업부류에 속한 거래를 하거나 동종영업을 목적으로 하는 다른 회사의 무한책임사원이나 이사가 되지 못한다.(상법 397①)

이사가 위의 규정을 위반하여 거래를 할 경우에 회사는 이사회의 결의로 그 이사의 거래가 자기의 계산으로 한 것인 때에는 이를 회사의 계산으로 한 것으로 볼 수 있고, 제3자의 계산으로 한 것인 때에는 그 이사에 대하여 이로 인한 이득의 양도를 청구할 수 있다. 이 권리는 거래가 있는 날로부터 1년을 경과하면 소멸한다.(상법 397②③)

### (13) 회사의 기회 및 자산의 운용금지
이사는 이사회의 승인 없이 현재 또는 장래에 회사의 이익이 될 수 있는 다음 갓 호의 어느 하나에 해당하는 회사의 사업기회를 자기 또는 제3자의 이익을 위하여 이용해서는 아니 된다. 이 경우 이사회의 승인은 이사 3분의2 이상의 수로써 하여야 한다.(상법397의2①)

① 직무를 수행하는 과정에서 알게 되거나 회사의 정보를 이용한 사업기회
② 회사가 수행하고 있거나 수행할 사업과 밀접한 관계가 있는 사업기회

위를 위반하여 회사에 손해를 발생시킨 이사 및 승인한 이사는 연대하여 손해를 배상할 책임이 있으며, 이로 인하여 이사 또는 제3자가 얻은 이익은 손해로 추정한다.(상법397의2②)

### (14) 이사와 회사간의 거래

이사는 이사회의 승인이 있을 때에 한정하여 자기 또는 제3자의 계산으로 회사와 거래를 할 수 있다. 이 경우에는 민법 제124조의 규정을 적용하지 아니한다.(상법 398)

### (15) 이사의 책임

#### (가) 회사에 대한 책임

이사가 고의 또는 과실로 정관에 위반한 행위를 하거나 그 임무를 게을리한때에는 그 이사는 회사에대하여 연대하여 손해를 배상할 책임이있으며,이 행위가 이사회의 결의에 따른 것인 때에는 그 결의에 찬성한 이사도 위의 책임이 있다. 결의에 참가한 이사로서 이의를 한 기재가 의사록에 없는 자는 그 결의에 찬성한 것으로 추정한다.(상법 399)

#### (나) 제3자에 대한 책임

이사가 고의 또는 중대한 과실로인하여 그 임무를 게을리한 때에는 그 이사는 제3자에 대하여 연대하여 손해를 배상할 책임이 있다.(상법 401①)

다음의 규정은 위의 경우에 준용한다.(상법 401②, 399②③)

① 위의 행위가 이사회에 따른 것인 때에는 그 결의에 찬성한 이사도 위의 책임이 있다.

② 결의에 참가한 이사로서 이의를 한 기재가 의사록에 없는 자는 그 결의에 찬성한 것으로 추정한다.

#### (다) 업무집행지시자 등의 책임

다음 각 호의 어느 하나에 해당하는 자는 그 지시하거나 집행한 업무에 관하여 위의 (가), (나) 및 아래 (마)의 적용에 있어서 이를 이사로 본다.(상법 401의2①)

① 회사에 대한 자신의 영향력을 이용하여 이사에게 업무집행을 지시한 자

② 이사의 이름으로 직접 업무를 집행한 자

③ 이사가 아니면서 명예회장·회장·사장·부사장·전무·상무·이사 그 밖의 업무를 집행할 권한이 있는 것으로 인정될 만한 명칭을 사용하여 회사의 업무를 집행한 자

위의 경우에 회사 또는 제3자에 대하여 손해를 배상할 책임이 있는 이사는 위에 규정된 자와 연대하여 그 책임을 진다.(상법 401의2)

#### (라) 회사에 대한 책임의 면제

이사의 책임은 총주주의 동의로 면제할 수 있다.(상법 400)

#### (마) 유지청구권

이사가 법령 또는 정관에 위반한 행위를 하여 이로 인하여 회사에 회복할 수 없는 손해가 생길 염려가 있는 경우에는 감사 또는 발행주식의 총수의 1% 이상에 해당하는 주식을 가진 주

주는 회사를 위하여 이사에 대하여 그 행위를 유지할 것을 청구할 수 있다.(상법 402)

## (16) 이사의 책임추궁의 소 제기 청구

### (가) 주주의 대표소송

발행주식의 총수의 1%이상에 해당하는 주식을 가진 주주는 회사에 대하여 이사의 책임을 추궁할 소의 제기를 그 이유를 기재한 서면으로 청구할 수 있다.(상법 403①②)

① 회사가 소를 제기하지 아니한 경우

회사가 이 청구를 받은 날로부터 30일 내에 소를 제기하지 아니한 때에는 위의 주주는 즉시 회사를 위하여 소를 제기할 수 있다.

② 기간 경과로 손해가 생길 염려가 있는 경우

위 ①의 기간의 경과로 인하여 회사에 회복할 수 없는 손해가 생길 염려가 있는 경우에는 주주는 즉시 소를 제기할 수 있다.(상법 403④)

③ 제소의 효력

위의 ①과 ②의 소를 제기한 주주의 보유주식이 제소 후 발행주식 총수의 1% 미만으로 감소한 경우(발행주식을 보유하지 아니하게 된 경우를 제외)에도 제소의 효력에는 영향이 없다.(상법 403⑤)

④ 법원의 허가

위의 소를 제기한 경우 당사자는 법원의 허가를 얻지 아니하고는 소의 취하, 청구의 포기·인락·화해를 할 수 없다.(상법 403⑥)

⑤ 이해관계인의 소 제기 청구

이해관계인이 소의 제기를 청구한 때에는 법원은 회사의 청구에 따라 상당한 담보를 제공할 것을 명할 수 있으며, 회사가 이 청구를 함에는 이해관계인의 청구가 악의임을 소명하여야 한다.(상법 403⑦, 176③④)

⑥ 관할법원

위의 책임추궁·소는 본점소재지의 지방법원의 관할에 전속한다.(상법 403⑦, 186)

### (나) 대표소송과 소송참가, 소송고지

회사는 위 (가)의 ①과 ②의 소송에 참가할 수 있으며, 위 ①과 ②의 소를 제기한 주주는 소를 제기한 후 지체없이 회사에 대하여 그 소송의 고지를 하여야 한다.(상법 404)

### (다) 제소주주의 권리의무

① 소 제기에 승소한 경우

위 (가)의 ①과 ②에 따라 소를 제기한 주주가 승소한 때에는 그 주주는 회사에 대하여 소송비용 및 그 밖에 소송으로 인하여 지출한 비용 중 상당한 금액의 지급을 청구할 수 있으며, 이

경우 소송비용을 지급한 회사는 이사 또는 감사에 대하여 구상권이 있다.(상법 405①)
② 소 제기에 패소한 경우
위 (가)의 ①과②에 따라 소를 제기한 주주가 패소한 때에는 악의인 경우 외에는 회사에 대하여 손해를 배상할 책임이 없다.(상법 405②)

**(라) 대표소송과 재심의 소**

위 (가)의 소가 제기된 경우에 원고와 피고의 공모로 인하여 소송의 목적인 회사의 권리를 사해할 목적으로써 판결을 하게 한 때에는 회사 또는 주주는 확정한 종국판결에 대하여 재심의 소를 제기할 수 있다.(상법 406①)
위 (다)의 규정은 위의 소에 준용한다.(상법 406②)

**((마) 직무집행정지, 직무대행자 선임**

이사선임결의의 무효나 취소 또는 이사해임의 소가 제기된 경우에는 법원은 당사자의 신청에 따라 가처분으로서 이사의 직무집행을 정지할 수 있고 또는 직무대행자를 선임할 수 있다. 만일 급박한 사정이 있는 때에는 본안 소송의 제기 전에도 그 처분을 할 수 있으며, 본점과 지점의 소재지에서 그 등기를 하여야 한다.(상법 407)

**((바) 직무대행자의 권한**

위 (마)의 직무대행자는 가처분명령에 다른 정함이 있는 경우 외에는 회사의 상무에 속하지 아니한 행위를 하지 못한다. 다만 법원의 허가를 얻은 경우에는 그러하지 아니하다.(상법 408①)
직무대행자가 위의 규정에 위반한 행위를 한 경우에도 회사는 선의의 제3자에 대하여 책임을 진다.(상법 408②)

## 3. 주식회사의 이사회

### (1) 이사회의 개요

회사의 의무집행에 관한 의사결정과 업무감사를 하기 위하여 이사전원으로서 구성되는 주식회사의 필요적 상설적 회의체의 기관이다.
이사회는 각 이사가 소집하나 정관 또는 이사회에서 소집권자를 정한 경우에는, 그에 따라하고 회일(會日)의 1주일전에 각 이사에 통지를 발송해야 한다.(상법 390①②) 이사회의 결의는 이사전원의 과반수로 해야 하고 정관으로도 경감치 못한다.(상법 391①) 이사는 1명 1의결권을 가지나 대리인에 따른 행사는 불가능하며, 가부동수인 경우에 의장이 결정한다는 것을 정관에 정할 수 있다.(주주평등 원칙과는 상이) 결의내용에 따라 관계있는 이사는 의결권을 행사치 못한다.(상법 391②, 368④) 이사회의 권한에 상법 또는 정관으로 주주총회의 권한으로 정해 놓은 사항을 제외하고 회사의 업무집행상 모든 권한이 이사회에 속하며, 그러한 사무중 일상적인 것은 이사회에서 선임한 대표이사가 처리하나, 업무집행상 중요한 것은 이사회의 결의에 따라 처리한다.(상법 393, 389) 이사회의 권한으로서는 주주총회의 소집(상법 362) 대표이사의 선임(상법 389), 지배인의 선임과 해임(상법 393) 이사와 회사간의 소(訴)에 관한 대표의 선정(상법 394①), 이사와 회사간의 거래의 승인(상법 398), 신주의 발행(상법 416), 사채의 발행(상법 469) 등이다.

### (2) 이사회의 소집

이사회의 소집은 원칙적으로 각 이사가 소집하지만, 이사회의 결의로 소집할 이사를 정한 때에는 그러하지 아니하다.(상법 390①) 그러나 소집권자로 지정되지 않은 다른 이사는 소집권자인 이사에게 이사회 소집을 요구할 수 있다. 소집권자인 이사가 정당한 이유없이 이사회 소집을 거절하는 경우에는 다른 이사회를 소집할 수 있다.(상법 390②)

이사회를 소집함에는 회일을 정하고 그 1주간 전에 각 이사 및 감사에 대하여 통지를 발송하여야 한다. 그러나 그 기간을 정관으로 단축할 수 있다.(상법 390③)

이사회는 이사 및 감사 전원의 동의가 있는 때에는 위 절차없이 언제든지 회의할 수 있다. (상법 390④)

### (3) 이사회의 결의방법

#### (가) 결의의 요건

이사회의 결의는 이사 과반수의 출석과 출석이사의 과반수로 하여야 한다. 그러나 정관으로 그 비율을 높게 정할 수 있다.(상법 391①)

이사회의 결의에 관하여 특별한 이해관계가 있는 자는 의결권을 행사하지 못하고, 이사회의 결의에 관하여는 행사할 수 없는 의결권의 수는 출석한 이사의 의결권의 수에 산입하지 아니한다.(상업 391③)

#### (나) 결의 방법

정관에서 달리 정하는 경우를 제외하고 이사회는 이사의 전부 또는 일부가 직접 회의에 출석하지 아니하고 모든 이사가 음성을 동시에 송·수신하는 원무 통신수단에 따라 결의에 참가하는 것을 허용할 수 있다. 이 경우 당해 이사는 이사회에 직접 출석한 것으로 본다.(상법 391, ②)

### (4) 감사의 이사회 출석과 의견진술권

감사는 이사회에 출석하여 의견을 진술할 수 있으며, 감사는 이사는 법령 또는 정관에 위반한 행위를 하거나 그 행위를 할 염려가 있다고 인정한 때에는 이사회에 이를 보고하여야 한다. (상법 391의2)

### (5) 이사회의 의사록

이사회의 의사에 관하여는 의사록을 작성하여야 하며(상법 391의3①), 이 의사록에는 의사의 안전, 경과요령, 그 결과, 반대하는 자와 그 반대이유를 기재하고 출석한 이사 및 감사가 기명날인 또는 서명하여야 한다.(상법 391의3②)

주주는 영업시간 내에 이사회의사록의 열람 또는 등사를 청구할 수 있으며, 회사는 이 청구에 대하여 이유를 붙여 거절할 수 있다. 이 경우 주주는 법원과 허가를 얻어 이사회의사록을 열람 또는 등사할 수 있다.(상법 391의3③④)

### (6) 이사회의 연기와 속행

이사회에서는 회의의 속행 또는 연기의 결의를 할 수 있으며, 이 경우에는 상법 제363조(소집의 통지와 공고)의 규정을 적용하지 아니한다.(상법 392)

### (7) 이사회의 권한

#### (가) 업무집행결정권

회사의 업무집행은 이사회의 결의로 한다.(상법 393①) 업무집행이란 회사의 운영에 관련되는 모든 사무를 말하지만, 이사회는 정관 또는 법령에 따라 주주총회의 결의사항으로 하는 것을 제외한 사항을 결의할 수 있다.

법정된 권한사항은 대표이사의 선임과 공동대표의 결정·신주의 발행·사채의 발행·지배인의 선임과 해임·주주총회의 소집결정·이사에 대한 경업승인·이사와 이사간의 거래의 승인·준비금의 자본전입·간이합병이나 소규모합병의 승인·중간배당의 결정·전환사채의 발행 등이 있다.

#### (나) 이사회의 감독권

이사회는 이사의 직무의 집행을 감독한다.(상법 393②)

#### (다) 보고청구권

이사는 대표이사로 하여금 다른 이사 또는 피용자의 업무에 관하여 이사회에 보고할 것을 요구할 수 있다.(상법 393③) 이사는 3개월에 1회 이상 업무의 집행상황을 이사회에 보고하여야 한다.(상법 393④)

### (8) 이사회내 위원회 설치

#### (가) 위원회의 설치와 권한 위임

이사회에는 정관이 정한 바에 따라 위원회를 설치할 수 있으며, 이사회는 다음 각 호의 사항을 제외하고는 그 권한을 위원회에 위임할 수 있다.(상법 393의2①②)

① 주주총회의 승인을 요하는 사항의 제안

② 대표이사의 선임 및 해임
③ 위원회의 설치와 그 위원의 선임 및 해임
④ 정관에서 정하는 사항

#### (나) 위원회의 구성
위원회는 2명 이상의 이사로 구성한다.(상법 393의2③)

#### (다) 이사에의 통지
위원회는 결의된 사항을 각 이사에서 통지하여야 한다. 이 경우 이를 통지받은 각 이사는 이사회의 소집을 요구할 수 있으며, 이사회는 위원회가 결의된 사항에 대하여 다시 결의할 수 있다.(상법 393의2④)

#### (라) 위원회에 준용할 상법규정
다음의 규정은 위원회에 관하여 이를 준용한다.(상법 393의2⑤)
① 상법 제386조(결원의 경우) 제1항
② 상법 제390조(이사회의 소집)
③ 상법 제391조(이사회의 결의방법)
④ 상법 제391조의3(이사회의 의사록)
⑤ 상법 제392조(이사회의 연기·속행)

## 4. 주식회사의 감사 및 감사위원회
### (1) 상법상의 감사
상법상의 감사(구상법상에서는 감사역이라 하였음)에 관하여는, 이를 다시 주식회사의 감사와 유한회사의 감사로 나누어서 생각할 수 있다.

#### (가) 주식회사의 감사 개요
감사란 회사의 회계감사를 임무로 하는 주식회사의 필요적 상설기관이다. 주주는 결산의 승인을 통하여 또는 소수주주권의 발동에 따라 이사를 감독할 수 있으나 이러한 감독만으로는 불충분하기 때문에 상시 회계감사의 임무를 가지는 감사제도를 둔 것이다.

감사가 되기 위한 특별한 자격은 요구되지 않는다. 감사는 회사로부터 독립하여 회계감사를 하는 자이며, 만약 이사와 사용인을 겸하는 때에는 직무를 엄정하게 집행할 수 없기 때문에 이사 또는 지배인 그 밖의 사용인의 직무를 겸하지 못한다.(상법 411)

감사의 선임은 주주총회에서 하되, 그 선임방법은 의결권 없는 주식을 제외한 발행주식의 총수의 100분의 3을 초과하는 수의 주식을 가진 주주는 그 초과하는 주식에 관하여 의결권을 행사

하지 못하며, 정관으로 이 의결권제한의 비율을 낮출 수는 있어도 올리지는 못한다.(상법 409)

감사의 임기는 취임후 3년 내의 최종의 결산기에 관한 정기총회의 종결시까지로 한다.(상법 410) 이 감사의 임기는 정관으로 변경할 수 없다. 감사는 이사와 같은 사유로 종임된다. 직무집행정지 및 직무대행자의 선임도 이사의 경우와 같다.(상법 415) 감사의 직무권한은 주로 회계감사이며 업무감사의 권한은 부수적으로만 갖게 된다. 상시감사와 결산감사로 나눈다. 상시감사란 결산기 이외에 영업연도 중 필요에 따라 회계감사를 하는 것을 말하며, 감사는 회계의 장부나 서류의 열람 또는 등사를 할 수 있고, 이사에 대하여 회계에 장부나 서류의 열람 또는 등사를 할 수 있고, 이사에 대하여 회계에 관한 보고를 요구할 수 있을 뿐만 아니라, 직무집행상 특히 필요한 때에는 회계의 업무와 재산상태를 조사할 수 있다.(상법 412)

결산감사로 정기총회에 제출할 의안 및 서류를 조사하여 법령 또는 정관에 위반하거나 현저하게 부당한 사항이 있는지의 여부에 관하여 주주총회에 그 의견을 진술하여야 한다.(상법 413)

감사가 그 임무에 태만한 때에는 그 감사는 회사에 대하여 연대하여 손해를 배상할 책임이 있으며, 감사는 악의 또는 중대한 과실로 인하여 그 임무를 태만한 때에는 그 감사는 제3자에 대하여 연대하여 손해를 배상할 책임 있는 경우에 이사도 그 책임이 있을 때는 그 감사와 이사는 연대하여 배상책임이 있다.(상법 414) 감사의 책임해제·책임추궁 등은 이사의 경우에 준한다.(상법 415)

### (나) 감사의 선임

감사는 주주총회에서 선임하며, 의결권 없는 주식을 제외한 발행주식의 총수의 3%를 초과하는 수의 주식을 가진 주주는 그 초과하는 주식에 관하여 감사의 선임에 있어서는 의결권을 행사하지 못한다. 그리고 회사는 정관으로 위의 비율보다 낮은 비율을 정할 수 있다.(상법 409)

### (다) 감사의 해임에 관한 의견진술의 권리

감사는 주주총회에서 감사의 해임에 관하여 의견을 진술할 수 있다.(상법 409의2)

### (라) 감사의 임기

감사의 임기는 취임 후 3년 내의 최종의 결산기에 관한 정기총회의 종결시까지로 한다.(상법 410)

### (마) 감사의 겸임금지

감사는 회사 및 자회사의 이사 또는 지배인 그 밖의 사용인의 직무를 겸하지 못한다.(상법 411)

### (바) 감사의 직무

감사는 이사의 직무의 집행을 감사한다.(상법 412①)

#### (사) 감사의 보고요구와 조사의 권한
감사는 언제든지 이사에 대하여 영업에 관한 보고를 요구하거나, 회사의 업무와 재산상태를 조사할 수 있다.(상법 412②)

#### (아) 이사의 조고의무
이사는 회사에 현저하게 손해를 미칠 염려가 있는 사실을 발견한 때에는 즉시 감사에게 이를 보고하여야 한다.(상법 412의2)

#### (자) 감사의 임시 소집요구
감사는 회의의 목적사항과 소집의 이유를 기재한 서면을 이사회에 제출하여 임시총회의 소집을 청구할 수 있다.(상법 412의3①)

이 청구가 있는 후 지체없이 총회소집의 절차를 이사회가 밟지 아니한 때에는 청구한 주주는 법원의 허가를 얻어 총회를 소집할 수 있다.(상법 412의3②, 366②)

#### (차) 모회사 감사의 자회사 조사권
모회사의 감사는 그 직무를 수행하기 위하여 필요한 때에는 자회사에 대하여 영업의 보고를 요구할 수 있으며, 모회사의 감사는 자회사가 지체없이 보고를 하지 아니할 때 또는 그 보고의 내용을 확인할 필요가 있는 때에는 자회사의 업무와 재산상태를 조사할 수 있다.(상법 412의5①②)

자회사는 정당한 이유가 없는 한 위에 따른 보고 또는 조사를 거부하지 못한다.(상법 412의5③)

#### (카) 감사의 조사·보고의 의무
감사는 이사가 주주총회에 제출할 의안 및 서류를 조사하여 법령 또는 정관에 위반하거나 현저하게 부당한 사항이 있는지의 여부에 관하여 주주총회에 그 의견을 진술하여야 한다.(상법 413)

#### (타) 감사록의 작성
감사는 감사에 관하여 감사록을 작성하여야 하는데, 감사록에는 감사의 실시요령과 그 결과를 기재하고 감사를 실시한 감사가 기명날인 또는 서명하여야 한다.(상법 413의2②)

#### (파) 감사의 책임
감사가 그 임무를 해태한 때에는 그 감사는 회사에 대하여 연대하여 손해를 배상할 책임이 있으며, 감사가 악의 또는 중대한 과실로 인하여 그 임무를 해태한 때에는 그 감사는 제3자에 대하여 연대하여 손해를 배상할 책임이 있다.(상법 414①②)

감사가 회사 또는 제3자에 대하여 손해를 배상할 책임이 있는 경우에 이사도 그 책임이 있을 때에는 그 감사와 이사는 연대하여 배상할 책임이 있다.(상법 414③)

#### (하) 상법상 감사에 대한 준용규정
다음의 규정은 앞에서 게기한 "이사"에 대한 규정으로 감사에 대하여 준용한다.(상법 415)

① 회사와 감사의 관계는 위임에 관한 규정을 준용한다.(상법 382②)

② 감사는 재임 중 뿐만 아니라 퇴임 후에도 직무상 알게 된 회사의 영업상 비밀을 누설하여서는 아니된다.(상법 382의4)

③ 감사는 언제든지 주주총회의 결의로 이를 해임할 수 있다. 그러나 감사의 임기를 정한 경우에 정당한 이유없이 그 임기만료 전에 이를 해임할 때에는 그 감사는 회사에 대하여 해임으로 인한 손해의 배상을 청구할 수 있다.(상법 385①)

④ 감사가 그 직무에 관하여 부정행위 또는 법령이나 정관에 위반한 중대한 사실이 있음에도 불구하고 주주총회에서 그 해임을 부결한 때에는 발행주식의 총수의 3%이상에 해당하는 주식을 가진 주주는 총회의 결의가 있는 날부터 1개월 내에 그 감사의 해임을 법원에 청구할 수 있다.(상법 385②) 이 소는 본점소재지의 지방법원의 관할에 전속한다.(상법 385③, 186)

⑤ 법률 또는 정관에 감사의 원수를 결한 경우에는 임기의 만료 또는 사임으로 인하여 퇴임한 감사는 새로 선임된 감사가 취임할 때까지 감사의 권리의무가 있으며(상법 386①), 이 경우에 필요하다고 인정할 때에는 법원은 감사 그 밖의 이해관계인의 청구에 따라 일시감사의 직무를 행할 자를 선임할 수 있는데, 이 경우에는 본점의 소재지에서 그 등기를 하여야 한다.(상법 386)

⑥ 감사의 보수를 정관에 그 액을 정하지 아니한 때에는 주주총회의 결의로 이를 정한다.(상법 388)

⑦ 상법 제399조(회사에 대한 책임)에 따른 감사의 총주주의 동의로 면제할 수 있다.(상법 400)

⑧ 감사가 악의 또는 중대한 과실로 인하여 그 임무를 해태한 때에는 그 이사는 제3자에 대하여 연대하여 손해를 배상할 책임이 있다.(상법 401①)

⑨ 위 1의「이사」(15) 이사의 책임추궁의 소 제기청구를 준용한다.(상법 403, 404, 405, 406, 407)

## (2) 감사위원회

회사는 정관에 정하는 바에 따라 감사에 갈음하여 이사회의 위원회로서 감사위원회를 둘 수 있고, 감사위원회를 설치하는 경우에는 감사를 둘 수 없다.(상법 415의2①) 감사위원회는 감사의 권한을 행사한다.(상법 415의2⑥)

### (가) 감사위원회의 설치

회사는 정관이 정한 바에 따라 이사위원회의 하나로써 감사에 갈음하여 감사위원회를 설치할 수 있다.

### (나) 감사위원회의 구성

감사위원회는 3명 이상의 이사로 구성된다. 다만, 다음 각 호에 해당하는 자가 위원의 3분의 1을 넘을 수 없다.(상법 415의2②)

① 회사의 업무를 담당하는 이사로 구성된다. 다만, 다음 각 호에 해당하는 자가 위원의 3분

의 1을 넘을 수 없다.(상법 415의2②)

② 최대주주가 자연인인 경우 본인·배우자 및 직계 존·비속
③ 최대주주가 법인인 경우 그 법인의 이사·감사 및 피용자
④ 이사의 배우자 및 직계 존·비속
⑤ 회사의 모회사 또는 자회사의 이사·감사 및 피용자
⑥ 회사와 거래관계 등 중요한 이해관계에 있는 법인의 이사·감사 및 피용자
⑦ 회사의 이사 및 피용자가 이사로 있는 다른 회사의 이사·감사 및 피용자

### (다) 감사위원회의 선임과 해임

감사위원은 정관에 다른 정함이 없는 한 이사회의 결의로 선임하며, 감사위원회의 위원의 해임에 관한 이사회의 결의는 이사 총수의 3분의 2 이상의 결의로 하여야 한다.(상법 415의2③)

감사위원회의 대표는 감사위원회의 결의로 선정하며, 대표위원은 수인을 선정하여 공동으로 대표하게 할 수 있다.(상법 415의2④)

감사위원회는 회사의 비용으로 전문가의 조력을 구할 수 있다.(상법, 415의2⑤)

### (라) 감사위원회에 관한 상법의 준용규정

다음의 규정은 감사위원에 앞에서 계기한 "주식회사 설립"에 관한 규정으로 감사위원회에 관하여 이를 준용한다.(상법 415의2⑦)

① 상법 제296조(발기설립의 경우의 임원선임)
② 상법 제312조(임원의 선임)
③ 상법 제367조(검사인의 선임)
④ 상법 제387조(자격주)
⑤ 상법 제391조의2(감사의 이사회출석·의견진술권)②
⑥ 상법 제394조(이사와 회사간의 소에 관한 대표)①
⑦ 상법 제400조(회사에 대한 책임의 면제)
⑧ 상법 제402조(유지청구권)
⑨ 상법 제403조(주주의 대표소송)
⑩ 상법 제404조(대표소송과 소송참가, 소송고지)
⑪ 상법 제405조(제조주주의 권리의무)
⑫ 상법 제406조(대표소송과 재심의 소)
⑬ 상법 제407조(직무집행정지, 직무대행자선임)
⑭ 상법 제412조(직무와 보고요구, 조사의 권한)
⑮ 상법 제413조(조사·보고의 의무)

⑯ 상법 제414조(감사의 책임)
⑰ 상법 제447조의3(재무제표 등의 제출)
⑱ 상법 제447조의4(감사보고서)
⑲ 상법 제450조(이사, 감사의 책임해제)
⑳ 상법 제527조의4(이사, 감사의 임기)
㉑ 상법 제530조의5(분할계약서의 기재사항)① 9
㉒ 상법 제530조의6(분할합병계약서의 기재사항)① 10
㉓ 상법 제534조(대차대조표·사무보고서·부속명세서의 제출·감사·공시·승인)

# 제4절 주식회사의 신주 발행

## 1. 신주발행의 결정

회사가 그 성립 후에 주식을 발행하는 경우에는 다음의 사항으로서 정관에 규정이 없는 것은 이사회가 이를 결정한다. 그러나 상법에 다른 규정이 있거나 정관으로 주주총회에서 결정하기로 한 경우에는 그러하지 아니하다.(상법 416)
  ① 신주의 종류와 수
  ② 신주의 발행가액과 납입기일
  ③ 무액면주식의 경우에는 신주의 발행가액 중 자본금으로 계상하는 금액
  ④ 신주의 인수방법
  ⑤ 현물출자를 하는 자의 성명과 그 목적인 재산의 종류·수량·가액과 이에 대하여 부여할 주식의 종류와 수
  ⑥ 주주가 가지는 신주인수권을 양도할 수 있는 것에 관한 사항
  ⑦ 주주의 청구가 있는 때에만 신주인수권증서를 발행한다는 것과 그 청구기간

## 2. 액면미달의 발행

신주의 액면미달발행은 다음과 같은 요건이 되어야 인정된다.(상법 417)
  ① 회사가 성립한 날로부터 2년을 경과한 후에 주식을 발행하는 경우에만 발행할 수 있다.
  ② 액면미달발행은 주주총회의 특별결의(상법 434)가 있어야 발행할 수 있다.
    여기에서 주주총회의 결의에서는 주식의 최저발행가액을 정한다.
  ③ 법원의 인가를 얻어서 주식을 발행할 수 있다.
    법원은 회사의 현황과 제반사정을 참작하여 최저발행가액을 변경할 수 있으며, 이 경우

에 법원은 회사의 재산상태 그 밖에 필요한 사항을 조사하게 하기 위하여 검사인을 선임할 수 있다.(상법 417③)

④ 법원의 인가를 얻은 날로부터 1개월 내에 발행하여야 하나 법원은 이 기간을 연장하여 인가할 수 있다.(상법 417④)

## 3. 신주인수권

신주인수권이란 주식회사가 신주를 발행하는 경우에 다른 자에게 우선하여 신주를 인수하는 권리를 말한다. 다른 자에 우선하여 인수할 수 있는 권리에 불과하고, 타인보다 유리한 조건으로 인수하는 것은 원래 이 권리의 내용은 아니지만, 우리나라에서는 신주인수권에 대하여 구주의 시가가 아무리 높더라도 액면으로 신주를 발행하는 것이 관행이다. 주주는 법정권리로서 신주인수권이 있으며(상법 418), 정관의 규정에 따르지 않고는 그 권리를 제한하지 못한다.(상법 420-5)

이 신주인수권의 제한과 특정한 제3자에게 신주인수권을 주는 때에는 주식청약서에 이를 기재하여야 한다. 신주발행시에 주주를 모집하는 경우의 신주를 배정받는 자는 신주인수권자가 아니다.

### (1) 신주의 배정

회사는 정관에 정하는 바에 따라 주주외의 자에게 신주를 배정할 수 있다. 다만, 이 경우에는 신기술의 도입, 재무구조의 개선 등 회사의 경상적 목적을 달성하기 위하여 필요한 경우에 한정한다.(상법 418②)

위에 따라 주주 외의 자에게 신주를 배정하는 경우 회사는 제416조 제1호, 제2호, 제2호의2, 제3호 및 제4호에서 정하는 사항을 그 납입기일의 2주 전까지 주주에게 통지하거나 공고하여야 한다. (상법 418④)

### (2) 신주인수권의 공고

사회사는 일정한 날을 정하여 그 날에 주주명부에 기재된 주주가 신주의 배정을 받을 권리를 가진다는 뜻과 신주인수권을 양도할 수 있을 경우에는 그 뜻을, 그 날의 2주간 전에 공고하여야 한다. 그러나 그 날이 상법 제354조(주주명부의 폐쇄, 기준일) 제1항의 기간 중인 때에는 그 기간의 초일의 2주간 전에 공고하여야 한다.(상법 418③) 이사가 배정일의 공고를 게을리 한 경우에는 손해배상의 책임을 진다.(상법 401)

## 4. 신주인수권자에 대한 최고

(1) 통지

회사는 신주의 인수권을 가진 자에 대하여 그 인수권을 가지는 주식의 종류 및 수와 일정한 기일까지 주식인수의 청약을 하지 아니하면 그 권리를 잃는다는 뜻을 통지하여야 한다. 이 경우 다음과 같은 사항의 정함이 있는 때에는 그 내용을 통지하여야 한다. (상법 419①)
   ① 주주가 가지는 신주인수권을 양도할 수 있는 것에 관한 사항
   ② 주주의 청구가 있는 때에만 신주인수권증서를 발행한다는 것과 그 청구기간

(2) 통지기간

위 (1)의 통지는 위 (1)의 기일의 2주간 전에 이를 하여야 한다.(상법 419③) 통지에도 불구하고 그 기일까지 주식인수의 청약을 하지 아니한 때에는 신주의 인수권을 가진 자는 그 권리를 잃는다.(상법 419④)

## 5. 주식청약서

이사는 주식청약서를 작성하여 다음의 사항을 적어야 한다.(상법 420)
① 목적
② 상호
③ 회사가 발행할 주식의 총수
④ 액면주식을 발행하는 경우 1주의 금액
⑤ 주주에게 배당할 이익으로 주식을 소각할 것을 정한 때에는 그 규정
⑥ 일정한시기까지 창립총회를 종결하지 아니한 때에는 주식의 인수를 취소할 수
⑦ 납입을 맡을 은행 그 밖에 금융기관과 납입장소
⑧ 명의개서대리인을 둔 때에는 그 성명·주소 및 영업소
⑨ 신주의 종류와 수
⑩ 신주의 발행가액과 납입기일
⑪ 무액면주식의 경우에는 신주의 발행가액 중 자본금으로 계상하는 금액
⑫ 신주의 인수방법
⑬ 현물출자를 하는 자의 성명과 그 목적인 재산의 종류·수량·가액과 이에 대하여 부여할 주식의 종류와 수
⑭ 상법 제417조(액면미달의 발행)에 따른 주식을 발행한 경우에는 그 발행조건과 미상각액
⑮ 주주에 대한 신주인수권의 제한에 관한 사항 또는 특정한 제3자에게 이를 부여할 것을 정한 때에 그 사항
⑯ 주식발행의 결의연월일

## 6. 신주인수권증서의 발행

주주가 가지는 신주인수권을 양도할 수 있는 것에 관한 사항을 정한 경우에 회사는 주주의 청구가 있는 때에만 신주인수권증서를 발행한다는 것과 그 청구기간을 정함이 있는 때에는 그 정함에 따라 발행하고, 그 정함이 없는 때에는 상법 제419조(신주인수권자에 대한 최고) 제1항의 기일의 2주간 전에 신주인수권증서를 발행하여야 한다.(상법 420의2①)

이 신주인수권증서에는 다음의 사항과 번호를 기재하고 이사가 기명날인 또는 서명하여야 한다.(상법 420의2②)
① 신주인수권증서라는 뜻의 표시
② 위 5에 규정된 사항
③ 신주인수권의 목적인 주식의 종류와 수
④ 일정기일까지 주식의 청약을 하지 아니할 때에는 그 권리를 잃는다는 뜻

## 7. 신주인수권의 양도

### (1) 양도의 요건

주주의 신주인수권의 양도는 정관의 규정이나 정관으로 주주총회에서 결정하기로 정한 경우가 아니면 이사회의 결의에 따라 인정할 수 있다.(상법 416, 5호)

정관이나 이사회의 결의로 신주인수권의 양도에 관한 아무런 정함을 하지 않은 경우나 그 양도를 금지한 때에는 신주인수권을 양도하더라도 회사에 대하여 효력이 없으나, 회사가 이를 승낙한 때에는 효력이 있다.

### (2) 양도의 방법

신주인수권의 양도를 정관 또는 이사회의 결의로 정한 때에는 신주인수권증서의 교부에 따라서만 가능하게 된다.(상법 420의3①)

따라서 증서의 점유자는 적법한 권리자로 추정되며, 이러한 소지인으로부터 악의 또는 중대한 과실이 없이 신주인수권증서를 양수한 경우는 선의취득이 인정된다.(상법 420의3②, 336②)

## 8. 신주인수권의 전자등록

회사는 신주인수권증서를 발행하는 대신 정관으로 정하는 바에 따라 전자등록기관의 전자등록부에 신주인수권을 등록할 수 있다 (상법420의3제1항)

이사는 신주의 인수인으로 하여금 그 배정한 주수(株數)에 따라 납입기일에 그 인수 주에 대한 인수가액의 전액을 납입시켜야 한다.

신주의 인수인은 회사의 동의 없이 위의 납입채무와 주식회사에 대한 채권을 상계

할 수 없다.(상법421)
 다음 각 호의 어느 하나에 해당할 경우에는 위를 적용하지 아니한다.(상법422제2항)
 ① 상법 제416조 제4호의 현물출자의 목적인 재산의 가액이 자본금의 5분의1을 초과하지 아니하고 대통령령으로 정한 금액을 초과하지 아니하는 경우
 ② 현물출자의 목적인 재산이 거래소의 시세 있는 유가증권인 경우 제416조 본문에 따라 결정된 가액이 대통령령으로 정한 방법으로 산정된 시세를 초과하지 아니하는 경우
 ③ 변제기가 돌아온 회사에 대한 금전채권을 출자의 목적으로 하는 경우로서 그 가액이 회사장부에 적혀 있는 가액을 초과하지 아니하는 경우
 ④ 그 밖에 위 1)부터 3)까지의 규정에 준하는 경우로서 대통령령으로 정하는 경우

## 9. 신주인수권증서에 따른 청약

 신주인수권증서를 발행한 경우에는 신주인수권증서에 따라 주식의 청약을 한다. 이 경우에는 주식인수의 청약을 하고자 하는 자는 주식청약서 2통에 인수할 주식의 종류 및 수와 주소를 기재하고 기명날인 또는 서명하여야 한다.(상법 420의5①, 302①)
 그리고 신주인수권증서를 상실한 자는 주식청약서에 따라 주식의 청약을 할 수 있다. 그러나 그 청약은 신주인수권증서에 따른 청약이 있는 때에는 그 효력을 잃는다.(상법 420의5②)

## 10. 주식에 대한 납입

 이사는 신주의 인수인으로 하여금 그 배정한 주수에 따라 납입기일에 그 인수 주식에 대한 인수가액의 전액을 납입시켜야 한다.(상법 421) 신주의 인수인은 회사의동의 없이 위의 납입채무와 주식회사에 대한 채권을 상계 할 수 없다.

## 11. 현물출자의 검사

 현물출자를 하는 자가 있는 경우에는 이사는 현물출자를 하는 자의 성명과 그 목적에 재산의 종류·수량·가액과 이에 대하여 부여할 주식의 종류와 수를 조사하게 하기 위하여 검사인의 선임을 법원에 청구하여야 하는데, 이 경우 공인된 감정인의 감정으로 검사인의 조사에 갈음할 수 있다.(상법 422①)
 다음 각 호의 어느 하나에 해당할 경우에는 위 1항을 적용하지 아니한다.(상법 422②)
 ① 상법 제416조 제4호의 현물출자의 목적인 재산의 가액이 자본금의 5분의1을 초과하지 아니하고 대통령령으로 정한 금액을 초과하지 아니하는 경우

② 상법 제416조 제4호의 현물출자의 목적인 재산이 거래소의 시세 있는 유가증권인 경우 상법 제416조 본문에 따라 결정된 가격이 대통령령으로 정한 방법으로 산정된 시세를 초과하지 아니하는 경우
③ 변제기가 돌아온 회사에 대한 금전채권을 출자의 목적으로 하는 경우로서 그 가액이 회사장부에 적혀 있는 가액을 초과하지 아니하는 경우
④ 그 밖에 위1부터 3까지의 규정에 준하는 경우로서 대통령령으로 정하는 경우
상법 344조 제3항에 따라 주식의 종류에 따라 특수하게 정하는 경우와 회사의 분할 또는 분할합병, 주식의 교환

법원은 검사인의 조사보고서 또는 감정인 감정결과를 심사하여 위의 사항을 부당하다고 인정한 때에는 이를 변경하여 이사와 현물출자를 한 자에게 통고할 수 있다.(상법 422③)

이 변경에 불복하는 현물출자를 한 자는 그 주식의 인수를 취소할 수 있으며, 통고 후 2주간 내에 주식의 인수를 취소한 현물출자를 한 자가 없는 때에는 통고에 따라 변경된 것으로 본다.(상법 422④⑤)

## 12. 주주가 되는 시기, 납입해태의 효과

신주의 인수인을 납입 또는 현물출자의 이행을 한 때에는 납입기일의 다음날부터 주주의 권리의무가 있다. 이 경우 신주에 대한 이익이나 이사의 배당에 관하여는 정관이 정하는 바에 따라 그 청구를 한 때가 속하는 영업연도의 직전 영업연도말에 전환된 것으로 할 수 있다.(상법 423①)

그리고 신주인이 납입기일에 납입 또는 현물출자의 이행을 하지 아니한 때에는 그 권리를 잃는다. 이는 신주의 인수인에 대한 손해배상의 청구에 영향을 미치지 아니한다.(상법 423②③)

## 13. 신주발행의 불공정과 무효

### (1) 신주발행의 유지청구권

회사가 법령 또는 정관에 위반하거나 현저하게 불공정한 방법에 따라 주식을 발행함으로써 주주가 불이익을 받을 염려가 있는 경우에는 그 주주는 회사에 대하여 그 발행을 유지할 것을 청구할 수 있다.(상법 424)

### (2) 불공정한 가액으로 주식을 인수한 자의 책임

#### (가) 책임발생의 요건

신주인수인이 이사와 통모하여 현저하게 불공정한 발행가액으로 주식을 인수한 자는 회사

에 대하여 공정한 발행가액과의 차액에 상당한 금액을 지급할 의무가 있다.(상법 424의2①)

따라서 인수인의 책임이 인정되기 위해서는 이사와의 통모와 현저하게 불공정한 발행가액으로 주식을 인수하였어야 한다. 그러므로 회사와 통모하였으나 공정한 발행가액으로 인수한 경우 또는 불공정한 발행가액이라도 통모를 하지 않은 경우에는 주식인수인은 차액지급의무를 부담하지 않는다.

통모와 발행가액이 현저하게 불공정한 경우에 대해서는 회사 또는 주주가 입증책임을 진다.

### (나) 책임의 내용과 성질

신주인수권은 공정한 발행가액과의 차액에 해당하는 금액을 지급하여야 할 의무를 지며, 신주인수인이 지급한 차액은 자본준비금으로 적립하여야 한다.

신주인수인의 책임은 회사가 추궁하는 것이 원칙이지만 회사가 이를 게을리 하는 경우에는 주주가 대표소송를 제기할 수 있다.

## 14. 신주발행에 준용하는 상법규정

신주의 발행에 있어서 준용하는 상법규정은 다음과 같다.(상법 425①)

① 상법 제302조(주식인수의 청약, 주식청약서의 기재사항) 제1항, 제3항
② 상법 제303조(주식인수인의 의무)
③ 상법 제305조(수직에 대한 납입) 제2항, 제3항
④ 상법 제306조(납입금의 보관자 등의 변경)
⑤ 상법 제318조(납입금보관자의 증명과 책임)
⑥ 상법 제319조(권리주의 양도)

그리고 신주인수권증서를 발행하는 경우에는 상법 제305조(주식에 대한 납입) 제2항을 준용한다.(상법 425②)

## 15. 미상각액의 등기

액면미달의 가액으로 주식을 발행한 경우에 주식의 발행으로 인한 변경등기에는 미상각액(상법 455)을 등기하여야 한다.(상법 426)

## 16. 인수의 무효주장, 최소의 제한

신주의 발행으로 인한 변경등기를 한 날로부터 1년을 경과한 후에는 신주를 인수한 자는 주식청약서 또는 신주인주권증서의 요건의 흠결을 이유로 하여 그 인수의 무효를 주장하거나 사

기·강박 또는 착오를 이유로 하여 그 인수를 취소하지 못한다. 그 주식에 대하여 주주의 권리를 행사한 때에도 같다.(상법 427)

## 17. 이사의 인수담보

신주의 발행으로 인한 변경등기가 있은 후에 아직 인수하지 아니한 주식이 있거나 주식인수의 청약이 취소된 때에는 이사가 이를 공동으로 인수한 것으로 보며, 이는 이사에 대한 손해배상의 청구에 영향을 미치지 아니한다.(상법 428)

## 18. 신주발행 무효판결의 효력

### (1) 신주발행 무효의 소

신주발행의 무효는 주주·이사 또는 감사에 한하여 신주를 발행한 날로부터 6개월내에 소만으로 이를 주장할 수 있다.(상법 429)

이 소에 관하여는 다음의 규정을 준용한다.(상법 430)

① 전속관할
신주발행무효의 소는 본점소재지의 지방법원의 관할에 전속한다.(상법 430, 186)

② 소제기의 공고
신주발행무효의 소가 제기된 때에는 회사는 지체없이 공고하여야 한다.(상법 430, 187)

③ 소의 병합심리
수개의 신주발행무효의 소가 제기된 때에는 법원은 이를 병합하여야 한다.(상법 430, 188)

④ 하자의 보완 등과 청구의 기각
신주발행무효의 소가 그 심리 중에 원인이 된 하자가 보완되고 회사의 현황과 제반사정을 참작하여 신주발행무효하는 것이 부적당하다고 인정된 때에는 법원은 그 청구를 기각할 수 있다.(상법 430, 189)

⑤ 판결의 효력
신주발행무효의 판결은 제3자에 대하여도 그 효력이 있다.(상법 430, 190)

⑥ 패소원고의 책임
신주발행무효의 소를 제기한 자가 패소한 경우에 악의 또는 과실이 있는 때에는 회사에 대하여 연대하여 손해를 배상할 책임이 있다.(상법 430, 191)

⑦ 신주발행무효의 등기
신주발행무효의 판결이 확정된 때에는 본점과 지점의 소재지에서 등기하여야 한다.(상법 430, 192)

⑧ 제소주주의 담보제공의무

주주가 신주발행무효의 소를 제기한 때에는 법원은 회사의 청구에 따라 상당한 담보를 제공할 것을 명할 수 있다. 그러나 주주가 이사 또는 감사인 때에는 그러하지 아니하다.(상법 430, 377)

### (2) 신주발행 무효판결의 효력

신주발행무효의 판결이 확정된 때에는 신주는 장래에 대하여 그 효력을 잃는다. 이 경우에는 회사는 지체없이 그 뜻과 일정한 기간 내에 신주의 주권을 회사에 제출할 것을 공고하고 주주명부에 기재된 주주와 질권자에 대하여는 각별로 그 통지를 하여야 한다. 그러나 그 기간은 3개월 이상으로 하여야 한다.(상법 431)

### (3) 무효판결과 주주에의 환급

신주발행무효의 판결이 확정된 때에는 회사는 신주의 주주에 대하여 그 납입한 금액을 반환하여야 한다.(상법 432①) 현물출자에 대해서는 그 평가액을 금전으로 반환하여야 한다.

그러나 회사가 반환할 금액이 판결확정시에 회사의 재산상태에 비추어 현저하게 부당한 때에는 법원은 회사 또는 신주의 주주의 청구에 따라 그 금액의 증감을 명할 수 있다.(상법 432②)

### (4) 기명주식의 등록질

기명주식을 질권의 목적으로 한 경우에 회사가 질권설정자의 청구에 따라 그 성명과 주소를 주주명부에 부기하고 그 성명을 주권에 기재한 때에는 질권자는 회사로부터 이익이나 이자의 배당, 잔여재산의 분배 또는 위 (4)에 따른 금전의 지급을 받아 다른 채권자에 우선하여 자기채권의 변제에 충당할 수 있으며, 민법 제353조 제3항의 규정은 위에 준용한다.(상법 432③, 340①②)

## 제5절 주식회사의 정관 변경

회사의 법인격의 동일성을 유지하면서, 그 근본규칙인 정관의 내용을 변경함을 말하고(실질적 의의의 정관) 단순히 정관을 기재한 서면(형식적 의의의 정관)만의 변경은 정관의 변경이 아니다.

회사의 기본규칙인 정관이 용이하게 변경되어서는 안되나, 경제여건의 변화와 경영상황등에 적용하여 합리적인 영업을 하기 위하여서는 일정한 절차에 따른 변경은 필요하다.

### 1. 정관변경의 방법

① 주주총회의 특별결의에 따라야 하고 그 밖의 방법으로는 불가능하다.(상법 433, 434) 수종의 주식을 발행한 경우에 정관의 변경에 따라 어느 종류의 주에게 손해를 미치게 될 때에는 이

들의 보호를 위하여, 주주총회의 특별결의 외에 주주총회의 특별결의가 있어야 한다.(상법 435 ①②)

② 정관변경의 효력은 주주총회의 결의에 따라 효력을 발생하고, 정관서면의 변경시가 아니다.

## 2. 정관변경의 특별결의

정관변경의 주주총회결의는 출석한 주주의 의결권의 3분의2 이상의 수와 발행주식총수의 3분의1 이상의 수로서 하여야 한다.(상법 434)

## 3. 종류 주주총회

회사가 수종의 주식을 발행한 경우에 정관을 변경함으로써 어느 종류의 주주에게 손해를 미치게 될 때에는 주주총회의결의 외에 그 종류주식의 주주의 총회의 결의가 있어야 하며, 이 결의는 출석한 주주의 의결권의 3분의2 이상의 수와 그 종류의 발행주식총수의 3분의1 이상의 수로써 하여야 한다.

주주총회에 관한 규정은 의결권 없는 종류의 주식에 관한 것을 제외하고, 위의 총회에 준용한다.(상법 435)

# 제6절 주식회사의 자본금 감소

## 1. 자본금 감소의 의의

자본감소란 주식회사나 유한회사에 있어서 이미 형성된 자본금액을 감사하는 것을 말한다.

자본의 감소에는 회사재산을 감소하고 그 분(分)을 주주·사원에게 분배반환하기 위하여 행하여지는 자본감소(실질적 자본감소)와 이미 회사재산이 자본액에 미달한 경우에 그 자본결손을 전보하기 위하여 하는 자본감소(형식적 자본감소)와 또 양자의 병용의 따른 경우 등이 있다.

자본감소의 방법은 주식회사에 있어서의 주식의 소각·병합·주금액의 감소에 의하는데, 자본과 주식의 분리를 이유로 하여 다만, 자본금액만을 감소할 수 있다는 견해도 있다.

유한회사에 있어서는 출자좌수의 감소·출자1좌의 금액의 감소 및 양자의 병용이 있다.

자본감소는 채권자·주주·사원에게 중대한 이해사항이므로 채권자 이의(異議)의 절차와 주주총회·사원총회의 특별결의를 요한다.(상법 438이하·597)

## 2. 자본금 감소의 방법

### (1) 주금액의 감소

주금액의 감소에 따른 자본의 감소는 발행주식수를 줄이지 않고 주식의 액면가액을 낮추는 방법이다. 이 방법은 주금액이 100원 이상인 경우에만 가능하다.

감소되는 금액의 처리는 자본감소의 목적에 따라 다르다. 실질적 자본감소를 할 때에는 주주에게 감소된 자본을 주주에게 환급하게 되고, 명목상의 자본감소를 할 때에는 주주의 손실로 처리하게 된다.

### (2) 주식수의 감소

① 주식의 소각

주식의 소각은 발행완료의 주식을 소각하는 것을 말하고, 감자에 따른 경우와 정관의 규정에 따르는 이익의 소각의 경우가 있다.

이익에 따른 소각은 규정에 따라 보통주식에 대하여 행하게 되는데, 재무상의 절차, 효과는 주식의 상환과 동양이다.

감자에 따른 상각은 회사가 주주로부터 주식을 취득하고 자본을 감소케하는 것에 따라서 취득한 자기주식을 실효(失效)케 하는 것이다.

이 주식의 소각에는 임의와 강제의 2방식이 있다. 임의소각은 소각에 응하는 주주로부터 주식을 취득하고, 실효케 하는 것이고, 강제소각은 추선 등의 공정한 방법으로 소각해야 할 주식을 특정하고, 그 주식을 취득하여 실효케 하는 것이다.

보통감자에 따른 소각은 액면금액 보다 낮은 가액으로 자기주식을 취득하고, 그 가액차로부터 생기는 감자차익으로 이월결손금을 보전하는 경우에 이용된다.

② 주식의 병합

주식의 병합이란 1명의 주주에게 속하는 수개의 주식을 합하여 보다 적은 수의 주식으로 하는 것이다. 예컨대 2주를 1주로 하거나 10주를 7주로 하는 것을 말한다.

주식을 병합할 경우에는 회사는 1개월 이상의 기간을 정하여 그 뜻과 그 기간 내에 주권을 회사에 제출할 것을 공고하고, 주주명부에 기재된 주주와 질권자에 대하여는 각별로 그 통지를 하여야 한다.(상법 440)

주식의 병합은 원칙적으로 위의 기간이 만료한 때에 그 효력이 생기지만 채권자보호절차(상법 232)가 끝나지 아니할 때에는 그 주식의 병합을 할 경우에는 회사는 구주권을 회수하고, 신주권을 교부하게 되나 구주권을 회사에 제출할 수 없는 자가 있는 경우에는 회사는 그 자의 청구에 따라 3개월 이상의 기간을 정하여 이해관계인에 대하여 그 주권에 대한 이의가 있으며 그 기간내에 제출한 뜻을 공고하고 그 기간이 경과한 후에 신주권을 청구자에게 교부할 수 있다. 이 경우의 공고비용은 청구자가 부담한다.(상법 442)

주식의 병합은 주주평등의 원칙에 따라 행하여져야 하지만, 병합에 적당하지 아니한 수의 주식이 있을 때에는 그 병합에 적당하지 아니한 부분에 대하여 발생한 신주를 경매하여 각 주수에 따라 그 대금을 종전의 주주에게 지급하도록 하여야 한다.

그러나 거래소의 시세있는 주식은 거래소를 통하여 매각하고, 거래소의 시세없는 주식은 법원의 허가를 받아 경매 이외의 방법으로 주식을 매각할 수 있다.(상법 443①)

## 3. 자본감소의 절차

### (1) 주주총회의 특별결의

자본감소는 회사의 자본구조의 변화를 초래하고 주주의 이해관계에 중대한 영향을 미치므로 주주총회의 특별결의를 요한다.(상법 438①) 자본감소를 위한 주주총회의 소집시에는 의안의 요령도 통지하여야 한다.(상법 438②)

### (2) 종류주주총회의 결의

또 회사가 종류주식을 발행하고 있는 경우에 정관을 변경 함으로써 어느 종류의 주주에게 손해를 미치게 될 때에는 주주총회의 결의 외에 그 종류주식의 주주총회의 결의가 있어야 한다.(상법 435)

### (3) 자본금 감소의 방법절차

자본감소는 회사채권자를 위한 담보액의 감소를 초래하므로 회사는 자본감소의 결의일로부터 2주간 내에 회사채권자에 대해 자본금감소에 이의가 있으면 1월 이상의 일정한 기간 내에 이의를 제출할 것을 공고하고 알고 있는 채권자에 대하여는 각별로 최고하여야 한다.(상법 439②)

일반채권자의 이의제출에는 특별한 방식을 필요로 하지 않는다. 그러나 사채권자가 이의를 함에는 사채권자집회의 결의가 있어야 하며, 이 경우 법원은 이해관계인의 청구로 이의기간을 연장할 수 있다.(상법 439③) 이의를 제기한 채권자에 대하여 회사는 채무를 변제하거나 상당한 담보를 제공하거나, 또는 이를 목적으로 하여 상당한 재산을 신탁회사에 신탁하여야 한다.(상법 439②, 232③)

### (4) 그 밖의 절차

① 주식병합절차

주식병합에 따른 자본감소의 경우 회사는 1월 이상의 기간을 정하여 그 기간 내에 주권을 회사에 제출할 것을 공고하고 주주명부에 기재된 주주와 질권자에 대해서는 각별로 통지하여야한다.(상법 440) 주권제출기간이 만료한 때에 주식병합의 효력이 발생한다.(상법 441, 본론) 그러나 채권자의 이의기간 및 이의에 따른 변제 등의 조치가 종료하지 않은 때에는 그 기간 또는 절차가 종료한 때에 효력이 발생한다.(상법 441, 단서)

② 주식소각절차

주식소각절차에 대해 별도의 규정을 두고 있지 않고 주식병합절차에 관한 규정을 준용하고 있다.(상법 342③, 440, 441)

③ 변경등기

자본감소로 인해 등기사항에 변동이 생기므로 변동등기를 하여야 한다.(상법 317③, 183)

## 4. 자본금 감소의 무효

### (1) 무효원인

자본감소를 위한 주주총회 결의의 하자, 채권자보호절차의 흠결, 자본감소의 방법 그 밖에 절차에 있어 주주평등의 원칙위반, 법령·정관에 위반하거나 현저하게 불공정한 자본감소는 무효의 원인이 된다.

### (2) 무효의 소

① 당사자

자본감소무효의 소제기권자는 주주·이사·감사·청산인·파산관재인·자본금감소를 승인하지 아니한 채권자만이 한정하며(상법 445) 회사를 피고로 한다.

② 제소기간

자본감소무효의 소는 자본감소로 인한 변경등기가 있는 날로부터 6개월내에만 제기할 수 있다.(상법 445)

③ 소의 절차

자본감소무효의 소에 관한 절차에 대해서는 설립무효에 관한 규정을 준용하며, 채권자나 주주가 소를 제기한 경우의 담보제공의무에 관하여는 주주총회결의취소의 소에 관한 규정을 준용한다.(상법 446)

# 제7절 주식회사의 회계

## 1. 재무제표 등의 승인과 공고

### (1) 재무제표 등의 작성

#### (가) 재무제표의 작성

이사는 결산기 마다 다음 각 호의 서류와 그 부속명세서를 작성하여 이사회의 승인을 얻어야 한다.(상법 449)

① 대차대조표

② 손익계산서
③ 이익잉여금처분계산서 또는 결손금처리계산서

**(나) 부속명세서의 작성**

재무제표부속명세서는 손익계산서 및 대차대조표에 기재된 항목 중 특히 중요한 것에 대한 명세표이다. 즉, 자산·부채·자본 및 손익의 각 항목 중 중요한 것을 표시하여 손익계산서 및 대차대조표의 내용을 보충하는 것으로 이사가 이를 작성하여 이사회의 승인을 얻어야 한다.

**(다) 영업보고서의 작성**

① 영업보고서의 의의

해당 사업연도의 영업의 경과 및 회사의 상황에 대하여 기록한 것으로서, 상법상의 계산서류의 하나이다. 광의로는 여기에 대차대조표, 손익계산서, 이익금처분안을 첨부한 서류(주로 주주에게 보고된다)의 총칭으로서 사용한다.

이 서류는 회사의 영업에 관한 총괄적 보고와 아울러 재무내용의 보조적 설명을 함으로써 회사정보를 널리 제공하는 기능을 가지고 있다. 또한 재무제표는 모두 수자로 표시됨에 비하여 영업보고서는 통상의 문장으로 표시되는 것으로, 다른 서류상의 수자로 표시된 상황을 설명하거나 수자로 표시하기 어려운 사실을 설명해 준다.

따라서 영업보고서의 성격을 감안하여 종래의 재산목록·대차대조표·손익계산서 및 준비금과 이익이나 이자의 배당에 관한 의안과 함께 계산서류에 포함되어 있었으나, 개정상법(1984.4.10.공포, 법률 3724호)에서는 계산서류를 재무제표로 바꾸면서 영업보고서는 재무제표로부터 분리하여 별도로 규정(상법 447의2)함과 동시에 이해관계인에게 보다 유용한 정보를 제공할 수 있도록 하기 위하여 기재사항으로 다음과 같이 11개 사항을 들고 있다.(상법규정 5)

② 영업보고서의 기재사항

㉮ 회사의 목적 및 중요한 사업내용, 영업소·공장 및 종업원의 상황과 주식·사채의 상황
㉯ 그 영업연도에 있어서의 영업의 경과 및 성과(자금조달 및 설비투자의 상황을 포함한다)
㉰ 모회사와의 관계, 자회사의 상황, 그 밖에 중요한 기업결합의 상황
㉱ 과거 3년간의 영업성적 및 재산상태의 변동상황
㉲ 회사가 대처할 과제
㉳ 그 영업연도에 있어서의 이사·감사의 성명, 회사에 있어서의 지위 및 담당업무 또는 주된 직업과 회사와의 거래관계
㉴ 상위 5인 이상의 대주주(주주가 회사인 경우에는 그 회사의 자회사가 보유하는 주식을 합산한다), 그 보유주식수 및 회사와의 거래관계와 회사의 대주주에 대한 출자상황
㉵ 회사, 회사 및 그 자회사 또는 회사의 자회사가 다른 회사의 발행주식 총수의 10분의

1을 초과하는 주식을 가지고 있는 경우에는 그 주식수 및 그 다른 회사의 명칭과 그 다른 회사가 가지고 있는 회사의 주식수

㉧ 중요한 채권자, 채권액 및 당해 채권자가 가지고 있는 회사의 주식수

㉨ 결산기 후에 생긴 중요한 사실

㉩ 그 밖에 영업에 고나한 사항으로서 중요하다고 인정되는 사항

③ 영업보고서의 제출

개정상법은 이사가 재무제표 및 그 부속서류와 영업보고서를 작성하여 이사회의 승인과 감사의 감사를 받도록 하였으며, 영업보고서는 당해 영업연도의 영업상황을 기재한 설명서로서, 주주에게 경영 및 재무제표에 대한 판단자료를 제공하는 데 그 목적이 있고, 주주의 판단을 요하는 사항은 아니므로 정기총회에 제출하여 그 내용을 보고만 하도록 하였고(상법 449②), 승인을 받도록 한 것은 아니다.

### (2) 재무제표의 승인절차

#### (가) 재무제표 등의 제출

이사는 정기총회 회일의 6주간 전에 대차대조표·손익계산서·이익잉여금처분계산서 또는 결손금처리계산서 및 영업보고서를 감사에게 제출하여야 한다.(상법 447의3)

#### (나) 감사보고서

감사는 위 (3)의 서류를 받은 날로부터 4주간 내에 감사보고서를 이사에게 제출하여야 하며, 이 감사보고서에는 다음의 사항을 적어야 한다. (상법 447의4)

① 감사방법의 개요

② 회계장부에 기재될 사항이 기재되지 아니하거나 부실기재된 경우 또는 대차대조표나 손익계산서의 기재내용이 회계장부와 합치 아니하는 경우에는 그 뜻

③ 재무상태표및 손익계산서가 법령 또는 정관에 따라 회사의 재무제표 그 경영성과를 적정하게 표시하고 있는 경우에는 그 뜻

④ 대차대조표 또는 손익계산서가 법령 또는 정관에 위반하여 회사의 재무상태외 경영성과를 적정하게 표시되지 아니하는 경우에는 그 뜻과 사유

⑤ 대차대조표 또는 손익계산서의 작성에 관한 회계방침의 변경에 타당한지의 여부와 그 이유

⑥ 영업보고서가 법령 및 정관에 따라 회사의 상황을 정확하게 표시하고 있는지 여부

⑦ 이익잉여금처분 또는 결손금의 처리가 법령 및 정관에 맞는지 여부

⑧ 이익잉여금처분 또는 결손금의 처리가 회사의 재무상태 그 밖의 사정에 비추어 현저하게 부당한 경우에는 그 뜻

⑨ 부속명세서에 기재할 사항의 기재가 기재되지 아니하거나, 부실기재된 경우 또는 회계

장부·대차대조표·손익계산서와 영업보고서의 기재 내용과 맞지 아니하게 기재된 경우에는 그 뜻

⑩ 이사의 직무수행에 관하여 부정한 행위 또는 법령이나 정관의 규정을 위반하는 중대한 사실이 있는 경우에는 그 사실

감사가 감사를 하기 위하여 필요한 조사를 할 수 없었던 경우에는 감사보고서에 그 뜻과 이유를 적어야 한다.

### (3) 재무제표 등의 비치·공시

이사는 정기총회 회일의 1주간 전부터 대차대조표·손익계산서·이익잉여금계산서 또는 결손금계산서·영업보고서와 감사보고서는 본점에 5년간, 그 등본을 지점에 3년간 비치하여야 한다.(상법 448①) 주주와 회사채권자는 영업시간 내에 언제든지 위의 비치서류를 열람할 수 있으며, 회사가 정한 비용을 지급하고 그 서류의 등본이나 초본의 교부를 청구할 수 있다.(상법 448②)

### (4) 재무제표 등의 승인·공고

이사는 대차대조표·손익계산서·이익잉여금처분계산서 또는 결손금처리계산서를 정기총회에 제출하여 그 승인을 요구하여야 하고, 영업보고서를 정기총회에 제출하여 그 내용을 보고하여야 하며(상법 449①②), 이사는 대차대조표·손익계산서·이익잉여금처분계산서 또는 결손처리계산서에 대한 총회의 승인을 얻은 때에는 지체없이 공고하여야 한다.(상법 449③)

### (5) 이사감사의 책임해제

정기총회에서 재무제표의 승인이 있은 후 2년 내에 다른 결의가 없으면 회사는 이사와 감사의 책임을 해제한 것으로 본다. 그러나 이사 또는 감사의 부정행위에 대하여는 그러하지 아니하다.(상법 450)

### (6) 자본금

자본이란 상법상 회사영업을 위하여 주주(유한회사에서는 사원)가 출자한 기금의 전부 또는 중요부분을 표시하는 일정한 금액을 말한다.

이것을 주식회사법상의 자본(자본금액)이라고도 한다.

이 뜻의 자본은 일정한 계산상의 숫자액이고, 영업활동의 결과 또는 물가의 변동 등에 따라 증감되는 회사의 현실재산과는 다르다.

자본은 고정적인 것인데 대하여 회사재산은 유동적인 것이고, 양자의 금액도 원칙적으로 일

치하지 않는다.

상법은 주식회사·유한회사에 대하여 자본의 제도를 두고 있는 것은 주주·사원이 유한책임이고, 특히 회사재산만이 회사채권자에 대한 책임재산이기 때문에 자본액에 상당하는 회사의 「순재산을 항상 보유하고 있으며 자본은 그 의미에서」 순재산보유기준액이고 또 그 의미에서 규범적 액이다.

이와 같은 자본의 작용을 확보하기 위하여 이른바 자본의 3대원칙이 인정되어 회사는 설립시에 일정한 자본액을 확정하고(자본확정의 원칙), 이 확정자본액에 상당하는 회사재산을 유지하고(자본유지 또는 충실의 원칙) 또 자본이 증가하되는 것은 좋으나, 자본을 감소하는 것은 채권자에게 불리하므로 일정한 엄격절차(주주총회의 특별결의와 채권자에 대한 이의절차)를 밟도록 하고 있다.(자본불변의 원칙)

자본확정의 원칙은 자본조달의 편의를 위하여 정관에 자본금액을 기재하지 않고(등기사항, 상법 317②) 대신에 회사가 발행할 주식의 총수(상법 289①)와 회사가 설립시에 발행하는 주식의 총수(상법 389①)를 기재하게 하고, 후자는 설립시에 전부 인수를 하게 함으로써 장래의 자본확정의 원칙을 유지하고 있는 동시에, 양자의 차수(미발행주식총수)의 한도내에서 이사회의 결의에 따라 자유로 신주를 발행할 수 있도록 하고 있다.

또 자본유지원칙의 내용으로서는, 발기인·이사의 공동신수책임(상법 312①, 428①), 주금납입과의 상계금지(상법 334), 주식의 액면이하 발행의 제한(상법 330 본문), 자기주식의 취득금지(상법 341) 등이 있다.

이러한 회사의 자본은 상법에 다른 규정이 있는 경우 외에는 발행주식의 액면총액성과로 계산 한다.(상법 451)

### (7) 자산의 평가방법

#### (가) 자산평가의 원칙

회계장부에 기재될 자산은 다음의 방법에 따라 평가하여야 한다.(상법 31)

① 유동자산은 취득가액·제작가액 또는 시가에 따른다. 그러나 시가가 취득가액 또는 제작가액 보다 현저하게 낮은 때에는 시가에 따른다.

② 고정자산은 취득가액 또는 제작가액으로부터 상당한 감가액을 공제한 가액에 따르되, 예측하지 못한 감손이 생긴 때에도 상당한 감액을 하여야 한다.

#### (나) 자산의 종류별 평가 [삭제 2000.12.29]

회사의 회계장부에 기재될 자산은 다음의 방법에 따라 평가하여야 한다.(상법 452)

① 유동자산은 취득가액 또는 제작가액에 따른다. 그러나 시가가 취득가액 또는 제작가액

보다 현저하게 낮은 때에는 시가에 따라야 한다.

② 금전채권은 채권금액에 따른다. 그러나 채권을 채권금액 보다 낮은 가액으로 취득한 때 또는 이것에 준하는 경우에는 상당한 감액을 할 수 있다. 추심불능의 염려가 있는 채권은 그 예상액을 감액하여야 한다.

③ 거래소의 시세 있는 사채는 결산기 전 1개월의 평균가격에 따르고, 그 시세 없는 사채는 취득가액에 따른다. 그러나 취득가액과 사채의 금액이 다른 때에는 상당한 증액 또는 감액을 할 수 있다. 추심불능의 염려가 있는 사채에는 위 ②후단의 규정을 준용한다.

④ 거래소의 시세 있는 주식은 취득가액에 따른다. 그러나 결산기전 1개월의 평균가격이 취득가액 보다 낮을 때에는 그 시기에 따른다. 거래 그 밖의 필요상 장기간 보유할 목적으로 취득한 주식은 거래소의 시세의 유무를 불구하고 취득가액에 따른다. 그러나 발행회사의 재산상태가 현저하게 악화된 때에는 상당한 감액을 하여야 한다. 유한회사 그 밖에 대한 출자의 평가에도 같다.

⑤ 영업권은 유상으로 승계취득한 경우에 한정하여 취득가액을 기재할 수 있다. 이 경우에는 영업권을 취득한 후 5년 내의 매결산기에 평균액 이상을 상가하여야 한다.

### (8) 창업비의 계상

창업비란 회사를 설립함에 요하는 비용을 말한다. 이러한 창업비를 창업비 또는 설립비라고도 한다.

상법에 따르면 회사가 부담할 설립비용과 발기인이 받을 보수액을 정관에 변태설립사항으로서 기재함으로써 효력을 발생하며, 아울러 창립총회의 승인을 얻음으로써 이러한 제비용은 회사의 부담이 되는 것이다.

상법상 인정하고 있는 창업비에는 위에 설명한 것 외에 설립등기에 지출한 세액도 포함하게 된다.

결국 창업비는 회사가 법률상으로 성립하기까지에 있어서 지출된 비용을 의미하게 되며, 아울러 이러한 비용은 회사가 부담하게 되는 것이다.

상법에서는 이러한 창업비의 지출액은 대자대조표자산의 부에 계상할 수 있으며, 그 계상금액은 회사성립 후 3년 내의 매결산기에 균등액 이상의 상각을 하도록 규정하고 있다.(상법 453)

### (9) 개업비의 계상  삭제<2010.12.30>

개업비란 창업비 이외에 회사설립 후 영업개시일까지 개업준비를 위하여 지출한 비용을 말한다.

상법에 있어서는 개업의 준비를 위하여 지출한 금액은 대차대조표자산의 부에 계상할 수 있다. 이 계상금액은 개업 후 3년 내의 매 결산기에 균등액 이상의 상각을 하여야 한다.(상법 453의2)

### (10) 신주발행비용의 계상

신주를 발행한 경우에는 그 발행에 필요한 비용의 액은 대차대조표자산의 부에 계상할 수 있다. 이 계상금액은 신주발행 후 3년 내의 매 결산기에 균등액 이상의 상각을 하여야 한다.(상법 454)  삭제<2010.12.30>

### (11) 액면미달금액의

회사가 성립한 날로부터 2년을 경과한 후에 주식을 주주총회의 결의와 법원의 인가을 얻어서 주식을 액면미달의 가액으로 발행한 경우에는 액면미달금액의 총액은 대차대조표자산의 부에 계상할 수 있다. 이 액면미달금액은 주식발행 후 3년 내의 매결산기에 균등액 이상의 상각을 하여야 한다.(상법 455)  삭제<2010.12.30>

### (12) 사채차액의 계상

사채를 모집한 경우에 그 상환할 금액이 그 모집에 따른 실수액을 초과한 때의 그 차액은 대차대조표 자산의 부에 계상할 수 있다. 이 계상금액은 사채상환기간 내의 매 결산기에 균등액 이상의 상각을 하여야 한다.(상법 456①②)  삭제<2010.12.30>

사채를 발행한 경우에는 그 발행에 필요한 비용의 액은 대차대조표자산의 부에 계상하며, 이 계상금액은 사채발행 후 3년 내의 매 결산기에 균등액 이상의 상각을 하여야 한다.(상법 456③)

### (13) 배당건설이자의 계상

상법 제463조(건설이자의 배당)에 따라 배당한 금액은 대차대조표 자산의 부에 계상할 수 있다. 이 계상금액은 개업 후 연6분 이상의 이익을 배당하는 경우에는 그 6분을 초과한 금액과 동액이상의 상각을 하여야 한다.(상법 457)  삭제 <2009. 12. 31>

### (14) 연구개발비의 계상

신제품 또는 신기술의 연구 또는 개발과 관련하여 특별히 발생한 비용은 대차대조표 자산의 부에 계상할 수 있고, 이 계상금액은 그 지출 후 5년 내의 매 결산기에 균등액 이상의 상각을 하여야 한다.(상법 457의2) 삭제 <2009.12.31>

## 2. 준비금제도

준비금은 주식회사에 있어서 순재산액이 자본액 등을 초과하는 금액 즉, 이익을 주주에게 배당하지 않고 일정한 목적을 위하여 회사에 적립하는 금액을 준비금 또는 적립금이라 하며, 이는 구체적인 재산형태로 존재하지 않고 순수한 계산상의 금액으로 대차대조표에 게기되어 이익산정을 위한 공제계정의 기능을 갖는다.

## (1) 준비금의 종류

준비금 중에서 상법 또는 특별법에 따라 의무적으로 적립하는 것을 법정준비금이라 하고, 정관 또는 총회의 결의에 따라 특정한 목적을 위하여 적립하는 것을 임의준비금이라 한다.

법정준비금은 그 재원에 따라 이익준비금(상법 458)과 자본준비금(상법 459)으로 나누어 진다.

법정준비금은 자본의 결손전보에 충당하는 경우 외에는 이를 처분하지 못하는 것이 원칙이나 주식회사에 있어서는 이것을 자본에 전입할 수 있다.(상법 461①)

그 밖에 실질적으로는 준비금이면서 형식상 준비금으로 계상하지 않는 비밀준비금, 형식상으로는 준비금이나 그 실질은 대손충당금 등의 항목으로 계상되는 유사준비금이 있다.

### (가) 법정준비금

법정준비금이란 주식회사 및 유한회사에 있어서 법률에 따라 적립이 강제되어 있는 준비금을 말하며, 회사가 자유의사로 설립하는 임의적립금에 대응하는 개념이다.

① 이익준비금

이익준비금은 회사의 경영활동에 따른 손익거래에 따라 발생하는 이익을 원천으로 하는 준비금을 의미한다.

회사는 매결산기에 금전에 따른 이익배당액의 10분의 1이상을 자본금의 2분의 1에 달할 때까지 적립하여야 한다.(상법 458)

② 자본준비금

자본준비금이란 영업활동으로부터 생기는 이익 외의 재원에서 적립되는 법정준비금이다. 이 재원은 본래 주주의 출자의 일부 그 밖에 자본에 준하는 성질을 가지고 있으며, 주주에게 이익으로서 배당하여야 할 것이 아니므로, 전액적립을 강제하고 있다.

그런데 상법은 자본준비금의 재원으로서 다음의 7을 들고 있다.(상법 459①)

㉮ 액면 이상의 주식을 발행한 때에는 그 액면을 초과한 금액

㉯ 주식의 포괄적 교환을 한 경우에는 상법 제360조의7(완전모회사의 자본증가의 한도액)에 규정하는 자본증가의 한도액이 완전모회사의 자본액을 초과한 경우의 그 초과액

㉰ 주식의 포괄적 이전을 한 경우에는 상법 제360조의18(완전모회사의 자본의 한도액)에 규정하는 자본의 한도액이 설립된 완전모회사의 자본액을 초과한 경우의 그 초과액

㉱ 자본감소의 경우에 그 감소액이 주식의 소각, 주금의 반환에 요한 금액과 결손의 전부에 충당한 금액을 초과한 때에는 그 초과금액

㉲ 회사합병의 경우에 소멸된 회사로부터 승계한 재산의 가액이 그 회사로부터 승계한 채무액, 그 회사의 주주에게 지급한 금액과 합병 후 존속하는 회사의 자본증가액 또는 합병으

로 인하여 설립된 회사의 자본액을 초과하는 때에는 그 초과금액

㉺ 상법 제530조의2(회사의 분할·분할합병)에 따른 분할 또는 분할합병으로 인하여 설립된 회사 또는 존속하는 회사에 출자된 재산의 가액이 출자한 회사로부터 승계한 채무액, 출자한 회사의 주주에게 지급한 금액과 설립된 회사의 자본액 또는 존속하는 회사의 자본증가액을 초과한 때에는 그 초과금액

㉻ 그 밖에 자본거래에서 발생한 잉여금

위의 ㉹ 및 ㉺의 초과금액 중 소멸 또는 분할되는 회사의 이익준비금 그 밖의 법정준비금은 합병 후 또는 분할·분할합병 후 존속 또는 설립되는 회사가 이를 승계할 수 있다.(상법 459②)

## (2) 법정준비금의 사용

이익준비금과 자본준비금은 자본의 결손전보에 충당하는 경우 외에는 이를 처분하지 못하여, 이익준비금으로 자본의 결손의 전보에 충당하고서는 부족한 경우가 아니면 자본준비금으로 이에 충당하지 못한다.(상법 460)

## (3) 준비금의 자본전입

회사가 이사회의 결의에 따라 준비금의 전부 또는 일부를 자본에 전입하는 것을 준비금의 자본전입이라 한다.

상법에서는 이사회의 결의만으로도 준비금을 자본에 전입할 수 있도록 규정하고 있다.(상법 461①) 그 이유는 상법이 회사의 자금조달을 목적으로 하는 신주발행권과 사채모집권을 이사회에 부여하고 있음에도 불구하고(상법 416, 469), 준비금의 자본전입권 만을 주주총회에 두는 것은 상법규정상 형평이 맞지 않기 때문이고 또 준비금의 자본전입에 따라 발행하는 무상신주는 기존주주에게 손실을 주는 것이 아니므로 주주총회의 결의를 고수할 필요성이 없는 것이다. 그러나 회사의 정관상 주주총회에서 결의하기로 정한 경우에는 그러하지 아니하다.(상법 461①단외)

① 주주에 대하여 그가 가진 주식의 수에 따라 주식을 발행하여야 한다. 이 경우 1주에 미달하는 단수에 대하여는 상법 제443조(단수의 처리) 제1항의 규정을 준용한다.(상법 461②) 위에서 주식의 발행이 있는 경우에는 주식의 소각·병합·분할 또는 전환이 있는 때에는 이로 인하여 종전의 주주가 받을 금전이나 주식에 대하여도 종전의 주식을 목적으로 한 질권을 행사할 수 있다.

② 이사회의 결의가 있는 때에는 회사는 일정한 날을 정하여 그 날에 주주명부에 기재된 주주가 위①의 신주의 주주가 된다는 뜻을 그 날의 2주간 전에 공고하여야 한다. 그러나 그날이 상법 제354조(주주명부의 폐쇄 기준일) 제1항의 기간 중인 때에는 그 기간의 초일의 2주간 전에 이를 공고하여야 한다.(상법 461③)

③ 주주는 주주총회의 결의가 있은 때로부터 신주의 주주가 된다.(상법 461④)

④ 신주의 주주가 된 때에는 이사는 지체없이 신주를 받은 주주와 주주명부에 기재된 질권자에 대하여 그 주주가 받은 주식의 종류와 수를 통지하고, 무기명식의 주권을 발행한 경우에는 결의의 내용을 공고하여야 한다.(상법 461⑤)

⑤ 신주에 대한 이익이나 이자의 배당에 관하여는 정관이 정하는 바에 따라 그 청구를 한 때가 속하는 영업연도의 직전 영업연도말에 전환된 것으로 할 수 있다.(상법 461⑥, 350③ 후단)

# 3. 배당제도

## (1) 이익의 배당

### (가) 요건

① 배당가능한 이익의 존재

이익배당은 이익이 있어야 하며, 이익은 배당가능한 이익을 말한다. 배당가능이익이란 대차대조표상의 순자산액으로부터 다음의 금액을 공제한 금액이며, 이를 한도로 이익배당을 할 수 있다.(상법 462①)

㉮ 자본의 액
㉯ 그 결산기까지 적립된 자본준비금과 이익준비금의 합계액
㉰ 그 결산기에 적립하여야 할 이익준비금의 액
㉱ 대통령령으로 정하는 미실현이익

이 경우에 자본준비금에는 자산재평가법에 따른 재평가적립금도 포함되고, 정관 또는 주주총회의 결의로 임의준비금을 적립하기로 한 때에는 이것을 공제한 후의 잔액이 배당가능한 이익이 된다.

② 주주총회의 승인

재무제표 중에 이익잉여금처분계산서에 기재된 이익처분안은 일반적으로 주주총회가 재무제표를 승인함으로써 확정되며, 이로써 주주는 배당금지급청구권을 갖는다.

### (나) 이익배당의 기준과 원칙

① 주식 수에 비례한 배당

이익배당은 주주평등의 원칙에 따라 각 주주가 가진 주식의 수에 따라 지급하여야 한다.(상

② 배당액과 배당률

회사가 정관의 규정에 따라 수종의 주식을 발행한 경우에는 주식의 종류에 따라 이익배당에 관하여 다른 정함을 할 수 있다.(상법 464단서)

각 주식에 대한 배당률은 정관에 다른 정함이 없는 한 주식의 액면을 기준으로 한다.

### (다) 이익배당금의 기준

주주는 주주총회의 재무제표승인결의가 있으면 이에 따라 주주는 구체적인 배당금지급청구권을 갖게 된다. 회사는 주주총회의 재무제표 승인결의가 있은 날로부터 1개월내에 배당금을 지급해야 하고, 중간배당의 경우에는 이사회의 결의가 있은 날로부터 1개월내에 지급하여야 한다.(상법 464의2① 본문) 다만 승인결의시 배당금의 지급시기를 따로 정할 수 있다.(상법 464의2① 단서)

배당금지급청구권은 5년간 행사하지 아니하면 시효소멸하게 된다.(상법 464의2②) 시효기간은 배당결의가 있은 날로부터 1개월이 경과한 때 또는 배당결의시에 따라 정한 기한이 경과한 때로부터 기산한다.

### (라) 위법배당

위법배당이란 회사가 배당가능한 이익이 없음에도 불구하고 이익배당을 하거나, 배당가능한 이익이 있더라도 그 액을 초과하여 이익배당을 한 경우를 말한다.

① 회사에 대한 반환청구

위법배당은 무효이므로 회사는 주주의 선의·악의를 불문하고 주주에 대하여 부당이득의 반환을 청구할 수 있고, 주주가 스스로 반환하지 않거나 회사가 반환청구를 하지 않으면 회사채권자도 주주에 대하여 위법배당금을 회사에 반환할 것을 청구할 수 있다.(상법 462②)

그러나 회사가 정관이나 주주총회의 결의로 임의준비금을 적립하여야 함에도 이를 적립하지 않고 이익배당을 한 경우에는 상법 제462조 제1항의 위반이라 할 수 없으므로 채권자의 반환청구권은 인정되지 아니한다.

## (2) 중간배당

### (가) 중간배당의 의의와 요건

중간배당이란 연 1회의 결산기를 정한 회사는 영업연도 중 1회에 한정하여 이사회의 결의로 일정한 날을 정하여 그 날의 주주에 대하여 이익을 배당(이하 "중간배당"이라 함)할 수 있음을 정관으로 정한 배당을 말한다.(상법 462의3①)

### (나) 중간배당의 한도

중간배당은 직전 결산기의 재무상태표상의 순자산액에서 다음 각 호의 금액을 공제한 액을 한도로 한다.(상법 462의3②)

① 직전 결산기의 자본의 액

② 직전 결산기까지 적립된 자본준비금과 이익준비금의 합계액
③ 직전 결산기의 정기총회에서 이익으로 배당하거나 또는 지급하기로 정한 금액
④ 중간배당에 따라 해당 결산기에 적립하여야 할 이익준비금

### (다) 중간배당의 배제

회사는 해당 결산기의 재무상태표상의 순자산액이 다음 각 호의 금액의 합계액에 미치지 못할 우려가 있는 때에는 중간배당을 하여서는 아니된다.(상법 462의3③, 462①)
① 자본의 액
② 그 결산기까지 적립된 자본준비금과 이익준비금의 합계액
③ 그 결산기에 적립하여야 할 이익준비금의 액

### (라) 연대배상해임

해당 결산기에 재무상태표상의 순자산액이 위 (다)의 각 호의 금액의 합계액에 미치지 못함에도 불구하고 중간배당을 한 경우, 이사는 회사에 대하여 연대하여 그 차액(배당액이 그 차액보다 적을 경우에는 배당액)을 배상할 책임이 있다. 다만, 이사가 위 (다)의 우려가 없다고 판단함에 있어 주의를 게을리 하지 아니하였음을 증명한 때에는 그러하지 아니하다.(상법 462의3④)

이사의 책임에 관하여는 다음의 규정을 준용한다.(상법 462의3⑥)
① 이사가 법령 또는 정관에 위반한 행위를 하거나 그 임무를 해태한 행위가 이사회의 결의에 찬성한 이사도 배상책임이 있다.(상법 399②)
② 위 ①의 결의에 참가한 이사로서 이의를 한 기재가 의사록에 없는 자는 그 결의에 찬성한 이사도 배상책임이 있다.(상법 399③)
③ 위 ①, ②에 따른 이사의 책임은 총주주의 동의로 면제할 수 있다.(상법 400)

## (3) 주식배당

주식배당이란 현금대신에 새로이 발행하는 주식을 할당하는 이익배당의 방법이다. 일반적으로 배당은 회사에 있어서의 재산을 주주에 대하여 그 지분에 비례하여 분배하는 이익처분을 말하며, 따라서 주식배당이란 잉여금을 자본화함으로써 발행한 신주식을 구주주에게 교부하는 방법을 말한다. 주식회사에서 이익배당의 전부 또는 일부를 현금이 아니고 새로이 발행하는 회사의 주식을 가지고 하는 것이다. 즉, 자금의 유출을 좋아하지 않는 회사가 자금을 사내에 유보하면서 이익배당의 실적을 올리려고 하는 경우에 이루어진다.

주식배당의 본질에 있어서, 이를 이익배당의 일종으로 보는 견해와 주식분할로 보는 견해가 대립한다. 전자가 다수설이다.

### (가) 주식배당의 요건

주식배당을 행하는 요건은, 배당가능이익이 있을 것. 정기주주총회의 특별결의를 요할 것. 신주의 교부를 요할 것. 발행하는 신주는 수권주식의 범위내일 것. 프리미엄부의 신주의 발행은 행하지 않는 것 등이다.

① 주식배당의 제한

주식배당은 이익배당 총액의 2분의 1에 상당하는 금액을 초과하지 못한다.(상법 462의2① 단서)

② 배당가능이익의 존재

이익의 배당을 주식으로 하는 것이므로 금전배당과 마찬가지로 배당가능이익이 있어야 한다.

③ 미발행수권주식의 존재

주식배당을 하면 그만큼 발행주식수가 증가하게 된다. 이 증가분의 발행예정주식수의 범위 내이어야 함은 물론이다. 발행예정 주식수 중 미발행 부분이 배당주식수에 부족할 때에는 먼저 정관변경을 하여 발행예정 주식수를 늘려 놓아야 할 것이다.

④ 주주총회의 결의

주식배당은 이상의 요건이 갖추게 되면 주주총회의 보통결의에 따라야 한다.(상법 462의2①)

### (나) 주식배당의 절차

① 배당의 통지·공고

주식배당을 한다는 주주총회의 결의가 있는 때에는 지체없이 배당을 받을 주주와 주주명부에 기재된 질권자에게 그 주주가 받을 주식의 종류와 수를 통지하여야 한다.(상법 462의2⑤)

② 단주의 처리

주식으로 배당할 이익의 금액 중 주식의 권면액에 미달하는 단주가 있는 때에는 그 부분에 대하여는 자본감소시의 단주처리에 관한 상법 443(단주의 처리) 제1항을 준용한다.(상법 462의2③)

③ 등기

주식배당을 한 경우 회사의 자본도 증가하고, 주식 수도 증가하므로 주주총회의 종결시로부터 본점소재지에서는 2주간 내, 지점소재지에서는 3주간 내에 변동등기를 하여야 한다.

④ 주권의 발행

주식배당에 따라 주주가 취득한 신주에 관해 회사는 주권을 발행하여야 한다.

### (다) 주식배당의 효과

① 신주의 효력발생시기

주식배당을 받은 주주는 주식배당의 결의를 한 주주총회의 종결시로부터 신주의 주주가 되고 다만, 신주에 대한 이익이나 이자의 배당에 관하여는 정관이 정하는 바에 따라 그 주주총회

가 종결한 때가 속하는 영업연도의 직전영업연도 말에 신주가 발행된 것으로 할 수 있다.(상법 462의2④)

② 질권의 효력

등록질의 경우 질권자는 주식배당에 따라 주주가 받을 주식에 대하여 질권을 행사할 수 있고, 따라서 질권자는 회사에 대하여 그 주권의 교부를 청구할 수 있다.(상법 462의2⑥)

③ 위법주식배당의 효과

주식배당의 요건을 위반한 경우 신주발행의 무효를 주장할 수 있고, 주식배당이 있기 전에는 신주발행의 유지를 청구할 수 있다. 또한 위법주식배당으로 인해 회사에 손해가 발생한 때에는 이사·감사는 손해배상책임을 지고 형벌의 제재를 받는 것은 이익배당과 같다.

(4) 이익배당의 지급시기

회사는 배당을 승인 또는 결의가 있는 날부터 1개월 이내에 지급하여야 한다. 다만, 정기총회 또는 이사회에서 배당금의 지급시기를 따로 정한 경우에는 그러하지 아니하다. 위의 배당금의 지급청구권은 5년간 이를 행사하지 아니하면 소멸시효가 완성된다.(상법 464의2)

## 4. 주주의 회계장부 열람권

발행주식의 총수의 3%이상에 해당하는 주식을 가진 주주는 이유를 붙인 서면으로 회계의 장부와 서류를 열람 또는 등사를 청구할 수 있으며, 회사는 위의 주주의 청구가 부당함을 증명하지 아니하면 이를 거부하지 못한다.(상법 466)

## 5. 회사의 업무, 재산상태의 검사

① 검사인의 선임

회사의 업무집행에 관하여 부정행위 또는 법령이나 정관에 위반한 중대한 사실이 있음을 의심할 사유가 있는 때에는 발행주식의 총수의 3%이상에 해당하는 주식을 가진 주주는 회사의 업무와 재산상태를 조사하게 하기 위하여 법원에 검사인의 선임을 청구할 수 있다.(상법 467①)

② 검사인의 조사결과 보고

검사인은 그 조사의 결과를 법원에 보고하여야 한다.(상법 467②)

③ 주주총회의 소집

법원은 검사인의 보고에 따라 필요하다고 인정한 때에는 대표이사에게 주주총회의 소집을 명할 수 있다. 이 경우 검사인의 보고서는 이를 주주총회에 제출하여야 한다.(상법 467③)

④ 주주총회에 보고

이사와 감사는 지체없이 위 ③에 따른 검사인의 보고서의 정확여부를 조사하여 이를 주주총회에 보고하여야 한다.(상법 467④)

## 6. 이익공여의 금지

① 회사는 누구에게든지 주주의 권리행사와 관련하여 재산상의 이익을 공여할 수 없다.(상법 467의2①)

② 회사가 특정의 주주에 대하여 무상으로 재산상의 이익을 공여한 경우에는 주주의 권리행사와 관련하여 이를 공여한 것으로 추정한다. 회사가 특정의 주주에 대하여 유상으로 재산상의 이익을 공여한 경우에 있어서 회사가 얻은 이익이 공여한 이익에 비하여 현저하게 적을 때에도 또한 같다.(상법 467의2②)

③ 회사가 위 ①에 위반하여 재산상의 이익을 공여한 때에는 그 이익을 공여받는 자는 이를 회사에 반환하여야 한다. 이 경우 회사에 대하여 대가를 지급한 것이 있는 때에는 그 반환을 받을 수 있다.(상법 467의2③)

이 경우 반환을 청구하는 소에 대하여는 다음의 규정을 준용한다.(상법 467의2④)

㉮ 상법 제403조(대표소송)

㉯ 상법 제404조(대표소송과 소송참가, 소송고지)

㉰ 상법 제405조(제소주주의 권리의무)

㉱ 상법 제406조(대표소송과 재심의 소)

## 7. 사용인의 우선변제권

신원보증금의 반환을 받을 채권 그 밖에 회사와 사용인 간의 고용관계로 인한 채권이 있는 자는 회사의 총재산에 대하여 우선변제를 받을 권리가 있다. 그러나 질권이나 저당권에 우선하지 못한다.(상법 468)

# 제8절 사 채

회사가 주주를 포함한 제3자로부터 자금을 조달하기 위해 상법의 규정에 따라서 채무를 표상하는 증권을 발행하여 일정의 이자를 지급하고 계약기간 후는 원본을 상환하는 것을 약속하는 부채를 사채라고 한다.

사채의 특질을 주식과 견주어 보면 첫째, 주식의 소득(배당)은 변동적인데 대하여 사채의 소득(이자)은 획일적인 즉, 사채는 기업이윤의 다소·유무와는 상관없이 예정률에 따른 이자의 지급을 받는다. 둘째, 주식은 상환될 수 없는 것이 원칙인데 대하여 사채는 일정기한 내에 상환한다. 셋째, 주식은 회사의 의사결정에 참여하는 의결권이 있으나 사채는 그런 것이 없다.

## 1. 사채의 통칙
### (1) 사채의 모집
회사는 이사회의 결의에 따라 사채를 발행할 수 있다.(상법 469①)

위의 사채에는 다음 각 호의 사채를 포함한다(상법469②)

① 이익배당에 참가할 수 있는 사채

② 주식이나 그 밖에 다른 유가증권으로 교환 또는 상환할 수 있는 사채

③ 유가증권이나 통화 또는 그 밖에 대통령령으로 정하는 자산이나 지표 등의 변동과 연계하여 미리 정하여진 방법에 따라 상환 또는 지급금액이 결정되는 사채

이에 따라 발행하는 사채의 내용 및 발행방법 등 발행에 필요한 구체적인 사항은 대통령령으로 정한다. (상법 469)

이에 불구하고 정관으로 정하는 바에 따라 이사회는 대표이사에게 사채의 금액 및 종류를 정하여 1년을 초과하지아니하는 기간 내에 사채를 발행할 것을 위임할 수 있다.(상법469④)

### (2) 사채발행의 방법
#### (가) 총액인수의 방법
특정인이 회사와의 계약에 따라 사채의 총액을 인수하는 방법으로서 사채청약서의 작성을 요하지 아니하고, 사채모집의 위탁을 받은 회사가 사채의 일부를 인수하는 경우에는 그 일부에 대하여도 같다.(상법 475)

#### (나) 사채의 공모방법
사채를 모집하는 방법으로서 원칙적으로 사채청약서 2통에 그 인수할 사채의 수와 주소를 기재하고 기명날인 또는 서명하여야 한다.(상법 474①)

이 사채청약서는 이사가 작성하고 다음의 사항을 적어야 한다.(상법 474②)

① 회사의 상호

② 자본과 준비금의 총액

③ 최종의 대차대조표에 따라 회사에 현존하는 순재산액

④ 사채의 총액
⑤ 각 사채의 금액
⑥ 사채발행의 가액 또는 그 최저가액
⑦ 사채의 이율
⑧ 사채의 상환과 이자지급의 방법과 기한
⑨ 사채를 수회에 분납할 것을 정한 때에는 그 분납금액과 시기
⑩ 채권을 기명식 또는 무기명식에 한정한 때에는 그 뜻
⑪ 채권을 발행하는 대신 전자등록기관의 전자등록부에 사채권자의 권리를 등록하는
⑫ 전에 모집한 사채가 있는 때에는 그 상환하지 아니한 금액
⑬ 사채모집의 위탁을 받은 회사가 있는 때에는 그 상호와 주소
⑭ 사채관리회사가 있는 때에는 그 상호와 주소
⑮ 사채관리회사가 사채권자집회결의에 의하지 아니하고 상법 제484조 제4항제2호의 행위를 할 수 있도록 정한 때에는 그 뜻
⑯ 위 ⑬의 위탁을 받은 회사가 그 모집액이 총액에 달하지 못한 경우에 그 잔액을 인수할 것을 약정한 때에는 그 뜻
⑰ 명의개서대리인을 둔 때에는 그 성명·주소 및 영업소

그리고 사채발행의 최저가액을 정한 경우에는 응모자는 사채청약서에 응모가액을 기재하여야 한다.(상법 474③)

### (다) 납입

사채의 모집이 완료된 때에는 이사는 지체없이 인수인에 대하여 각 사채의 전액 또는 제1회의 납입을 시켜야 하며, 사채모집의 위탁을 받은 회사는 그 명의로 위탁회사를 위하여 사채발행의 최저가액을 정한 경우에는 응모자는 사채청약서에 응모가액을 기재하여 위의 행위를 할 수 있다.(상법 476)

## (4) 사채의 유통

### (가) 채권의 발행

사채에 대하여는 그 유통을 원활히 하기 위하여 채권이 발행된다. 채권은 사채계약상의 권리를 표창하는 유가증권으로서 사채전액의 납입이 완료한 후가 아니면 이를 발행하지 못한다.(상법 478①) 이 채권에는 다음의 사항을 기재하고 대표이사가 기명날인 또는 서명하여야 한다.(상법 478②)

① 채권의 번호
② 회사의 상호
③ 사채의 총액
④ 각 사채의 금액
⑤ 사채의 이율
⑥ 사채의 상환과 이자지급의 방법과 기한
⑦ 채권의 기명식 또는 무기명식에 한정한 때에는 그 뜻
⑧ 사채모집의 위탁을 받은 회사가 있는 때에는 그 상호와 주소
⑨ 회사는 위의 채권을 발행하는 대신 정관으로 정하는 바에 따라 전자등록기관의 전자등록부에 채권을 등록할 수 있다. 이 경우 상법 제356조의2 제2항부터 제4항까지의 규정을 준용한다.(상법 478③)

**(나) 사채원부**

① 사채원부의 의의와 기재사항

사채원부란 사채권자 및 채권에 관한 사항을 기재한 장부로서 다음 각 호의 사항을 적어야 한다.(상법 488)

① 사채권자의 성명과 주소
② 채권의 원부
③ 사채의 총액
④ 각 사채의 금액
⑤ 사채의 이율
⑥ 사채의 상환과 이자지급의 방법과 기한
⑦ 사채를 수회에 분납할 것을 정한 때에는 그 분납금액과 시기
⑧ 사채모집의 위탁을 받은 회사가 있는 때에는 그 상호와 주소
⑨ 각 사채의 납입금액과 납입연월일
⑩ 채권의 발행연월일 또는 채권을 발행하는 대신 전자등록기관의 전자등록부에 사채권자의 권리를 등록하는 때에는 그 뜻
⑪ 무기명식의 채권을 발행한 때에는 그 종류, 수, 번호와 발행연월일

② 사채원부의 비치의무

회사는 사채원부를 작성하고 비치하여야 한다.(상법 396①)

③ 사채원비의 열람・등사청구

회사채권자와 주주는 영업시간 내에는 언제든지 그 열람 또는 등사를 청구할 수 있다.(상법 396②)

④ 사채권자에 대한 통지·최고

사채권자에 대한 회사의 통지 또는 최고는 사채원부에 기재된 주소 또는 그 자로부터 회사에 통지한 주소로 하면 되고, 이 통지 또는 최고는 보통 그 도달한 시기에 도달한 것으로 본다. (상법 489①, 353)

### (다) 사채의 양도·입질

① 무기명사채

상법에 규정이 없으므로 민법의 규정에 따라 양도는 채권을 교부함으로써, 입질은 질권자에게 채권을 교부함으로써 그 효력이 생기고, 점유함으로써 제3자에게 대항할 수 있다.

② 기명사채

㉮ 기명사채의 양도

양도는 지시식으로 되어 있지 않는 한 당사자의 의사표시와 사채권의 인도로서 효력이 생기지만, 회사 그 밖에 제3자에게 대항하기 위해서는 취득자의 성명과 주소를 사채원부에 기재하고 그 성명을 채권에 기재하여야 한다.(상법 479①)

그리고 회사는 정관이 정하는 바에 따라 명의개서대리인을 둘 수 있다. 이 경우 명의개서대리인이 취득자의 성명과 주소를 주주명부의 복본에 기재한 때에는 명의개서가 있는 것으로 본다.(상법 479②, 337②)

㉯ 기명사채의 입질

당사자간의 의사표시와 사채권을 채권자에게 교부함으로써 질권설정의 효력이 생긴다.

## (5) 이자지급과 상환

### (가) 이자와 이권

① 이자

사채의 이자액·이자의 지급기한 및 방법은 사채계약에서 정한 이율에 따라 결정된다. 이율은 중요한 발행요건이므로 사채청약서·채권·사채원부에 기재하여야 한다.

② 이권

이권은 이자지급기에 있어서의 이자지급청구권을 표창하는 유가증권으로 독립적으로 유통의 대상이 된다. 이자의 지급은 이권과 상환으로 한다.

③ 이자청구권의 소멸시효

사채의 이자지급청구권과 이권소지인의 공제액지급청구권은 5년간 행사하지 아니하면 소멸

시효가 완성한다.(상법 487③)

**(나) 사채의 상환**

사채의 상환이란 사채 발행회사가 사채권자에게 채무를 변제하여 사채의 법률관계를 종료시키는 것을 말한다.

① 매입소각의 방법

사채에는 자기사채를 매입하여 소각하는 것이 자유로우며, 사채의 시세가 하락하였을 때 매입소각이 만기상환보다 회사에 유리하다.

② 기한이익의 상실

발행회사가 사채의 지급을 해태하거나 정기의 사채의 일부상환을 하도록 되어 있는 경우에 그 상환을 해태한 때에는 사채총액에 관하여 기한의 이익을 상실할 수 있다.

③ **사채관리회사에 따른 취소의 소**

발행회사가 어느 사채권자에게 한 변제·화해 그 밖의 행위가 현저하게 불공정한 때에는 사채관리회사는 소만으로 행위의 취소를 청구할 수 있다.(상법 511①)

이 취소는 회사가 취소의 원인을 알 때로부터 6개월, 행위가 있은 때로부터 1년 내에 제기하여야 한다.(상법 511②) 그러나 변제·화해 그 밖의 행위에 따른 수익자인 사채권자 또는 전득자가 그 행위 또는 전득시에 사채권자를 해할 것을 알지 못한 때에는 취소를 청구할 수 있다.(상법 511③)

④ 사채상환청구권의 소멸시효

사채의 상환청구권과 사채권자의 수탁회사에 대한 상환액지급청구권은 10년간 행사하지 아니하면 소멸시효가 완성한다.

## (6) 수탁회사의 사채관리

### (가) 수탁회사의 지위

① 수탁회사의 성격

수탁회사는 발행회사에 대하여 위임관계에 있다. 수탁회사는 사채권자와는 위임관계가 있지 아니하므로 사채의 모집이 완료된 후에는 사채권자와의 사이에 더 이상 직접적인 법률관계가 존재하지 않고, 발행회사와의 관계에서도 법률관계가 종료함이 원칙이다.

② 수탁회사의 자격

은행, 신탁회사 또는 증권회사가 아니면 수탁회사가 될 수 없고, 사무승계자도 같다.(부칙 6)

③ 수탁회사의 사임

사채모집의 위탁을 받은 회사는 사채를 발행한 회사와 사채권자집회의 동의를 얻어서 사임할

수 있다. 그러나 부득이한 사유가 있는 경우에는 법원의 허가를 얻어 사임할 수 있다.(상법 481)

④ 수탁회사의 해임

사채관리회사가 그 사무를 처리하기에 적임이 아니거나 그 밖에 정당한 사유가 있을 경우에는 법원은 사채를 발행하는 회사 또는 사채권자집회의 청구에 따라 사채관리회사를 해임할 수 있다.(상법 482)

⑤ 수탁회사의 사무승계자

사채관리회사의 사임 또는 해임으로 인하여 사채권회사가 없게된 경우에는 사채를 발행한 회사는 그 사무를 승계할 사채관리회사를 정하여 사채권자를 위하여 사채관리를 위탁하여야 한다. 이 경우 회사는 지체없이 사채권자집회를 소집하여 동의를 받아야 한다. (상법 483)

⑥ 수탁회사의 권한

사채모집의 위탁을 받은 회사는 사채권자를 위하여 사채의 상환을 받음에 필요한 재판상 또는 재판외의 모든 행위를 할 권한이 있다.(상법 484①)

사채모집의 위탁을 받은 회사가 2이상이 있을 때에는 그 권한에 속하는 행위는 공동으로 하여야 하고, 이 경우에 사채관리회사가 둘 이상 있을 경우에는 그 권한에 속하는 행위는 공동으로 하여권자에 대하여 연대하여 변제액을 지급할 의무가 있다.(상법485②)

**(나) 이권흠결의 경우**

이권 있는 무기명식의 사채를 상환하는 경우에 이권이 흠결된 때에는 그 이권에 상당한 금액을 상환액으로부터 공제하며, 위의 이권소지인은 언제든지 그 이권과 상환하여 공제액의 지급을 청구할 수 있다.(상법 486)

**(다) 원리청구권의 시효**

사채의 상환청구권은 10년간 행사하지 아니하면 소멸시효가 완성한다.(상법 487①)

수탁회사의 사채권도 위와 같으며, 사채의 이자와 이권흠결의 이권소지인의 청구는 5년간 행사하지 않으면 소멸시효가 완성된다.(상법 487)

# 2. 사채권자 집회

## (1) 사채권자집회의 결의사항

사채권자집회는 상법에 규정하고 있는 사항 및 사채권자의 이해관계가 있는 사항에 관하여 결의할 수 있다.

### (2) 소집권자

사채권자집회는 사채를 발행한 회사 또는 사채관리회사가 소집하며, (상법 491) , 사채의 종류별로 해당종류의 사채총액(상환받은 액은 제외)의 10% 이상에 해당하는 사채를 가진 사채권자는 회의의 목적인 사항과 소집의 이유를 적은 서면 또는 전자문서를 사채를 발행한 회사 또는 사채관리회사에 제출하여 사채권자집회의 소집을 청구할 수 있으며(상법 491②), 소집청구가 있은 후 지체없이 발행회사가 소집의 절차를 밟지 아니한 때에는 청구인은 법원의 허가를 얻어 소집할 수 있다.(상법 491③)

그리고 무기명식의 채권을 가진 자는 그 채권을 공탁하지 아니하면 권리를 행사하지 아니하지 못한다.(상법 491④)

### (3) 사채권자집회의 결의방법

#### (가) 의결권

각 사채권자는 그가 가지는 해당 종류의 사채금액의 합계액(상환받은 액은 제외)에 따라 의결권을 가진다.(상법 492①) 무기명식의 사채를 가진 자는 회일로부터 1주간 전에 채권을 공탁하지 아니하면 그 의결권을 행사하지 못한다.(상법 492②)

#### (나) 사채발행회사 또는 수탁회사의 대표자의 출석

사채를 발행한 회사 또는 사채관리회사는 그 대표자를 사채권자집회에 출석 하게 하거나 서면으로 의견을 제출할 수 있으며, 사채권자집회의 소집은 사채발행회사에 통지하여야 한다.(상법 493)

#### (다) 사채발행회사의 대표자의 출석요구

사채권자집회 또는 그 소집자는 필요가 있다고 인정하는 때에는 사채를 발행한 회사에 대하여 그 대표자의 출석을 청구할 수 있다.(상법 494)

#### (라) 결의의 방법

사채권자집회의 소집자는 결의한 날로부터 1주간 내에 결의의 인가를 법원에 청구하여야 한다.(상법 496)

#### (바) 결의의 불인가사유

법원은 다음의 경우에는 사채권자집회의 결의를 인가하지 못한다.(상법 497①)

① 사채권자집회 소집의 절차 또는 그 결의방법이 법령이나 사채모집의 계획서의 기재에 위반한 때

② 결의가 부당한 방법에 따라 성립하게 된 때

③ 결의가 현저하게 불공정한 때
④ 결의가 사채권자의 일반의 이익에 반하는 때

위의 ①과 ②의 경우에는 법원은 결의의 내용 그 밖의 모든 사정을 참작하여 결의를 인가할 수 있다.(상법 497②)

### (사) 결의의 효력

사채권자집회의 결의는 법원의 인가를 받음으로써 그 효력이 생긴다. 다만, 그 종류의 사채권자 전원이 동의한 결의를 법원의 인가가 필요하지 아니한다. 사채권집회의 결의는 그 종류의 사채를 가진 모든 사채권자에게 그 효력이 있다.(상법 498)

### (아) 결의의 인가불인가의 공고

사채권자집회의 결의에 대하여 인가 또는 불인가의 결정이 있은 때에는 사채를 발행한 회사는 지체없이 그 뜻을 공고하여야 한다.(상법 499)

### (자) 사채권자집회의 비용

사채권자집회에 관한 비용은 사채를 발행한 회사가 부담한다. 그러나 법원은 결의의 인가청구에 관한 비용을 이해관계인의 신청에 따라 또는 직권으로 그 전부 또는 일부에 관하여 따로 부담자를 정할 수 있다.(상법 508)

## (4) 대표자와 결의의 집행

### (가) 사채권자집회의 대표자

사채권자집회는 해당 종류의 사채총액(상환받은 금액은 제외)의 500분의 1 이상을 가진 사채권자 중에서 1명 또는 여러명의 대표자를 선임하여 그 결의할 사항의 결정을 위임할 수 있으며(상법 500①), 여러명의 대표자를 선임한 때에는 그 결정은 그 과반수로 한다.(상법 500②)

### (나) 여러명 대표자집행자가 있는 경우

사채모집의 위탁을 받은 회사가 대표자나 집행자가 수인인 경우에는 그 권한에 속하는 행위는 공동으로 하여야 한다.(상법 502)

### (다) 대표자의 결의의 집행

사채권자집회의 결의는 사채관리회사가 집행하고, 사채관리회사가 없는 경우에는 대표자가 집행하지만, 사채권자집회의 결의로 따로 집행자를 선임할 수도 있다.(상법 501)

### (라) 대표자의 해임 등

사채권자집회는 언제든지 대표자나 집행자를 해임할 수 있고 위임한 사항을 변경할 수도 있

다.(상법 504)

**(마) 수종의 사채가 있는 경우이 사채권자 집회**

수종의 사채를 발행한 경우에는 사채권자집회는 각 종류의 사채에 관하여 이를 소집하여야 한다.(상법 509)

### (5) 준용규정

다음의 규정은 사채권자집회에 준용한다.(상법 510①)
① 상법 제363조(소집의 통지·공고)
② 상법 제368조(총회의 결의방법과 의결권의 행사) 제3항, 제4항
③ 상법 제369조(의결권) 제2항
④ 상법 제371조(정족수, 의결권수의 계산)
⑤ 상법 제372조(총회의 연기, 속행이 결의)
⑥ 상법 제373조(총회의 의사록)

## 3. 전환사채

전환사채란 주식을 전환할 수 있는 권리, 다시 말하면 주식으로의 전환권이 인정되어 있는 사채를 말한다.

사채는 본래 회사의 채무로서, 회사구성원의 지위를 의미하는 주식과는 성질을 달리한다. 그런데, 이 사채권자에 대하여 장래 그 자의 요구에 따라 주주의 지위를 취득시킬 것을 약속하고 발행하는 것을 말한다. 즉, 광의로는 다른 증권으로 전환할 수 있는 권리가 인정되는 사채이며, 협의로는 소유자의 희망에 따라 주식으로 전환할 수 있는 사채를 말하는 것이다.

전환사채는 일반적으로 담보부사채가 아니고 무담보사채이며, 전환시기는 발행회사가 결정하지만, 발행한 후 일정기간이 지나면 자유로이 주식으로 전환할 수 있는 것이 보통이다.

전환사채의 경제적 기능은
① 증자가 어려운 경우의 구제책이 된다.
② 일반사채 보다 낮은 이율로 발생할 수 있다.
③ 인플레이션기의 사채발행방법으로 적절하다.
④ 주식으로서의 전환기에 현금납입을 추구하는 수단이 된다.
⑤ 투자가에 대하여 안전성과 투기성을 겸한 투자대상이 된다는 것이다.

요컨대 전환사채는 주식과 사채의 양면적 성격을 가진 중간형태 또는 절충적 증권이라는 점

에 그 특징이 있다.

### (1) 전환사채의 발행

#### (가) 발행요건

회사는 전환사채를 발행할 수 있는데, 이 경우에 다음의 사항으로서 정관에 규정이 없는 것은 이사회가 이를 결정한다. 그러나 정관으로 주주총회에서 이를 결정하기로 정한 경우에는 예외로 한다.(상법 513①②)

① 전환사채의 총액
② 전환의 조건
③ 전환으로 인하여 발행할 주식의 내용
④ 전환을 청구할 수 있는 기간
⑤ 주주에게 전환사채의 인수권을 준다는 뜻과 인수권의 목적인 전환사채의 액
⑥ 주주 외의 자에게 전환사채를 발행하는 것과 이에 대하여 발행할 전환사채의 액

① 수종의 전환사채

상법 제344조 제2항에 따른 수종의 전환사채의 수 중 전환사채로 발행할 전환사채의 수는 전환사채의 청구기간 내에는 그 발행을 하여야 한다.(상법 516①, 346②)

② 유지청구권

회사가 법령 또는 정관에 위반하거나 현저하게 불공정한 방법에 따라 전환사채를 발행함으로써 주주가 불이익을 받을 염려가 있는 경우에는 그 주주는 회사에 대하여 그 발행을 유지할 것을 청구할 수 있다.(상법 516①, 424)

③ 불공정한 가액으로 전환사채를 인수한 자의 책임

이사와 통모하여 현저하게 불공정한 발행가액으로 인수한 자는 회사에 대하여 공정한 발행가액의 차액에 상당한 금액을 지급할 의무가 있으며, 상법 제403조부터 406조까지의 규정은 위의 지급을 청구하는 소에 관하여 이를 준용한다.

#### (나) 발행결의

주주 외의 자에 대하여 전환사채를 발행하는 경우에 그 발행할 수 있는 전환사채의 액, 전환사채의 조건, 전환으로 인하여 발행한 주식의 내용과 전환을 청구할 수 있는 기간에 관하여 정관에 규정이 없으면 상법 제434조(정관변경의 특별결의)의 결의로써 이를 정하여야 한다. 이 경우에는 신기술의 도입, 재무구조의 개선 등 회사의 경영상 목적을 달성하기 위하여 필요한 경우에 한정한다.(상법 513③, 418②)

### (다) 전환사채의 발행에 관한 의안 요령의 기재

위의 (2)의 결의에 있어서 전환사채의 발행에 관한 의안의 요령은 상법 제363조(소집의 통지·공고)에 따른 통지와 공고에 기재하여야 한다.(상법 513④)

## (2) 전환사채의 인수권을 가진 주주의 권리

전환사채의 인수권을 가진 주주는 그가 가진 주식의 수에 따라서 전환사채의 배정을 받을 권리가 있다. 그러나 각 전환사채의 금액 중 최저액에 미달하는 단수에 대해서는 그러하지 아니하다.(상법 513의2①)

주주가 전환사채의 인수권을 가진 경우에는 회사는 위의 규정에 불구하고 정관에 정하는 바에 따라 주주 외의 자에게 전환사채를 배정할 수 있다. 다만, 이 경우에는 신기술의 도입, 재무구조의 개선 등 회사의 경상적 목적을 달성하기 위하여 필요한 경우에 한정한다.(상법 513의2②, 418②)

## (3) 전환사채의 인수권을 가진 주주에 대한 최고

주주가 전환사채의 인수권을 가진 경우에는 각 주주에 대하여 그 인수권을 가지는 전환사채의 액, 발행가액, 전환의 조건, 전환으로 인하여 발행할 주식의 내용, 전환을 청구할 수 있는 기간과 일정한 기일까지 전환사채의 청약을 하지 아니하면 그 권리를 잃는다는 뜻을 통지하여야 한다.(상법 513의3①)

회사가 전환사채를 발행한 때에는 공고하여야 하며, 통지 또는 공고는 그 2주간 전에 이를 하여야 한다. 이 통지 또는 공고에 불구하고 그 기일까지 전환을 청구하지 아니한 때에는 전환사채의 인수권을 가진 자는 그 권리를 잃는다.(상법 513의3②)

## (4) 전환사채발행의 절차

전환사채에 관하여는 사채청약서, 채권과 사채원부에 다음의 사항을 기재하여야 한다.(상법 514①)

① 사채를 주식으로 전환할 수 있다는 뜻
② 전환의 조건
③ 전환으로 인하여 발행한 주식의 내용
④ 전환을 청구할 수 있는 기간
⑤ 주식의 양도에 관하여 이사회의 승인을 얻도록 정한 때에는 그 규정

## (5) 전환사채의 등기

### (가) 등기시점과 등기지

회사가 전환사채를 발행한 때에는 상법 제476조(납입)에 따른 납입이 완료된 날로부터 2주간 내에 본점의 소재지에서 전환사채의 등기를 하여야 한다.(상법 514의2①)

### (나) 등기사항

위 (1)에 따라 등기할 사항은 다음 각 호와 같다.(상법 514의2②)

① 전환사채의 총액
② 각 전환사채의 금액
③ 각 전환사채의 납입금액
④ 사채를 주식으로 전환할 수 있다는 뜻
⑤ 전환의 조건
⑥ 전환으로 인하여 발행할 주식의 내용
⑦ 전환을 청구할 수 있는 기간

### (다) 변경등기

위 (2)에 게기한 사항에 변동이 있는 때에는 본점소재지에서는 2주간 내, 지점소재지에서는 3주간 내에 변경등기를 하여야 한다.(상법 514의2③, 183)

### (라) 외국에서 전환사채를 모집할 경우 등기기간

외국에서 전환사채를 모집한 경우에 등기할 사항이 국외에서 생긴 때에는 등기기간은 그 통지가 도달한 날부터 가산한다.(상법 514의2④)

## (6) 전환의 청구

전환을 청구하는 자는 청구서 2통에 채권을 첨부하여 회사에 제출하여야 한다. 다만, 상법 제428조제3항에 따라 채권을 발행하는 대신 전자등록기관의 전자등록부에 채권을 등록한 경우에는 그 채권을 증명할 수 있는 자료를 첨부하여 회사에 제출하여야 한다.( 이 청구서에는 전환하고자 하는 사채와 청구의 연월일을 기재하고 기명날인 또는 서명하여 한다. (상법 515)

## (7) 전용규정

다음의 규정은 전자사채 발행의 경우에 이를 준용한다.(상법 516②)

① 상법 제339조(질권의 물상대위)
② 상법 제348조(전환으로 인하여 발생하는 주식의 발행가액)
③ 상법 제350조(전환의 효력발생)

④ 상법 제351조(전환의 등기)

## 4. 신주인수권부 사채

### (1) 신주인수권부사채의 의의

신주인수권부사채란 사채를 유리한 조건으로 발행하기 위하여 또는 사채발행을 원활히 하기 위하여 사채발행시에 신주를 인수할 수 있는 권리가 부여된 사채를 말한다.

### (2) 신주인수권부사채의 발행

#### (가) 발행의 결정

회사는 신주인수권부사채를 발행할 수 있으며, 이 경우에 다음의 사항으로서 정관에 규정이 없는 것은 이사회가 이를 결정한다. 그러나 정관으로 주주총회에서 이를 결정하도록 정한 경우에는 예외로 한다.(상법 516의2① ②)

① 신주인수권부사채의 총액
② 각 신주인수권부사채에 부여된 신주인수권의 내용
③ 신주인수권을 행사할 수 있는 기간
④ 신주인수권만을 양도할 수 있는 것에 관한 사항
⑤ 신주인수권을 행사하려는 자의 청구가 있는 때에는 신주인수권부사채의 상환에 갈음하여 그 발행가액으로 상법 제516종의9(신주인수권의 행사) 제1항의 납입이 있는 것으로 본다는 뜻
⑥ 주주에게 신주인수권부사채의 인수권을 준다는 뜻과 인수권의 목적인 신주인수권부사채의 액
⑦ 주주 외의 자에게 신주인수권부사채를 발행하는 것과 이에 대하여 발행할 신주인수권부사채의 액

#### (나) 발행가액의 합계액

각 신주인수권부사채에 부여된 신주인수권의 행사로 인하여 발행할 주식의 발행가액의 합계액은 각 신주인수권부사채의 금액을 초과할 수 없다.(상법 516의2③)

#### (다) 주주외에 대한 발행 등

주주 외의 자에 대하여 신주인수권부사채를 발행하는 경우에 그 발행할 수 있는 신주인수권부사채의 액, 신주인수권의 내용과 신주인수권을 행사할 수 있는 기간에 관하여 정관에 규정이 없으면 정관변경의 특별결의(상법 434)로써 이를 정하여야 한다. 이 경우에는 신기술의 도입, 재무구조의 개선 등 회사의 경영상 목적을 달성하기 위하여 필요한 경우에 한정한다.(상법 516의2

④, 418②)
　이상 결의에 있어서 신주인수권부사채의 발행에 관한 의안의 요령은 상법 제363조(소집의 통지, 공고)의 규정에 따른 통지와 공고에 기재하여야 한다.(상법 516의2⑤)

### (3) 신주인수권부사채의 인수권을 가진 주주에 대한 최고

　신주인수권부사채의 인수권을 가진 경우에는 각 주주에 대하여 인수권을 가지는 신주인수권부사채의 액, 발행가액, 신주인수권의 내용, 신주인수권을 행사할 수 있는 기간과 일정한 기일까지 신주인수권부사채의 청약을 하지 아니하면 그 권리를 잃는다는 뜻을 통지하여야 한다. 이 경우 다음사항의 정함이 있는 때에는 그 내용도 통지하여야 한다.(상법 516의3①)
　① 신주인수권만을 양도할 수 있는 것에 관한 사항
　② 신주인수권을 행사하려는 자의 청구가 있는 때에는 신주인수권부사채의 상환에 갈음하여 그 발행가액으로 상법 516조의8(신주인수권의 행사) 제1항의 납입이 있는 것으로 본다는 뜻

　회사가 신주인수권부사채를 발행한 때에는 공고를 하여야 하며(상법 419②), 통지 또는 공고는 일정한 기일의 2주간 전에 이를 하여야 하며(상법 419③), 이 통지 또는 공고에도 불구하고 그 기일까지 주식인수의 청약을 하지 아니한 때에는 신주인수권부사채를 가진자는 그 권리를 잃는다.(상법 516의3②)

### (4) 사채청약서·채권·사채원부의 기재사항

　신주인수권부사채에 있어서는 사채청약서·채권 및 사채원부에 다음의 사항을 기재하여야 한다. 그러나 신주인수권증권을 발행할 때에는 채권에는 이를 기재하지 아니한다.(상법 516의4)
　① 신주인수권부사채라는 뜻
　② 각 신주인수권부사채에 부여된 신주인수권의 내용
　③ 신주인수권을 행사할 수 있는 기간
　④ 신주인수권만을 양도할 수 있는 것에 관한 사항
　⑤ 신주인수권을 행사하려는 자의·청구가 있는 때에는 신주인수권부사채의 상환에 갈음하여 그 발행가액으로 상법 제516조의8(신주인수권의 행사) 제1항의 납입이 있는 것으로 본다는 뜻
　⑥ 납입을 맡은 은행 그 밖의 금융기관과 납입장소
　⑦ 주식의 양도에 관하여 이사회의 승인을 얻도록 정한 때에는 그 규정

### (5) 신주인수권증권의 발행

신주인수권만을 양도할 수 있는 것에 관한 사항을 정한 경우에는 회사는 채권과 함께 신주인수권증권을 발행하여야 한다.(상법 516의5①)

위 신주인수권증권에는 다음의 사항과 번호를 기재하고 이사가 기명날인 또는 서명하여야 한다.(상법 516의5②)

① 신주인수권증권이라는 뜻의 표시
② 회사의 상호
③ 각 신주인수권부사채에 부여된 신주인수권의 내용
④ 신주인수권을 행사할 수 있는 기간
⑤ 신수인수권을 행사하려는 자의 청구가 있는 때에는 신주인수권부사채의 상환에 갈음하여 그 발행가액으로 상법 516조의8(신주인수권의 행사) 제1항의 납입이 있는 것으로 본다는 뜻
⑥ 납입을 맡을 은행 그 밖에 금융기관과 납입장소
⑦ 주식의 양도에 관하여 이사회의 승인을 얻도록 정한 때에는 그 규정

## (6) 신주인수권의 양도

신주인수권증권이 발행된 경우에 신주인수권의 양도는 신주인수권증권의 교부에 따라 이를 행한다.(상법 516의6①)

① 양도방법

신주인수권의 점유자는 이를 적법한 소지인으로 추정한다.(상법 516의6②, 336②)

② 신주인수권의 제권판결, 재발행

신주인수권은 공시최고의 절차에 따라 이를 무효로 할 수 있으며, 신주인수권을 상실한 자는 제권판결을 얻지 아니하면 회사에 대하여 신주인수권의 재발행을 청구하지 못한다.(상법 516의6②, 360)

③ 수표법 제21조의 규정은 신주인수권증권에 관하여 이를 준용한다.(상법 516의6②)

## (7) 신주인수권부 사채의 등기

회사가 신주인수권부사채를 발행한 때에는 다음의 사항을 등기하여야 한다.(상법 516의8①)
① 신주인수권부사채라는 뜻
② 신주인수권의 행사로 인하여 발행할 주식의 발행가액의 총액
③ 각 신주인수권부사채의 금액
④ 각 신주인수권부사채의 납입금액

⑤ 신주인수권부사채의 총액

⑥ 각 신주인수권부사채의 부여된 신주인수권의 내용

⑦ 신주인수권을 행사할 수 있는 기간

그리고 회사가 신주인수권부사채를 발행한 때에는 납입이 완료된 날로부터 2주간내에 본점의 소재지에서 신주인수권부사채의 등기를 하여야 하며, 변경이 있는 때에는 본점소재지에서는 2주간 내, 지점소재지에서는 3주간 내에 변경등기를 하여야 한다.

또 외국에서 신주인수권부사채를 모집한 경우에 등기할 사항이 외국에서 생긴 때에는 등기기간은 그 통지가 도달한 날부터 기산한다.(상법 516의8②)

### (8) 신주인수권의 행사

신주인수권을 행사하려는 자는 청구서 2통을 회사에 제출하고, 신주의 발행가액의 전액을 납입하여야 한다.(상법 516의9①)

① 청구서의 제출

청구서를 제출하는 경우에 신주인수권증권이 발행된 때에는 신주인수권증권을 첨부하고, 이를 발행하지 아니한 때에는 채권을 제시하여야 한다.(상법 516의9②)

② 납입

신주인수권의 청약을 하고자 하는 자는 신주인수권청구서 2통에 인수할 신주인수권의 종류 및 수와 주소를 기재하고 기명날인 또는 서명하여야 한다.(상법 516의8④, 302①)

납입은 채권 또는 신주인수권에 기재한 은행 그 밖의 금융기관의 납입장소에서 하여야 한다.(상법 516의9①~③)

납입자의 보관자 또는 납입장소를 변경할 때에는 법원의 허가를 얻어야 하고(상법306), 납입금을 보관한 은행 그 밖에 금융기관은 발기인 또는 이사의 청구가 있는 때에는 그 보관금액에 관하여 증명서를 교부하여야 하며, 은행 그 밖의 금융기관은 증명한 보관금액에 대하여는 납입의 부실 또는 그 금액의 반환에 관한 제한이 있음을 이유로 하여 회사에 대항하지 못한다.(상법 516의9④, 318)

### (9) 주주가 되는 시기

위 (8)에 따라 신주인수권을 행사한 자는 납입을 한 때에 주주가 된다.

# 제9절 주식회사의 해산

주식회사의 해산이란 존속이유를 잃은 주식회사가 본래의 권리능력을 상실하는 것을 말한다.

주식회사가 해산한 때에는 합병과 파산의 경우를 제외하고, 청산절차를 밟게 되므로(상법 531①), 회사는 목적범위 내에서 존속한다.(상법 542, 245)

이 경우에 영업수행을 위한 기관인 이사회에 갈음하여 청산회가 집행기관으로 된다. 주식회사의 청산에는 합병회사에서와 같은 임의청산은 인정되지 아니하므로, 반드시 법정청산의 엄격한 절차에 따라야 한다.

## 1. 해산의 사유

주식회사는 다음의 사유로 인하여 해산한다.(상법 517)
① 존립기간의 만료 그 밖에 정관으로 정한 사유의 발생
② 합병
③ 파산
④ 법원의 명령 또는 판결
⑤ 회사의 분립 또는 분할합병(상법 530의2)
⑥ 주주총회의 결의

## 2. 해산의 결의

해산의 결의는 출석한 주주의 의결권의 3분의2 이상의 수와 발행주식총수의 3분의1 이상의 수로써 하여야 한다.(상법 518, 434)

## 3. 회사의 계속

회사가 존립기간의 만료 그 밖에 정관에 정한 사유의 발생 또는 주주총회의 결의에 따라 해산한 경우에는 출석한 주주의 의결권의 3분의2 이상의 수와 발행주식총수의 3분의1 이상의 수로써 결따라 회사를 계속할 수 있다.(상법 519, 434)

## 4. 해산판결

다음의 경우에 부득이한 사유가 있는 때에는 발행주식의 총수의 10%이상에 해당하는 주식

을 가진 주주는 회사의 해산을 법원에 청구할 수 있다.(상법 520①)

① 회사의 업무가 현저한 정돈상태를 계속하여 회복할 수 없는 손해가 생긴 때 또는 생길 염려가 있는 때

② 회사재산의 관리 또는 처분의 현저한 실당으로 인하여 회사의 존립을 위태롭게 한 때

위의 청구는 본점소재지의 지방법원의 관할에 전속하며(상법 520②, 186), 해산무효를 제기한 자가 패소한 경우의 악의 또는 중대한 과실이 있는 때에는 회사에 대하여 연대하여 손해를 배상할 책임이 있다.(상법 520②, 191)

## 5. 휴면회사의 해산

법원행정처장이 최후의 등기 후 5년을 경과한 회사는 본점의 소재지를 관할하는 법원에 아직 영업을 폐지하지 아니하였다는 뜻의 신고를 할 것을 관보로써 공고한 경우에, 그 공고한 날에 이미 최후의 등기 후 5년을 경과한 회사로서 공고한 날로부터 2월 이내에 대통령령이 정하는 바에 따라 신고를 하지 아니한 때에는 그 회사는 그 신고기간이 만료한 때에 해산한 것으로 본다. 그러나 그 기간 내에 등기를 한 회사에 대하여는 예외로 한다.(상법 520의2①)

위의 공고가 있을 때에는 법원은 해당 회사에 대하여 그 공고가 있었다는 뜻의 통지를 발송하여야 하며, 해산한 것으로 본 회사는 그 후 3년 이내에는 출석한 주주의 의결권의 3분의2 이상의 수와 발행주식총수의 3분의1 이상의 수로써 정관변경의 특별결의에 따라 회사를 계속할 수 있으며, 해산으로 본 회사가 회사를 계속하지 아니한 경우에는 그 회사는 그 3년이 경과한 때에 청산이 종결된 것으로 본다.(상법 520의2②~④)

## 6. 해산의 통지와 공고

주식회사가 해산한 때에는 파산의 경우 외에는 이사는 지체없이 주주에 대하여 그 통지를 하여야 한다.(상법 521)

## 7. 해산등기

주식회사가 해산한 때에는 합병과 파산의 경우 외에는 그 해산사유가 있는 날로부터 본점소재지에서는 2주간 내, 지점소재지에서는 3주간 내에 해산등기를 하여야 한다.(상법 521의2, 228)

## 8. 회사의 계속등기

회사가 해산등기를 하였을 때에는 본점소재지에서는 2주간 내, 지점소재지에서는 3주간 내에 회사의 계속등기를 하여야 한다.(상법 521의2, 229③)

# 제10절 주식회사의 합병

## 1. 합병의 의의와 종류

상법에 따라 맺어지는 계약에 따라 2개 이상의 회사가 하나의 회사로 합동하는 것을 말한다.

합병은 해당 회사의 전부 또는 일부가 해산하여 그 권리와 의무가 존속회사 또는 신설회사에 포괄적으로 이전하는 효과를 수반한다.

합병에 따라 당해 회사의 일방이 소멸하고, 다른 편이 소멸하는 회사를 수용하는 경우를 흡수합병(Merger)이라 하고, 해당 회사의 전부가 소멸하여 신회사를 설립하는 경우를 신설합병(Consolidation)이라고 부른다.

절차가 용이한 점에서 실제로는 그의 흡수합병으로 행하여진다.

흡수합병에 있어서는 증자에 따른 신주발행에 관한 회계처리에 따라서 합병차손금, 준비금의 인계, 자기주식 등의 사항에 대하여 특수한 회계처리가 필요하다.

상법상 합병은 자유로서 어떠한 회사와의 사이에도 합병할 수 있으나, 다만 합병 낭사회사의 일방 또는 쌍방이 주식회사 또는 유한회사인 때에는 존속회사 또는 신설회사는 주식회사 또는 유한회사이어야 하며, 해산 후의 회사는 존립 중의 회사를 존속회사로 하는 경우에 한정하여 합병을 할 수 있다.(상법 174) 또 유한회사와 주식회사의 합병에서 존속회사 또는 신설회사가 주식회사인 경우에는 법인의 인가를 요하고 합병 당사회사의 일방이 사채의 상환을 완료하지 아니한 주식회사인 경우에는 존속회사 또는 신설회사는 주식회사이어야 한다.(상법 600)

합병은 2이상의 회사의 계약으로서 그 계약의 직접적 효과로서 당사회사의 합일을 가져오는데, 그 법률상의 성질은 일종의 특별한 사단법상의 계약이라는 것이 통설이다.

합병에 있어서는 먼저 당사회사 간에서 합병계약을 체결하여 합병의 조건, 존속회사 또는 신설회사의 정관의 내용 등을 정하고 다음에 각 당사회사에서 합병결의를 하여야 한다. 또한 합병결의는 합명회사, 합자회사에서는 총사원의 동의, 주식회사·유한회사에서는 주주총회·사원총회의 특별결의에 따른다. 그리고 채권자보호절차를 실천하여야 한다.

## 2. 합병계약서와 그 승인결의

회사가 합병을 함에는 합병계약서를 작성하여 주주총회의 승인을 얻어야 한다.(상법 522①)

합병계약의 요령은 상법 제363조(소집의 통지와 공고)에 정한 통지에 기재하여야 한다.(상법 522②)

## 3. 합병계약서 등의 공시

이사는 주주총회 회일의 2주전부터 합병한 날 이후 6개월이 경과하는 날까지 다음 각 호의 서류를 본점에 비치하여야 한다.(상법 522의2①)
 ① 합병계약서
 ② 합병을 위하여 신주를 발행하거나 자기주식을 이전하는 경우에는 합병으로 인하여 소멸하는 회사의 주주에 대한 신주의 배정 또는 자기주식의 이전 또는 자기주식의 이전에 관하여 그 이유를 기재한 서면
 ③ 각 회사의 최종의 대차대조표와 손익계산서
 그리고 주주 및 회사채권자는 영업시간 내에는 언제든지 위의 각 호의 서류의 열람을 청구하거나, 회사가 정한 비용을 지급하고 그 등본 또는 초본의 교부를 청구할 수 있다.(상법 522의2②) (의결권이 없거나 제한되는 주주를 포함)

## 4. 합병반대주주의 주식매수청구권

합병승인의 결의사항에 관하여 이사회의 결의가 있는 때에 그 결의에 반대하는 주주는 주주총회 전에 회사에 대하여 서면으로 그 결의에 반대하는 의사를 통지한 경우에는 그 총회의 결의일부터 20일 이내에 주식의 종류와 수를 기재한 서면으로 회사에 대하여 자기가 소유하고 있는 주식의 매수를 청구할 수 있다.(상법 522의3①)
 상법 제527조의2(간이합병) 제2항의 공고 또는 통지를 한 날부터 2주내에 회사에 대하여 서면으로 합병에 반대하는 의사를 통지한 주주는 그 기간이 경과한 날부터 20일 이내에 주식의 종류와 수를 기재한 서면으로 회사에 대하여 자기가 소유하고 있는 주식의 매수를 청구할 수 있다.(상법 522의3②)

## 5. 흡수합병의 합병계약서

합병할 회사의 일방이 합병 후 존속하는 경우에는 합병계약서에 다음의 사항을 적어야 한다.(상법 523)
 ① 존속하는 회사가 합병으로 그 발행할 주식의 총수를 증가하는 때에는 그 증가할 주식의

② 존속하는 회사의 자본금 또는 준비금이 증가하는 경우에는 증가할 자본금 또는 준비금에 관한 사항
　③ 존속하는 회사가 합병을 하면서 신주를 발행하거나 자기주식을 이전하는 경우에는 발행하는 신주 또는 이전하는 자기주식의 총수, 종류와 수 및 합병으로 소멸하는 회사의 주주에 대한 신주의 배정 또는 자기주식의 이전에 관한 사항
　④ 존속하는 회사가 합병으로 소멸하는 회사의 주주에게 위 ③에 불구하고 그 대가의 전부또는 일부로서 금전이나 그 밖의 재산을 제공하는 경우에는 그 내용 및 배정에 관한 사항
　⑤ 각 회사에서 합병의 승인결의를 할 사원 또는 주주의 총회의 기일
　⑥ 합병을 한 날
　⑦ 존속하는 회사가 합병으로 인하여 정관을 변경하기로 정한 때에는 그 규정
　⑧ 각 회사가 이익배당을 할 때에는 그 한도액
　⑨ 합병으로 인하여 존속하는 회사에 취임할 이사와 감사 또는 감사위원회의 위원을 정한 때에는 그 성명 및 주민등록번호

## 6. 합병대가가 모회사주식인 경우의 특칙

　① 상법 제342조의2에도 불구하고 제523조 제4호에 따라 소멸하는 회사의 주주에게 제공하는 재산이 존재하는 회사의 모회사주식을 포함하는 경우에는 존속하는 회사는 그 지급을 위하여 모회사주식을 취득할 수 있다.(상법 523의2)
　② 존속하는 회사는 위 1)에 따라 취득한 모회사의 주식을 합병 후에도 계속 보유하고 있는 경우 합병의 효력이 발생하는 날부터 6개월 이내에 그 주식을 처분하여야 한다.

## 7. 신설합병의 합병계약서

　합병으로 인하여 회사를 설립하는 경우에는 합병계약서에 다음의 사항을 적어야 한다. (상법 524)
　① 설립되는 회사에 대하여 목적·상호·회사가 발행한 주식의 총수·1주의 금액과 수종의 주식을 발행할 때에는 그 종류·수와 본점소재지
　② 설립되는 회사가 합병 당시에 발행하는 주식의 총수와 종류, 수 및 각 회사의 주주에 대한 주식의 배정에 관한 사항
　③ 설립되는 회사의 자본금과 준비금의 총액

④ 각 회사의 주주에게 금전이나, 그 밖의 재산을 제공하는 경우에는 그 내용 및 배정에 관한 사항
⑤ 각 회사에서 합병의 승인결의를 할 사원 또는 주주의 총회의 기일
⑥ 합병한 날
⑦ 합병으로 설립되는 회사의 이사와 감사 또는 감사위원회의 위원을 정한 때에는 그 성명 및 주민등록번호

## 8. 합명회사·합자회사의 합병계약서

합병 후 존속하는 회사 또는 합병으로 설립되는 회사가 주식회사인 경우에 합병할 회사의 일방 또는 쌍방이 합명회사 또는 합자회사인 때에는 총사원의 동의를 얻어 합병계약서를 작성하여야 한다.(상법 525)

위 4 및 5의 규정은 합명회사·합자회사의 합병계약서에 준용한다.

## 9. 흡수합병의 보고총회

합병을 하는 회사의 일방이 합병 후 존속하는 경우에는 그 이사는 상법 제527조의5(채권자보호절차)의 절차의 종료 후, 합병으로 주식의 합병이 있을 때에는 그 효력이 생긴 후, 합병에 적당하지 아니한 주식이 있을 때에는 합병 후 존속하는 회사에 있어서는 상법 제443조(단주의 처리)의 처분을 한 후, 소규모합병의 경우에는 상법 제527조의3(소규모합병) 제3항 및 제4항의 절차를 종료한 후 지체없이 주주총회를 소집하고 합병에 관한 사항을 보고하여야 한다.(상법 526①)

합병당시에 발행하는 신주의 인수인은 위의 주주총회에서 주주와 동일한 권리가 있다.(상법 526②)

이 경우에 이사회는 공고로써 주주총회에 대한 보고에 갈음할 수 있다.(상법 526③)

## 10. 신설합병의 창립총회

합병으로 회사를 설립하는 경우에는 설립위원은 상법 제527조의5(채권자 보호절차)의 종료 후, 합병으로 주식의 병합이 있을 때에는 상법 제443조(단주의 처리)의 처분을 한 후 지체없이 창립총회를 소집하여야 한다.(상법527①)

창립총회에서는 정관변경의 결의를 할 수 있다. 그러나 합병계약의 취지에 위반하는 결의는 하지 못한다.(상법 527②)

다음의 규정은 위의 창립총회에 준용한다.(상법 527③)
① 상법 제308조(창립총회)
② 상법 제309조(창립총회의 결의)
③ 상법 제311조(발기인의 보고)
④ 상법 제312조(임원의 선임)
⑤ 상법 제316조(정관변경, 설립폐지의 결의) ②

## 11. 특수한형태의 합병

흡수합병의 경우 합병절차를 간소화하기 위한 합병의 방법으로 간이합병과 소규모합병을 인정하고 있다.

### (1) 간이합병

합병할 회사의 일방이 합병 후 존속하는 경우에 합병으로 소멸하는 회사의 총주주의 동의가 있거나 그 회사의 발행주식총수의 100분의90 이상을 합병 후 존속하는 회사가 소유하고 있는 때에는 합병으로 소멸하는 회사의 주주총회의 승인은 이를 이사회의 승인으로 갈음할 수 있다.(상법 527의2①)

위의 경우에 합병으로 소멸하는 합병계약서를 작성한 날부터 2주 내에 주주총회의 승인을 얻지 아니하고 합병을 한다는 뜻을 공고하거나 주주에게 통지하여야 한다. 다만, 총주주의 동의가 있는 때에는 그러하지 아니하다.(상법 527의2②)

주주는 공고 또는 통지를 한 날로부터 2주내에 회사에 대하여 합병반대의 의사를 통지하고, 그 2주가 경과한 날로부터 20일 내에 자기가 소유하는 주식의 매수를 청구할 수 있다.(상법 522의3②)

### (2)소규모합병

합병 후 존속하는 회사가 합병으로 발행하는 신주 및 이전하는 자기주식의 총수가 그 회사의 발행주식총수의 100 분의10을 초과하지 아니하는 때에는 그 존속하는 회사의 주주총회의 승인은 이를 이사회의 승인으로 갈음할 수 있다. 다만, 합병으로 소멸하는 회사의 주주에게 제공할 금전이나 그 밖의 재산을 정한 경우에 그 금액 및 그 밖의 재산의 가액이 존속하는 회사의 최종 대차대조표상으로 현존하는 순자산액의 100분의5를 초과하는 때에는 그러하지 아니하다.(상법 527의3①)

이 경우에는 상법 제512조의3(합병반대주주의 주식매수청구권)의 규정은 이를 적용하지 아니한다.(상법 527의3⑤)

위의 경우에 존속하는 회사의 합병계약서에는 주주총회의 승인을 얻지 아니하고 합병을 한다는 뜻을 기재하여야 한다.(상법 527의3②)

위의 경우에 존속하는 회사는 합병계약서를 작성한 날부터 2주내에 소멸하는 회사의 상호 및 본점의 소재지, 합병을 할 날, 주주총회의 승인을 얻지 아니하고 합병을 한다는 뜻을 공고하거나 주주에게 통지하여야 한다.(상법 527의3③)

합병 후 존속하는 회사의 발행주식총수의 100분의20 이상에 해당하는 주식을 소유한 주주가 위에 따른 공고 또는 통지를 한 날부터 2주 내에 회사에 대하여 서면으로 합병에 반대하는 의사를 통지한 때에는 위에 따른 합병을 할 수 없다.(상법 527의3④)

## 12. 이사.감사의 임기

합병을 하는 회사의 일방이 합병 후 존속하는 경우에 존속하는 회사의 이사 및 감사로서 합병 전에 취임한 자는 합병계약서에 다른 정함이 있는 경우를 제외하고는 합병 후 최초로 도래하는 결산기의 정기총회가 종료하는 때에 퇴임한다.(상법 527의4①)

합병으로 설립된 신설회사의 경우에 합병하는 회사의 이사 및 감사로서 합병 전에 취임한 자도 같다.(상법 527의4②)

## 13. 채권자 보호 절차

회사는 상법 제522조(합병계약서와 그 승인결의)의 주주총회의 승인결의가 있는 날로부터 2주 내에 채권자에 대하여 합병의 이의가 있으면 1개월 이상의 기간 내에 이를 제출할 것을 공고하고 알고 있는 채권자에 대하여는 따로따로 이를 최고하여야 한다.(상법 527의5①)

이를 적용함에 있어서 상법 제527조의2(간이합병) 및 제527조의3(소규모합병)의 경우에는 이사회의 승인결의를 주주총회의 승인결의로 본다.(상법 527의5②)

채권자가 기간내에 이의를 제출하지 아니한 때에는 합병을 승인한 것으로 보며, 이의를 제출한 채권자가 있는 때에는 회사는 그 채권자에 대하여 변제 또는 상당한 담보를 제공하거나 이를 목적으로 하여 상당한 재산을 신탁회사에 신탁하여야 한다.

주식회사에서 사채권자가 이의를 제출하는 경우에는 사채권자집회의 결의가 있어야 하며, 이 경우 법원은 사채권자만을 위해 이해관계인의 청구에 따라 이의기간을 연장할 수 있다. 채권자의 이의제출은 서면이나 구두로도 가능하다.

## 14. 합병에 관한 서류의 사후공시

이사는 위 12에 규정한 절차의 경과, 합병을 한 날, 합병으로 소멸하는 회사로부터 승계한 재산의 가액과 채무액 그 밖에 합병에 관한 사항을 기재한 서면을 합병을 한 날로부터 6개월간 본점에 비치하여야 한다.(상법 527의6①)

상법 제522조의2(합병계약서 등의 공시) 제2항의 규정은 위의 서면에 관하여 이를 준용한다.

## 15. 합병의 등기

합병으로 새로운 법률관계가 창설되거나 변경되므로, 대외적 법률관계는 합병등기를 하여야만 합병의 효력이 발생한다.(상법 §234, §530, §603)

경제적인 합병절차는 당사자간의 합의 내용에 따르면 되겠으나, 특히 대외적인 공시 또는 대항요건으로서의 합병등기는 상법상, 세법상, 그 밖에 관계법규에 따라 합병의 인식기준이 되며, 이 합병등기에 따라 모든 대외적 법률관계가 이루어지게 되는 것이다.

회사가 합병을 한 때에는 흡수합병의 경우에는 흡수합병의 보고총회가 종결한 날 또는 보고에 갈음하는 공고일, 신설합병의 경우에는 창립총회가 종결되는 날 또는 공고일로부터 본점소재지에서는 2주간 내, 지점소재지에서는 3주간 내에 합병 후 존속하는 회사에 있어서는 변경등기, 합병으로 소멸하는 회사는 해산등기를 하도록 하고 있다.(상법 528)

합병 후 존속하는 회사 또는 합병으로 설립된 회사가 합병으로 전환사채 또는 신주인수권부사채를 승계한 때에는 위의 등기와 동시에 사채의 등기를 하여야 한다.

## 16. 합병무효의 소

### (1) 무효의 원인

합병은 단체법상의 행위이므로 법률관계의 획일적 처리를 위해 합병에 하자가 있는 경우 반드시 소(訴)에 따라서만 무효를 주장할 수 있다.

무효가 되는 예는 다음과 같은 것을 들 수 있다.

① 합병의 제한에 관한 규정위반
② 합병계약서의 법정요건의 흠결
③ 합병결의의 하자
④ 채권자 보호절차의 불이행
⑤ 합병비율의 불공정 등

### (2) 소의 당사자

① 원고

합병무효의 소제기권자는 각 회사마다 규정을 두고 있다. 주주회사에 있어서는 각 회사의 사원(주주)·이사·감사·청산인·파산관재인·합병을 승인하지 않은 회사채권자이다.(상법 §529①, §603) 공정거래법을 위반한 경우 공정거래위원회도 합병무효의 소를 제기할 수 있다.(독립규제법 §16②)

② 피고

피고는 존속회사 또는 신설회사이다.

### (3) 소 절차

합병무효의 소는 합병등기 후 6개월 내에 제기해야 하며(상법 §236②, §529②), 그 밖에 관할, 소제기의 공고, 소의 병합심리, 원고에 대한 담보제공명령, 하자가 보완된 경우 법원의 자유재량권, 패소원고의 책임 등은 회사설립무효의 소에 관한 규정이 준용된다.

### (4) 무효판결의 효과

① 대세적 효력

합병무효의 판결은 원고·피고뿐만 아니라 제3자에게도 효력이 미친다. 따라서 무효판결이 확정된 후에도 누구도 새로이 그 효력을 다투지 못한다.

② 불소급효

합병무효의 판결은 소급효가 제한되고 장래에 대해서만 그 효력이 있다. 이는 합병무효의 효력의 소급에 따른 법률관계의 혼란을 방지하기 위해 인정되는 효력이다.

③ 합병 전의 상태로서의 환원

합병무효판결이 확정되면 당사회사들은 합병 전의 상태로 환원된다.

㉮ 존속회사 또는 신설회사는 소멸회사로부터 승계한 권리·의무가 당연히 부활된 소멸회사에 복귀한다. 그러나 합병무효판결의 소급효가 제한되므로 합병 이후 존속회사나 신설회사가 권리를 처분하였거나 의무를 이행한 때에는 그 가액에 따른 현존가치로 환산하여 청산하여야 한다.

㉯ 소멸회사의 주주는 부활한 소멸회사의 주주가 되지만, 단주처리에 따라 대가를 지급받은 주주·주식매수청구권을 행사한 주주는 당연히 부활한 회사의 주주가 되지 못한다.

㉰ 합병 후 존속회사나 신설회사가 부담한 채무에 대해서는 합병당사회사가 연대책임을 부담하고, 합병 후 존속회사나 신설회사의 취득재산은 합병당사회사의 공유로 한다.

④ 합병무효의 등기

합병무효의 판결이 확정되면 본점 또는 지점소재지에서 존속회사는 변경등기, 신설회사는 해산등기, 소멸회사는 회복등기를 하여야 한다. 이 등기는 수소법원(受訴法院)의 촉탁에 따른다.

# 제11절 회사의 분할

회사분할이란 1개의 회사의 영업을 수개로 분리하고, 분리된 영업재산을 자본으로 하여 회사를 신설하거나 다른 회사와 합병시키는 조직법적인 행위를 말한다.

상법은 회사가 분할에 따라 1개 또는 수개의 회사를 설립하는 것을 분할이라 하고(상법 530의2①), 회사가 분할하여 1개 또는 수개의 회사와 합병하는 경우를 분할합병이라 하고 있으나(상법 530의2②), 일반적으로는 이들 양자를 모두 포함하여 회사의 분할이라 한다.

해산 후의 회사는 존립 중의 회사를 존속하는 회사로 하거나 새로 회사를 설립하는 경우에 한정하여 분할 또는 분할합병할 수 있다.(상법 530의2③)

## 1. 분할의 방법

### (1) 단순분할과 분할합병의 방법

단순분할은 분할회사의 영업을 분할하고 이를 출자하여 2개 이상의 회사를 신설하면서 분할회사는 해산하는 소멸분할과 분할회사의 영업 중 일부를 신설회사에 출자하고 분할회사는 나머지 영업을 가지고 존속하는 존속분할이 있으며, 분할합병에는 분할회사가 자신의 영업을 존속중인 2개 이상의 회사에 출자하고 분할회사는 해산하는 소멸분할합병과 분할회사가 자신의 영업의 일부를 다른 회사에 출자하고 자신은 나머지 영업으로 존속하는 존속분할합병이 있다. 또한 분할회사의 영업의 일부를 다른 기존의 회사에 출자하여 그 다른 회사의 일부로 만들어 자기 사업을 분할하는 흡수분할합병과 분할회사의 영업의 일부와 다른 기존 회사의 영업의 전부 또는 일부를 합하여 새로운 회사를 설립하는 신설분할합병이 있다.

### (2) 인적분할과 물적분할의 방법

인적분할은 분할하는 회사의 주주가 분할 후에 신설되는 회사 또는 출자를 받는 기존회사의 주식을 배정받는 경우를 말하고, 물적분할은 분할회사가 자신이 분할 후에 신설되는 회사 또는 출자를 받는 기존회사의 주식을 모두 취득하는 경우를 말한다. 물적분할에 대해서는 분할하는 회사가 분할 또는 분할합병으로 설립되는 회사의 주식의 총수를 취득하는 경우에 이를 준용한다고 규정하고 있다.(상법 530의12)

## 2. 분할의 제한

회사의 분할은 주식회사에 한정하여 인정하고 있으며, 합명회사나 합자회사 및 유한회사에서는 인정되지 아니한다.

그리고 해산 후의 회사는 존립 중의 회사를 존속하는 회사로 하거나 새로 회사를 설립하는 경우에 한정하여 분할 또는 분할합병을 할 수 있다.(상법 530의2④)

## 3. 분할의 절차

### (1) 분할계획서분할합병계약서의 작성과 분할결의

회사가 분할 또는 분할합병을 하는 때에는 아래의 분할계획서 또는 분할합병계약서를 작성하여 주주총회의 승인을 얻어야 한다.(상법 530의3①)

이 승인결의는 출석한 주주의 의결권의 3분의2 이상의 수와 발행주식총수의 3분의1 이상의 수로써 하여야 하는데(상법 530의3②), 이 결의에 관하여는 상법 제344조의3에 따라 의결권이 배제되는 주주도 의결권이 있다.(상법 530의3③)

### (2) 분할계획서의 기재사항

분할에 따라 회사를 설립하는 분할계획서에 다음 각 호의 사항을 기재하여야 한다.

① 분할에 따라 회사를 설립하는 경우

분할에 따라 회사를 설립하는 경우에는 분할계획서에 다음 각 호의 사항을 기재하여야 한다.(상법 530의5①)

㉮ 분할에 따라 설립되는 회사 (단순분할신설회사라 함)의 상호, , 목적, 본점의 소재지 및 공고의 상호, 목적, 본점의 소재지 및 공고의 방법

㉯ 단순분할신설회사가 발행할 주식의 총수 및 액면주식 및 무액면주식의 구분

㉰ 단순분할신설회사가 분할 당시에 발행하는 주식의 총수, 종류 및 종류주식의 수 액면주식, 무액면주식의 구분

㉱ 분할회사의 주주에 대한 단순분할 신설회사의 주식의 배정에 관한 사항 및 배정에 따른 주식의 병합 또는 분할을 하는 경우에는 그에 관한 사항

㉲ 분할회사의 주주에게 위㉱에 불구하고 금전이나 그밖의 재산을 제공하는 경우에는 그 내용 및 배정에 관한 사항

㉳ 단순분할신설회사의 자본금과 준비금에 관한 사항

㈇ 단순분할신설회사에 이전될 재산과 그 가액
㈈ 상법 제530조의9(분할 및 분할합병 후의 회사의 책임) 제2항의 정함이 있는 경우에는 그 내용
㈉ 분할을 한 날
㈊ 단순분할신설회사의 이사와 감사를 정한 경우에는 그 성명과 주민등록번호
㈎ 단순분할신설 회사의 정관에 기재할 그 밖의 사항

② 분할 후 회사가 존속하는 경우
 분할 후 회사가 존속하는 경우에는 존속하는 회사에 관하여 분할계획서에 다음 각 호의 사항을 기재하여야 한다.(상법 530의5②)

㈎ 감소할 자본과 준비금의 액
㈏ 자본감소의 방법
㈐ 분할로 인하여 이전할 재산과 그 가액
㈑ 분할 후의 발행주식의 총수
㈒ 회사가 발행할 주식의 총수를 감소하는 경우에는 그 감소할 주식의 총수, 종류 및 종류별 주식의 수
㈓ 정관변경을 가져오게 하는 그 밖의 사항

### (3) 분할합병계약서의 기재사항

① 분할합병의 상대방회사가 존속하는 경우
 분할되는 회사의 일부가 다른 회사와 합병하여 그 다른 회사(이하 "분할합병의 상대방 회사라 함")가 존속하는 경우에는 분할합병계약서에 다음 각 호의 사항을 기재한다.(상법 530의6①)

㈎ 분할합병의 상대방 회사로서 존속하는 회사가 분할합병으로 인하여 발행할 주식의 총수를 증가하는 경우에는 증가할 주식의 총수, 종류 및 종류별 주식의 수
㈏ 분할승계회사가 분할합병을 하면서 신주를 발행하거나 자기주식을 이전하는 경우에는 그 발행하는 신주 또는 이전하는 자기주식의 총수, 종류 및 종류별 주식의 수
㈐ 분할승계회사가 분할합병을 하면서 신주를 발행하거나 자기주식을 이전하는 경우에는 분할회사의 주주에 대한 분할승계회사의 신주의 배정 또는 자기주식의 이전에 관한 사항 및 주식의 병합 또는 분할을 하는 경우에는 그에 관한 사항
㈑ 분할승계회사가 분할회사의 주주에게 위 ㈎에 불구하고 그 대가의 전부 또는 일부로서 금전이나 그 밖의 재산을 제공하는 경우에는 그 내용 및 배정에 관한 사항
㈒ 분할승계회사의 자본금 또는 준비금이 증가하는 경우에는 증가할 자본금 또는 준비금에 관한 사항
㈓ 분할회사가 분할승계회사에 이전할 재산과 그 가액

㉔ 상법 제530의9(분할 및 분할합병 후의 회사의 책임) 제3항의 정함이 있는 경우에는 그 내용
㉕ 각 회사에서 상법 제530조의3(분할 및 분할합병 후의 회사의 책임) 제2항의 결의를 할 주주총회의 기일
㉖ 분할합병을 할 날
㉗ 분할합병의 상대방 회사의 이사와 감사를 정한 때에는 그 성명과 주민등록번호
㉘ 분할합병의 상대방 회사의 정관변경을 가져오게 하는 그 밖의 사항

② 분할합병을 하여 회사를 설립하는 경우

분할회사의 일부가 다른 분할회사의 일부 또는 다른 회사와 분할합병을 하여 회사를 설립하는 경우에는 분할합병계약서에 다음 각 호의 사항을 기재하여야 한다.(상법 530의6②)

㉮ 설립되는 회사의 상호, 목적, 본점의 소재지 및 공고의 방법
㉯ 설립되는 회사가 발행할 주식의 총수 및 1주의 금액
㉰ 설립되는 회사의 자본과 준비금에 관한 사항
㉱ 설립되는 회사에 이 될 재산과 그 가액
㉲ 상법 제530조의9(분할 및 분할합병 후의 회사의 책임) 제2항의 정함이 있는 경우에는 그 내용
㉳ 설립되는 회사의 이사와 감사를 정한 경우에는 그 성명과 주민등록번호
㉴ 설립되는 회사의 정관에 기재할 그 밖의 사항
㉵ 설립되는 회사가 분할합병을 함에 있어서 발행하는 주식의 총수 종류 및 종류별 주식의 수
㉶ 각 회사의 주주에 대한 주식의 배정에 관한 사항과 배정에 따른 주식의 병합 또는 분할을 하는 경우에는 그 규정
㉷ 각 회사가 설립되는 회사에 이전할 재산과 그 가액
㉸ 각 회사의 주주에게 지급할 금액을 정한 때에는 그 규정
㉹ 각 회사에서 상법 제530의3(분할계획서·분할합병계약서의 승인) 제2항의 결의를 할 주주총회의 기일
㉺ 분할합병을 할 날

### (4) 분할대차대조표등의 공시

분할되는 회사의 이사는 상법 제530조의3(분할계획서·분할합병계약서의 승인) 제1항에 따라 주주총회의 회일의 2주 전부터 분할의 등기를 한 날 또는 분할합병을 한 날 이후 6개월간 다음 각 호의 서류를 본점에 비치하여야 한다.(상법 530의7①)

① 분할계획서 또는 분할합병계약서
② 분할되는 부분의 대차대조표

③ 분할합병의 경우 분할합병의 상대방 회사의 대차대조표
④ 분할되는 회사의 주주에게 발행할 주식의 배정에 관하여 그 이유를 기재한 서면

상법 제530조의6(분할합병계약서의 기재사항) 제1항의 분할합병의 상대방 회사의 이사는 분할합병을 승인하는 주주총회의 회일의 2주 전부터 분할합병의 등기를 한 후 6개월간 다음 각 호의 서류를 본점에 비치하여야 한다.(상법 530의7②)

① 분할합병계약서
② 분할되는 회사의 분할되는 부분의 대차대조표
③ 분할합병을 하면서 신주를 발행하거나 자기주식이 이전되는 경우에는 그 이유를 기재한 서면

### (5) 주주부담을 가중시키는 경우의 특수결의

회사의 분할 또는 분할합병으로 인하여 분할 또는 분할합병에 관련되는 각 회사의 주주의 부담이 가중되는 경우에는 주주총회의 특별결의와 종류주주총회 이외에 그 주주 전원의 동의가 있어야 한다.(상법 530의3⑥)

### (6) 간이분할합병·소규모분할합병의 경우

간이분할합병의 경우 분할회사의 주주총회를 분할회사의 이사회의 결의로 갈음할 수 있고 (상법 527의2), 소규모분할합병의 경우 존속회사의 주주총회의 결의는 존속회사의 이사회의 결의로 갈음할 수 있다.(상법 527의3)

## 4. 채권자의 보호절차

① 단순분할의 경우

단순분할의 경우에는 분할회사의 재산의 일부가 분할회사에 남고 일부가 신설회사에 옮겨지거나 분할회사의 재산이 2개 이상의 신설회사로 나누어져 전부 옮겨지게 되므로 분할회사의 채권자를 위한 책임재산이 줄어드는 것 같지만, 신설회사들이 분할회사의 채권자에 대해 연대책임을 지므로 채권자분할절차가 필요하지 않다. 그러나 신설회사가 분할회사의 채무에 대해 출자한 재산에 관한 채무만을 부담하기로 정한 경우(상법 제530의9②), 분할회사의 주주에게 교부금을 지급하는 경우(상법 530의5①5)에는 채권자 보호절차가 필요하다.

② 분할합병의 경우

분할합병의 경우에는 분할합병의 당사회사의 채권자가 책임재산을 공유하게 되므로 분할회사의 채권자에게 있어서는 담보재산과 책임주체에 중대한 변화를 가져온다. 따라서 당사회사의 채권자보호절차가 필요하다.

## 5. 주식매수청구권

단순분할의 경우에는 반대주주에게 주식매수청구권을 인정하지 않지만, 분할합병의 경우에는 반대주주의 주식매수청구권을 인정하고 있다.(상법 530의11②, 522의3)

## 6. 그 밖의 절차

분할후 신설 또는 존속하게 되는 수혜회사(受惠會社)의 창립총회와 보고총회는 합병의 규정(상법 257, 526③)이 준용 된다.(상법 530의11①)

단순분할에 따라 설립되는 신설회사는 분할회사의 영업재산의 출자만으로도 설립할 수 있는데, 이 경우에 분할회사의 주주에게 그 주주가 보유하고 있는 분할회사의 주식에 비례하여 신설회사의 주식이 발행되는 경우 검사인의 설립조사 및 법원에 대한 보고절차는 배제된다.(상법 530의4②)

그러나 분할합병의 경우에는 특별규정이 없기 때문에 검사인의 조사 및 법원에 대한 보고가 있어야 한다.

## 7. 분할의 등기

분할의 효력은 분할등기를 함으로써 발생한다. 분할당사회사의 등기에 관해서는 회사의 합병등기에 관한 규정(상법 528)이 준용된다.(상법 530의11①) 따라서 신설되는 회사는 설립등기, 분할등기는 존속분할의 경우 변경등기·소멸분할의 경우 해산등기, 흡수합병분할의 경우 상대방 회사는 변경등기를 하여야 한다. 또한 회사의 분할 이후에 존속하는 회사나 설립되는 회사가 회사의 분할 또는 분할합병으로 전환사채나 신주인수권부사채를 승계한 때에는 분할등기와 동시에 사채의 등기를 하여야 한다.

## 8. 분할의 효과

### (1) 법인격의 동일성 상실

회사의 합병의 경우에는 법인격이 합일(合一)되므로 합병 전의 회사의 법인격은 합병 후의 회사에서 그 동일성이 유지되지만 분할의 경우에는 법인격의 승계라는 것은 생기지 않는다.

### (2) 권리·의무의 포괄적 이전

회사의 분할은 분할계획서나 분할합병계약서에서 정한 바에 따라 피분할회사의 적극재산 및 소극재산이 분할등기시에 수혜회사에 법률상 당연히 승계된다.(상법 530의10) 따라서 분할회사의 재산은 별도의 이전행위나 공시방법을 요하지 않고 분할로 등기를 한 때에 이전되는 것으로 본다.

### (3) 분할회사의 채무승계와 책임

① 채무의 승계

회사분할의 경우 신설회사 또는 흡수분할합병의 상대방회사는 분할계획 또는 분할합병계약에 따라 특정된 채무만을 인수할 뿐이다.(상법 530의10) 분할합병의 경우 채권자이의 절차를 거치므로 이의하지 않는 채권자는 채무자의 변경을 승낙한 것으로 볼 수 있고, 단순분할의 경우 분할 전의 회사채무에 관하여 신설회사 또는 흡수분할합병의 상대방회사가 연대책임을 부담하므로(상법 530의9①), 채권자는 채무의 승계로 특별히 불이익을 받지 않는다.

소멸분할의 경우에는 채무의 승계에 채권자가 승낙하지 않는다는 것은 무의미하다. 따라서 회사분할로 채무의 승계는 채권자의 승낙을 요하지 않는다.

② 연대책임

분할 또는 분할합병에 따라 설립되는 회사 또는 존속회사는 분할 또는 분할합병 전의 회사 채무에 관하여 연대하여 변제할 책임이 있으나 분할되는 회사가 상법 제530조의3 제2항에 따른 결의로 분할 또는 분할합병에 따라 회사를 설립하는 경우 설립되는 회사가 분할되는 회사의 채무중에서 출자한 재산에 관한 채무만을 부담하게 할 수 있다.(상법 530의9)

### (4) 이사·감사의 선임 및 정관변경

단순분할의 경우 또는 신설분할합병의 경우 각각 분할계획서 또는 분할합병계약서에서 신설회사의 이사와 감사를 정할 수 있다.

흡수분할합병의 경우 분할합병계약서에 상대방회사의 이사와 감사를 정할 수 있다. 또한 흡수분할합병계약서에 상대방회사의 정관변경사항을 기재할 수 있다.

### (5) 주식의 귀속

분할회사의 주주들은 분할계획서 또는 분할합병계약서에서 정한 바에 따라 신설회사 또는 흡수분할합병의 상대방회사의 주식을 교부받게 된다. 분할회사가 소멸하는 완전분할이나 분할과 함께 분할회사의 자본감소가 행해지는 불완전분할의 경우에는 분할회사의 주식과 수혜회사의 주식의 교환이 이루어지고, 자본감소없이 행해지는 분할의 경우에는 수혜회사의 주식만을 발행받게 된다.

다만, 물적분할의 경우에는 신설회사 또는 기존회사의 증가된 자본에 해당하는 주식은 분할회사 자신이 발행받게 된다.

## 9. 분할무효의 소

### (1) 무효의 원인

회사분할의 무효에 관해서는 합병무효의 소에 관한 규정이 준용되며, 그 원인으로는 분할계획서 또는 분할합병계약서의 내용이 강행법규에 위반되거나 현저하게 불공정한 경우를 들 수 있다.

### (2) 소의 당사자

#### ① 원고

분할무효의 소는 분할절차에 중대한 하자가 있는 경우에 각 회사의 주주·이사·감사·파산관재인·분할을 승인하지 않은 채권자가 제기할 수 있다. 여기서 주주·이사는 존속하는 분할회사의 신설회사 또는 분할합병에 있어서의 상대방회사의 주주·이사를 말한다.

#### ② 피고

분할무효판결의 효력은 회사조직의 변동을 초래하므로 당연히 회사를 피고로 하여야 하며, 회사는 분할로 인해 신설된 회사, 존속하는 회사 모두를 공동피고로 하는 필요적 공동소송이 되어야 한다.

### (3) 그 밖의 소송절차

그 밖 소제기절차는 회사설립무효의 소에 관한 규정이 준용된다.

### (4) 무효판결의 효력

분할무효의 판결의 효력은 당사자 이외에 제3자에 대해서는 효력이 있고(형성의 소), 판결의 효력은 소급하지 않는다. 그 이외의 무효판결의 효력은 합병무효의 판결의 효력에 관한 규정(상법 239)을 준용하고 있다. 그리고 단순분할의 경우 무효판결은 바로 분할에 따라 신설된 회사의 설립이 무효로 되어 분할 당사회사간의 법률관계가 회복된다.

또한 분할합병의 무효의 경우 신설회사가 분할회사 및 상대방회사로부터 승계한 재산과 채무는 각기 분할전의 상태로 복귀한다. 따라서 분할 후에 신설회사가 취득한 재산은 분할회사 및 그 상대방회사의 공유로 하고, 분할 후의 회사가 부담한 채무는 쌍방회사의 연대채무로 한다.

## 제12절 주식회사의 청산

회사가 합병·파산 이외의 원인에 따라 해산한 경우에 채무의 변제·주주에 대한 잔여재산의 분배 등의 법률관계를 처리하기 위한 절차를 말한다. 회사는 여기에 따라 청산법인으로서 청산목적의 범위 내에서 계속 종전의 인격을 계속한다.

청산의 방법에는 임의청산과 법정청산이 있고, 법정청산은 통상청산과 특별청산으로 나눈다. 법정청산은 청산인에 따라 행하여지는 것으로, 이것은 모든 회사에 인정되는 것이지만, 주식회사는 이것이 강제되고, 그 중에 특별청산은 주식회사에만 인정되는 것이다.

합병에서는 회사는 해산과 동시에 소멸하고, 파산은 파산절차에 있어서 처리하게 되니까 어느 것도 청산절차를 필요로 하지 않는다.

## 1. 청산인의 결정과 등기

회사가 해산한 때에는 합병·분할·분할합병 또는 파산의 경우 외에는 주주총회에서 타인을 선임한 때에는 그러하지 아니하다.(상법 531①)

위에 따른 청산인이 없는 때에는 법원은 이해관계인의 청구에 따라 청산인을 선임한다.(상법 531②)

### (1) 청산인의 의의

회사 등의 법인, 그 밖의 단체가 해산하여 청산하는 경우에 그 청산사무를 집행하는 사람을 청산인이라 한다. 회사가 해산한 경우에는 개인의 상속의 경우와는 달리 권리의무를 승계할 자가 없으므로 해산으로 인한 재산이나 채무 등의 정리·청산을 위한 청산인이 필요하게 된다.

### (2) 청산인의 선임

청산인에는 법정청산인, 정관상의 청산인, 총회선임의 청산인 및 법원의 선임에 따른 청산인의 4가지가 있다. 원칙적으로 이사가 당연히 청산인(법정청산인)이 되나, 다른 자를 정관으로 지정할 수도 있고(정관상의 청산인), 주주총회의 결의에 따라 선임할 수도 있다.(총회선임의 청산인)(상법 531①)

이상의 청산인이 없는 때에는 법원이 이해관계인의 청구에 따라 선임한다.(법원선임의 청산인)(상법 531②)

### (3) 법원선임에 따른 청산인

회사가 사원이 1명이 될 때 또는 법원의 명령·판결 등의 사유로 해산된 때에는 법원은 주주 그 밖의 이해관계인이나 검사의 청구에 따라 직권으로 청산인을 선임할 수 있다.(상법 542①, 252)

### (4) 청산인의 등기

청산인이 선임된 때에는 그 선임된 날로부터 본점소재지에서는 2주간 내, 지점소재지에서는 3주간 내에 다음 사항을 등기하여야 한다.(상법 542①, 253①)

① 청산인의 성명·주민등록번호 및 주소. 다만, 회사를 대표할 청산인을 정한 때에는 그 외의 청산인의 주소를 제외한다.
② 회사를 대표할 청산인을 정한 때에는 그 성명
③ 수인의 청산인이 공동으로 회사를 대표할 것을 정한 때에는 그 규정

위의 설립등기사항에 변경이 있을 때에는 본점소재지에서 2주간 내, 지점소재지에서는 3주간 내에 변경등기를 하여야 한다.(상법 542①, 253②, 183)

## 2. 청산인의 직무

### (1) 청산인의 직무권한

청산사무는 청산인이 수행하게 되는데, 청산에 있어서 잔여재산을 금전으로 환가하여 주주에게 분배하는 것이 주목적이다. 실질적인 청산사무는 다음과 같다.(상법 254)

① 현존사무의 종결
② 채권의 추심과 채무의 변제
③ 재산의 환가처분
④ 잔여재산의 분배

회사를 대표할 청산인은 위 직무에 관하여 재판상 또는 재판 외의 모든 행위를 할 권한이 있으며, 그리고 청산인이 수인인 때에는 청산의 직무에 관한 행위는 그 과반수의 결의로 정한다.

### (2) 청산인의 신고의무

청산인은 취임한 날로부터 2주간 내에 다음의 사항을 법원에 신고하여야 한다.(상법 532)
① 해산의 사유와 그 연월일
② 청산인의 성명·주민등록번호

### (3) 청산인의 회사재산조사보고 의무

청산인은 취임 후 지체없이 회사의 재산상태를 조사하여 재산목록과 대차대조표를 작성하고 이를 주주총회에 제출하여 그 승인을 얻어야 하며, 청산인은 이 승인을 얻은 후 지체없이 재산목록과 대차대조표를 법원에 제출하여야 한다.(상법 534)

### (4) 대차대조표·사무보고서·부속명세서의 제출·감사·공시·승인

청산인은 정기총회 회일로부터 4주간 전에 대차대조표 및 그 부속명세서와 사무보고서를 작성하여 감사에게 제출하여야 하며, 감사는 정기총회 회일로부터 1주간 전에 대차대조표 및 그 부속명세서와 사무보고서에 관한 감사보고서를 청산인에게 제출하여야 한다.(상법 534①②) 그리고 청산인은 정기총회 회일의 1주 전부터 위의 서류와 감사보고서를 본점에 비치하여야 하며(상법 534③), 주주와 회사채권자는 영업시간 내에 언제든지 위의 서류와 감사보고서를 본점에 5년간, 그 등본을 지점에 3년간 비치하여야 한다.(상법 534④)

또 청산인은 대차대조표 및 사무보고서를 정기총회에 제출하여 그 승인을 요구하여야 한다.(상법 534⑤)

(5) 회사채권자에의 최고

청산인은 취임한 날로부터 2개월 내에 회사채권자에 대하여 일정한 기간 내에 그 채권을 신고할 것과 그 기간 내에 신고하지 아니하면 청산에서 제외될 뜻을 2회 이상 공고로서 최고하여야 한다. 그러나 그 기간은 2개월 이상이어야 한다.(상법 535①)

그리고 청산인은 알고 있는 채권자에 대하여는 각 별로 그 채권의 신고를 최고하여야 하며, 그 채권자가 신고하지 아니한 경우에도 이를 청산에서 제외하지 못한다.(상법 535②)

(6) 채권신고기간 내의 변제

청산인은 위 (4)의 신고기간 내에는 채권자에 대하여 변제를 하지 못한다. 그러나 회사는 그 변제의 지연으로 인한 손해배상의 책임을 면하지 못한다. 그러나 위에 불구하고 소액의 채권, 담보 있는 채권 그 밖에 변제로 인하여 다른 채권자를 해할 염려가 없는 채권에 대하여는 법원의 허가를 얻어 이를 변제할 수 있다.(상법 536)

(7) 채무의 변제

청산인은 변제기에 이르지 아니한 회사채무에 대해서도 변제할 수 있다. 이 경우에는 조건부채권, 존속기간이 불확정한 채권 그 밖에 가액이 불확정한 채권에 대하여는 법원이 선임한 감정인의 평가에 따라 변제하여야 한다.

이 경우에 이자없는 채권에 관하여는 변제기에 이르기까지의 법정이자를 가산하여 그 채권액에 달할 금액을 변제하여야 하고, 이자 없는 채권으로서 그 이율이 법정이율에 달하지 못하는 것에 이를 준용한다.(상법 259)

(8) 잔여재산의 분배

청산인은 회사의 채무를 완제한 후가 아니면 회사재산을 주주에게 분배하지 못한다. 그러나

다툼이 있는 채무에 대하여는 그 변제에 필요한 재산을 보류하고 잔여재산을 분배할 수 있다.(상법 260)

### (9) 청산종결의 등기

청산이 종결된 때에는 청산인은 청산승인이 있는 날로부터 본점소재지에서는 2주간 내, 지점소재지에서는 3주간 내에 청산종결의 등기를 하여야 한다.(상법 264)

## 3. 청산인회와 대표청산인

2명 이상인 청산인은 합의체인 청산인회를 구성한다. 청산인회는 청산사무에 관하여 결의하며, 청산인은 그 결의에 참가한다. 청산인회에서 결의된 것은 청산인회에서 선임된 대표청산인이 집행한다.

대표청산인은 종전의 이사가 청산인이 되는 경우에는 종전의 대표이사가 되고, 법원이 선임하는 경우에는 법원이 대표청산인을 정한다.

일반적으로 청산인회의 결정한 청산사무를 집행하며, 이에 관한 재판 또는 재판 외의 모든 행위를 할 권한이 있다.(상법 542②)

### (1) 대표청산인

회사는 청산인회의 결의로 회사를 대표할 청산인을 선정하여야 한다. 그러나 청산인회에서 이를 선정할 것을 정할 수 있다.(상법 542②, 389①)

위의 경우에는 수인의 대표청산인이 공동으로 회사를 대표할 것을 정할 수 있다.(상법 542②, 389③)

#### ① 공동대표의 효력

제3자의 회사에 대한 의사표시는 공동대표의 권한이 있는 청산인 1명에 대하여 이를 함으로써 그 효력이 생긴다.(상법 542②, 389③, 208②)

#### ② 대표청산인의 권한

회사를 대표하는 청산인은 회사의 영업에 관하여 재판상 또는 재판 외의 모든 행위를 할 권한이 있으며, 이 권한에 대한 제한은 선의의 제3자에게 대항하지 못한다.(상법 389③, 209)

#### ③ 손해배상책임

회사를 대표하는 청산인이 그 업무집행으로 타인에게 손해를 가한 때에는 회사는 그 청산인과 연대하여 배상할 책임이 있다.(상법 542②, 389③, 210)

#### ④ 결원의 경우

법률 또는 정관에 정한 대표청산인의 원수를 결한 경우에는 임기의 만료 또는 사임으로 퇴임한 대표청산인은 새로 선임된 대표청산인이 취임할 때까지 대표청산인의 권리의무가 있다. (상법 542②, 389③, 386)

(2) 청산인회

① 청산인회의 소집

청산인회는 각 청산인이 소집한다. 그러나 청산인회의 결의로 소집할 청산인을 정한 때에는 그러하지 아니하다. 이에 따라 소집권자로 지정되지 않은 다른 청산인은 소집권자인 청산인에게 청산인회 소집을 요구할 수 있다. 소집권자인 청산인이 정당한 이유없이 청산인회 소집을 거절하는 경우에는 다른 청산인이 청산인회를 소집할 수 있다.

청산인회를 소집함에는 회일을 정하고 그 1주간 전에 각 청산인 및 감사에 대하여 통지를 발송하여야 한다. 그러나 그 기간은 정관으로 단축할 수 있다.(상법 542②, 390)

② 청산인회의 결의방법

청산인회의 결의는 청산인 과반수의 출석과 출석 청산인의 과반수로 하여야 한다. 그러나 정관으로 그 비율을 높게 정할 수 있다. 정관에서 달리 정하는 경우를 제외하고 청산인회는 청산인의 전부 또는 일부가 직접 회의에 출석하지 아니하고 모든 청산인이 동영상 및 음성을 동시에 송·수신하는 통신수단에 따라 결의에 참가하는 것을 허용할 수 있다. 이 경우 당해 청산인은 청산인회에 직접 출석한 것으로 본다.(상법 542②, 391)

청산인회의 결의에 관하여 특별한 이해관계가 있는 자는 의결권을 행사하지 못하며, 청산인회의 결의에 관하여 위에 따라 행사할 수 없는 의결권의 수는 출석한 청산인의 의결권의 수에 산입하지 아니한다.

③ 감사의 청산인회 출석·의견진술

감사는 청산인회에 출석하여 의견을 진술할 수 있으며, 감사는 청산인이 법령 또는 정관에 위반한 행위를 하거나 그 행위를 할 염려가 있다고 인정한 때에는 청산인회에 이를 보고하여야 한다.(상법 542의2, 391의2)

④ 청산인회의 의사록

청산인회의 의사에 관하여는 의사록을 작성하여야 하며, 의사록에는 의사의 안건·경과요령·그 결과, 반대하는 자와 그 반대이유를 기재하고 출석한 청산인 및 감사가 기명날인 또는 서명하여야 한다.

주주는 영업시간 내에 청산인회의사록의 열람 또는 등사를 청구할 수 있고, 회사는 청구에 대하여 이유를 붙여 이를 거절할 수 있으며, 이 경우 주주는 법원의 허가를 얻어 청산인회의사록을 열람 또는 등사할 수 있다.(상법 542의2②, 391의3)

# 제3편
# 주식회사의
#     설립과 회계

**제1절 주식회사 회계의 개요**
**제2절 주식회사의 설립과 회계처리**
**제3절 설립에 관련된 세무회계처리**

# 제1절 주식회사 회계의 개요

## 1. 주식회사의 의의

 현대의 기업 및 회사의 대표적인 형태는 주식회사이다. 최초의 주식회사는 1602년에 설립 되었던 화란 동인도회사라고 하는 것이 통설이며, 주식형태가 자본주의 경제사회에서 기업형태의 중심적인 지위를 차지하게 되었던 것은 산업혁명이후, 특히 1807년 나폴레옹법전에 따른 주식회사제도의 성립 이후이다.
 즉. 산업혁명의 진전에 따라 수반되는 기업의 대형화 소유자본의 증대, 유한책임에 따른 출자자의 증가, 대규모경영에 적합한 유능경영자의 선임, 기업영속성의 확보 등의 필요성이 주식회사제도의 보급과 발전을 촉진 하였고, 또한 주식회사제도의 보급과 발전이 자본주의 경제사회의 성장과 발전의 원동력이 되었던 것이다.
 주식회사의 출자는 주식인수 및 주금의 납입에 따라 이루어지며, 주식의 자유양도성(주식은 유가증권으로서 자유롭게 융통된다)과 주주의 유한책임(주주는 자기의 출자액을 초과하여 회사의 채무에 대하여 책임을 지지 않는다)이라고 하는 자본원칙에 따라서, 또는 주권에 따르는 주식의 증권화라고 하는 법적인 기술에 따라서 많은 액수의 자본조달이 가능하게 되는 것이다.
 주식회사는 유한책임이라는데서 채권자의 담보가 되는 것으로는 회사의 재산만이라고 하는 물적회사의 성격까지도 갖게 되며, 그 때문에 상법은 회사의 채권자나 주주를 보호하기 위해 주식회사의 회계에 대하여 여러 가지 규제를 실시하고 있다. 이러한 원인에서 주식회사 회계에서의 많는 복잡한 문제가 발생하게 되는 것이다.
 주식회사 설립에는 발기인에 의하여 정관의 작성, 주식인수에 따른 출자금의 납입을 요한다. 주식의 인수에는 발기인이 전액을 인수하는 발기 설립과 발기인이 일부를 인수하고 잔여분을 모집하는 모집설립 등의 2가지 형태가 있다.
 모집설립일 경우에는 주식인수가액의 납입이 된 후, 지체없이 발기인 대표자의 명의로 창립총회가 소집된다. 창립총회에서는 정관의 승인, 이사와 감사의 선임, 이사와 감사의 보수결정, 주식의 인수, 납입 등 창립에 관한 사항이 보고되고, 승인된다.
 그리고 설립등기가 끝남으로써 주식회사가 성립되게 된다.
 주식회사에는 회사의 의결기관으로서 주주총회, 업무집행기관으로서 대표이사와 이사회 및 감독기관으로서 감사를 두게 되어 있다.

## 2. 주식회사 회계의 의의

 주식회사는 설립등기에 의하여 성립한다. 따라서 주식회사의 회계는 이러한 시점에서 시작된다.
 발기인이 회사의 설립사무를 개시하였을 때부터 회사성립에 이르기까지의 회계처리는 주식회사의 회계가 아니라 발기인 자신에 있어서 자기의 책임을 명백히 하기 위하여 이루어지는 회계처리이다.

## 3. 주식회사 회계의 영역

 주식회사라고 부를 경우에는 보다 한정된 범위내에서 주식회사 특유의 회계문제만을 대상으로 한다. 따라서 좁은 의미에서의 주식회사 회계의 영역으로서는 일반적으로 다음과 같은 것으로 보아진다.
 ① 자본에 관한 회계---설립, 증감비, 자본잉여금, 이익잉여금 등에 관한 것
 ② 사채에 관한 것---발행, 이자지급, 상환, 감채기금 등에 관한 것
 ③ 조직에 관한 회계---조직변경, 해산, 합병, 청산 등에 관한 것
 ④ 주식회사에 특유한 창업비, 개업비, 건설이자, 주식발행비, 사채발행비.사채할인발행차금에 관한 것

 좁은 의미에서의 주식회사의 영역도 회사의 발전, 그기에 수반되는 주식회사제도의 경제적인면과, 그리고 법적인 변천에 따라 변화되고 확대되는 경향이 있다. 최근의 새로운 문제로서는 연결재무제표는 복합기업, 다국적기업의 회사도 이에 덧붙여질 필요가 있다.
 또한 주식회사회계에는 상법·증권거래법·법인세법 등의 관계제법령에의

준거성이 문제가 된다.

 이러한 여러 가지 법령은 저마다 고유의 윤리를 가지고 있으며, 주식회사회계에서는 세무회계 등 제도회계의 상아점을 어떻게 조정할 것인가가 문제가 된다.

 물론 그 조정은 기업회계이론에 따라 이루어질 성질의 것이며, 또한 조정문제에 적극적으로 참가함으로써 주식회사회계나 기업회계이론도 똑 같이 진보되고 발전되는 것이라고 말할 수가 있다.

 다음에 주식회사 회계의 중요한 영역에 대하여 살펴보고 회계상의 문제점을 지적해 보기로 한다.

## 4. 주식회사 설립회계

 주식회사는 설립등기에 의하여 성립된다. 따라서 주식회사의 회계는 이러한 시점에서 시작된다.

 발기인이 회사의 설립사무를 개시하였을 때부터 회사성립에 이르기까지의 회계처리는 주식회사의 회계가 아니라 발기인 자신에게 있어서 자신의 회계책임을 명백히 하기 위하여 이루어지는 회계처리인 것이다.

 주식회사 설립에 있어서 소요한 여러 가지 비용(설립에 있어서 발행되는 주식의 발행비용을 포함한다)은 창업비 및 건설이자에 대해서도 유의할 필요가 있을 것이다.

 주식회사 설립에는 발기설립과 모집설립이 있다. 그 어느 경우라도 출자는 원칙적으로 현금납입에 의하게 된다. 단, 발기인에 한해서는 현물출자(금전 이외의 재산에 따른 주금의 납입)도 인정된다.

 이 경우 현물출자재산의 과대평가는 그 밖의 주주나 채권자의 이익을 침해하는 것이기 때문에 상법에서는 현물출자를 정관의 기재사항으로 하며, 또한 이에 대하여 법원이 선임한 검사인의 조사를 받아야 하게 되어 있다.

## 5. 주식회사의 증자회계

 주식회사의 증자에는 다음의 3가지 방법이 있다.
  ① 신주의 발행

② 주식배당
③ 준비금의 자본전입

　신주의 납입일 경우에도 현물출자가 인정되며, 또한 자본잉여금(주식발행초과금)이 일어나기도 한다.
　신주발행에 소요된 여러 가지 비용은 주식발행비로 처리된다.
　주식배당은 이익배당의 전부 또는 일부를 새로이 발행하는 주식으로 배당하는 것으로서 실질적으로는 이익배당과 신주납입과를 동시에 상계적으로 실시하는 것이다.
　주식배당일 경우에는 액면가액에 의하는 것이므로 자본잉여금은 생기지 않는다.
　법정준비금의 자본전입은 보통 신주의 무상발행이라는 방법으로 실시되며, 흔히 무상증자라고 한다.
　그 밖에 신주발행에는 전환주식의 전환, 전환사채의 전환, 흡수합병의 경우가 있다.

## 6. 주식회사의 감자회계

　주식회사의 감자에는 다음의 3가지 방법이 있다.
① 주식수의 감소
② 주금액의 감소
③ 주식수의 감소와 주금액의 감소와의 병용
　감자는 일반적으로 회사에 결손이 누적되었을 때 회사의 회계적인 갱생을 목적으로 하여 실시된다.
　이 경우의 감자액은 결손의 보전에 해당되는 것이 통상이며, 감자액의 전부나 일부가 주주에게 반환되는 일은 거의 없다. 그리고 감자일 경우에 자본잉여금의 일종으로서의 감자차익이 생긴다.
　감자회계에 관련하여 자기주식의 문제가 있다. 자기주식은 주식회사가 발행한 자기가 재차 취득하여 이것을 보유하고 있을 경우의 당해 주식을 말하며, 금고주라고도 불리운다. 우리나라의 상법에서는 자기주식의 취득을 준엄하게 제한하고 있다.
　회사가 자기주식을 보유할 때, 이것을 자산이라고 보는 설과 자본감소로 보는 설과의 양론이 있다.
 기업회계기준에서는 후자의 설을 취하고 있다. 그러므로 상법이나 증권거래법에 따른 제도회계와의 조정상의 문제가 있다. 이것을 자산설에 따르는가 아니면 자본감소설에 따르는가에 따라서 그의 취득에서 처분에 이르기까지의 회계처리가 현저히 다르게 된다.

## 7. 주식회사의 사채회계

 사채는 주식회사가 장기적인 자금을 일반대중으로부터 모집할 목적으로 유가증권을 발행하여 기채한 채무이다.
 사채와 주식은 다같이 주식회사의 장기적인 자금을 조달하는 수단이라는 점에서 비슷하나 양자의 다른점은 다음과 같다.
 ① 사채의 그 상환기간이 정해져 있는 채무이며, 기업회계상 비유동부채로서 취급된다. 이에 대하여 주식은 상환기한이 없다.
 ② 사채는 이익의 유무에 구애됨이 없이 항상 일정한 이율의 이자를 지급하지 않으면 안되지만 주식은 이익이 없을 경우에는 배당을 하지 않으며, 또한 배당률도 변동된다.
 ③ 사채권자에게는 의결권은 없으나 주주에게는 원칙적으로 의결권이 있다.
 ④ 회사해산일 경우에는 사채권자는 주주에게 우선적으로 변제를 받을 수 있으나 주주는 잔여재산의 분배를 받는데 불과하다
 이상과 같은 상이점은 법률적인 관점에서 생기게 되는 것이며, 기업경영상에서 볼 때 다같이 장기적인 자금의 조달 원천이며, 회사는 자금조달에 있어서 자본코스트를 고려하여 사채와 주식 등 어느 경의 발행을 우선적으로 할 것인가를 결정 한다. 이익배당도 안정배당정책지향으로 매년 배당액률이 일정해지는 경향이 강하며, 상법상에서도 전환사채가 존재되어 있어 계속기업을 전제로 하고 있는 한, 사채와 주식과의 사이에 자본적인 성격에 대한 실질적인 차이는 거의 없다고 생각 된다.
 따라서 사채회계는 자본에 관한 회계의 일부로서 취급된다.
 사채의 발행에 대해서는 사채권자를 보호하는 입장에서 사채발행한도액이 정하여져 있다. 사채의 발행방법이나 사채의 종류도 여러 가지가 있다.
 사채의 발행가액은 액면발행 또는 할인발행으로 하는 것이 통례이다. 할인

발행된 경우에 생기는 액면가액과 발행가액과의 차액을 사채할인발행차금이라고 부른다.

사채상환은 상환시기에 따라 만기상환과 만기전 상환(정시상환수시상환)으로 구별되며, 또한 상환방법에 따라 추첨소각과 매입소각으로 구별된다. 매입소각일 경우에는 사채상환손익이 생기게 된다. 또한 구사채를 상환하기 위해 새로이 사채를 발행할 수가 있다. 이것을 사채의 차환이라고 한다.

그 밖에 사채회계의 문제로는 전환사채를 주식으로전환하였을 때의회계처리와 감채기금의 회계처리가 있다. 전자에는 주식발행초과금과 사채전환손익이 생기는 일은 있으며, 후자에서는 사채의 상환자금에 충당될 목적으로 적립한 특정자산으로서의 감채기금과 임의적립금으로서의 감채적립금의 회계문제가 발생한다.

## 8. 합병회계

회사의 합병이란 2이상의 회사가 상법의 절차를 거쳐 단일회사로 합치는 것을 말한다. 합병에는 동업 2회사가 합병하는 수평적 결합이나 제조회사가 원재료공급회사나 판매회사를 합병할 경우와 같은 수직적결합이 있다.

또한 새로운 형태로서 다른 업종의 회사를 합병하여 외적인 확대를 기도하는 복합결합이 있다. 이것을 일반적으로 복합기업이라고 부르고 있다.

합병의 형태에는 흡수합병과 신설합병이 있다. 전자는 합병 후에 존속하는 회사가 합병 후 해산하는 회사의 재산 및 주주를 포괄적으로 흡수한다.

후자는 합병당사회사가 모두 해산하여 그와 동시에 새로운 회사를 설립하여 신회사가 해산한 회사의 재산과 주주를 포괄적으로 승계한다.

절차면으로 볼 때 흡수합병 쪽이 신설합병 보다 간단하기 때문에 흡수합병이 일반적이다.

합병으로 인하여 해산하는 회사의 주주에게 존속회사는 신주를 발행하여 이를 교부한다. 이러한 주식을 가리켜 합병교부주식이라고 한다.

합병의 본질에 대해서는 현물출자설과 인격합일설 등의 2가지 학설이 있다. 회계이론상 후자가 통설이며, 우리 기업회계기준이나 상법도 원칙적으로 이러한 생각을 취하고 있다. 또한 법인세법에서도 그러한 입장을 취하고 있다.

합병의 회계처리에 있어서 현물출자설에 따르는가, 아니면 인격합일설에 따르는가에 따라서 처리방법이 다르게 된다는 사실에 주의를 요한다.
 합병에는 합병차익이 생기는 일이 많으며, 이 합병차익은 자본잉여금의 일종이다. 또한 반대로 합병차손이 생기는 일도 있다. 이것은 무형자산에 속하는 영업권으로 처리하게 된다.

## 9. 이익처분회계

 이익첩이란 회사의 영업성과인 이익은 출자자 또는 그 밖의 관련자에게 열러가자 형태로 처분된다.
 주식회사의 예를들면 처분의 대상금액은 이월이익잉여금 기말잔액에 당해 순이익을 더한 당기미처분이익잉여금이며, 상법에서는 전기이월이익에 당기이익을 더한 당기미처분이익이라고 하고 있다.
 처분내용은 이익준비금, 법인세, 주민세 등의 납세충당금, 배당금, 임원강여금, 임의적립금등이 며 그 잔액은 차기에 이월 된다.
 이 처분은 주주총회의 승인을 거쳐 결정된다. 더구나 납세충당금은 이익처분항목이 아니라고 하는 사고가 유력하다.

### (1) 이익처분안
 상법의 규정에 의해 이사가 작성하고 주주총회에 제출을 요하는 계산서류이다. 영업활동의 결과인 당기이익금에 대하여 이것을 배당금상여 등의지급, 준비금적립금 등에의 정립 등으로 처분하기 위한 안이다. 처분은 주주총회의 결의에 의하여 확정된다.

### (2) 이익처분계산서
 이익금의 처분내용 및 처분금액을 계산표시하고 있는 재무제표이다. 이익금처분의 대상으로 되는 미처분의 대상으로 되는 미처분이익의 금액은 손익계산서의 말미에 계산되어 있다. 즉, 당기이익+전기이월이익전기이월이익+적립금의 목적헐어쓰기익-중간배당액-중간배당에 관련한 이익준비금적립액=당기미처분이익으로 된다.
 이익금처분은 주주총회의 결의에 의해서 확정한다. 재무분석상은 이익금처분액은 내부유보액과 사외매출액으로 대별한다.

이익준비금이나 임의적립금, 차기이월이익은 전자에 속하고, 배당금이나 임원상여는 후자에 속한다. 그리고 이익처분에 있어서는 상법상의 배당가능이익의 규정에 주의하지 않으면 않된다.

## 10. 정리회계 및 청산회계

주식회사가 해산한 때에는 합병 또는 파산일 경우를 제외하고는 청산절차를 밟아야 한다. 합병의 경우에는 합병절차에 따라, 파산일 경우에는 파산절차에 따르기 때문에 청산절차를 필요로 하지 않는다.

인적회사인 합명·합자회사의 청산에 대해서는 임의청산 및 법정청산의 2가지 방법 중에서 선택적용하지만 물적회사인 주식회사 및 유한회사의 청산에 대해서는 법적청산의 방법만이 인정되고 있다.

청산에 있어서의 회계문제로서는 우선 청산개시 재산목록 및 청산개시 재무상태표를 작성하지 않으면 안된다.

그리고 현금예금 이외 여러 가지 자산을 환가(현금화)하고서 채무를 변제한 잔여재산을 주주에게 분배한다. 잔여재산의 분배에 있어서는 청산보고서를 작성하여야 한다.

청산회계에서는 청산손익 및 청산자본금이 생기게 된다. 청산손익이란 자산의 재평가손익, 환가손익, 그 밖에 청산절차중의 생기게 되는 손익을 말한다, 청산자본금이란 주주에게 분배할 잔여재산을 말한다.

## 11. 그 밖의 회계

좁은 의미에서의 주식회사 회계에 속하는 회계문제로서는 상기한 것 이외에도 주식분할 회사분할조직변경 꼬는 본지점회계연결회계 등이 있다, 이러한 것들 중에서 특히 연결회계는 지극히 중요하다. 또한 충당금·준비금 등에 대해서도 세법상 특유의 문제가 있으며, 회계이론과 상이 점도 많다.

# 제2절 주식회사의 설립과 회계처리

## 1. 발기설립의 경우

발기설립 때는 발기인이 인수한 주식에 대한 금액을 은행의 별단예금계좌에 납입하고, 주금납입증명서를 교부받아 이를 첨부하여 설립등기신청을 한다.

[사례 1] ----------------------------------------------------------------
아래의 요령으로 주식회사를 설립하였다.
① 주식회사가 발행하는 주식의 총수 40,000주, 이 가운데 주식회사의 설립에 있어 발행하는 주식의 수 (액면 500원)는 10,000주로서 그의 발행가액은 1주에 대하여 500원이다. 각 발기인은 그의 총수의 인수를 완료하였다.
② 각 발기인으로부터 인수가 끝난 주식의 납입을 받았다.
③ 회사가 성립하여 이사에게 사무를 인계하였

-----------------------------------------------------------------------

① **발기인회의 처리**
    (차) 주식청약미수금    5,000,000
       (또는 주식인수인)
                             (대) 주식청약자본금   5,000,000

② **발기인회의 처리**
    (차) 현금및현금성자산 5,000,000
       (또는 별단예금)
                             (대) 주식청약미수금  5,000,000

③ **발기인회의 처리**
    (차) 주식청약자본금    5,000,000
                             (대) 현금및현금성자산 5,000,000
                                  (또는 별단예금)

**회사의 회계처리**
    (차) 현금및현금성자산  5,000.000
      (또는 별단예금)             (대) 자   본   금   5,000,000

## 2. 모집설립의 경우

### (1) 액면주식의 액면발행

**[사례2]**
아래의 요령으로 주식회사를 설립하였다.
① 회사설립에 있어서 발행하는 주식총수는 액면주식 10,000주로 한다. 액면금액은 500원, 발행가액은 700원으로 한다. 그 중 발기인의 인수주수 2,000주, 잔주는 주주를 모집하여 각 응모자로부터 청약자금으로서 1주에 대하여 700원의 납입을 받았다. 청약주수 3,000주였다.
② 주식배정을 실시하여 주식인수인을 확정 하였다.
③ 납입기일에 발기인으로부터의 납입이 있었다. 또한 청약증거금은 납입에 충당, 초과 청약분에 대한 청약증거금은 되돌려 주었다.
④ 회사가 성립하여 이사에게 사무를 인계하였다.

① 발기인회의 처리
  (차) 별단예금 1,600,000
        (대) 주식청약증거금   1,600,000
② 발기인회의 처리
  (차) 주식청약미수금 5,,000,000
        (대) 주식청약자본금   5,000,000
③ 발기인회의 처리
 (차) 별단예금     3,400,000
   주식청약증거금   1,600,000
        (대) 주식청약미수금 5,000,000
④ 발기인의 처리
 (차) 주식청약자본금 5,000,000
        (대) 별 단 예 금   5,000,000
회사의처리
  당 좌 예 금     5,000,000
        (대) 자 본 금   5,000,000

## (2) 액면주식의 Premium 발행

**[사례3]**
아래의 요령으로 주식회사를 설립하였다.
① 회사설립에 있어서 발행하는 주식총수는 액면주식 10,000주로 한다. 액면금액은 500원, 발행가액은 700원으로 한다. 그 중 발기인의 인수주수 2,000주, 잔주는 주주를 모집하여 각 응모자로부터 청약증거금으로서 1주에 대하여 700원의 납입을 받았다. 청약주수 3,000주였다.
② 주식배정을 실시하여 주식인수인을 확정하였다.
③ 납입기일에 발기인으로부터의 납입이 있었다. 또한 청약증거금은 납입에 충당, 초과 청약분에 대한 청약증거금은 되돌려 주었다.
④ 회사가 성립하여 이사에게 사무를 인계하였다.

① 발기인회의 처리
   (차) 별 단 예 금   2,100,000
                  (대) 주식청약증거금   2,100,000

② 발기인회의 처리
   (차) 주식청약미수금 7,000,000
                  (대) 주식청약자본금     5,000,000
                       청약주식발행초과금  2,000,000

③ 발기인회의 처리
   (차) 별 단 예 금      5,600,000
      주식청약증거금     1,400,000
              (대) 주식청약미수금    7,000,000
   (차) 주식청약증거금    700,000
              (대) 별 단 예 금        700,000

④ 발기인회의 처리
   (차) 주식청약자본금    5,000,000
      청약주식발행초과금 2,000,000
             (대) 별 단 예 금      7,000,000

&lt;회사의처리&gt;
   (차) 당 좌 예 금 7,000,000   (대) 자 본 금   5,000,000
                                 주식발행초과금 2,000,000

### (3) 수종의 주식을 발행할 경우

[사례4]----------------------------------------------------------------

수권주수는 20,000주, 설립에 있어서 발행하는 10,000주로 그의 내용은 다음과 같다.

① 액면보통주 5,000주(액면 500원, 발행가액 600원
② 액면우선주 2,000주(액면 500원, 발행가액 600원
③ 무액면주식 3,000주(최저발행가액 400, 발행가액 600원 자본에 전입되지 않는 액 150원)

이상의 발행주식에 대하여 주식인수일을 확정, 납입을 받아 회사가 성립되었기 때문에 발기인으로부터 사무를 인계받아 즉시 불입금은 당좌예금으로 하였을 경우의 회사측의 처리를 실시하라.

----------------------------------------------------------------

(차) 당좌예금 6,000,000  
　　　　　　　　　　　　　　(대) 보통주자본금　3,850,000  
　　　　　　　　　　　　　　　　　우선주자본금　1,000,000  
　　　　　　　　　　　　　　　　　주식발행초과금　700,000  
　　　　　　　　　　　　　　　　　주식납입잉여금　450,000  

## 3. 설립에 관하여 지출하는 비용

설립에 수반하여 지출하는 비용으로서 창업비 개업비가 있으며, 일시에 처리하는 방법이 있다.

### (1) 창업비

창업비란 회사가 부담하는 창업비용, 가령 정관을 작성한 비용, 주주모집을 위한 광고비, 주식청약서·주권 등의 인쇄비, 창업사무소의 임차료, 창업사무소에 종사인이 받을 보수로서 정관에 기재하여 주주총회의 승인을 받은 금액, 창업등기의 등록면허세특수사업의 인가비용 등이다.

상법에 따르면 회사가 부담할 설립비용과 발기인이 받을 보수와 설립등기에 지출한 세액은 재무상태표의 자산의 부에 계상할 수 있다.

상법에서 보는 창업비의 본질은 회사의 조직화에 소요된 용역대가이며, 회

사의 수익에 관한 기반과 조건을 창출하기 위하여 지출된 금액이다. 그러므로 창업비는 장래의 수익력요인으로서 그 자산성이 인정되는 것이다. 하지만 기업회계기준에서는 법적실체를 설립하는데 발생하는 법적 비용과 같은 창업비, 그리고 새로운 영업을 시작하거나 새로운 제품 또는 공정을 시작하기 위하여 발생하는 사업개시비용은 발생한 기간의 비용으로 인식한다고 명시하고 있다.

기업회계기준에서는 창업비를 발생한 기간의 비용으로 처리하도록 하고 있으며, 세법도 이를 쫓아 지출한 사업연도의 비용으로 인정하고 있다.

[예시]
창업총회를 알리는 신문광고비로 1,000,000원을 지출하고 수표로 결제 하였다.

<분개>
(차) 창업비     1,000,000
        (대)    현금및현금성자산             1,000,000
               (당좌예금)

[거래의 예시]
① 5월2일 발기예시]인 3명이 합의하여 설립준비자금25,000,000원을 지출하고, 회사설립 사무요원 2명을 채용하여 설립준비업무를 담당하게 하게 하였다.
② 5월25일 주식청약서, 사업설명서, 주권 등의 인쇄비1,200,000원과 창립총회 준비비2,420,000원, 소모품비150,000원 합계 3,770,000원을 지급하다.
③ 6월1일 공증료 및 설립등기비(등록면허세 포함) 18,657,000원을 지급하다.
④ 6월6일 회사를 설립하다. 정관에 창업비 소요액 28,000,000원을 기재하고 창립총회의 승인을 얻었다.
⑤ 6월8일 발기인이 갹출하여 지급한 창업비 22,427,000원과 미지급 창업비 5,573,000원 합계 28,000,000원에 대한 증빙 등을 인계 받았다. 그리고 지급한 창업비 22,427,000원에 대해서는 발기인으로 부터의 영수증을 받고 회사의 예금에서 지급하였으며, 미지급창업비5,573,000원에 대해서는 발기인으로부터의 영수증도 받고, 회사의 예금에서 지급하였으며, 미지급창업비5,573,000은 점차 지급하기로 하였다.

<분개>

①~③ 5월2일부터 6월1일까지의 거래는 회사설립이전의 설립준비업무이므로 회사의 거래가 아니다. 그러나 회사설립 요원은 ①~③의 거래에 대한 회계를 하여야 한다.

⑤ 6월8일
  (차) 창업비 28,000,000   (대) 보통예금 22,427,000
                  미지급금  5,573,000

## (2) 개업비

회사의 설립 후부터 영업을 개시할 때까지의 사이에 지출된 개업준비를 위한 제비용을 말한다. 따라서 회사설립전의 비용인 창업비와는 다르다.

여기서 영업을 개시한 때까지란 일반상사의 경우상품을 매매할때까지를 말하므로 일반상사의 경우는 일반적으로 개업비를 별도로 계상하지 않는다.

제조업의 경우는 제조에 착수할 때까지를 말하므로, 이 기간이 상당한 시일을 소요하는 경우가 많아, 영업비를 계상하는 경우가 많다.

이 동안에 지출되는 비용은 대개 급료와 임금, 여비교통비 통신비수도광열비지급수수료광고선전비 지급이자 등이며, 때로는 시험가동비가 상당액 발생하는 경우도 있다.

# 제3절 설립에 관련된 세무회계처리

주식회사를 설립할 때에 주주의 출자방법에 따라 주주가 현금납입으로 설립하는 방법과 현물출자에 의하여 설립하는 방법으로 나눌 수 있다.

현금납입에 의하여 회사를 설립할 때는 세무상의 문제는 설립등기에 따른 등록면허세납부, 창업비와 개업비 등의 회계처리와 회사설립시 세법상 신고문제 등만이 발생하지만 현물출자시에는 복잡한 세무문제가 발생하게 된다.

그러므로 먼저 현물출자에 따른 세무회계를 설명하기로 한다.

## 1. 현물출자에 따른 세무회계처리

현물출자시에는 현물출자를 받아 설립된 법인의 세무회계처리와 출자자의 세무처리가 나타나게 된다.

### (1) 현물출자를 받아 설립된 법인의 세무회계처리

현물출자를 받은 자산이 법인에 필요한 자산이고, 그 자산의 평가가 정상적으로 되었다면 현물출자를 받은 법인은 그 자산에 해당되는 계정과목에 출자금액을 기록하면 된다.

그러나 세무회계에서 문제가 되는 것은 현물출자된 자산의 가치를 부당하게 높게 또는 부당하게 낮게 평가하여 출자가 되었을 경우와 법인에 불필요한 무수익자산을 현물출자로 받았을 경우이다.

① 현물출자 자산의 평가액을 시가에 비하여 부당하게 초과하여 출자한 경우에는 그 초과부분에 대해서는 출자가 없었던 것으로 보고, 세법상 회계처리를 하여야 한다.

그러므로 그 초과부분에 대하여 발생한 비용은 법인세법상 손금으로 용인되지 못한다.

또는 법인의 자본을 계산할 때 그 부분은 출자가 없었던 것으로 본다.

**[사례1]**----------------------------------------------------------------------------------

　　A주식회사 설립시 주주 A는 소유시가 10,000,000원의 기계장치를 100,000,000원으로 평가하여 현물출자를 받아 100,000,000원에 상당하는 주식을 교부하였다.
　　제1기회계연도말에 당해 기계에 대하여 10%의 감가상각을 하였다. 그 감가상각액은 10,000,000원이다.
　　　1. 회사가 회계처리한 분개와
　　　2. 법인세법상 처분내용을 설명하면
＜회사의 회계처리＞
＜출자시--
　　　(차) 기계장치　　100,000,000　　　(대) 자 본 금　　100,000,000
　감가상각시--
　　　(차) 감가상각비　10,000,000　　　(대) 감가상각누계액　10,000,000
＜법인세법상처리내용＞
　　30,000,000원은 출자가 없었던 것으로 보므로 자본금은 70,000,000원이 된다. 그리고 초과평가액에 대한 감가상각비 3,000,000원은 손금부인하고 익금에 가산하여 사내유보처분으로 처리리된다.

--------------------------------------------------------------------------------

　② 무수익자산을 출자받은 경우에는 그 출자가 없는 것으로 본다. 그리고 그 자산의 취득, 관리함으로써 생기는 비용, 유지비, 수선비와 이에 관련되는 비용은 손금에 산입할 수 없다.
　또한 무수익자산을 출자한 주주는 회사가 대신 지급한 유지관리비가 있을 경우에는 그 금액은 이익처분에 따른 상여로 인정되어 종합소득세가 과세될 것이다.
　③ 현물출자의 가액이 시가 이하일 경우에는 출자받은 법인은 아무런 문제가 생기지 않는다.
　왜냐하면 시가보다 저렴한 가액으로 현물출자 하였다는 것은 주식의 액면금액이상으로 납입된 것과 동일한 결과로서 이는 주식액면초과금과 같은 성질이기 때문이다.

## (2) 출자자의 세무회계처리

　출자자가 자산으로 현물출자할 경우에는 양도소득세의 납부문제와 출자자가 사업자인 경우에는 부가가치세의 과세문제가 발생한다.

이 경우 특히 문제가 되는 것은 개인사업자가 현물출자하여 법인을 설립할 경우 개인출자자가 법인을 설립할 때의 개인출자자의 세부담 문제이다.

### (가) 양도소득세 등의 과세

현물출자의 자산으로 토지·건물 및 부동산권리를 출자하는 경우에는 그 양도로 인하여 소득이 발생하는 경우에는 양도소득세가 부과 된다.

현물출자자산의 양도가액은 그 현물출자로 인한 주식발행가액이다. 그러므로 부당하게 높은 가격으로 출자하든 무수익자산을 출자할 경우에라도 그 자산의 양도가액은 주식발행액면가액에 따르므로 그 가격을 기준으로 하여 양도소득세가 과세된다.

또한 출자자산의 가액을 부당하게 낮게 출자하였을 때에도 출자가액을 양도가액으로 보고 과세하지만, 출자자와 출자법인이 특수관계인으로서 조세를 부당하게 감소시킬 경우에는 정상거래가격에 따라 양도소득세 등이 과세된다.

만약 부동산이 아닌 자산을 현물출자할 경우에는 양도소득세는 과세되지 아니한다.

### (나) 부가가치세 과세

현물출자자가 사업자일 경우에는 부가가치세가 과세된다. 즉, 개인사업자의 재산을 법인의 설립을 위하여 현물출자를 하는 것은 재화의 공급에 해당되어 부가가치세가 과세된다.

## 2 취득세와 등록세

현물출자에 의하여 설립법인이 자산을 취득하면 지방세법에 따른 등록세와 취득세를 부담하여야 하고, 법인설립등기에 대한 등록세를 납부하여야 한다.

### (1) 취득세

취득세란 재산의 취득사실에 소득을 추정하여 과세하는 유동세적 성격의 조세라고 할 수 있다

법인이 현물출자를 받아 토지·건축물·선박·차량·입목·항공기·골프회원권·어업권·종합체육시설이용권 콘도미니엄회원권 등을 취득하면 취득원가의 20/1,000의 취득세를 납부하여야 한다.

### (2) 등록세

  법인이 설립되기 위해서는 등기를 하여야 하는데, 이 때에는 지방세법상 등록세를 납부하지 않으면 안된다.
  우리 나라의 등록세는 부동산의 등기·선박의 등기·법인의 등기·광업권·어업권·저작권·특허권 등의 등록 또는 무역·건설업의 등록에 대하여 등록세를 부과하고 있다.
  세율은 비례세율 또는 정액세율이 적용되고 있다.

## 3. 창업비와 개업비

  창업비란 회사가 부담하는 창업비용 가령, 정관작성을 위한 비용, 주주모집을 위한 광고비·주식청약서·사업설명서·주권 등의 인쇄비·창업사무소의 임차료·창업사무소에 종사하는 사용인의 급료·보수창립총회에 관련한 비용, 그 밖에 회사설립사무에 관한 비용, 발기인이 받을 보수로서 정관에 기재하여 창립총회의 승인을 받은 금액, 창립등기의 등록세, 특수사업의 인가비용 등이다.
  기업회계기준에서는 법적실체를 설립하는데, 발생하는 법적비용과 같은 창업비, 새로운 시설이나 사업을 개시할 때 발생하는 개업비, 기타 새로운 영업을 시작하거나 새로운 제품 또는 공정을 시작하기 위하여 발생하는 사업개시비용은 발생한 기간의 비용으로 인식한다고 명시하고 있다.
  이러한 창업비를 기업회계기준에서는 발생한 기간의 비용으로 처리하도록 하고 있으며, 세법도 이를 쫓아 지출한 사업연도의 비용으로 인정해 준다.

[사례]----------------------------------------------------------------------------------
  창립총회를 알리는 신문광고비로 1,000,000ddnjs을 지출하고 수표로 결재하였다.

-----------------------------------------------------------------------------------------

    (차) 창업비  1,000,000
                        (대) 현금및현금성자산  1,000,000

## 4. 설립시의 각종 신고의무

법인설립시에는 ① 법인설립신고 ② 사업자등록을 하여야 하고 ③ 재고자산평가방법신고 ④ 감가상각방법신고 ⑤사업연도신고를 하여야 하며, 설립 후부터 장부를 비치·기장하여야 한다

### (1) 내국법인의 설립신고

내국법인은 그 설립등기일(사업의 실질적 관리장소를 두게되는 경우에는 그 실질적 관리장소를 두게 된 날)부터 2개월 이내에 법인설립신고서에 다음 각 호의 내용을 적은 서류로서 주주 등의 명세서와 사업자등록 등을 첨부하여 납세지 관할세무서장에게 신고하여야 한다.

이 경우 사업자등록을 한 경우에는 법인설립신고를 한 것으로 본다.(법인법 §109①, 법인령§152①②)
① 주주 등의 명세서
② 부가가치세법 시행령제11조제3항의 표 및 같은 조 제4항의 서류

여기에서 주주 등의 실제 소유자를 기준으로 다음 각 호에 적은 서류로서 "주주 등의 명세서"(별지제74호서식)를 말한다.
① 주주 등의 성명 또는 법인명·주민등록번호·사업자등록번호 또는 고유번호
② 주주등별 주식 등의 보유현황

법인설립신고서는 법인세법 시행규칙별지제73호서식에 따라 다음 각 호에 게기하는 사항을 기재하여야 한다.
① 법인의 명칭과 대표자의 성명
② 본점이나 주사무소 또는 사업의 실질적 관리장소의 소재지
③ 사업목적
④ 설립일

### (2) 사업자등록

신규로 사업을 시작하는 법인은 사업장 마다 해당 사업의 개시일로부터 20일 내에 사업자등록신청서를 납세지 관할 세무서장에게 등록하여야 한다. 이 경우 내국법인이 법인설립신고를 하기 전에 등록하는 때에는 주주 등의 명세서를 제출하여야 한다.(법인법§111)

법인신고를 한 경우에는 사업자등록신청을 한 것으로 보는 것이며, (법인법 111④) 부가가치세법에 따라 사업자등록을 한 사업자는 해당 사업 사업에 관하여 위에 따른 등록을 한 것으로 본다.(법인법§111②)

사업자등록신청시 법인의 등기부상에 2명 이상이 대표이사로 등재되어 있는 경우에는 사업자등록증의 대표자란에 대표이사로 등기된자 전원을 적어야 하고, 2명 이상의 대표이사가 담당 사무별로 사실상 대표권을 행사하고 있는 경우에는 사업자등록증의 교부사유란에 각자의 담당사무를 적어야 한다.

### (3) 재고자산평가방법신고 및 변경신고

법인이 각 사업연도의 소득금액계산에 있어서 적용할 재고자산의 평가방법을 당해 법인의 설립일 또는 수익사업을 개시한 날이 속하는 사업연도의 과세표준신고기한까지 이를 납세지 관할세무서장에게 신고하야 하며, 재고자산평가방법을 신고한 법인으로서 그 평가방법을 변경하고자 하는 법인은 변경하고자 하는 사업연도의 종료일 이전 3개월이 되는 날까지 납세지 관할세무서장에게 신고하여야 한다. (법인령74③)

### (4) 감가상각방법신고

감가상각방법을 신고하고자 하는 법인은 자산별로 하나의 방법을 선택하여 다음 각 호의 날이 속하는 사업연도의 법인세과세표준의 신고기한까지 납세지 관할세무서장에게 신고 하여야 하다.

① 신설법인과 새로 수익사업을 개시한 비영리법인은 그 영업을 개시한 날이 속하는 사업연도의 법인세과세표준신고기한

② 위 ① 이외의 법인이 법인세법제26조 제1항 각 호의 구분을 달리하는 고정자산을 새로 취득한 경우에는 그 취득일

# 제4절 청산에 관련된 청산소득의 세무처리

## 1. 청산소득과세의 의의

 청산소득이란 법인이 해산하거나 합병하는 경우, 그 법인의 잔여재산가액이 해산할 당시 자기자본의 총액을 초과할 때 또는 합병으로 교부받은 주식가액과 합병교부금의 합계액이 합병당시의 자기자본의 총액을 초과할 때 그 초과하는 부분의 소득금액을 말한다.
 청산소득을 과세하는 이유로서는 법인의 각 사업연도 소득에 대하여 법인세를 부과할 때, 미실현이익으로서 과세소득에 반영되지 아니한 것이나, 자산의 과소평가, 부채의 과대평가, 착오, 오류 등에 따라 사내에 유보되었던 소득이 청산에 따른 환가처분으로 인하여 법인의 소득으로 실현될 때 청산소득으로서 일괄과세하고자 하는 것이며, 합병으로 인하여 피합병법인의 비밀적립금이 합병법인의 신주형태로 변환되므로, 이 부문으호 취득되는 주식이나 합병교부금에 대하여 해산법인과 똑 같이 청산소득으로 과세하고자 하는 것이다.

## 2. 청산소득에 대한 법인세 납세의무자

 내국법인이 해산이나 합병으로 인하여 소멸하는 경우에 소멸법인의 청산소득에 대하여 법인세를 납부할 의무가 있다.(법인법 §4①) 그러나 비영리내국법인과 외국법인에 있어서는 청산소득에 대한 법인세를 부과하지 아니한다.
 또한 영리법인이라 하더라도 상법규정에 따른 조직변경으로 인하여 발생되는 청산소득도 역시 법인세를 부과하지 아니하며, 특별법에 따라 설립된 법인이 당해 특별법의 개정 또는 폐지로 인하여 상법상의 조직변경을 하는 경우와 그 밖의 법률에 따라 내국법인이 조직변경하는 경우로서 대통령령이 정하는 경우에는 청산소득에 대한 법인세를 부과하지 아니한다.

# 3. 청산소득금액 계산

## (1) 청산소득 과세표준

내국법인의 청산소득에 대한 법인세 과세표준은 청산소득금액으로 한다. 따라서 내국법인이 해산할 경우에는 해산에 따른 청산소득의 금액과 합병한 경우에는 합병에 따른 청산소득금액 및 분할에 따른 청산소득금액에 대한 법인세 과세표준이 된다.(법인법 §77)

## (2) 청산소득금액의 계산

청산소득금액은 다음과 같이 계산한다.

### (가) 일반적인 경우 청산소득금액

청산소득금액 = 해산에 따른 잔여재산가액 - 해산등기일 현재 자기자본총액

### (나) 해산후 사업계속에 따른 청산소득금액의 계산

내국법인이 해산한 경우, 그 청산소득금액은 그 법인의 해산에 따른 잔여재산의 가액에서 해산등기일 현재의 자본금 또는 출자금과 잉여금의 합계액(자기자본총액)을 공제한 금액으로 한다.(법인법 §79)

이를 산식으로 표시하면 다음과 같다.

해산시의 청산소득금액 = 잔여재산가액 - 자기자본총액(자본금과 잉여금의 합계액)

또한 해산으로 인하여 청산중인 내국법인이 그 해산에 따른 잔여재산의 일부를 주주 등에게 분배한 후 상법 제229조·285조·287조의40··519조또는 610조에 따라 사업을 계속하는 경우에는 그 해산등기일부터 계속등기일까지의 사이에 분배된 잔여재산의 분배액의 총합계액에서 해산등기일 현재의 자기자본총액을 공제한 금액을 그 법인의 해산에 따른 청산소득금액으로 한다.(법인법 §79②)

이를 산식으로 표시하면 다음과 같다.

사업계속등기시 청산소득금액 = 잔여재산분배액의 합계액 - 해산등기일일 현재의 자기자본 총액

### (가) 잔여재산가액의 계산

청산소득을 계산함에 있어서 잔여재산가액이라 함은 자산총액에서 부채총액을 공제한 금액을 공제한 금액을 말한다.(법인령 §121②)

① 추심할 채권과 환가처분할 자산은 추심 또는 환가처분한 날 현재의 금액

② 추심 또는 환가처분전에 분배한 경우에는 그 처분한 날 현재의 시가에 따라 평가한 금액

### (나) 자기자본총액의 계산

청산소득계산에 있어서 잔여재산가액에서 공제한 자기자본의 총액이라 함은 자본금과 잉여금(적립금)의 합계액을 말한다. 이때 자본금과 적립금이라 함은 재무상태표상의 자본금과 적립금을 의미하는 것이 아니고, 당해 연도의 최종적으로 사내유보처리된 세무계산상의 적립금과 자본금(자본준비금과 적립금조정명세서상의 기말잔액)의 합계액을 말하는 것이다.

청산기간증에 국세기본법에 따라 환급되는 법인세액이 있는 경우에는 이를 해산등기일 현재의 자기자본총액에 더하여 계산한다. (법인법 79③)

또한 각 사업연도의 법인세 결정확정된 이월결손금으로 미공제 잔액이 있는 경우에는 해산일 현재의 자기자본 총액에서 공제계산한다. 다만, 상게하는 이월결손금의 금액이 잉여금의 금액을 초과하는 경우에 잉여금의 범위내에서 공제계산하며, 이를 초과하는 금액은 없는 것으로 한다.(법인영 §79④)

## (3) 합병에 따른 청산소득금액의 계산

내국법인이 합병으로 인하여 해산한 경우 그 청산소득(합병에 따른 청산소득이라 함)의 금액은 피합병의 주주등이 합병법인으로부터 받은 합병대가의 총합계액에서 피합병법인의 합병등기일 현재의 자기자본의 총액을 공제한 금액으로 한다.(법인법 §80 ①). 즉, 합병법인의 청산소득계산은 다음 산식과 같이 산출 되는 것이다.

청산소득금액 = 합병법인으로부터 받은 합병대가의 총합계액 - 해산등기일현재의 자기자본총액

### (가) 합병대가의 총합계액

합병대가의 총합계액을 계산함에 있어서 합병법인이 합병등기일 전 2년

이내에 취득한 피합병법인의 주식 등(신설합병 또는 3이상의 법인이 합병하는 경우 피합병법인이 취득한 다른 피합병법인의 주식 등을 포함하며, 이하 "포함주식 등"이함)이 있는 경우로서 그 포함주식 등에 대하여 합병법인의 주식 등을 교부하지 아니한 경우 합병대가의 총합계액은 당해 포함주식등의 취득가액을 가산한 금액으로 한다.

**(나) 자기자본총액**

법인의 합병에 따른 청산소득금액을 계산함에 있어, 자기자본의 총액에 포함되는 잉여금을 합병시 합병법인 등에게 승계되는 세무조정사항 중 손금불산입금액을 가산하여 계산한다.(법인령 §122 ③)

# 제4편
# 자본의 회계처리

제1절 자본의 개념
제2절 자본계정의 분류
제3절 세무자본회계
제4절 자본금

# 제1절 자본의 개념

　자본이란 자산총액에서 부채총액을 뺀 순자산가액을 말한다. 즉, 법인이 소유하고 있는 자산총액 중에서 그 청구권이 채권자에게 있는 부분을 부채라 하고, 그 청구권이 주주 등 출자자에게 귀속되는 것을 자본이라고 한다.
　자본을 순자산이라고 보는 견해에서는 자산을 적극재산, 부채를 소극적 재산이라고 하고 그 양자의 대수화(代數和)가 자본이라 보는 것이며, 이는 자본=자산-부채라는 자본방정식을 기본으로 하는 설이다.
　부채도 합하여 자본의 개념에 포함시키는 견해도 있는데, 이는 앞에서 설명한 자본을 자기자본으로 하고, 이 자기자본과 부채 즉, 타인자본을 합하여 자본이라고 하는 것이다.
　이는 자산=부채+자본이라는 재무상태표 방정식을 기본으로 하는 설이며, 타인자본도 기업에 투하된 이상 자기자본과 똑같은 기능을 발휘하면서 경영에 참가하는 것으로 보는 것이다.
　자기자본도 타인자본과 같이 기업의 자금조달의 원천을 나타내고 자산의 기업경영에 대한 기능에는 구별이 없다. 따라서 기업의 총자산 = 총자본이라는 관점에 서게 되는 것이다.
　그러나 자기자본은 출자자에 귀속되고 타인자본은 채권자에게 귀속되는 것이므로 제도상 여러 가지 면에서 다르다고 할 수 있다. 즉, 기업이 위험부담에는 전후관계가 있으며, 전자는 영업계속 중에는 반환의 필요가 없지만, 후자는 소정의 반제기한이 있고, 더욱이 이익의 유무에 불구하고 일정한 이자를 지급하지 않으면 안된다.
　이와 같은 이유에서 기업회계는 원칙적으로 재무상태표방정식을 기본으로 하여 자본의 개념을 이해하고 있으면서도 실제의 회계처리상 자본을 자가자본(자본)과 타인자본(부채)으로 구분하여 처리하고 있다.
　자본에는 회사의 주체가 갹출한 금액 즉, 자본금 외에 회사의 경영활동의 결과 여러 가지 원인으로 증식된 경제가치를 축적한 부분인 유보자본도 포함한다.
　주식회사에 있어서는 자본불변의 원칙에 따라 법정의 절차를 밟지 아니 하는 한 함부로 자본을 증감할 수 없으므로 손익 그 밖의 순자본을 증감시키는 항목으로서 자본금에 산입하자 않는 것은, 이를 별개의 계정으로 계산·정리하지 않으면 안된다.

여기에서 말하는 잉여금이란 이와 같이 하여 회사의 자기자본 중 법률상의 자본금 이외의 부분을 총칭하는 것이다.

따라서 잉여금은 자본금과 같이 자기자본의 일부이며, 이른바 순자산의 한 구성부분이지만 자본금과는 별도로 기록되는 격이다.

주식회사에 있어서의 잉여금이란 결국 일정한 시점에 있어서의 자본금을 넘어선 자기자본의 부분이라 할 수 있다.

자본거래에서 발생한 잉여금은 자본잉여금이라 하고, 손익거래에 따라 발생한 잉여금은 이익잉여금이라 한다.

전자는 다시 자본준비금·재평가적립금·기타자본잉여금으로, 후자는 이익준비금·임의적립금·전기말미처분이익잉여금의 3가지로 세분된다.

상법상 회사의 자본은 상법의 규정이 있는 경우 외에는 발행주식의 액면총액으로 한다.(상법§451)고 하여 소위 발행주식의 액면총액인 자본금과 상법상 자본으로 특별히 인정하고 있는 이익준비금(상법§458) 및 자본준비금(상법§459)을 포함하는 것으로서 규정하고 있다. 이를 요약하면 다음과 같다.

```
              자 본 금 ---- 액면금액의 총액
    자   본   이익준비금(상법§458)
              자본준비금(상법§459) --------- 액면초과금
                                          감자차익
                                          합병차익
```

법인세법에서는 준비금·충당금의 손금산입규정, 손금·익금의 귀속시기와 자산부채의 취득 및 평가에 관한 규정, 그리고 재고자산·외화자산부채의 평가에 관한 규정 등을 제외하고는 기업회계기준을 준용하여 계산하도록 규정하고, 이에 따라 세법상의 자기자본은 재무상태표상의 자산의 합계액에서 부채의 합계액을 공제한 금액을 말한다.

## 1. 자본의 의의

일반적으로 자본을 회사 자산에 대한 자본주(주주)의 청구권이라 한다. 그러나 기업을 자본주와 직결시켜서 생각하면 자본은 총자산에서 총부채를 차감한 잔여부분(순자산)을 뜻하게 되며, 자본은 기업자산에 대한 잔여지분이라고 생각하게 된다.

## 2. 자본의 본질

자본은 소유주지분 또는 순자산을 의미하는데 이는 회계실체에 속하는 자산에서 주체를 공제한 잔여분이다.
자본은 다음과 같은 특성을 지니고 있다
① 자본은 소유주 지분으로서 기업과 소유자간의 이해관계인 소유권을 근거로 하여 나타난다.
② 소유주지분은 부채인 채권자지분과 함께 기업의 자산에 대한 청구권을 나타낸다.
③ 자본의 의미를 자본이론에 따라서 여러가지로 달리 표현된다. 이를 간단히 요약하면 기업실체이론에서는 주주의 잔여분에 대한 청구권으로, 자본주이론에서는 자산의 내용에 대한 구속으로 정의하고 있다.

## 3. 자본등식

재산을 적극재산(자산)소극적재산(부채)으로 나누고, 자본을 그들의 차액 즉, 순재산이라고 하는 이 관계를 수식으로 나타내는 것을 자본등식이라고 부른다.
자본등식은 자본을 기업회계에 있어서의 가장 중요한 것이라고 해석하고, 자본의 증감계산을 중요목적으로 하는 것이라는 생각하에 적극재산과 소극재산과의차액으로서 (자산-부채=자본이라는 등식으로 나타낸다. 이 등식에 의해서 기말의 자본액과 기초의 그것과를 비교하는 것에 의해 당기에 있어서의 자본의 순증가(또는감소)를 알수가 있는 것이다.
오늘의 부기의 원리가 수리적으로 뒷받침 되는 것으로서 오랜 통설로 되어 왔다. 재무상태표등식(자산 =부채 + 자본)은 자본등식의 수리적 변형과 같이 보이지만 이들은 질적으로 전혀 다른 것이다.
자본의 개념이 붙잡는 방식을 둘러싸고 기업회계의 주채론에 까지 의론(議論)이 갈라지게 되는 것이다.

# 제2절 자본계정의 분류

자본은 그 발생원천에 따라 자본금·자본잉여금으로 구분된다.
자본금은 발행주식의 액면총액이고, 자본잉여금은 자본거래에서 발생한 잉여금이며, 이익잉여금은 손익거래에서 발생한 잉여금이다.
그리고 자본에 대한 가감항목을 별도로 자본조정으로 구분한다.
자본조정에 대한 내용을 집약하면 다음의 분류표와 같다.

```
자 본---자본금 --- 보통주자본금
              우선주자본금
              자본잉여금---자본준비금---주식발행초과금
                                    감자차익
                                    기타자본잉여금
              기타자본잉여금---국고보보금
                            공사부담금
                            보험차익
                            자기주식처분이익
                            자산증여이익
                            채무면제소멸이익
     잉여금---이익잉여금---이익준비금
                      기타법정적립금
                      임의적립금---사업확장적립금
                                감채적립금
                                배당평균적립금
                                결손보전적립금
                      차기이월이익잉여금
                      차기이월결손금
         자본조정-----------주식할인발행차금
                         배당건설이자
                         자기주식
                         미교부주식배당금
```

# 제3절 세무자본 회계

## 1. 자본과 소득의 구분

우리나라의 법인세법에서는 현재 자본주의 투자액만을 자본으로 인정하고, 그 이외의 자로부터 갹출된 자본은 원칙적으로 인정하지 않고 있다.

이 같은 점에서 자본의 이용가치에 중점을 두고 귀속관계를 중요시 하지 않는 기업회계상의 자본개념과는 그 입장을 달리한다. 특히 세법에서 말하는 자본에는 자본금 이외의 자본적립금을 포함시킨다.

자본회계에 대해서 기업회계와 세무회계의 입장이 서로 다른 이유는 "자본"을 "소득과 혼동하고 있는데 원인이 있다.

법인세법은 회사의 소득에 과세되는 조세이므로 소위 소득의 내용이 무엇이냐 하는 점이 본질적인 문제가 된다. 즉, 법인세는 어디까지나 소득에 대한 과세이지 자본에 대한 과세가 아니므로 소득과 자본의 구분에 따라서 법인세의 과세여부가 결정되는 자본금 및 마련이다.

따라서 "자본"은 자본거래에서 발생되고, "소득"은 손익거래에서 발생되는 것이므로, 자본거래에서 발생되는 자본금 및 자본잉여금과 손익거래에서 발생되는 이익잉여금과는 분명히 구별하어야 한다. 이와 같은 의미에서 투하자본 - 자본금과 자본잉여금과 손익거래에서 발생되는 이익잉여금과는 분명히 구별되어야 한다. 이와 같은 의미에서 투하자본 - 자본금과 자본잉여금 -을 이용함으로써 이익 -이익잉여금 -이 발생되는 것이므로 "자본"과 "소득"을 엄격히 구별하여야 하는 것이다.

어떤 의미에서는 현행 법인세법도 기업회계와 마찬가지로 자본거래와 손익거래를 명확히 구분할 것을 요구하고 있는듯 하다.

다시 말해서 과세소득계산의 기본원칙을 규정하고 있는 법인세법 제9조에서 각 사업연도 의 소득은 익금의 총액에서 손금의 총액을 공제하여 계산하는 것인데, 여기에 익금 및 손금이란 자본의 납입 또는 자본의 환급 및 잉여금의 처분을 제외하고, 순자산의 증감 원인이 되는 일체의 사실이라고 규정하고 있는 것을 보면 알 수 있다.

그러나 과세소득을 계산하기 위해서는 먼저 자본거래가 무엇인지를 우선 밝

힐 필요가 있는데도 불구하고 현행 법인세법은 이에 관해서 명시하고 있지 않는 점으로 보아 사실 자본거래와 손익거래를 기업회계와 같이 명확히 구분하고 있다고는 보기가 어려운 것이다.

### (1) 세법의 자본개념

"자본"이란 단적으로 말해서 자산총액에서 부채총액을 뺀 순자산가액을 말하는 것이지만, 이에 대하여 현행 법인세법에서는 "자본의 개념을 이해할만한 명문규정이 없으므로 구성내용에 있어서도 기업회계와 일치를 보지 못하고 있는 실정에 있다.

현행 법인세법상 다음 2가지 점에서 중요시 되고 있다.

① 자본은 자본거래에 따라서 발생된 금액으로서. 이 금액의 증감은 과세대상에서 제외되고 있다.

현행 법인세법이 자본 이외의 다른 부문에 대해서는 "열거주의"에 따라서 비교적 상세한 명문규정을 두고 있는데도 불구하고 자본부분에 있어서는 단지 청산소득의 계산기준이나 기부금과 기업업무추진비시부인의 계산기준으로 취급하고 있을 뿐이다. 물론 이에 대해서는 상법에 별도로 규정되어 있기 때문에, 법인세법에서 다시 규정할 필요가 없다고 하겠으나, 현실적인 회계실무에 있어서는 많은 문제점이 있기 마련이다. 이는 기업회계상의 자본회계와 세무회계상의 자본회계가 완전한 일치를 보지 못하고 있다는데 기인된다.

② 자본은 기업의 규모를 표시하는 것으로서 기부금 및 기업업무추진비시부인, 그리고 청산소득을 계산하는 하나의 기준이 된다.

현행 법인세법은 과세소득을 계산함에 있어서 순자산의 증감을 총괄적으로 파악하여 소득 또는 결손을 계산하는 것인데, 이 경우에 자본의 증가·감소 또는 변동에 따르는 순자산의 증가와 감소는 본래 자본주의 자본투하·회수의 과정이므로 자본주의 손익에 속한다. 따라서 이와 같은 자본거래로 인하여 자본의 증감과 순자산의 증감에 차이가 생기면, 이는 "자본손익으로서 법인의 소득 또는 결손에서 제외한다. 그러므로 자본손익에 해당하는 부분에 대해서는 세법상 익금불산입 또는 손금불산입의 형식으로 규정하고 있다.

따라서 세무회계에서 말하는 "자본금액" 또는 "출자금액"이란 소위 법정자본액만을 말하는 것이므로 기업회계에서와 같은 자본의 개념으로서 이에 자본잉여금에 포함시키지 않고 있다고 보아야 할 것이다.

소득의 개념을 자산 - 부채= 자본이라는 "자본등식"에 입각하여 생각할 때 자본자체의 변동을 배제한 후 순자산의 증감이 회사의 경영활동결과인 이익 또는 손실을 나타낸다.

따라서 소득의 범위-소득의 개념-은 결국 자본의 범위-자본의 개념-은 결국 자본의 범위-자본의 개념-여하에 따라서 규정된다. 만약 세법에 독자의 소득범위론이 있다면 당연히 자기의 자본개념을 분명히 할 필요가 있다. 자본개념을 분명히 하지 않고는 독자의 소득개념론을 주장할 수 없기 때문이다.

### (2) 세법의 자본거래

세법상 자본거래라는 용어를 사용하고 있는 곳은 하나도 없으나, 세법구조상에서 볼 때, 자본을 증감시키는 거래와 잉여금의 처분을 말한다고 하겠다. 그 가운데 잉여금의 처분은 손익거래와는 관계가 없는 것이므로 편의상 자본거래에 포함시키는 것 같다.

이는 기업회계에서 말하는 자본거래와는 그성격을 약간 달리하는 것이므로 세법상 자본거래의 성격을 밝이기 위해서는 현행 법인세법이 자본의 범위를 정함에 있어서 어디에 기초를 두고 있는지를 살펴 볼 필요가 있다.

법인세법에 있어서 자본의 범위라고 하면 자본주가 회사에 자본으로 투하한 재화에만 한하고 있는데, 대하여 기업회계에 있어서는 기업의 사회적, 경제적인 실체에 착안하고, 이 기업실체를 유지강화하기 위하여 갹출한 것은 전부 기업자본으로 구성시키고 있다. 따라서 자본주가 갹출한 자본은 물론 자본주 이외의 자가 제공한 것이라도 자본형성의 목적을 위한 것이라면 자본에 포함시킨다.

이와 같이 양자간에 자본의 개념은 상이하다. 기업회계기준에서는 자본적지출에 충당된 국고보조금 및 공사부담금자본전보를 목적으로 하는 사재수증익 또는 채무면제익, 화폐가치의 변동으로 발생되는 보험차익 등은 전부 자본잉여금에 귀속시키고 이익에 포함시키지 않는다.

이에 대하여 법인세법은 이들이 자산증가의 원인이 되는 것이므로 익금에 산입하는 것을 원칙으로 하고 다만, 조세정책의 견지에서는 익금에서 제외하는 경우를 규정하고 있을 뿐이다.

## 2 소득의 구성과 자본손익 및 투자손익

　법인세법에 있어서 「소득」이 무었인가에 대해서는 앞에서 그 내용을 설명한바 있으나 여기서는 「자본손익」과 「투자손익」을 밝힌다는 의미에서 이를 다시 고찰하기로 한다.

　"법인"은 대외적으로 독립된 인격을 가진 경제주체로서의 지위를 갖는 반면에 대내적으로는 자본주와의 관계에 있어서 법인의 재산은 최종적으로 자본주인 "개인에 귀속되는 것이므로 법인체란 결국 자본주의 이익획득수단을 삼기위한 조직이라는 면이 더 농후하다.

　따라서 법인과 개인은 같은 주체이나, 따로 과세되어야 한다는 설이 「독립과세설」(법인실제설)이며, 법인과 개인은 같은 일체이므로 법인의 소득이 최종적으로 개인에게 귀속될 때 과세하여야 한다는 설이 「원천과세설」 법인의제설 -법인개인 일체설)이다. 즉, 법인의 소득에 과세하는 방법에 따라서 이같이 2가지 학설로 갈리는데 우리나라의 현행법인세법은 그 성격상에서 볼 때 독립과세설적인 색채가 농후하다고 하겠다.

### (1) 법인실재설

　법인실재설이란 법인과 개인은 별개의 주체라는 견지에서 법인은 개인같이 주체적인 사회기능을 발휘하고 있는 것이므로 개인소득의 과세와 같은 원리 또는 개인과세와는 전연 별개의 원리에 따라 자본주의 개인과는 전연 관계없이 독립시켜서 법인과세를 행하여야 한다는 학설인데, 일반적으로 이를 「법인독립과세설」이라고도 한다.

　이 학설에 따르면 법인세도 소득세와 같이 세율에 따라 과세하는 것도 인정되며, 또한 법인으로부터 받아들인 배당에 대해서는 다른 소득과 구분할 필요성도 없이 과세하여야 한다는 것이다. 다시 말해서 법인세는 소득세와는 전연 다른 별개의 원리에 따라야 한다고 생각한다.

### (2) 법인의제설

　「법인의제설」이란 법인은 자본주인 개인의 집합체라는 견지에서 그 소득도 최종적으로는 개인에게 귀속된다는 점에서 보아 법인에 대한 과세는 최종적으로는 개인에게 귀속되는 소득에 대한 소득세의 선급이 된다는 것이다.
 본래 개인의 수취배당을 다른 소득에 종합하여 과세한다면 법인과세는 필요 없게 되는 것이나 편의상 개인의 배당소득을 법인의 단계에서 일괄하여 원천 징수 하는 것이 법인세라고 생각하는 학설이 「법인개인일체설」이다.
 이 학설에 따르면 배당을 수취한 개인의 단계에서 과세되는 것이므로 법인세의 세율은 누진세율이 아니고 일정한 비례세율에 따르지 않으면 안되며, 또한 수취배당은 이미 법인의 지급단계에서 과세되는 것이므로 법인세 상당액은 배당을 수취한 개인의 소득세액에서 공제하지 않으면 이중과세가 된다고 생각한다. 또한 과세표준인 「소득」의 개념에 대해서도 법인은 원칙적으로 개인과 함께 동일원리에 따르는 것이다.

## 3. 자본손익과 투자손익의 의의와 그 상호관계

### (1) 자본손익과 투자손익의 의의

 현행 법인세법은 과세소득을 계상함에 있어서 순자산의 증감을 총괄적으로 파악하여 소득 또는 결손을 계산하는 것인데, 이 경우에 자본의 증가·감소 또는 변동에 따르는 순자산의 증가와 감소는 본래 자본주의 자본투하·회수의 과정이므로 자본주의 손익에 속한다.
 따라서 이와 같은 자본거래로 인하여 자본의 증감과 순자산의 증감에 차이가 생기면 이는 자본손익으로서 법인의 소득 또는 결손에서 제외한다.

### (2) 자본손익과 투자손익의 상호관계

#### (가) 자본손익과 투자손익의 의의

 현행 법인세법은 과세소득을 계상함에 있어서 순자산의 증감을 총괄적으로 파악하여 소득 또는 결손을 계산하는 것인데, 이 경우에 자본의 증가·감소 또는 변동에 따르는 순자산의 증가와 감소는 본래 자본주의 투하회수의 과정이므로 자본주의 손익에 속한다.
 따라서 이와 같은 자본거래로 인하여 자본의 증감과 순자산의 증감에 차이가 생기면 이는 「자본손익」으로서 법인의 소득 또는 결손에서 제외한다. 그러므로 "자본손익"에 해당하는 부분에 대해서는 세법상 익금불산입 또는 손금불산입의 형식으로 규정하고 있다.

여기에서 말하는 「자본손익」이란 자본거래에 따라 발생한 손익을 말하는 것이므로 회사와 자본주와의 사이에서 일어나는 여러 가지 거래를 가리킨다.

즉, 자본주와 회사간에 발생되는 거래는 투자의 증가(원시투자 및 증자), 투자의 변경「합병」, 투자의 감소(감자·해산)으로서 나타나는데, 이들은 전부 자본거래에 속한다. 이로 인하여 발생하는 법인의 순자산증감은 '자본손익"을 구성하게 되는 것이다.

회사와 자본주의 자본거래에 대하여 자본주측에서는 투자의 회수(이익의 회수도 포함)에 따른 손익이 발생한다. 또한 이에 따른 투자의 회수에 있어서는 교부된 주식간에서 발생되는 수익의 문제가 있다. 이를 "자본손익"과 "투자손익"의 문제로 취급하기로 한다.

"자본손익"과 "투자손익"의 상호관계를 기술하기 전에 자본적립금·이익적립금의 내용에 대해서 먼저 설명하기로 한다.

회사의 자본계정은 자본금, 자본적립금 및 이익적립금으로 성립된다.

자본준비금이란 자본거래로 인해서 발생된 이익 중 기업에 유보된 부분을 말하는 것이므로 이는 본래 자본금과 같이 자본주가 법인에 투하한 자본 그 자체를 말한다. 따라서 이것이 자본에 전입되어 감자·합병·해산시 분배되어도 기업회계상 자본주에 대해서는 손익을 형성하는 것은 결코 아니다. 왜냐하면 이는 곧 자본의 회수와 동일하기 때문이다.

이에 대해서 이익적립금은 세무회계상 과세소득 중에서 유보된 부분을 표시한다. 따라서 해산·합병·감자·자본전입에 따라서 이것이 자본주에게 귀속되는 결과가 될 때에는 그 시점에 있어서 이익배당이 있었던 것과 같은 과세관계를 발생케 되는 것이다. 다시 말해서 이익적립금은 현행 세법상 법인세와 소득세의 연결점이 되어 법인세에 대해서는 과세필의 것이지만 소득세에 대해서는 과세미필의 성격을 띠고 있는 것이다.

### (나) 자본손익과 투자손익의 상호관계

"자본손익"은 자본을 기업-법인-의 측면에서 본 것이며, "투자손익"은 법인으로부터의 투자 또는 투자이익의 회수과정에 따른 자본주-주주-의 측면에서 본 것이다.

이와 같이 본래 양자는 전연 별개의 것으로 파악되는 것이나 기업과 그 자본주와의 거래로 발생된다는 점에서 내면적으로 밀접한 관련을 가지고 있다.

현행 법인세법은 어떤 입장에서 양자의 관계를 규제하고 있는지를 다음에 개설한다.

① 자본주가 자본을 투하한 법인으로부터 자본거래로 받아들인 자본에 대해서는 애초부터 자본회수의 과정으로서 자본회수액과 자본투자액을 비교하여 손익을 계산할 것이다. 그런데 자본회수액은 분배법인에서 이미 과세가 된 것이므로 법인단계에서는 과세되지 않으나, 분배법인의 적립금에 대응하는 것은 의제배당으로 취급된다.

② 자본회수가 다른 법인의 주식을 취득함으로써 행하여진 때 (즉,투자변경의 형태를 취한 때)는 교부주식에 최초의 투자액을 승계시켜, 여기에 실현소득을 인식하지 않는 것이 원칙이다. 그러나 이 경우에 과세이익 즉, 적립금 상당액이 포함된 때에는 그 자본화된 부분은 의제배당으로 처리함과 동시에 받아들인 주식의 취득가액에 가산하게 된다.

③ 자본회수가 다른 법인의 주식에 따라서 취득한 때 그 교부된 주식에 대해서는 형식적인 표현가액 즉, 액면가액을 가지고 평가할 때가 많다. 그렇게 되면 투자변경에 있어서 비밀유보가 실현되지 않게 되는 것이다. 왜냐하면 현행 소득세법에는 주식의 양도소득에 관한 규정이 없기 때문이다.

④ 따라서 합병 및 해산의 경우에 있어서는 자본주의 투자손익을 법인(피합병법인 또는 해산법인)의 난세에서 청산소득으로서 총괄직으로 과세한다. 때문에 이 경우에는 분배금액 중 투자액을 초과하는 부분은 어느 것이나 과세필로 보아 의제배당으로 대부분 인정하게 된다.

이상으로서 현행 법인세법상의 "자본손익"과 "투자손익"에 대하여 그 개요를 설명 하였다. 그러면 다음에 자본거래의 각 단계에 있어서 세법상의 취급-자본손익-법인과 그 자본거래의 상대방인 자본주와의 관계-투자손익-에 대하여 설명하기로 한다.

여기에 자본의 투자 즉, 투자의 증가(출자 및 증자)와 투자의 변동(합병), 그리고 투자의 감소(감자 및 해산)에 따른 세무회계상의 문제가 따를 수 있다.

## 4. 자본손익과 투자손익의 과세관계

현행 법인세법상 "자본손익"과 "투자손익"에 대한 기본태도는 전술한 바와 같은데. 자본거래의 상대방인 자본주간에 발생된 투자손익에 대한 세무회계상의 취급에 대해서 설명하기로 한다.

## (1) 투자의 자본손익과 투자손익

  법인의 성립이나 증자에 있어서 자본을 투자한 주식의 발행가액이 그 액면가액을 초과할 경우에는 주식액면초과액이 발생되는데. 이는 자본손익이므로 과세손익에 산입하지 않는다. 그리고 법인이 자본준비금과 이익준비금 및 재평가적립금을 자본에 전입함으로써 주식으로 이익배당을 받은 경우에는 그 성질상 자본금에 변동이 생길뿐 자본이익은 발생하지 않는다.
  법인의 설립이나 증자에 있어서는 그 성질싱 자본주에게 투자손익이 발생할 수는 없다. 그렇지만 자본주가 취득한 주식의 취득가액은 그 투자액에 따라서 결정되고 주식액면초과액이 있는 경우에는 액년초과액에 이를 가산한 금액이 취득가액이 되는 것이며, 이후 양도손익 및 투자손익계산의 기초가 된다.
  법인이 투자준비금이나 이익준비금을 자본에 전입 -재투자-할 경우에 이를 전입한 법인에게는 투자손익이 발생하지 않으나 그 법인의 자본주에게는 자본에 전입된 금액 중 적립금에 상당하는 소득이 있을 때는 이익배당으로 간주한다.

## (2) 감자의 자본손익과 투자손익

  법인이 감자한 경우, 그 감자의 원인에 따라서 자본의 감소액과 환급액이 다를 경우가 있다.
  법인이 이월결손금을 전보하기 위해서 감자하는 경우에는 환급액이 자본의 감소액 보다 적으므로 감자차익이 발생하고 준비금이 많은 법인이 자본주가 퇴사 또는 탈퇴함으로써 감자하는 경우에는 감자차익이 발생된다.
  이와 같은 감자차익이나 감자차손은 다 같이 자본주의 자본손익을 구성하는 것이며, 자본의 환급으로 인하여 발생된 순자산이 감소되는 것이므로 감자를 한 회사의 자본손익과는 구분되어야 한다. 그런 의미에서 현행 법인세법은 감자차익을 익금에 산입하지 않으며, 감자차손도 손금에 산입하지 않는다.
  법인이 감자하면 자본주에게 투자액의 전부 또는 일부가 회수되는 것이므로 반드시 투자손익이 발생하기 마련이다.
  이 경우에 현행 법인세법은 감자에 따른 자본주의 손익을 의제배당과 주식의 장부가액을 조정하여 처리한다. 즉, 감자에 따라서 자본주가 취득한 금전 및 그 밖의 재산가액의 합계액이 투자의 취득가액을 초과한 부분은 투자이익에 속하는 것이므로 이를 의제배당으로 취급한다.

### (3) 합병의 자본손익과 투자손익

법인이 합병한 경우에 합병법인이 받아들인 순자산의 총액이 피합병법인의 자본주에게 교부된 자본의 총액을 초과할 때, 합병차액이 발생되고 반대일 때 합병차손이 발생된다.

합병차익은 원칙적으로 자본손익에 속하는 것이므로 과세관계는 발생하지 않으나, 자산의 평가이익이 포함된 때에는 이를 익금에 산입한다.

자산의 평가익이 포함된 때에는 이를 익금에 산입한다. 자산의 평가익이 합병할 때 표현된 것은 기왕의 과세미필부분인 비밀유보소득이 발로된 것이므로 당연히 과세한다.

이와 같이 현행법인세법이 합병차익을 원칙적으로 입금에 산입하지 않는 것과 마찬가지로 합병차손도 손금에 산입하지 않는다.

법인이 합병할 때 피합병법인의 자본적립금과 이익적립금이 자본화 되어 자본주에게 교부되는 경우가 있다. 이 때 개인인 자본주에게 피합병법인의 주식의 취득가액을 초과하여 분배된 소득이 있으면 투자손익으로서 당연히 과세한다.

이와 같은 개인자본주에 대한 투자손익은 분배 또는 교부하는 법인의 단계에서 총괄적으로 과세하게 되는데, 이것이 곧 청산소득의 과세이다.

청산소득의 과세에 따라서 법인의 소득은 법인세 및 소득세 상당분의 과세가 모두 완료되는 것이므로, 이를 수령한 자본주에게는 그 주의 취득가액을 초과하는 부분은 의제배당으로 취급한다.

### (4) 해산의 자본손익과 투자손익

법인이 해산된 경우에는 청산을 하기 위하여 자산을 처분해서 환가하는 동시에 채무를 변제하거나 채권을 추심하여야 한다.

이와 같이 청산 중에 순자산이 증가하는 것은 모두 잔여재산의 구성요소가 되는 것이므로 최종적으로 자본주에게 분배되기 마련이다.

해산한 후에 순자산이 증가하더라도, 해산 후 새로이 투자행위가 일어나는 것이 아니며 또 자본의 환급은 직접 투자자에 대한 투자손익으로 취급되는 것이므로 해산할 때에는 자본손익은 문제가 되지 않는다.

 법인을 청산함에 있어서 순자산의 증가를 법인의 소득으로 파악할 것인가 또는 자본주의 투자회수로 파악할 것인가에 대해서는 연구의 여지가 있겠지만 현행 법인세법은 그 실질을 자본주의 투자손익으로 보고 이를 법인의 단계에서 과세소득으로 파악하고 있다.

# 제4절 자본금

## 1. 자본금의 의의

　자본금이란 일반적으로는 출자자가 기업에 출자한 금액을 말한다. 기업의 형태에 따라 그 내용은 다르며 개인기업에 대해서는 기업주의 순자산 (총자산액-총부채액)을, 합명회사에 있어서는 사원의 출자금을 가르키기도 한다.
　상법상 주식회사에 대한 주주의 투자액은 자본금과 자본금 이외의 부분인 자본잉여금으로 구분하여야 한다. 이 중에서 자본금은 기업이 발행한 주식의 액면총액으로서 주주의 불입자본 중 기업이 재산적인 기초를 확보하기 위하여 최소한도로 유지하여야 할 자본을 의미한다.
　주식회사의 주주는 인수한 주금액을 한도로 하여 출자의무를 부담할 뿐 기업 채권자에 대해서는 아무런 책임을 지지 않는다.
　따라서 주주의 유한책임으로 인해 회사책임만이 회사 채권자를 위한 유일한 담보가 되고, 자본이 그 기준이 된다. 이에 따라 상법에서는 회사재산의 확보를 기할 목적으로 이른바 자본의 3대원칙이 주장되고 있다.
　상법상 자본의 3대원칙은 회사가 설립시에 일정한 자본액을 확정하고 (자본확정의 원칙), 이 확정자본액에 상당하는 회사재산을 유지하고, (자본유지 또는 충실의 원칙), 그리고 자본의 감소는 채권자에게 불리함으로 엄격한 절차(주주총회의 특별결의와 채권자 보호절차)를 밟도록 하고(자본불변의 원칙) 있는 것 등이다.

## 2. 수권자본제도

### (1) 수권자본제도의 의의

　현행 상법은 주식회사의 자본조달의 편의화를 위하여 정관에 회사의 설립시에 발행하는 주식총수와 설립시에 발행하는 주식총수를 기재하고, 미발행 주식의 범위 내에서 회사설립 후 자금의 수요에 따라 이사회의 결의에 따라 언제든지 신주를 발행할 수 있도록 하고 있다. 이를 수권자본제라고 한다.
　상법에서 새로 채택한 제도인데, 비교 입법상 미국법의 제도를 채택한 것이다. 구 상법에서는 신주발행에 관하여 주주총회의 신주발행결의 이외에 자본금액이 정관의 기재사항으로 되어 있었기 때문에 자본의 증가에는 정관변경결의가 성립 되었다고 하더라도 발행주식의 전부를 인수하지 않으면 신주발행 전체가 무효가 되므로 매우 불편하였다.

### (2) 공칭자본제도와의 차이점

공칭자본제도는 발행할 수 있는 주식총수를 단 1회에 "전부발행"하고 실제납입은 액면액을 수회에 나누어 "불할납입"할 수 있는 제도인데, 반하여 수권자본제도는 주식을 분할발행할 수 있고, 실제납입은 전액납입 하도록 하는 제도로 우리나라 상법은 수권총액의 4분의1을 회사설립시 반드시 인수해야 하는 것으로 규정하고 있다.

### (3) 수권자본제도의 편리성

① 딘가액의 범위 내의 신구주식발생이 가능하므로 증자절차가 필요없다.
② 주식에 따른 배당을 할 수 있다.
③ 종업원과 임원의 상여를 주식으로 지급할 수 있다.
④ 사채를 우선주로 전환하는데 편리하다.
⑤ 회사설립에 있어서 소수인으로부터 주식의 인수를 받을 수 있어 설립이 비교적 용이하다/
⑥ 추가자본이 필요한 경우에는 이사회의 결의만으로 신주를 발행할 수 있기 때문에 신속하게 자금을 조달할 수 있다.
⑦ 채권자가 공칭자본제도의 경우와 같이 전액 납부되지 않는 공칭상의 자본을 주주의 책임한도라고 판단함므로써 폐단을 제거할 수 있다.

## 3. 법인설립시의 자본금

### (1) 설립기간 중의 손익

법인의 설립은 그 설립등기를 완료한 날을 기준으로 법인의 인격이 형성되어 독립적인 권리의무의 주체가 된다.

# 4. 자본금의 회계처리

자본금이란 주주의 불입자본 중 정관에 자본금으로 확정되어 있는 금액으로 1주당 액면금액에 발행주식총수를 곱하여 산출된다.

※ 이익소각이나 상환주식의 상황이 있게되면 주식회사의 자본금은 발행주식의 자본금은 발행주식의 액면총액과 차이가 나게 된다. 이는 자본감소의 절차를 통해서가 아니라 이익으로 주식이 소각 되기 때문이다.

상법에서는 발행할 수 있는 주식의 총수를 정관에 정하고, 회사 설립시에 수권주식 총수의 4분의1 이상을 반드시 인수하도록 규정하고 있다.

회사설립 이후에는 이사회의 결의를 통하여 자본금을 수권자본의 범위 내에서 신주발행이 가능하다.

주식에는 액면가액이 없는 무액면 주식도 있으나, 우리나라에서는 모두 액면주식만이 발행되며, 액면가액은 모두 100원 이상으로 균일 하여야 한다.

자본금은 주식의 종류에 따라 보통주 자본금과 우선주 자본금으로 구분된다.

## (1) 자본금 증가의 회계처리

자본금이 증가되는 경우는, 설립시 주식발행과 유상증자·무상증자·주식배당 그리고 상환주식 또는 전환사채의 전환 및 흡수합병 등의 경우가 있다.

### (가) 설립시의 주식발행

회사설립시 발기인 등이 원시출자함에 따라 주식을 발행하게 된다. 이 경우 발행주식의 액면가액은 자본금으로, 액면초과액은 주식발행초과금으로, 각각 처리한다.

또한 주권의 발행비용등 부대비용은 당해 증자로 인하여 발생하는 주식발행초과금에서 직접 차감하고, 동 금액을 초과한 금액은 주식할인발행차금으로 처리한다.

**[사례1]**
--------------------------------------------------------------------
A회사는 설립에 있어서 주식 100,000주(1주당 액면 1,000원)를 액면금액으로 발행하고 그 전부를 발기인이 인수하여 현금으로 납입하다.
--------------------------------------------------------------------

(차) 별 단 예 금    100,000,000
　　　　　　　　　　　　　(대) 자 본 금 100,000,000

**[사례2]**

A회사는 신주 10,000주를 1주에 대하여 1,100원(액면 1,000원)으로 발행하고, 납입금은 당좌예금에 예입하다.

---

(차) 별단예금  11,000,000

　　　　　　　　　　　　　　(대) 자 본 금           10,000,000

　　　　　　　　　　　　　　　　주식발행초과금    1,000,0000

### (나) 증자주식발행

증자는 보통 신주발행 사채의 전환적립금의 자본전환등으로 이루어진다. 발행할 주식에 대하여 주금납입이 실질적으로 이루어지는지 여부에 따라 유상증자(실질적 증자)와 무상증자(형식적 증자)로 구별 된다.

#### ① 유상증자

유상증자란 주주 등으로부터 주금을 납입받음으로서 자본금을 증가시키는 절차를 말한다. 유상증자의 회계처리는 기본적으로 설립시 주식 발행 경우와 같다. 유상증자에는 주식의 액면발행·할인발행·할증발행등이 있으며, 아래 예에서 처럼 회계처리를 하면 된다.

㉮ 액면발행

**[사례]**

액면 5,000원의 주식 1,000주를 발행, 주식배정을 하고, 곧 인수가격의 전액을 납입 받고 주식발행비200,000원을 별도로 지급하다.

---

(차) 별 단 예 금      5,000,000
　　　주식할인발행차금    200,000

　　　　　　　　　　　　(대) 자　　본　　금          5,000,000
　　　　　　　　　　　　　　　현금및 현금성자산        200,000

㉯ 할증발행

**[사례]**

액면 5,000원의 주식 1,000주를 발행하고 청약서를 받다. 인수가격은 주당 6,000원에 주식배당을 하고 곧 인수가격의 전액을 납입 받다. 그리고 주식 발행비 300,000원은 별도로 지급하다.

---

(차) 별 단 예 금   6,000,000

(대) 자 본 금   5,000,000
주식발행초과금   1,000,000

(차) 주식발행초과금   300,000
(대) 현금및현금성자산   300,000

㉰ 할인발행

현행 상법은 법인의 자본조달을 용이하게 하기 위하여 다음의 요건을 갖춘 경우에는 그 할인발행을 인정하고 있다.(상법§417)

첫째, 법인이 성립한 날로부터 2년이 경과 하여야 한다.

둘째, 주주총회의 특별결의가 있어야 하며, 그 주주총회에서 주식의 최저발행가액을 정하여야 한다.

셋째, 법원의 허가를 얻어야 한다.

넷째, 법원의 허가를 얻은 날로부터 1월내 또는 연장할 경우 법원이 인가한 기간 내에 주식을 발행하여야 한다.

[사례]

액면금액 5,000원의 주식1,000주를4,000원에 할입발행 하기로 주주총회의 특별결의와 법원의 허가를 얻어 전액 납입 받았다.

(차) 별 단 예 금   4,000,000
    주식할인발행차금   1,000,000
(대) 자 본 금   5,000,000

㉱ 기업결합시의 증자

기업결합은 한 회사가 다른 회사와 경제적 단일체를 이루게 되는 것을 말하며, 법적 형태에 따라서 주식의 취득과 합병으로 나누어 진다.

주식취득과 합병 중 자본의 증가는 통상 합병과정에서 발생한다. 즉, 합병회사가 피합병회사를 흡수하는 과정에서 소멸하는 피합병회사의 자산과 부채를 그대로 인수하고 그 대가로 소멸하는 회사의 주주들에게 신주를 발행교부하여 줌으로써 합병회사의 자본이 증가하게 된다.

합병 등 기업결합은 거래의 경제적 실질에 따라 매수와 지분통합으로 나누어 진다.

매수(purchase)란 한 회사가 다른 회사의 순자산을 취득하는 형태이며, 지분통합(pooling ofinterests)이란 결합당사회사중 어느 일방도 매수회사가 되지 못하고 결합당사의 주주들이 결합된 실체를 그대로 지배하는 형태의 기업결합을 의미한다.

기업결합의 회계처리도 거래의 실질에 따라 매수법과 지분통합법으로 나누어진다.

매수법에서는 매수회사가 취득하는 피매수회사의 순자산가액 및 매수회사가 지급하는 대가는 공정가액으로 평가한다.

따라서 합병회사가 피합병회사의 주주에게 합병회사의 주식을 교부하는 경우, 교부된 주식의 공정가액 만큼 자본금 및 자본잉여금이 증가하게 된다.

그리고 지분통합법에서는 기업결합의 본질을 당사회사 주주간의 합의에 따라 주주지분을 단순히 결합하는 것으로 회계처리를 한다. 이 경우 주식발행회사(존속회사)가 소멸회사주주에게 발행하는 주식의 액면가액 만큼 자본금이 증가하게 된다. 그리고 주식결합을 위해 발행한 주식이나 현금 등의 합계액이 승계한 자본금과 다를 경우 그 차이는 결합된 실체의 자본잉여금과 이익잉여금에서 순서대로 조정한다.

② **무상증자**

무상증자란 이사회 또는 주주총회의 결의에 따라 잉여금(자본잉여금과 이익잉여금)의 자본전입으로 자본금을 증가시키는 절차를 말한다. 이 경우에는 단순히 잉여금을 자본금으로 대체하고 무상으로 신주를 발행하는 것이기 때문에 법인의 순자산이 없을 뿐만 아니라 주주의 입장에서도 주식수만 증가할 뿐 지분율 변동은 없다.

**(다) 주식배당**

주식배당은 주주총회에서 이익잉여금의 처분에 따른 배당의 형식을 빌려 자본을 증가시키는 것을 말한다. 이는 무상증자와 실질내용면에서 유사한 측면이 있지만 배당의 절차에 따르고 배당가능이익만을 재원으로 할 수 있다는 점에서 무상증자와 차이가 있다.

[사례]-------------------------------------------------------------------------

A회사는 당기의 이익배당금액55,600,000원 중 20,000,000원에 대하여 각 주주에게 1주당 액면1,000원의 신주를 발행교부하고, 나머지에 대해서는 현금으로 지급하다.

---

(차) 이익잉여금　55,600,000

　　　　　　　　　　　　　　(대) 자　본　금　20,000,000
　　　　　　　　　　　　　　　　현금및현금성자산　35,600,000

### (라) 전환증권의 전환

전환증권은 전환주식과 전환사채로 분류되는데, 주주의 청구에 따라 전환주식을 다른 종류의 주식으로 전환하거나, 사채권자의 청구에 따라 전환사채를 주식으로 전환하는 경우에 신주의 발행이 이루어진다.

전환주식을 전환하는 경우에는 전환전의 신주식의 발행가액으로 하여야 하며, (상법§348), 전환사채를 전환하는 경우에는 전환조건에 따라 신주발행가액을 정하게 된다.

## (2) 자본금 감소의 회계처리

자본금을 감소시키는 거래를 감자라고 한다. 감자는 주식수를 감소시키는 방법과 주금액을 감소시키는 방법이 있다.

주식을 감소시키는 방법에는 주식소각에 따라 특정주식을 매입소각하는 방법과 주식병합 즉, 수개의 주식을 하나로 병합하는 방법이 있다.

감자의 유형--------주식의 감소 ----------주식의 소각
　　　　　　　　　　　　　　　　　　　　주식병합
　　　　　　　　　　주금액의 감소

[사례]---------------------------------------------------------------
A회사는 사업의 규모를 축소 하면서, 1주 액면 500원 주식 20000주를 1주에 500원으로 매입소각하기로 하고 법 소정의 절차를 완료한 다음 수표를 발행하여 지급하다.
-----------------------------------------------------------------

(차) 자 본 금　10,000,000
　　　　　　　　　　　(대)　현금및현금서자산　10,000,000

# 제5편
# 증자와 회계처리

제1절 증자의 개요
제2절 증자의 회계처리
제3절 협의에 신주발행
제4절 흡수합병
제5절 전환사채의 전환
제6절 법정준비금의 자본전입
제7절 주식배당
제8절 전환주식의 전환
제9절 증자의 회계처리
제10절 증자에 관련된 세무처리 회계

# 제1절 증자의 개요

회사설립 후 자본금이 증가하는 것을 증자라고 한다. 증자는 신주가 발행되어 자본납입이 실시되는 것이 보통이지만 때로는 신주발행은 실질적인 주금납입이 실시되지 않는 경우도 있다.

증자는 실질적증자와 형식적증자로 분류된다. 실질적증자는 자본금의증가와 더불어 그와 동액(同額)의 자산증가 또는 부채감소를 가져오며, 실질적으로는 순자산의 증가를 가져오게 된다. 형식적증자는 자본금은 증가 되지만 순자산은 증가되지 않는 것을 말한다.

자본금이 증가할 경우를 분류하면 다음의 6가지를 들 수가 있다.
① 일반적인 신주발행
② 흡수합병
③ 전환사채의 전환
④ 준비금의 자본전입
⑤ 주식배당
⑥ 전환주식의 전환

여기에서 주의하여야 할 것은 자본금의 증가와 수권자본(수권주식수)의 증가와의 차이이다.

상법은 수권자본제도를 채택하고 있으며, 이 제도는 회사설립시에 있어 수권주식수의 2분의1을 발행하여 그 주식에 인수납입함으로써 회사는 설립되며, 나머지는 미발행주에 대해서는 이사회의 권한으로 자금의 필요에 따라서 주식을 발행하는 제도를 말한다.

자본금의 증가는 원칙적으로 미발행주식으로 신주를 발행하지만 발행주식수의 증가로 미발행주식이 발행주식수 보다도 적어졌을 경우에는 회사는 정관을 변경하여 수권주식수의 범위를 넘어 주식을 발행하는 일은 없도록 하여야 한다.

그러나 수권주식수 범위를 증가시키는 것은 자본금의 증가는 아니다. 자본금 증가의 여지가 생긴데 불과하다. 상법에 수권주식수는 현재 발행 주식총수의 2배를 초과해서는 안된다(상법 §289 ②)라고 규정하고 있다.

예를 들어 수권주식수가 100만주로서 현재의 발행주식수가 80만주라고 한다면 160만주(발행주식수 80만×2)까지 수권자본의 범위를 증가할 수가 있다.
 이러한 제한은 회사설립에 있어서 적어도 수권주식수의 2분의1을 발행하지 않으면 안된다고 하는 원칙이 여기에서도 적용하고 있는 것이다.

# 제2절 증자의 방법과 회계처리

주식회사는 설비의 개량·대체·확충 등에 필요한 준비의 부족을 보충하기 위하여 자본금을 증가시키는 경우가 있다. 이 증자에는 여러 가지 방법이 있으며, 이것을 요약하면 다음과 같다.

### (1) 증자의 방법

① 유상증자의 방법
     ㉮ 주주할당
     ㉯ 제3자할당(연고자 할당)
     ㉰ 공모(일반대중··추첨·주주우선모집)
② 무상증자의 방법
     ㉮ 법정준비금의 자본전입 (자본준비금의 자본전입·이익준금의 자본전입)
     ㉯ 재평가적립금의 자본전입
③ 유상·무상배합증자 및 유상·무상 병행증자
④ 주식배당
⑤ 전환사채의 주식전환
⑥ 기타(전환주식의 주식전환, 흡수합병)

### (2) 증자의 회계
① 유상증자의 회계
    신주의 청약기일에 다음과 같은 분개를 하게 되지만, 할인발행을 한 경우에는 불입가액과 액면가액 또는 자본전입액과의 차액을 주식발행차금계정의 대변에 기입한다.

       (차) 별 단 예 금 ×××     (대) 청약증거금 ×××
            청약 증거금 ×××         별 단 예 금 ×××
            당 좌 예 금 ×××         자 본 금 ×××

② 무상증자의 회계
무상증자는 외부로부터 아무런 대가(출자)를 받지 않고 기업의 자본을 증

가시키며, 이에 대한 신주를 발행하는 방법이다. 그러므로 자본조달을 직접적인 목적으로 하는 것은 아니다. 자본전입을 함으로써 자본의 구성을 시정하려는 경우가 많다.

③ 유상·무상 배합증자의 회계

재평가적립금을 자본전입하고, 이것을 신주의 불입금의 일부에 충당하는 동시 이것과 신주발행가액과의 차액을 불입시키는 따위의 방법이다.

# 제3절 협의의 신주발행

## 1. 협의의 신주발행방법

협의의 신주발행이란 미발행주식을 발행하여 주주로부터 자본납입을 받아 증자하는 방법이다. 신주의 발행방법에는 인수인이 누군가에 의해서 주주신주인수·제3자 신주인수·공모에 따른 방법이 있다.

주주신주인수란 현재의 주주에게 신주인수권을 부여하여 증자를 하는 신주발행방법이다. 이 같은 경우에는 액면가액으로 발행하는 것이 보통이며, 시가로 발행하는 일도 있다.

제3자 신주인수란 회사의 임원·종업원·거래처 및 특정주주 등 특정의 제3자에게 신주인수권을 부여하여 증자를 하는 신주발행방법이다.

이러한 주식발행방법은 업무제휴, 결손회사의 재건, 종업원 지주제도의 실시 또는 공모증자의 절차를 간단하게 한다는 등의 이유에서 이다.

공모에 따른 방법에는 신주인수권을 특정의 제3자에게 부여하지 않고 널리 일반에게 주주를 모집하는 방법이다. 이것에는 모집범위를 발행회사와 연고관계가 있는 자에게 국한하는 연고모집, 이러한 한계를 지키지 않고 불특정다수인으로부터 주식을 모집하는 공모가 있다.

제3자의 신주인수가 공모일 경우에는 시가발행이 원칙이며, 상법에서는 특히 신주를 할인발행할 경우에는 회사설립 후 2년이 경과한 후이어야만 하며, 주주총회의 특별한 결의를 요하고 법원의 인가를 얻어야 한다. 회사설립 후 2년이 경과한 후 이어야만 하며, 주주총회의 특별한 결의를 요하고 법원의 인가를 얻어야만 한다.

또한 법원의 인가를 얻은 날로부터 1월내 또는 법원이 특히 연장한 기간내에 주식을 발행하여야 한다(상법 §§419)고 규정하고 있으며, 주주의 보호를 시도하고 있다.

신주발행의 절차는 다음과 같다.
  ① 이사회의 결의로서 발행주식사항의 결정
  ② 주주의 모집
  ③ 신주인수의 청약

④ 신주의 배정

⑤ 주식인수인에 따른 발행가액전액의 납입취급은행에서 납입 또는 현물출자의 이행(청약증거금 납입의 관습이 있기 때문에 납입기일의 다음날에 청약증거금이 자동적으로 납입금에 대체된다. 신주인수인은 납입기일에 주주가 된다)

⑥ 자본금 증가의 등기

**[사례1]**-----------------------------------------------------------------

① A주식회사는 이사회의 결의에 따라 미발행주식 중 액면주식(액면@500원) 50,000주를 모집하여 청약기일까지 전주식이 청약되었다. 발행가액은 1주에 대하여 500원, 발행가액의 전액을 청약증거금으로서 받아들였다.

② 납입기일에 청약증거금을 자본금에 대체하고, 동시에 별단 예금을 당좌예금으로 대체하였다.

-----------------------------------------------------------------

① (차) 별 단 예 금   25,000,000
        (대) 주식청약증거금   25,000,000
② (차) 주식청약증거금   25,000,000
        (대) 자 본 금   25,000,000
  (차) 당 좌 예 금   25,000,000
        (대) 별 단 예 금   25,000,000

신주인수일이 주주가 되는 것은 납입기일(상법 §423①)이므로 ②의 기장이 실시되는 것은 납입기일이다.

**[사례2]**-----------------------------------------------------------------

① B회사는 다음과 같이 증자함을 이사회에서 결정하였다.

발행하는 주식

액면보통주식(액면 @500) 50,000주, 주주할당 40,000주로 하여, 소유주식 1주에 대하여 0.5주를 배정하였다.

이때의 단주500주,

　　공모 10,000주(단, 할당관계에는 400주는 단주)

　　발행가액 주주할당분@500원 공모분 @550원

납입금의 거래은행에 납입된 청약증거금은 다음과 같았다.

　　주주배당분 39,000주  195,000,000원

　　공모분  12,000주   66,000,000원

② 상기한 바와 같이 주주배당분에서는 1,000주의 실권주가 생겼으나, 공모분으로 2,000주의 납입초과가 있었기 때문에 이 중에서 1,000주를 실권주 단주의 공모신청에 충당하고 나머지 1,000주에 대해서는 납입증거

금을 반환하였다.

③ 납입기일에 납입증거금을 납입금에 충당하고 자본금계정을 계상하였다.

---

① (차) 별 단 예 금   261,000,000
　　　　　　　　　　　　　(대) 주식청약자본금   261,000,000
② (차) 주식청약자본금   5,500,000
　　　　　　　　　　　　　(대) 별 단 예 금   5,500,000
③ (차) 주식청약자본금   255,5000
　　　　　　　　　　　　　(대) 자 본 금   250,000,000
　　　　　　　　　　　　　　　주식발행초과금   5,500,000

## 2. 신주발행비의 회계처리

신주발행을 위해 필요한 비용 즉, 주식모집을 위한 광고비, 주권 등의 인쇄비, 금융기간 등의 수취수수료, 변동등기의 등록세 등으로 지출한 사업연도의 경비로 하지 않고 이연한 것을 말하고, 무형자산에 속한다.

### (1) 상법상의 신주발행비

상법에서는 신주발행 후 3년내에 매결산기에 균등액 이상의 상각을 하시 않으면 아니되는데, 세법상은 신주발행일이 속하는 사업연도부터 3년 이내의 매사업연도에 균등액 이상을 상각을 하여야 한다고 규정하고 있다.

### (2) 기업회계기준상 신주발행비

기업회계기준에 있어서의 신주발행비는 증자의 경우에 신주발행수수료와 신주발행을 위하여 직접 발행한 기타의 비용으로 한다고 규정하고 있다.

## 3. 신주에 대한 배당

신주발행이 영업연도의 중도에서 실시 되었을 경우, 이에 대한 이익배당을 어떻게 할 것인가. 우리나라에서는 일할계산(실제로는 월할계산)에 따르는 것이 보통이다.

예를들어 어떤 회사(1년결산으로 3월31일이 결산일)가 11월30일을 납입기일로

하여, 신주를 발행하였다고 하자, 이 연도의 구주에 대한 이익배당이 1주당 50원이었다고 한다면 신주에 대해서는 16.7원(50×4/12 =16.7)이 지급된다.

신주발행에 따라 납입되는 자본이 당해 연도의 이익획득에 4개월 조차 공헌하고 있지 않다고 하는 것이 바로 그 이유이다. 그러나 신주에 대하여 구주와 동액의 배당을 지급하여도 좋다. 즉, 이 경우는 결산일 현재 발행되고 있는 모든 주식에 일률적인 배당을 지급하게 되는 것이다.

# 제4절 흡수합병

## 1. 흡수합병의 개요

 우선 합병이란 2 이상의 회사가 계약에 따라 1회사로 합체하는 것을 말하며, 그의 형태에는 흡수합병과 신설합병의 2가지가 있다. 예를들어 A회사가 B회사를 흡수하여 소멸시키는 형태가 흡수합병이다.
 이 같은 경우 A회사를 합병회사, B회사를 피합병회사라고 한다. A회사는 합병 후에도 존속되기 때문에 존속회사, B회사는 소멸회사라고 한다.
 흡수합병에 따라 합병회사는 피합병회사의 자산·부채를 포괄적으로 승계하며, 그의 대가로서 소멸회사의 주주에게 합병회사의 주식을 발행하여 교부한다. 따라서 합병회사의 자본금은 그 금액 만큼 증가하게 된다.
 이와 같이 흡수합병은 합병회사가 피합병회사를 흡수함으로써 신주를 발행하여 피합병회사(주주)에게 교부하는 것이지만, 이 때 피합병회사의 순자산(자산-부채)금액 보다도 많은 또는 적은 가액의 주식을 피합병회사 주주에게 교부할 수가 있다.
 순자산(자산-부채 보다 적은 주식을 교부하였을 때에는 순자산(자산-부채)과 발행주식과의 차액은 합병차익이 된다.
 이와 같이 합병차익은 합병회사가 발행한 주식(증자한 자본금)의 액면가액 이상의 순자산(자산-부채)이 피합병회사에 의하여 납입된 것을 가리키는 것이므로 그 성질은 주식발행초과금과 같은 것이다. 그러나 주식발행초과금은 납입이 현금으로 이루어지는 것이지만 합병차익이 생기는 원인은 주식을 발행한 합병회사의 수익력이 높다는 사실에 원인이 있다.
 합병차익의 경우, 그의 납입은 피합병회사라고 하는 조직체이다. 따라서 합병차익의 발생은 합병회사의 수익력에 지배될 뿐만 아니라 피합병회사의 수익력에도 지배된다.
 합병회사의 수익력이 보통이며, 현금납입 및 주식발행초과금이 생기지 않을 경우에라도 피합병회사의 수익력이 보통이하이기 때문에 그의 순자산(자산-부채)보다 적은 가액의 주식을 교부하여 합병할 경우에도 합병차익은 생기게 된다. 이와 같이 합병차익은 합병회사와 피합병회사와의 수익력의 상호관계에서 상대적으로 생겨나는 것으로서 피합병회사의 순자산(자산-부채)보다 적은 가액의 주식을 교부하여 합병할 경우에도 합병차익은 생기게 된다.

이와 같이 합병차익은 합병회사와 피합병회사와의 수익력의 상호관계에서 상대적으로 생겨나는 것으로서 피합병회사의 순자산 가치가 가지는 수익력이 합병회사의 그것 보다도 상당히 적은 경우가 생길 수 있다. 즉, 이 때도 합병차익이 발생한다.

합병의 본질에 대해서는 현물출자설과 인격계승설이 있다. 현물출자설에 따르면 합병차익은 발행주식에 대하여 액면가액 이상의 현물 납입이 실시되며, 따라서 주식발행초과금과 동일한 성질의 것이라고 볼 수가 있다. 그러므로 합병차익은 피합병회사의 순자산의 구성내용과는 무관하며, 합병회사의 자본준비금이 된다는 주장인 것이다.

인격승계설에 따르면 피합병회사의 자본구성은 주식의 급부에 따른 부분 이외는 그대로 합병회사에 승계되어야만 할 것이라고 하는 주장이므로 합병차익은 자본잉여금을 일괄적으로 파악되는 것이 아니고, 각종의 납입잉여금이나, 이익잉여금으로 구성되어 그 구성요소에 따라 분리계상한다. 상법은 임의적립금은 자본준비금에 적립하지 아니할 수 있다고 규정하고 있다.

## 2. 흡수합병의 회계처리

합병형태 중 흡수합병에 있어서는 존속하는 회사는 소멸하는 회사의 자산 및 부채를 승계하고 그 대가로 소멸하는 회사의 주주들에게 신주를 발행교부하며, 끝수주(端數珠)에 대해서는 현금을 지급하거나 합병교부금을 지급함으로써 존속회사의 자본이 증가한다.

그러나 존속회사의 증가될 자본은 합병의 본질을 피합병회사를 합병회사가 매수하는 것으로 보느냐, 아니면 합병회사와 피합병회사의 자본의 공동계산으로 보느냐에 따라 그 크기가 달라지고. 또한 자본의 구성내용과 분류도 달라진다. 즉, 합병을 존속회사가 소멸회사의 순자산(자산총액 - 부채총액)을 구입취득하는 것으로 보는 견해를 매입설(purchase)이라 하고, 합병을 합병당사회사 주주들이 소멸회사의 주식을 존속회사의 주식과 교환함으로써 주주지분을 합류시키는 것으로 보는 견해를 지분풀링설(poding of interest)이라고 하는 2가지의 견해가 있다.

흡수합병의 경우, 예컨대 갑.을 양회사가 합병해서 갑회사를 존속시키는 경우에는 을회사의 수익력이 갑회사의 수익력 보다 크냐 작느냐에 따라서 큰 경우에는 영업권이 작은 경우에는 합병차익이 문제가 생긴다.

합병차익이 생기는 것은 을회사의 수익력이 갑회사의 수익력에 떨어지는 경우나 또는 기업의 평가를 수익력 이외에 구하는 경우, 예를들면 총재산에 근거하여 주수의 할당을 하는 경우 등에서 생길 수 있다.

# 제5절 전환사채의 전환

## 1. 전환사채의 의의

전환사채란 주식으로 전환할 수 있는 권리, 다시 말하면 주식으로의 전환권이 인정되어 있는 사채를 말한다.

사채는 본래 회사의 채무로서 회사 구성원의 지위를 의미하는 주식과는 성질을 달리한다. 그런데 이 사채권자에 대해서 장래 그 자의 요구에 따라서 주주의 지위를 취득시킬 것을 약속하고 발행하는 것을 말한다. 즉 광의로는 다른 증권으로 전환할 수 있는 권리가 인정되는 사채이며, 협의로는 소유자의 희망에 따라서 주식으로 전환할 수 있는 것이 보통이다.

전환사채의 경제적 기능은 다음과 같은 것이다.
  ① 증자가 어려운 경우의 구제책이 된다.
  ② 일반사채 보다 낮은 이율로 발생할 수 있다.
  ③ 인플레이션기의 사채발행방법으로 적절하다.
  ④ 주식으로서의 전환기에 현금납입을 추구하는 수단이 된다.
  ⑤ 투자가에 대하여 안전성과 투기성을 겸한 투자대상이 된다.

요컨대 전환사채는 주식과 사채의 양면적 성격을 가진 중간형태 또는 절충적증권이라는 점에 그 특징이 있다.

상법은 정관 및 주주총회의 특별결의에 따라서 전환사채를 발행함을 인정하고 있다.(상법§513①②)

전환사채는 법률적으로는 사채이지만 경제적으로는 증자라고 보고 있다. 다만, 법률적으로는 사채이기 때문에 사채의 발행은 전환사채계정이라는 부채의 계정에 계상되며, 주식에의 전환 때에 자본금계정에 대체된다.

전환사채는 전환가액의 결정방법에 따라서 액면전환사채, 시가전환사채로 나눈다. 액면전환사채는 액면가액이 전환가액으로 되며, 우리 나라에서 발행한 전환사채 중 액면전환사채가 일반적이었다.

외국의 최근 공모발행된 사채는 시가전환사채이다.

전환사채의 발행은 우리 나라에서는 종래 경제성적이 좋지 않은 회사에서 발행한다는 인상이 주어졌었다. 또한 증권시장의 미발달로 인하여 전환사채의 보급률은 낮았으나 외국자본의 조달이라고 하는 견지에서 외채(外債)라고 하는 형태로 구미 각국에서 몇가지의 외화연결전환사채가 발행되었으며, 그것은 주식의 시가발행이라고 하는 실질적인 의의를 갖는 특색이 있기 때문에 자본조달의 새로운 방법의 하나로서 우리 나라의 일류회사의 상당수의 회사에서는 채택할 수 있을 것이다.

외국에서는 이와 같은 시가전환사채가 급증하여 현재에는 주식에 준하는 전환사채가 거래에 상장되어 거래되고 있다.

① 전환사채를 부여하기 위하여 이율이나 발행가액을 보통 사채보다도 회사에게 유리하게 결정할 수가 있다. 또한 업적이 좋은 회사에서는 사채의 이자는 손비로 인정되므로 주식발행의 경우보다 자금 Cost 가 비교적 우위에 있게 된다.

② 증권시장에 대하여 처음부터 신주를 발행하는 경우보다도 주가하락의 영향은 적다. 특히 시가전환의 경우에 더욱 그러하다.

③ 전환되는데 따라서 자기자본을 충실하게 할 수 있다. 장기채무가 주식자본에 전환되므로 자기자본의 일부가 된다.

④ 업적이 좋지 못한 회사는 주가가 낮기 때문에 증자가 곤란할 때 장래의 수익력이 높을 것으로 예상되는 경우에는 인정이자를 약속하는 전환사채의 발행이 가능하다. 그러므로 실질적인 증자가 이루어 진다.

한편 투자가의 입장에서 전환권을 행사할 것인가, 아닌가는 자유이므로 업적호황에 따라 배당이 증가 된다던가, 주가가 상승되었을 경우에는 주식으로 전환시킴으로 이득을 얻을 수가 있으며, 그렇지 않을 경우에는 그대로 계속 갖고 있어 일정한 이자를 받을 수가 있다.

최근에는 전환사채의 이러한 특징이 투자가에게 이해되어 앞으로 수많은 회사가 전환사채를 발행할 수 있으며, 증권거래소에 상장되어 주식과 같이 거래될 수가 있을 것이다.

다음에 전환사채의 단점을 보면 다음과 같다.

① 주식전환에 수반되는 사무량이 복잡하다고 하는 단점도 들 수가 있다. 자본변경의 절차, 주식대장에의 기록. 전환에 따르는 사채이자의 계산 등 특히 기중전환에 따라 사채이자의 계산에 있어서 더욱 그러하다.

② 장기자금계획을 세울 경우, 주식으로 전환하는 것은 사채권자의 자유의사에 따르기 때문에 그의 전환을 예상하는 것이 곤란하다. 이것은 시가전환사채에도 당연히 적용된다.

또한 회사가 전환사채를 발행하였을 경우에는 전환청구기한내에 전환에 의하여 발행하여야만 할 주식수만큼의 미발행주를 유보하여 두지 않으면 안된다. 그렇지 않으면 전환청구에 따라 주식으로 전환하지 못하기 때문이다.

## 2. 전환사채에 관한 회계처리

**[Point]**
-----
**<전환사채 발행자의 회계처리>**
① 발행일
② 액면상환 조건
   전환사채 발행가액 중 전환권대가에 해당하는 금액을 계산하여 "전환권조정"과 "전환권대가'로 계상한 금액은 항상 일치한다.
③ 상환할증금 지급조건
   전환사채의 발행가액 중 전환권대가에 해당하는 금액을 계산하여 이 금액을 "전환권대가"의 계정으로 각각 계상한다. 상환할증금지급조건의 경우에는 상환할증금과 전환권대가의 합계액이 전환권조정금액과 일치한다.
-----

전환사채의 발행에 관련하여 회계상 몇가지의 문제점이 있으나, 전환사채의 재무상태표에의 표시방법, 발행시의 회계처리, 전환시의 회계처리로 나누어 생각할 수가 있다.

① 전환사채의 재무상태표에의 표시방법은 장기부채의부에 "전환사채"라고 하는 독자적인 과목명을 가지고 표시 된다. 즉, 전환사채는 잠재적인 주식이라고 불리울 수 있는 성격을 갖고 있으므로 표시하는 것이 합리적인 방법이라고 해석된다.

② 전환사채의 발행시의 회계처리는 보통 사채발행시의 회계처리에 비하여 큰 차이는 없다.

㉮ 평가발행일 경우에는 전환사채는 액면 그대로의 금액으로서 대변에 표시된다.

㉯ 할인발행일 경우에는 차변에 할인액을 표시하는 사채할인발행차금계정이라고 하는 전환사채의 평가계정이 표시된다.

그러므로 이러한 사채할인발행차금계정은 사채가 주식으로 전환될 때까지 상각하여야만 할 계정이다. 그렇지 않으면 사채의 장부가액은 액면을 분할하는 결과가 된다. 말하자면 혼수자본이 되기 때문에 상법에서 말하는 자본충실의 원칙에 위배될 염려가 있기 때문이다.

③ 전환사채의 주식에의 전환시의 회계처리는 문제가 복잡하다.

우리 나라에서 발행되고 있는 전환사채와 마찬가지로 사채와 주식과의 액면의 등가교환이 이루어져 있을 경우에는 그 회계처리는 지극히 간단하다. 다만, 회계연도 중에 전환하는 경우에는 자본금이 증가되는 사실을 어떻게 회계처리를 할 것인가는 문제이며, 여기에는 2가지 회계처리방법이 있다. 하나는 매월말에 그달중의 전환분을 정리하여 자본금계정에 대체하여 동시에 자본금 증가로 처리하는 방법이다.

다른 하나는 기중의 전환분에 대해서는 전환때 마다 다음과 같은 분개를 실시하여 처리하는 방법이 있다.

(차) 전 환 사 채　×××
　　　　　　　(대) 사채전환계정　×××

결산일에 다음과 같이 처리한다.

(차) 사채전환계정　×××
　　　　　　　(대) 자　본　금　×××

이러한 방법은 우리 나라의 실무에서 많이 이용되고 있는 배당금의 지급, 즉 회계기간 중에 전환분에 대해서는 다음 기초부터 배당금의 계산을 실시하여 전환연도 중에는 사채이자를 지급하는 방법에 적합한 회계처리이다.

우리 나라의 실무에서는 매월말에 자본금액에의 대체처리가 많은 모양이지만, 이것은 자본증가라고 하는 경제적인 사실 그 자체를 표시하는 견지에서는 매우 훌륭한 것이다.

[사례5]
① A주식회사는 이미 발행하고 있었던 전환사채 중 액면 5,000만원(발행가액5,000만원)에 대하여 주식에의 전환청구를 받았다. 전환비율은 사채액면 1,000원에 대하여 액면보통주(액면금액 500원) 2주이다.
② 전환에 있어 경과이자 100천원을 현금으로 지급 하였다.

① (차) 전 환 사 채　50,000,000
　　　　　　　(대) 자　본　금　50,000,000
② (차) 사 채 이 자　100,000
　　　　　　　(대) 현금및현금성자산　100,000

다음에 시가전환사채 즉, 전환율이 평가가 아닐 경우의 회계처리는 외국에서는 타외국사채로서 발행되는 전환사채가 거의 시가전환사채라고 하는 사실에서 요즘 자국내에서 발행되는 전환사채도 시가전환사채의 것이 계속 늘어나고 있다.

**[사례6]**

S주식회사는 이미 액면 100원에 대하여 100원의 평가로 전환사채 10억원을 발행하였다. 전환청구에 따라 액면보통주 4만주를 교부하였다.

---

(차) 전 환 사 채   600,000,000
　　　　　　　　　　　　(대) 자 본 금   200,000,000
　　　　　　　　　　　　　　  주식발행초과금   400,000,000

즉, 상기 예에 따라 교환비율은 사채에 대하여 주식 500/1,500이라는 것이 된다. 따라서 6억원의 사채 담당액이 액면주식에 전환될 때는 상기와 같이 분개가 된다.

또한 주식발행초과금은 실질적으로는 주식의 공모발행의 시가와 액면과의 차액을 의미하는 납입잉여금(paid in surplus)으로서의 자본잉여금에 불과하다. 말하자면 전환사채에 대한 주식의 잠재적인 프레미엄(premium)이 이와 같이 전환에 따라서 실현된 것이라고 해석된다.

**[사례7]**

한국상사주식회사는 2021년4월1일에 이미 발행한 전환사채 중 액면 1,000만원에 대하여 사채권자로부터의 주식전환의 청구를 받았다. 전환비율은 사채액면 1,000원에 대하여 액면보통주식(액면금액500원) 1.8주의 비율이다.

또한 이 전한사채는 2012년4월1일 발행 2017년3월31일 상환예정, 발행가액은 액면 100원에 대하여 97원50전, 이자율 년8.5%, 이자지급기 9월30일 또는 3월31일의 조건이다. 당사의 결산기는 매년 3월31일로서 사채할인발행차금은 매기 균등액을 상각하고 있다.

---

(차) 전 환 사 채   10,000,000
　　　　　　　　(대) 자 본 금   9,000,000
　　　　　　　　　　주식발행 초과금   750,000
　　　　　　　　　　사채할인발행차금   100,000
　　　　　　　　　　사 채 상 환 익   150,000

전환한 사채의 발행가액은 975만원이었고, 이 금액과 자본금 및 주식발행초과금의 합계금액이 일치한다. 따라서 이 예와 같이 전환사채가 할인발행 되어 있을 경우에는 반드시 전환익이 생긴다.

[사례]
<전환사채의 전환시발행자의 법인세 회계처리>
 2022년 1월1일 전환사채를 액면가액10,000원으로 발행(3년만기일시 상환조건, 액면이자율 3%, 매년도말 이자지급, 이자조정금액1,800원, 상환할증금1,200원, 전환권대가600원)하고, 전환권조정금액을 매년 600원씩 상각하는 경우 2023년 12월31일 전환사채의 행사시 이자비용 중 손금부인되는 부분(전환조정)에 대한 이연법인세를 인식하고, 기계상된 법인세 자산 부채를 추식발행초과금으로대체함.

## 3. 전환에 따른 이자와 배당

 주식에의 전환이 회계연도 중에 실시 되었을 경우, 전환전의 경과기간에 대한 사채이자와 전환에 따라서 발행된 주식에 대한 이익배당을 어떻게 할 것인가. 이에 대해서는 엄밀한 일할계산에 따라 이자와 배당 양쪽이 지급되게 된다.
 그러나 그것은 사무적으로 번잡하기 때문에 상법은 "전환은 그의 청구를 한 때에 그 효력이 생긴다. 그러나 이익이나 이자배당에 관해서는 그 청구를 한 때가 속하는 영업연도말에 전환된 것으로 본다"라고 규정되고 있다.(상법 §516, §350준용규정)
 따라서 사채이자는 지급되나 이익배당은 지급되지 아니한다.

# 제6절 법정준비금의 자본전입

## 1. 법정준비금의 자본전입의 의의

준비금의 자본전입에 대하여 우선 포괄적인 개념으로서의 "잉여금의 자본전입의 개념"에 대하여 다루어 둘 필요가 있다.

여기에 잉여금의 자본전입이라고 하는 것은 구체적으로 법정준비금 즉, 자본준비금 및 이익준비금의 자본전입과 우리 상법에서는 인정되지 않지만 외국에서 채택하고 있는 주식배당을 포함한 개념을 말한다.

어떠한 형태를 취하던 회계학상의 잉여금 즉, 자본금을 초과하는 자기자본으로서의 잉여금을 법적인 절차에 따라 자본금에 전입하는 것을 일괄하여 잉여금의 자본전입이라 한다.

상법 제329조에 주식회사의 자본은 이를 주식으로 분할하여야 하며, 주식의 금액은 균일하여야 하고, 1주의 금액은 100원 이상으로 하여야 한다고 규정하고 있으므로 준비금을 자본금에 전입할 경우에는 신주의 발행을 하여야 한다.

준비금의 자본전입이나 주식배당은 회계이론의 각각 거래는 기업재무의 기능에 있어서 비슷한 역할을 하고 있고, 법률적인 효과에서까지 공통적인 성격을 띠고 있기 때문에 분석하기 쉽지만 서로의 명칭이 다른 것과 같이 그 성격도 차이가 있으며, 기업회계에서 자본과 이익의 구분을 재검토 할려고 하는 것이다.

준비금의 자본전입에 대하여 설명하여 보면, 회사는 주주총회의 결의에 따라 준비금의 전부 또는 일부를 자본금에 전입할 수 있다. (상법§461①)

여기서 준비금은 법정준비금 뿐만 아니라 임의준비금도 포함 된다는 설이 있지만, 채권자의 이익보호와 주주의 이익보호를 위하고 이익의 주식배당을 할 수 없는 상법에서는 법정준비금만이 자본금에 전입할 수 있다고 해석하여야 할 것이다.

그리고 이 제도는 법정준비금 중 자본준비금의 적립액에는 제한이 없으므로 (상법§459)자본과 준비금 사이에 불균형을 가져오는 경우가 생긴다.

이 경우에 법정준비금의 전부 또는 일부를 자본에 전입시켜 그 불균형을

시정하므로 건전한 자본구성을 하는 수단으로 상법에서 인정하고 있는 것이다.(상법§461)

법정준비금의 자본전입은 법정준비금이 자본금으로 이체 되지만, 아에 따라 주주 및 채권자의 이익을 해칠 우려가 없으므로 상법에서는 주주총회의 결의로서 하도록 되어 있지만 자본전입의 이동성을 위하여 이사회의 결의만으로 할 수 있게 하는 것이 입법론으로 좋을 것이다.

또한 법정준비금의 자본전입제도 결손전보(缺損塡補)에 충당될 법정준비금의 사용방법에 대한 유일한 예외적인 처리방법이다.

이 경우에는 자본전입한 금액만큼 준비금이 감소하는 동시에 자본이 증가하게 된다. 이것은 곧 자본증가의 한 경우이므로 회사는 그 증가하는 자본액에 따른 신주를 발행함으로써 종래의 주주에 대하여 그가 가진 주식수에 따라 무상으로 교부하게 된다. 이것은 경제상으로 주식분할과 동일한 효과를 가지며 주주는 주주총회의 결의가 있을 때부터 주주가 된다.

그의 회계처리방법을 보면 다음과 같다.

## 2. 준비금의 자본전입에 따른 회계처리

[사례8]

A주식회사는 주주총회의 결의에 따라 자본준비금 500만원, 이익준비금 500만원을 자본금으로 전입하여 신주발행을 결의 하였다.

---

(차) 자본준비금    5,000,000
      이익준비금    5,000,000
                                  (대) 자 본 금   10,000,000

이 경우 상법의 계산규칙의 견지에서 본다면 자본준비금과 이익준비금을 합계하여 본다면 법정준비금이라는 처리도 인정될 것이다. 그러나 그 처리에서는 명료성이 얻어지지 않으며, 이 2가지 준비금은 이질적인 것이므로 자본과 이익의 구분을 명확하게 하지 않으면 안된다.

다음으로 이러한 자본전입에 수반되는 신주발행일 경우의 신주에 대한 발행가액을 얼마로 할 것인가 하는 문제가 있다. 상법은 무액면주식을 인정하지 않으므로 액면가액을 발행가액으로 한다고 해석되고 있다.

그러므로 이러한 자본전입 자체로는 자본잉여금의 발생은 있을 수가 없다.

다음으로 이것을 주주의 견지에서 문제를 보면 자본준비금과 이익준비금과의 사이에는 차이가 있다는 사실에 주목하지 않으면 안된다.

전자는 자본 그 자체이며, 후자는 과실의 분배로서 본래 이익처분의 성격을 가지게 되는 것이다. 그러므로 후자는 주주의 소득을 구성하는 것이다.

준비금의 자본전입에 수반하여 신주의 교부를 받은 주주는 자본준비금의 자본전입에 따라 신주가 교부 되었을 때에는 원칙적으로 신주수와 구주수와를 합계하여 구주식의 취득가액을 주수로 나누어서 평균화할 필요가 있다. 말하자면 그만치 1주당의 장부가액은 인하되는 것이다.

다른 한편 이익준비금의 자본전입에 있어서는 그의 이익배당분만 주식의 평가액을 인상하는 동시에 수입배당금으로 회계처리를 하여야만 한다.

이 배당수입은 수익으로서 계상되며, 세법상 수입배당금으로 처리를 하여야만 한다. 다만, 이와 같이 본래 그것은 이익배당을 본질로 하는 것이므로 그 주식의 평가액은 조정될 필요가 있다. 그러므로 시장의 주식평가액도 배당이 된 금액만큼 떨어지게 마련인 것이다.

[사례9]
① A주식회사(발행필주식--액면보통주식(액면금액 500원, 60만주)는 주주총회의 결의에 따라 자본준비금 3,000만원을 자본으로 전입하여 액면보통주식 60,000만주를 발행하여 주주에게 무상교부하도록 하였다.
② 상기 자본전입할 경우에 주식배정에 수반 되는 단주 합계 600주를 1주당 700원으로 증권시장에 매각하였다.
③ 상기 매각대금을 주주에게 분배하였다.

---

① (차) 자 본 준 비 금    30,000,000
       　　　　　　　　　　　　　(대) 자 본 금    30,000,000
② (차) 현금및현금성자산    420,000
       　　　　　　　　　　　　　(대) 주 주 예 수    420,000
③ (차) 주 주 예 수 금    420,000
       　　　　　　　　　　　　　(대) 현금및현금성자산    420,000

# 제7절  주식배당

## 1. 주식배당의 의의

현금대신에 새로이 발행하는 주식을 할당하는 이익배당의 방법이다. 일반적으로 배당은 회사에 있어서의 재산을 주주에 대하여 그 지분에 비례하여 분배하는 이익처분을 말하며, 따라서 주식배당이란 잉여금을 자본화 함으로써 발행한 신주식을 구주주에게 교부하는 방법을 말한다.

주식회사에서 이익배당의 전부 또는 일부를 현금이 아니고 새로이 발행하는 회사의 주식을 가지고 하는 것이다. 즉, 자금의 유출을 좋아하지 않는 회사가 자금을 사내에 유보하면서 이익배당의 실적을 올리려고 하는 경우에 이루어진다.

주식회사의 본질에 있어서 이를 이익배당의 일종으로 보는 견해와 주식분할로 보는 견해가 대립한다. 전자가 다수설이다.

## 2. 주식배당의 요건

주식배당을 하는 요건은 배당가능이익이 있을 것, 정기주주총회의 특별결의를 요할 것, 신주의 교부를 요할 것, 발행하는 신주는 수권주식의 범위내일 것, 프리미엄부의 신주의 발행은 행하지 않는 것 등이다.

① 주식발행의 제한
주식배당은 이익배당 총액의 2분의1에 상당하는 금액을 초과하지 못한다.
(상법 §462의2①단서)

② 배당가능이익의 존재
이익의 배당을 주식으로 하는 것이므로 금전배당과 마찬가지로 배당가능이익이 있어야 한다.

③ 미발행수권주식의 존재
주식배당을 하면 그만큼 발행주식수가 증가하게 된다. 이 증가분의 발행예정주식수의 범위내이어야 함은 물론이다. 발행 예정주식수중 미발행부분이

배당주식수에 부족할 때에는 먼저 정관변경을 하여 발행예정주식수를 늘여 놓아야 할 것이다.

④ 주주총회의 결의

주식배당은 이상의 요건이 갖추게 되면 주주총회의 보통결의에 따라야 한다.

### (2) 주식배당의 효용

주식배당은 배당가능이익의 사내유보, 실질적인 배당증가의 효과 시장조정기능, 배당률의 은폐, 회사신용도의 강화, 지배권의 확보 등의 효용을 가져온다.

### (3) 주식배당의 과세상 문제

주식배당은 배당가능이익이 있어야만 배당이 가능한 것으로 금전에 의한 이익배당과 같이 총수입금액에 산입하되, 주식배당은 금전 이외의 것을 수입한 경우로 주식의 액면가액(무액면 주식의 경우에는 그 발행가액)을 총수입금액에 산입하여야 한다.

### (4) 이익준비금의 자본전입에 따른 무상주와의 이동(異同)

주식배당이나 이익준비금의 자본전입에 따른 무상주는 이익을 원천으로 하여 잉여금을 자본금으로 대체하는 점에서는 동일한 것이다. 그러나 주식배당은 주식을 발행하여야 하나 이익준비금의 자본전입에 있어서는 주식을 발행하지 않는 경우도 있으며, 주식배당은 배당가능이익이 있어야 배당이 가능한데 대하여 이익잉여금의 자본전입은 이익잉여금 그 자체를 자본금으로 대체 증자하는 것이 다르다. 다만, 법인세법에서는 이익준비금을 자본에 전입함으로써 받는 무상주는 의제배당으로 하여 주식배당과 같이 과세소득에 포함되는 것이다.

## 3. 주식배당 방법

### (1) 액면금액에 따른 방법

이것은 주식으로 표창(表彰)되는 자본은 상법에 정해진 자본금이며, 배당하는 주식 1주의 발행가액은 기발행주식1주의 액면금액으로 하는 것이다. 따라서 발행하는 주식수는 배당할 이익의 총액을 그의 액면금액으로 나누므로서 얻어진다.

**[사례11]**

A주식회사(액면 500원, 20m000주 발행)는 주주총회의 특별결의 로서 당기에 배당할 이익1,000,000원을 액면금액500원의 주식을 새로이 발행하여 배당하기로 결의하였다.

(차) 당기말미처분이익잉여금  1,000,000
　　　　　　　　　　　　　　(대) 자 본 금  1,000,000

우선 발행하는 주식수는 배당할 이익의 총액1,000,000원을 1주의 액면금액 500원으로 나누어 2,000주를 구하게 된다.

$$\frac{배당할\ 이익액}{1주의\ 액면금액} = \frac{1,000,000}{500} = 2,000주$$

우리 상법시안은 실질적으로 이러한 입장을 취하고 있다. 상법 제434조에 따른 주주총회의 특별결의에 따라서 이익배당의 전부 또는 일부를 새로이 발행하는 주식으로서 실시할수 있다는 사실을 결정히여 그의 배당은 액면금액으로 하도록 되어 있다.

상법시안은 발행하는 주식의 액면금액으로서 1주당의 자본금액 전입하여야만 할 이익금액을 결정하지만 회사가 발행하는 주식의 액면금액은 모두가 동액이 아니면 안된다.

## (2) 납입자본액에 따른 방법

이것은 납입자본은 주주의 진정한 투자이므로 총액적으로나 또는 1주당에 대해서도 유지되어야만 하며, 배당하는 주식의 발행가액을 기발행주식1주당의 납입자본액으로 하는 방법이다.

여기서 배당하는 주식수는 배당할 이익총액을 1주당의 납입자본액으로 나누는데 따라서 얻어지게 된다.

$$\frac{배당할\ 이익액}{1주의\ 납입자본금액} = \frac{1,000,000}{625} = 1,600주$$

### (3) 시장가액에 따른 방법

이것은 주식의 공정한 가액은 시장가액으로 하며, 배당하는 주식의 발행가액을 기발행주식의 시장가액으로 하는 방법이다.

여기서는 배당하는 주식수는 배당한 이익총액을 시장가액으로 나누는데 따라서 얻어진다.

사례11에서 시장가액이 800원이라고 한다면 이 경우에 발행하는 주식수는 배당할 이익의 총액 1,000,000원을 1주의 시가800원으로 나누어 1,250주로 계산한다.

$$\frac{배당할\ 이익액}{1주의\ 시장가액} = \frac{1,000,000}{800} = 1,250주$$

그의 회계처리는

(차) 당기말미처분이익잉여금　1,0000,0000
　　　　　　(대) 자 본 금　625,000
　　　　　　　　 자본준비금 375,000

배당할 주식의 발행가액을 기발행주식의 시장가액 또는 이에 가까운 가액으로 하는 생각은 신주를 공모할 경우의 발행가액이 이렇게 결정되는데 따른 것이다.

더구나 주식배당이 실시되는 근거로서는 주주지분이 납입자본과 유보이익이라고 하는 2가지의 구분으로 이루어져 있다.

주식배당은 어떤 금액을 유보이익이라는 구분에서 납입자본의 구분으로 대체되는 절차일 뿐이다. 이에 대하여 주식의 시장가액은 어떠한 시점에 있어서도 납입자본과 유보이익의 양자를 포함한 주주지분 전체로 평가된다. 여기에 해당하는 주식의 발행가액을 기발행주식의 시장가액에 따라 결정할려고 하는 생각은 모순인 것이다. 어떤 하나의 구분으로부터 다른 구분으로 대체되는 측정단위로서 양쪽의 구분을 전부 포함한 시장가액이 사용되는 것은 결코 합리적인 것은 아니다.

주식배당을 배당의 일종으로 본다는 사실은 문제가 크다. 유보이익을 불입자본에 대체하게 되는 효과는 새로운 주식이 발행되느냐 아니냐에 상관없이 같은 것이다.

사례11에서 납입자본에 대해서 1할의 이익이 납입자본에 대체되어 있으나 이것은 반드시 신주식의 발행을 요건으로 하지는 않는다.신주식을 발행하거나 하지 않더라도 어떤 경우에라도 회사자산·부채에는 아무런 영향도 없으며, 또한 주주지분의 총액도 달라지는 일은 없다. 여기에서는 다만 주주지분에 있어서 유보이익에서 납입자본으로 대체가 되었음에 불과하다.

그것은 주주지분의 일부가 법률저으로 배당에 이용되는 구분에서 배당에 이용될 수 없는 구분으로 영구히 이체되었음을 명백히 하는 것 뿐이다

이러한 의미에서는 주식배당은 주주에 대한 배당이라고 할 수 없으며, 반대로 이익유보의 방법이다. 물론 이익을 유보하여 이것을 자본의 일부로서 이용하기 위하여 이익을 납입자본에 대체되는 것이 반드시필요한 것은 아니다. 어느 때나 또는 어떠한 금액일지라도 다만 배당에 사용됨을 제한한다면 그것으로 족하며, 처분필이익잉여금으로 하면 된다.

이러한 점에서는 유보이익을 납입자본에 대체하는 참뜻를 발견하기란 어려운 일이다.

이와 같이 주식배당을 이익유보의 한 수단으로 본다면 배당할 이익을 납입자본의 구분에서 자본금으로 대체하거나, 자본잉여금에 대체할 것인가는 큰 문제는 아니다. 법률적인 제약여하에 불구하고 자본잉여금은 자본금과 동등시 하여야만 된다.

**[사례12]**
① C주식회사(발행필주식 ; 액면보통주식(액면금액 500원) 20만주는 주주총회의 특별결의에 따라 기말배당을 새로히 발행하는 주식 34,000주 및 현금 300만원으로 배당하기로 결정하였다. 현금배당300만원은 배당에 관한 원천징수 소득세의 지급에 충당하는 것으로 한다.
② 상기 주식배당에 있어서 생긴 단수 랍계400주를 1주 600원에 증권시장에서 매각하였다.
③ 상기 매각대금을 단수에 따라 주주에게 분배하였다.

---

(1) (차) 당기말미처분이익잉여금  20,000,000
                              (대) 자 본 금   17,000,000
                                   납세예수금    3,000,000

(2) (차) 현금및현금성자산  260,000
                              (대) 주 주 예 수 금  260,000

(3) (차) 주 주 예 수 금   260,000
                              (대) 현금및현금성자산 360,000

또한 협의의 신주발행일 경우에는 신주의 인수인은 납입기일부터 주주가 되게 된다. 그러나 주식배당의 경우에는 주식에 따른 배당을 받는 주주는 배당결의총회의 종결시부터 신주에 대한 주주가 된다.

그러므로 즉시 자본금의 증가를 기록하지 않으면 안된다. 현실적으로 주권이 발행되었을 때에 자본금의 증가를 기록하는 것은 아니다.

일반적으로 이익처분이 실시되는 것은 익기에 들어 3개월 이내(예를들면 3월결산일 경우에는 6월 하순)이므로 영업연도 도중에 신주가 발행되게 된다. 따라서 발행된 신주에 대한 배당을 어떻게 계산할 것인가가 문제가 된다.

협의의 신주발행일 경우에는 일할계산이 일반적인 관행으로서 실시되고 있다. 그러나 주식배당일 경우에는 그것과는 달리 구주와 동액을 지급하는 것이 실무의 관행으로 되어 있다.

### (4) 주식분할

주식의 분할이란 자본을 증가하지 않고 단지 발행완료주식수를 증가케 하기 위하여 구주식을 일정의 비율로 분할하는 것을말한다.

주식의 분할은 그기에 의해 주주가 소유하는 주식수를 세분하고, 1주를 2주로 또는 2주를 3주로 하여 발행완료주식수를 즈가하는 것뿐이지만, 그것이 행하여지는 것은 다음과 같은 경향이 있기 때문이다.

① 주식의 시장가액이 현저히 높은 경우, 거래단위가 다액(多額)으로 되기 때문에 주식의 유통이 저해되고 또 신주식의 발행도 곤란하게 된다. 주식을 분할하는 것에 의해 단가를 내리고 이 저해(沮害)를 없에게 할 수 있다.

② 주식수를 증가케 하는 것에 의해 주식의 소유의 분산을 촉진할 수 있다.

③ 회사의 합병에 저음하여 분할비율을 조정하고, 합병비율을 적당한 것으로 할 수 있다.

주식의 분할은 이사회의 결의에 이해 행할 수가 있지만, 액면주식의 경우는 권면액(권면액)을 변경하기 위해 정관의 변경이 필요하다.

상법은 이 경우에 특별한 규정을 하고 있지 않지만, 이사회의 결의로 주식을 분할할 수 있다. 이 제도는 주식회사의 자금조달 및 경리편의를 위하여 설치된 것이다. 즉, 주식 1주의 금액이 지나치게 높다던가 주식시가가 지나치게 높을 경우에는 그 시가를 낮게하여 그 시장성을 높이고, 또한 1주에 대한 배당액을 감소시켜 두드러지지 않게 하기 위하여 자본을 증가하지 않고 발행필주식총수를 증가시키므로서 투자가에게 주식의 구입을 용이하게 하는 것이다.

때로는 주식의 분할은 기업합병의 준비작업으로서 이용되는 일도 있다.

준비금의 자본전입에 따른 신주발행과 실질적 효과는 동일하지만 자본 및 준비금의 변동을 일으키지 않는 점에서 이것과는 다른 것이다.

주식분할은 주주의 이익을 해칠 우려가 없으므로 이사회의 결의에 따라 이루어지지만 주식을 분할한 경우에는 구주식을 전부 회수하여 이것과 바꾸어 신주권을 교부하게 되는 것이다. 또 액면주식은 분할된 주식이 액면액 이하로 되는 경우 및 1주의 액면금액이 100원 이하로 되는 경우는 분할 할 수 없다.

### (5) 주식의 병합

1인의 주주에게 속하는 수개의 주식을 합하여 보다 적은 수의 주식으로 하는 것이다

예컨대 2주를 1주로 하거나 10주를 7주로 하는 것을 말한다. 주식을 병합할 경우에는 회사는 1개월 이상의 기간을 정하여 그 뜻과 그 기간내에 수권을 회사에 제출할 것을 공고하고, 주주명부에 기재된 주주와 질권자에 대하여는 각 별로히 그 통지를 하여야 한다.(상법 §440)

주식의 병합은 원칙적으로 위의 기간이 만료한 때에 그 효력이 생기지만 채권자 보호절차(상법232)가 끝나지 아니할 때에는 그 주식의 병합을 할 경우에는 회사는 구주권을 회수하고 신주권을 교부하게 되나 구주권을 회사에 제출할 수 없는 자가 있는 경우에는 회사는 그 자의 청구에 따라 3개월 이상의 기간을 정하여 이해관계인에 대하여 그 주권에 대한 이의가 있으면 그 기간내에 제출한 뜻을 공고하고 그 기간이 경과한 후에 신주권을 청구자에게 교부할 수 있다. 이 경우의 공고비용은 청구자가 부담한다.

주식병합. 즉, 발행필의 몇 개의 주식을 병합하여 주식의 수를 감소시켜 소수의 주식으로 하는 경우에 감자를 위하여 하는 주식병합과 회사의 자본금 및 잉여금의 금액에는 변화를 초래하지 않는 주식합병으로 나누어 생각하지

않으면 안된다. 일반적인 의미에서의 주식병합은 떨어진 주가를 상승시킨다는 사실을 목적으로 하고 있다.

주가의 두드러진 저락은 회사가 증자하는데 있어서나 자금을 차입하는데 있어서도 지장을 초래하게 되기 때문인 것이다.

화폐가치의 하락에 수반하여 실제상 주식액면금액이 지나치게 낮아서 그로 인하여 회사의 주식사무 처리에 많은 수수료와 비용을 부담하게 되는 우리 나라의 현상으로 볼 때, 이러한 점에서도 주식병합의 필요성이 생기게 된다.

일반적인 의미의 주식병합에 있어서는 주식수 감소로 병합 배수의 액면금액을 증가하지 않으면 안된다.

감자나 합병에 따른 주식합병 이외의 일반적인 주식병합에 관해서는 상법은 아무런 규정을 설치하고 있지는 않다

특별한 규정이 없는 한, 병합에는 주주전원의 동의를 필요로 하며, 단순한 정관변경에 관한 절차를 가지고 하여서는 안되는 것으로 해석되고 있다.

**[사례13]**------------------------------------------------------------------

서울상사주식회사(자본금18,000,000원,주액면500원)은 결손금 중 9,000,000원을 전보하기 위해 2 : 1의 비율로 주식을 병합하였다.

------------------------------------------------------------------

 (차) 자 본 금  9.000,000
  　　　　　　　　　　　　(대) 미처리결손금 9.,000,000

# 제8절 전환주식의 전환

**Point**
--------------------------------------------------------------------------------
 전환주식이란 미리 정하여진 전환율로 전환기간 중에 주주의 선택에 의하여 당해 회사의 타주식에 전환할 수 있는 권리가 인정되고 있는 주식을 말한다. 전환주는 우선주인 경우가 많고, 일반적으로 우선주에서 보통주로 전환할 수 있다.
--------------------------------------------------------------------------------

 전환주식이란 수종의 주식을 발행하였을 경우에(상법 §344)다른 종류의 주식으로 전환할 수 있는 권한 즉, 전환권을 인정한 주식을 말하며, 전환사채와 함께 전환증권이라 부른다.

 일반적으로 전환주식은 우선주에서 보통주로 이루어 진다.

 수권자본제도가 채택된 상법하에서는 그것은 기존주식을 소멸시켜 이에 대신되는 전환주식발행을 신주발행의 경우와마찬가지로 되는 것이다.

 그러므로 전환의 조건 (전환율)을 정관상에 결정하도록 하며, 또는 이에 전환에 따라서 발행되는 주식의 발행가액에 관한규정 등을 설치하고 있다.(상법 §348)

 상법은 전환조건의 내용 그 자체에 대해서는 직접적으로는 제약을 가하고 있지 않으나, 전환에 따라서 발행되는 신주식의 발행가액은 전환전의 주식의 발행가액으로 한다(상법§348)는 취지의 규정이 있다. 이러한 신주식의 발행가액의 규정과 주식의 할인발행금지의 규정(상법§330)으로서 전환주의 전환율의 결정을 적어도 신주식이 액면주식의 경우에는 간접적으로 제약을 받게 되는 관계가 된다.

 즉, 전환주식이나 신주식도 똑같이 액면주일 경우에 대해서는 전환주식 1주에 대해서 그의 발행가액을 신주식의 액면액으로 나눈수 또는 그 이하의 수의 신주식만 발행할 수 밖에 없다. 그렇지 않다면 신주식은 할인발행이라는 것이 되기 때문이다.

 전환주식의 회계문제는 전환에 수반하여 자본금의 감소를 나타내는가, 아닌가 라는 문제와 전환손익의 문제가 있다. 우선 전자의 문제에 대해서는 일반적으로 전환주식을 전환하는 경우에 전환율의 여하에 따라 전환주식수와 신주식수와의 사이에 차이가 생기는 일이 있을 수가 있다. 즉, 전환주식, 신주식 다같이 액면주식일 경우에

 ① 일반적으로 전환주식과 신주식이 같을 때(발행가액600 원으로 액면 500원의

우선주 1주가 보통주 1주의 비율로 전환될 경우)와

② 전환에 따른 전환주식수 보다 신주식수쪽이 크게 될 때 (발행가액600원으로 액면 500원의 우선주 5주가 보통주 6주의 비율로 전환될 경우)와

③ 전환에 따른 전환 주식수 보다, 신주식수쪽이 적어질 때 (발행가액500원으로 액면 500원의 우선주 5주가 보통주 4주의 비율로 전환될 경우)
를 생각할 수가 있다.

그런데 ①의 경우에는 상법학자들은 전환전후를 통하여 어느 것이나 발행가액 중 액면액에 상당하는 액이 자본금에, 초과액이 자본준비금에 전입되어 아무런 변화를 일으키지 않는다고 말할 수가 있다.

따라서 자본금 및 자본준비금을 저마다 1주의 금액으로 생각하는 상법적인 견지에서는 아무런 계획조치를 요하게 되지는 않을 것이다.

그러나 회계학상으로는 우선주가 보통주에 즉시 전환되었다고 하는 사실을 명시하여, 또한 단순히 주식전환에만 국한시키지 않고 다른 자본수정의 문제처리와의 관련도 있다.

자본금이나 주식발행초과금 등은 주식종류별로 분별계리를 해 둘 필요가 있으므로 예를들어 금액에 변경이 없더라도 자본금(우선주)에서 자본금(보통주)으로, 또한 주식발행초과금(우선주)에서 주식발행초과금(보통주)으로 대체되는 기입을 하여야 한다.

이것은 전환에 있어서 자본금 및 전환주식에 관한 전입잉여금을 차변에 기록하여 감자와 전입잉여금의 취소가 가능하면 신주식발행에 대해서는 통상주식발행의 회계처리를 한다면 이렇게 된다.

다음으로 ②일 경우에는 상법학자는 신자본금의 초과분은 반드시 자본준비금에서 자본금으로 전입하는 처리를 해야만 할 자본준비금이 부족할 때에는 전환과 동시에 감자절차를 하는 수 밖에 없는 것으로 되어 있다.

회계처리상 ①과 같은 이유에 따라서 전환주식에 대한 주식발행초과금을 자본금(우선주)과 더불어 자본금(보통주)에 개체시키는 처리를 취해야만 한다. 그러는데는 ①과 같이 전환주식의 주식발행초과금을 차변에 기록하는 것을 인정하여 취소가 가능하면 된다.

전환에 수반되는 자본금의 처리에 대하여 문제가 되는 것으로는 ③의 경우이다. 이 경우 상법의 전환에 관한 규정에 따라서 전환에 수반되는 주식발행을 신주식발행으로 생각하기 때문에 신자본금은 종전보다 감소시키는 수 밖에 없게 된다.

그러나 상법학자는 이 경우에는 정규의 감자절차를 거치고 있지 않으므로 자본금은 감소되는 것이 아니라고 말하고 있다. 단, 상법은 채권자의 이익보호라고 하는 궁극적인 관점을 중시하게 된다.

그러므로 예를 든다면 ③의 예 즉, 발행가액이 500원으로 액면 500원의 우선주 5주가 보통주 4주의 비율로 1만주가 전환되었을 경우에 대하여 생각하여 본다면 전환된 전환주식에 관한 자본금(우선주)500만원 중 400만원이 자본금(보통주)으로 대체되며, 나머지 100만원은 주식발행초과금(보통주)으로서 계상되며, 이 주식발행초과금을 감자절차를 거치지 않고는 감소시키지 못하게 구속하면 된다. 그렇게 한다면 회계상 전환주식에 따른 회사자본 구성의 변화를 정확하게 나타냄과 동시에 채권자 보호의 취지에 따를 수 있게 된다.

전환주식에 관한 또 하나의 회계문제인 전환손익의 문제다. 이를 바꾸어 말하면 신주식의 발행가액의 기준결정의 문제이다. 주식전환손익은 신주식의 발행가액 총액과 전환이 실시된 전환주식의 발행가액 총액과의 차액이다.

상법은 신주의 발행가액은 전환주식의 발행가액에 따른다고 결정되어 있으므로 상법규정에 따르는 한 전환손익은 나타나지는 않게 된다

그러나 상법규정에서와 같이 신주발행가액을 결정하는 것은 고연 타당한 일인가

신주식의 발행가액은 전환주식의 발행가액에서 구하는 것은 미국에 있어서도 실무상으로는 같으나 회계학에서는 이 밖에 또한 신주식의 시가, 전환주식의 시가, 신주식의 장부가액과 같은 기준을 들어 검토하는 것이 보통이다.

그러므로 전환주식의 소유자는 전환율까지도 고려한 다음에 전환에 따라 발행되는 주식의 시가가 전환주식의 시가보다 높아졌을 때에 전환을 청구하게 되는 것이므로 전환에 있어서는 아마도 발행되는 발행되는 주식의 시가가 결정적결정적인 요인을 이룬다고 생각 된다. 전환주식의 시가는 신주식의 시가에 사실상유사하다는 뜻에서 최대의 기준이며, 만약 이러한 시가도 또한 합리적으로 결정할 수가 없을 때에는 발행할 주식의 장부가액이 기준이 되며, 채택되게 될 것이다.

그리하여 신주식의 발행가액을 그의 시가에서 구했을 경우에는 전환에 있어서 주식전환손익이 생기게 된다. 전환익은 이러한 자본거래에서 생긴 것으로 하여 전환잉여금인 자본잉여금으로 대체된다.

전환의 법적절차는 주주의 청구에 따라서 이루어 지므로 (상법 §349)주주의 일방적인 의사에 따라, 또한 청구했을 때의 전환효력이 생기게 된다. (상법

§350)

또한 전환에 따른 발행필 주식총수의 변경등기는 전환을 청구한 날 또는 기간이 끝난날부터 본점소재제에서 2주내에 등기를 하지 않으면 안된다.(상법 §351)

**[사례15]**

① A주식회사는 이미 발행한 전환주식(액년우선저, 액면금액500원, 발행가액 500원)중의 액면 500원에 대하여 보통주식애의 전황청구를 받았다. 전환에 따라 발행하는 주식액면 보통주식 10,000주(발행가 500원)이다.

② 상기예에 따라서 전환에 따라 발행되는 주식은 액면보통주식 8,000주(발행가액 500원)이다.

③ 상기 ① 예에서 전환에 따라 발행되는 주식은 액면보통주식 12,000주(발행가액 500원)이다.

---

(1) (차) 자 본 금  5,000,000
    (액면우선주)
                   (대) 자 본 금  5,000.000
                        (액면보통주)

이 경우에는 전환되는 주식수와 전환에 따라서 발행되는 주식은 동수이다.

(2) (차) 자 본 금  5,000,000
    (액면우선주)
                   (대) 자 본 금  4,000,000
                        (액면보통주)
                        주식발행초과금 1,000,000

이것은 전환에 따라 전환주식수 보다도 신주식수가 적어질 경우이며, 그 결과 자본금은 1,000,000원감소되게 된다.

그러나 법정감자절차를 거치지 않으면 자본금의 감소는 되지 않으므로 상법상의 처리로는 다음과 같이 하지 않으면 안된다.

(차) 자 본 금  5,000,000
    (액면우선주)
                   (대) 자 본 금  5,000,000
                        (액면보통주)

자본금이 주식액면금액×발행필주수 보다 도 크게 된다.이것응 어쩔 수가 없는 일이다.

또한 이 경우에는 전환에 따라 발행필주식수가 전환기 보다 도 감소된다. 그 분 만을 미발행주가 증가되는가, 아닌가, 상법학자간에서는 미발행주되돌아 온다고 하는 설이 유력하며, 정규의 감자일 경우에는 되돌아 오지않으므로 전환일 경우에 되돌아 온다고 하는 해석에는 의문이 남게 되는 것이다.

(3) (차) 자 본 금　　　5,000,000
　　　　(액면우선주)
　　　　주식발행초과금　1,000,000
　　　　　　　　　　(대) 자 본 금　6,000,000
　　　　　　　　　　　　(액면보통주)

주식발행초과금은 자본준비금이므로 주식전환에 따라 취소할 수는 없다. 따라서 위의 회계처리는 상법상 인정되지 않으며, 다음과 같이 된다.

(차) 자 본 금　5,000,000
　　　(액면우선주)
　　　　　　　　　　(대) 자 본 금　5,000,000
　　　　　　　　　　　　(액면보통주)

이 경우에도 자본과 주식과의 관게는 절단이 생기며, 상법상 전환주식수보다도 신주식수가 많게 된다고 하는 전환은 인정되지 않는다고 해석되지 않으면 안된다.

# 제9절 증자에 관련된 세무회계처리

 자본금이 증가하는 증자의 방법에는 실질적으로 자본금의 증가로 자산이 증가하는 협의의 증자와 준비금의 자본전입과 같이 자본금은 증가되지만 자산이 증가되지 않는 형식적인 증자로 나눌 수 있다.
 이러한 실질적인 증자냐, 형식적인 증자냐에 따라서 세무회계 처리방법도 달라진다.
 그러나 여기에서는 증자에 따른 세무문제를 회사의 측면과 주주의 측면으로 나누어서 설명하기로 한다.

## 1. 증자하는 회사

 회사측면의 세무문제의 발생은 협의의 증자와 준비금의 자본전입시에 따른 증자에 따라 다르다. 여기서는 협의의 증자시 회계처리 방법을 설명하고 끝으로 준비금의 자본전입에 관한 세무상의 문제를 설명하기로 한다.

### (1) 협의의 증자시 회계처리 방법

 신주의 발행방법은 액면으로 발행하는 방법, Premium발행방법, 그리고 액면미달발행방법으로 구분할 수 있다. Premium발행시 주식발행 액면초과금은 자본준비금으로 익금에 산입하지 아니한다(법인세법§17①).

[사례1] --------------------------------------------------------
 A회사는 신주 10,000천원을 다음 조건에 따라 발행하였다.
 ① 액면 1,000원의 신주10,000주를 액면금액으로 평가발행하다.
 ② 액면1,000원의 신주 10,000주를 주당 1,200원에 premium발행하여 주금액 전부가 현금납입 되다.
 ③ 액면 1,000원의 신주1,000주를 주당 1,000주를 주당 800원에 할인발행하여 주금액 전부가 현금 납입 되다.

위의 거래를 분개하라.

---

① (차) 현금및현금성자산　10,000,000
　　　　　　　　　　　(대) 자　본　금　10,000,000
② (차) 현금및현금성자산　12,000,000
　　　　　　　　　　　(대) 자　본　금　10,000,000
　　　　　　　　　　　　　주식발행초과금　2,000,000
③ (차) 현금및현금성자산　8,000,000
　　　　주식할인발행차금　2,000,000
　　　　　　　　　　　(대) 자　본　금　10,000,000
　　　주식발행초과금　2,000,000원 (익금불산입)
　　　주식할인발행차금 2,000,000원 (익금불산입)

## 2. 준비금의 자본전입

　이사회의 경의에 따라 준비금의 전부 또는 일부를 자본에 전입하는 것을 준비금의 자본전입이라 한다. 상법에서는 이사회의 결의만으로도 준비금을 자본에 전입할 수 있도록 규정 하고 있다..(상법§461①)
　그 이유는 상법이 회사의 자금조달을 목적으로 하는 신주발행권과 사채모집권을 이사회에 부여하고 있음에도 불구하고(상법§416, §469), 준비금의자본전입권만을 주주총회에 두는 것은 상법규정상 형평이 맞지 않기 때문이고, 또 준비금의 자본전입에 따라 발행하는 무상신주는 기존주주에게 손실을 주는 것이 아니므로 주주초회의 결의를 고수할 필요성이 없는 것이다.
　그러나 회사의 정관상주주총회에서 결의하기로 정한 경우에는 그러하지 아니하다. (상법461①)

**<자본전입할 준비금의 범위>**
　자본전입할 준비금의 범위는 상법상 또는 기업회계기준상 자본잉여금 또는 이익잉여금중 처분이익잉여금은 모두 자본전입할 수 있는 것으로 생각된다.

# 제6편
# 감자와 회계처리

**제1절 감자의 의의**
**제2절 형식적 감자**
**제3절 실질저 감자**
**제4절 감자의 방법**
**제5절 감자차익의 처리**
**제6절 감자차손의 처리**
**제7절 수권주식과 감자**
**제8절 이익에 따른 주식소각**
**제9절 상환주식의 상환**
**제10절 감자와 관련된 세무회계처리**

# 제1절 감자의 의의

## 1. 자본금의 감소

감자란 주식회사나 유한회사에 있어서 회사의 설립 후 법정절차에 따라 자본금을 감소하는 것을 말한다. 자본감소의 약칭이다.

감자에는 유상감자와 무상감자가 있는데, 유상감자는 사업의 축소 등에 따라서 불요된 회사자산을 주주에게 반환하여 이익률을 높이기 위한 것과 이익배당의 부담을 경감하기 위해 행하는 것이다.

이 경우는 회사 재산도 현실적으로 감소하므로 실질적인 감자라고 불리우는데, 최근에 있어서의 이 사례는 드물다.

또 무상감자는 자본의 결손이 다액이기 때문에 당분간은 이익배당을 할 수 있는 가능성이 없을 때 자본금을 감소하여 이 자본의 결손을 보전하고, 여기에 따라서 장래의 이익배당을 가능케 하기 위하여 행하는 것이다.

이 경우는 회사재산을 실질적으로는 감소하지 않으므로 형식상의 감자라고 불리운다. 감자의 방법에는 해당 주주의 의사가 되는ㄱ. 철차에 따라 임의 감자와 강제감사가 있다. 또 회사의 발행완료주식이 액면주식인가, 무액면주식인가에 따라 감자방법은 다르다.

## 2. 감자와 채권자 보호

감자는 회사채권자에게 있어서는 불리하더. 채권자의 채권의 유일한 담보는 회사재산이며, 감자에 따라서 실질적으로 회사재산이 감소될 경우는 물론 결손전보(缺損塡補)를 위해 감자할 경우라도 장래의 배당으로서 사외유출하는 이익산출의 가능성을 일어켜 (결손전보됨으로 이익이 발생하면 배당가능성이 있다) 회사재산을 위약시킬 염려가 있다.

여기에서 상법은 채권자의 보호를 위해 감자에 대하여 엄격한 절차를 규정하며, 주주총회의 특별결의를 요하고 그 결의를 할 때에 감자방법을 결정하여 감자의 결의가 되었응 때에는 그 결의일로부터 2주일 이내에 회사의 채권자에 대하여 이의를 제출할 수 있도록 공고하여 이의를 제출하였을 때에는 그 채권을 변제하거나, 상당한 담보를 제공하든지 또는 신탁회사에 상당한 재산을 신탁하는 등의 규정을 설정하고 있다.(상법 439, 231, 232) 사채권자가 이의를 함에는 사채권자 집회의 결의가 있어야 한다.(상법 493③)

## 3. 감자의 종류

감자는 실질적으로 주식수 또는 주금을 감소시키는 것이며, 주주총회의 특별결의만으로는 그 효력은 발생하지 못한다. 실질적인 감자사실이 이에 수반되지 않는다면 감자의 효력은 발생하지 않는다. 또한 감자에는 형식적감자와 실질적 감자가 있다.

[사례1] ----------------------------------------------------------------

A산업주식회사 설립에 있어서 수권주식수 100,000주 중 다음과 같이 주식을 발행하여 전액을 납입, 인수하여 납입액은 즉시 당좌예금 시켰다. 액면 보통주식 50,000주, 1주의액면 500원. 발행가액 @600원

----------------------------------------------------------------

(차) 당좌예금    30,000    (대) 자 본 금    25,000천
                                  주식발행초과금    5,000천

* 수권주수 100,000주, 발행필주수 50,000주
  액면보통주식 50,000주×600=30,000천원
  자본금 50,000주×500=25,000천원

수권자본제에 따른 미발행주는 장차 발행하게 되는 것의 한도를 나타내는 것 뿐이라면 실질적인 가치를 지니지 않으므로 주기한다.

[사례2]----------------------------------------------------------------

A산업주식회사는 자본금 27,500천원 이었으나 일부 제품의 제조를 중지하여 2분의1로 감자하여 주주에게 수표로 13,750천원을 지급하였다.

----------------------------------------------------------------

(차) 자 본 금    13,750천원
                    (대) 현금및현금성자산    13,750천원

# 제2절 형식적 감자

 형식적 감자는 자산의 감소를 수반하지 아니하는 감자이다. 즉, 재무상태표상의 자본액은 감소되지만 이에 상당한 회사재산은 감소되지 않으며, 주주에게는 현금을 지급하는 일은 없다.
 실질상 회사재산이 감소되지 않으므로 법률상의 자본만이 감소된다고 하는 사실에서 형식적 감자라고 한다.
 형식적 감자를 실시하는 이유 중 중요한 것은 다음과 같다.

## 1. 결손금의 전보(塡補)를 위한 감자

 회사가 사업에 실패하였거나 또는 예측하지 못하였든 손해에 따라 손실이 발생하였을 경우 그 손실을 전보하기 위해서 감자를 실시하게 되며, 감자에 따라주주에게 출자금의 일부를 반환하지 않으므로 회사자산은 감소되지는 않는다. 즉, 형식적으로는 자본은 감소되나 실질적으로는 자산은 감소되지 않는다.
 경제의 불황기나 또는 회사경영의 실패에 필요하며, 그러한 시기나 또는 그 직후에는 이러한 이유로 감자가 실시되는 경우가 많다.

[사례3]
------
B상사회사(발행필주식수 10,000주, 모두가 액면주식, 1주 액면주식500원)는 주식의 2분의1을 절사하여 그에 따라 이월결손금 중 2,500천원을 전보하였다.
------

 (차) 자 본 금  2,500천원
  　　　　　　　　　　　　　　　　(대) 이월결손금  2,500천원

## 2. 이익배당을 위한 감자

 이익의 배당에 대하여 상법상 엄중한 제약이 있으나, 배당가능이익(자산-주채-자본금-법정준비금)을 자본금 감소에 따라 가능케 되는 것이다. 이것은 이익배당이 불가능한 회사 및 소액배당 조차 못하는 회사에 이익배당 또는 보다 많은 액수의 이익배당을 가능하게 한다. 이러한 가능성을 만들기 위하여 감자가 실시된다.

## 3. 주가등귀를 위한 감자

감자에 따라 결손금의 소멸은 주가의 등귀를 초래하며, 새로운 투자를 촉진한다. 그러므로 새로운 자금이 필요할 경우에는 결손금을 그대로 방치한 상태에서는 주가의 저락을 초래하므로 잠재적인 투자가에게 새로운 투자의욕을 촉진하지 못하므로 새로운 자금도입을 전제로 하여 결손금을 소멸시켜 주가등귀를 시키는 것을 목적으로 하여 감자가 실시되는 일이 있다.

**[사례4]**

G산업주식회사는 이익배당률을 높여 주가를 등귀시기 위해 자본금 30,000천원을 3:1의 비율로 감자하며, 또한 경영자금도 적립되었기 때문에 동액의 사채를 평가로 발행하였다.

(차) 자 본 금   10,000천원
　　　　　　　　　　　　　　(대) 사 　 채   10,000천원

## 4. 우선주의 발행을 피하기 위해

신주발행일 경우 그의 일부를 보통주가 갖지 않는 이익배당 우선권잔여재산 분배우선권 드의 특권을 갖는 우선주 에 따르지 않으면 안되는 사정이 있을 경우이며, 자본의 일부 절사에 따라 결손을 제외하여 재정내용의 개선을 시도하며, 신주 전부를 보통주로서 발행하는 일이 있다.

**[사례5]**

D주식회사는 신주를 발행하고 싶으나 이월손실 20,000원이 있어 보통주로서는 인수되지 않았기 때문에 이익배당의 우선주에 의존하지 않을 수 없는 규정이 있다. 그러나 우선주는 발행하고 싶지 않기 때문에 감자에 따라 이월결손금을 보전하고 신주 100,000주(액면보통주식 1주의 액면 @500원)를 @500원으로 발행한 전액납입을 받아 당좌예금을 하였다.

(차) 자 　 본 　 금   20,000천원

(차) 현금및현금성자산   50,000천원   (대) 이월결손금   20,000천원
     (당좌예금)
                                    (대) 자 본 금   50,000천원

## 5. 합병회사를 동일하게 하기 위해

회사의 합병에 있어 이월결손금 등이 있기 때문에 합병조건이 좋지 못한 경우 감자를 실시하여 결손을 보전하면 합병조건을 유리하게 할 수가 있다.

**[사례6]**

AB 양사는 장부가액을 기준으로 하여 합병비율을 결정하고 A회사는 B회사 주식과 교환하여 신주를 교부하게 되었으나, B회사에는 이월결손금이 있기 때문에 합병전에 주식 10,000주(외부주주 지분)를 절사에 따라 결손을 보전하게 되었다.

|    | 제자산 | 제부채 | 자본금 | 적립금 | 이월결손금 | 발행필주수(단위:천원) |
|----|--------|--------|--------|--------|------------|----------------------|
| A사 | 14,000 | 4,000  | 5,000  | 5,000  |            | 10만주(액면 50원)    |
| B사 | 7,000  | 3,000  | 4,500  |        | 500        | 9만주(액면 50원)     |

단, A회사의 자산중에는 B회사주식 2,600천원(48,000)이 포함되어 있다.

① B회사의 감자분개
   (차) 자 본 금   500천원   (대) 이월결손금   500천원

② 합병비율
   양회사의 1주당 순재산비율을 구한다.
   A회사(14,000천원-4,000천원)÷10만주=100원
   B회사(7,000천원-3,000천원)÷(9만주-1만주)=50원
100원 : 50원=1:0/5 ㅁ회사1주에 대하여 B회사0.5주

③ A회사 증가자본금
B회사 자본금×합병비율×B회사외부주주지분/B회사주수
   = A회사 증가자본금
   4,000천원×80,000주-48,000주/ 80,000주 = 800천원

④ 영업권의 계산
   (A사소유B사주식) (B사순재산)   (A사지분)   (영업권)

                2,600천원 － 4,000천원 × 48,000주/80,000주 ＝ 200천원
        ⑤ 합병차익
            B사순재산×B사외부주주지분/B사주수 － A사증가자본금
            4,000천원×80,000주-48,000주/80,000주   800천원
            ＝ 합병차익
            ＝ 880천원
        ⑥ 합병분개
                (차) 제  자  산   7,000
                    영  업  권     200
                            (대) 제 부 채    3,000
                                자 본 금      800
                                B 사 주 식   2,600
                                합 병 차 익    800

# 6. 무형자산을 상각하기 위한 감자

특허권 영업권 등의 무형자산의 상각수단으로서 자본의 일부를 절사한다.

**[사례7]**
E주식회사는 특허권10,000천원을 상각하기 위해 동액의 감자를 실시 하였다.

(차) 특허권 상각    10,000천원
                        (대) 특 허 권    10,000천원
(차) 자 본 금      10,000천원
                        (대) 특허권상각   10,000천원

# 제3절 실질적 감자

실질적 감자는 재무상태표상 자본액이 감소되는 것과 함께 이에 상당한 회사의 재산이 감소되는 것으로서 주주에게는 현금의 반환등이 실시된다

실질적 감자는 다음과 같은 경우에 실시된다.

## 1. 과잉자산 축소를 위한 감자

회사가 당초 예정할만큼 사업에 자본금을 필요로 하지 않거나, 또는 장래회사사업 축소를 위해 과잉자산이 생겼을 경우에 주주에게 반환할 목적으로 실시되는 감자이다.

【사례8】
A주식회사는 제품 일부의 제조와 판매를 중지 하였기 때문에 자본금 80,000천원(발행필 주식수169,000주)중 2분의1을 1주당 500원으로 매입소각 하여 주주에게 수표를끊어 주었다.

- (차) 자 본 금   40,000천원
  (대) 당좌예금   40,000천원

## 2. 투하자본을 회수하기 위한 감자

다른 회사에 투자하고 있었던 투자유가증권 등을 매각하여 자본의 일부가 필요치 않게 될 경우에 실시하는 감자이다.

[사례9]
N주식회사는 투자유가증권 30,000천원으로 매각하여 동액의 감자를 실시하였다.

- (차) 특허권상각   10,000천원
  (대) 투자유가증권   30,000천원

# 제4절 감자의 방법

자본의 감소방법에는 주금액의 감소·주식수의 감소·주금액의 감소와 주식수의 감소와의 병용의 방법이 있으며, 이러한 방법도 실질적 감자이거나 형식적감자인가에 따라서 다른 방법이 사용된다.

## 1. 주금액의 감소

주금액의 감소는 주식수는 그대로 하며, 1주의 액면주의 금액을 감소하는 일이며, 예를들어 1주 1,000원의 액면을 500원의 액면으로 한다면 자본은 반감된다.

주금액의 감소는 당해 회사의 액면액은 500원을 초과할 경우 그 이후에 성립된 회사는 1주의 액면액이 법정 최저한 500원을 초과할 경우에, 이 초과되는 부분에 대해서만이 실시할 수가 있다.

그 방법으로는 주금납입의 일부분을 주금손실로 하여 자본을 감소시키는 절사와 주주가 납입한 주금의 일부를 반환하는 주금액 반환이 있다.

또한 이러한 방법은 무액면주에 대하여 실시할 여지는 없으며, 또한 실제로 주금액의 감소에 따른 감자의 방법의 예가 별로 없다.

**[사례10]** ------------------------------------------------------------
M주식회사는 액면금액 1,000원, 발행주수2만주를 법정한도까지 절하하여 미처리결손금 8,000천원의 보전에 충당하였다.

------------------------------------------------------------

 (차) 자 본 금 10,000천원  (대) 미처리결손금 8,000천원
                  감 자 차 익 2,000천원

**{사례11}** ------------------------------------------------------------
B주식회사는 사업축소에 따라 자본을 감소시키기 위하여 액면금액 800원, 발행주식 5만주를 법정한도까지 절하하여 반환하기로 결정하였다.

------------------------------------------------------------

 (차) 자 본 금 15,000천원
           (대) 미지급금 15,000천원

## 2. 주식수의 감소

주식수의 감소는 주금액은 그대로 하고 주식수를 감소하여 감자를 하는 방법이다. 이러한 방법에는 주식의 소각과 주식의 병합이 있다.

### (1) 주식의 소각

주식의 소각은 주식수를 감소하여 감자를 할 경우에 주주에의 현금반환을 수반하는 유상주식 소각과 결손보전에 충당하는 무상주식 소각이 있다. 그 어느 경우에나 감자액과 현금반환 또는 결손보전액과의 차액은 감자차익이 된다. 또한 주식수의 감소는 회사가 자사주를 취득하여 소멸시키지만 그때 주주의 의사에는 관계없이 추첨, 안분비례 등에 따라 주식을 취득하는 강제적인 방법과 회사와 주주와의 계약에 따라 취득하는 임의적인 방법이 있다.

① 추첨 또는 안분비례에 따를 경우에는 주주의 소유주식을 시가로 매입하거나 또한 총회에서 결정한 일정가격으로 취득하여 소각한다.

② 경쟁입찰에 따를 경우에는 최저신고가액으로부터 순차적으로 매입소각한다.

③ 주주와의 저마다의 계약에 따라 매입소각될 경우에는 매입가액에 차이가 생긴다.

**[사례12]**
B주식회사의 자본금 60,000천원(1주액면500원)으로 3 :1의 비율, 1주 500원으로 주식소각의 방법에 따라 감자를 실시하여 감자액의 70%는 유상(수표로 지급하다) 잔액은 무상이었다.

---

(차) 자 본 금　20,000천원
　　　　　　　　　　　　(대) 당좌예금　14,000천원
　　　　　　　　　　　　　　　감자차익　 6,000천원

### (2) 주식의 병합

주식의 병합이란 일정한 비율, 예를들어 2주를 1주로 병합하면 자본은 반감하며, 3주를 2주로 병합하면 3분의1의 감자가 된다.

이 경우에도 다음과 같은 방법이 있다

① 주주에게 현금의 반환을 수반하는 납입주금의 반환

② 회사에 손실이 있어서 감소되는 납입주금의 절사하는 방법
③ 위 ①과 ②를 병합하여 하는 방법

**[사례13]**----------------------------------------------------------------------------
K주식회사의 자본금은 20,000천원(1주의 액면 500원)으로 2주를 1주로 주식병합을 하여 이월결손금10,000천원의 전보(塡補)에 충 당하였다.
-------------------------------------------------------------------------------------

(차) 자 본 금   10,000천원
　　　　　　　　　　　　　　　　　(대) 이월결손금   10,000천원

### (3) 주식합병과 주금액 감소와의 병행

주금액의 감소는 앞에서 설명한 봐와 같이 감자전에도 회사의 액면주 1주의 금액이 500원을 초과하는 경우와 그 이후에도 회사는 1주의 액면액이 500원을 초과 할 경우에만 용납 되지만 주식병합을 병행시키는 경우에는 그렇치 않는 경우도 감자가 가능-하게 된다.

예를들어 액면액 500원 주에 대하여 1주 250원의현금반환을 하고 2주를 1주로 한다면 반환과 병합과의 병행이다. 또한 액면액500원주에 대하여 1주 250원의 절사를 하여 2주를 1쥬로 라면절사와 병합과의병행이 되어 2주의 금액이 500원 이상이 된다.

**[사례]**------------------------------------------------------------------------------
M주식회사의 자본금은 40,000천원(발행필주식총액 1주액면액 500원, 80,000주)으로 1주에 대하여 250원쥬쥬에게 반환하고 2주를 1주로 병합하기로 결정하였다.
-------------------------------------------------------------------------------------

(차) 자 본 금   20,000천원
　　　　　　　　　　　　　　　　　(대) 미 지 급 금   20,000천원

# 제5절 감자차익의 처리

 감자차익이란 주식의 발행시에 자본금으로서 처리된 금액 중에 무상감자의 경우에는 감소시킨 자본금의 액이 주주에게 되돌려준 회사자본액의 액을 초과하는 차액을 말한다.
 또 결손보전을 위한 무상감자가 행하여진 경우의 감자차익은 감소시킨 자본금의 액에서 결손의 액을 공제한 액을 말한다.
 감자차익은 주식의 발행시에 불립된 금액의 전부 또는 그 주요부분인 자본금이였던 것이다.
 주식의 발행시에 부입자본 가운데 자본금으로서 표시되지 않는 부분을 불입잉여금이라고부르기 때문에 감자차익은 불입잉여금의 성격을 갖는 것이라고 생각된다.
 상법, 기업회계기준은 이 같은 생각에 의거하고 있다.
 상법에 있어서는 감자차익은 자본준비금의 구성항목으로 하고 있고. 따라서 자본의 결손의 보전으로 돌릴 경우 및 자본추가로 돌릴 경우 이외에는 사용할 수는 없다.
 더욱이 흡수합병이 해하여진 때 합병법인으로 합병차익이 있고, 또한 피합병법인의 합병 당시에 자본금액이 합병법인의 합병당시의 자본금액이 합병법인이 피합병법인의 주주에게 교부한 주식 및 금전 등의 합계액 보다도 크게 있는 경우, 이 합병차익 가운데 피합병법인의 자본감소에 의해 발생한 것이라고 간주되는 상당부분은 합병감자차익이라고 불리운다.
 이것은 무상감자에 의하여 샏긴 감자차익과 같은 성질을 갖는데, 회계상의 처리는 합병차익으로 취급된다.
 세법상 감자차익 및 합병감자차익의 취급은 자본적립금의 구성항목으로 되어 있다.
 자본잉여금이 실질적 자본금이라고 말하고 있는 것과 같이 자본적립금은 거의 자본금과 동일시 되며, 비과세이다.

## 1. 감자차익의 성격

이와 같이 어느 경우에도 감자차익은 이미 주주가 갹출한 자본금의 일부라고 할 것이며, 감자전에는 자본금이었던 것이 감자에 따라서 변형되고, 이것이 기업내에 잔유되는 것이다.

　그러므로 감자차익은 주식발행차금·무액면주식인 경우에는 불입잉여금·합병차익 등과 더불어 광의의 불입잉여금에 속하는 것이다. 그러나 무상감자의 경우에 감소자본금액과 결손보전액과의 차액이라고 보는 견해에 대하여, 소수설에 따르면 감소자본금액자체가 감자차익이라고 보므로 타당한 정의가 아니라고 한다.

　위의 예에 따르면 감자액의 1,000만원이 감자차익이고, 그 감자차익으로 결손을 보전할 것이라고 생각한다.

　분개에 의하여 표시하면 다음의 ①이 통설이고, ②가 소수설이다.

　①　(차) 자 본 금　1,000
　　　　　　　　　　　　　　(대) 미처리결손금　　930
　　　　　　　　　　　　　　　　 감 자 차 익　　　 70
　②　(차) 자 본 금　1,000　　(대) 감 자 차 익　1,000
　　　　　 감자차익　 930　　(대) 미처리결손금　 930

　이론적으로 ②의 견해가정당하다. 이러한 견해에 따르면. 감자차익이란 감소된 자본금액 보다 환급하는데 소요금액이 적은 경우에는 그 차액을 말한다고 하여야 할 것이다. 왜냐하면 무상감자는 환급액이 전혀 없기 때문이다. 또 감자차익액을 결정하는 경우에 통설은 자본금액인 주식액면액을 기준으로 하고 있다. 그러나 만일 위의 주식은 평균불입금액이 600원이었다고 하면, 액면인 500원이 아니고 평균불입자본이 600원을 감소시키는 것이 된다.

　예를들어 상기 분개 ①의경우를 불입가액주의에 따라서 처리하면 다음과 같다.

(차) 자 본 금　1,000　　　(대) 미처리결손금　930
　　 주식발행차금　200　　　　　 감 자 차 익　270

## 2. 감자차익의 산정

　감자차익 산정에는 감소된 자본금액을 기준으로 하여 처리하는 자본금

기준과 주주가 납입한 자본을 기준으로 하는 납입자본기준이 있다. 상법 및 법인세법은 자본금기준을 채택하고 있으나 회계이론상 납입자본기준이 타당하다고 생각된다.

## (1) 자본금기준

상법은 감자차익을 규정함에 있어서 "자본감소에 따라 감소되는 자본액으로 하여 납입자본이 아닌 "자본액"이라는 사실을 명백히 하고 있다.

그런데 감자차익은 앞에서 설명한 바와 같이 주주에 대하여 소각되는 주식의 대가가 지급되는 유상소각이라고 한다면, 감소한 자본금액은 주식반환에 소요된 액을 초과하는 액 또는 대가가 지급되지 않는 무상소각이라면 감소된 자본금액이 결손보전액을 초과하는 액이다.

따라서 예를들면 액면 55원의 주식을 1주 600원으로 발행하여 그것을 1주400원으로 소각하였을 경우라도 감자차익산출의 기초가 되는 자본금은 액면 500원이며, 1주의 발행가액(불입자본)600원은 아니다.

또한 감자차익은 회사의 순자산액이 자본금액을 초과하는 부분이며, 그것은 자본거래(자본수정)에서 생긴 액이며, 이익은 아니고, 주주에게 배당할 것은 아니므로 전액을 자본준비금으로서 적립하지 않으면 안된다.

[사례16]--------------------------------------------------------------

R주식회사는 액면 500원의 주식 100,000주를 1주당 400원으로 수표로 매입 소각하였다.

------------------------------------------------------------

(차) 자 본 금 50,000천원     (대) 당좌예금 40,000천원
                                                 감자차익 10,000천원

[사례17]--------------------------------------------------------------
U주식회사의 자본금은 60,000천원(액면 500원,)발행필주식총수 120,000 주)이지만 결손보전을 위하여무상감자를 실시하여주식 5주를 2주로 병합하였다. 감자 후의 재무상태표를 작성하라.

------------------------------------------------------------

재무상태표   (단위;1000원)

| | | | |
|---|---|---|---|
| 당 좌 자 산 | 20,000 | 유 동 부 채 | 30,000 |
| 유 동 자 산 | 40,000 | 비유동부채 | 20,000 |
| 유 형 자 산 | 20,000 | 자 본 금 | 60,000 |
| 이월결손금 | 30,000 | | |
| | 110,000 | | 110,000 |

감자후 재무상태표   (단위; 1,000원)

| | | | |
|---|---|---|---|
| 당좌자산 | 20,000 | 유 동 부 채 | 30,000 |
| 유동자산 | 40,000 | 비유동부채 | 20,000 |
| 비유동자산 | 20,000 | 자 본 금 | 24,000 |
| | | 합 병 차 익 | 6,000 |
| | 80,000 | | 80,0000 |

(차) 자 본 금   36,000천원
　　　　　　　　　　　　대) 이월 결손금 30,000천원
　　　　　　　　　　　　　　감 자 차 익　6,000천원

120,000주×3/5×500원 = 36,000천원----감자액

유상소각일 경우에는 감소된 자본금액이 주주에게 반환된 금액을 초과하는 금액이 감자차익이므로 사례의 경우와 같으며, 무상소각일 경우에는 반환은 전혀 되지 않으므로 감소된 자본금액 전액이 감자차익이 되며, 그의 감자차익으로서 결손보전에 충당됨으로 논리적으로는 다음과 같이 된다.

(차) 자 본 금 36,000천원
　　　　　　　　　　(대) 감 자 차 익　36,000천원
(차) 감자차익 30,000천원
　　　　　　　　　　(대) 미처리결손금 30,000천원

## (2) 납입자본기준

납입자본기준은 감자차손익의 산정에 있어서 자본금(법정자본)은 아니고, 납입자본을 기준으로 하는 사고 방식이다.

이 경우 감소한 자본금에 대응되는 주식발행초과금이 있을 때에는 취소한다.

그러나 주식발행초과금은 자본준비금에 포함되며, 자본준비금의 취소는 결산전보(決算 塡補)와 자본전입에 한정되어 있으므로 납입자본기준을 채택할 수 있는 것은 결산전보를 위한 감자를 할 경우에만 국한된다.

**[사례18]**

M주식회사는 자본금 50,000천원(액면 500원, 발행가액 600원, 발행필주식총수(100,000주), 자본준비금(주식발행차금)10,000천원이지만 이월결손금15,000천원을 전보하기 위해서 5주를 3주로 병합하였다.

① **납입자금에 따른 처리**

(차) 자 본 금   20,000천원
    자본준비금   4,000천원
            (대) 감 자 차 익   24,000천원
(차) 감 자 차 익   15,000천원
            (대) 이월결손금   15,000천원

100,000주 × 2/5 × 500원 = 20,000천원 (자본금)
100,000주 × 2/5 × (600원 - 500원) = 4,000천원(자본준비금)

② **자본금 기준에 따른 처리**

(차) 자 본 금   20,000천원
            (대) 감 자 차 익   20,000천원
(차) 감 자 차 익   15,000천원
            (대) 이월결손금   15,000천원

# 3. 감자차익의 기업회계상 처리방법

## (1) 주식의 소각과 감자차익의 처리

액면주식을 액면 이하의 금액으로 매입한 다음 이것을 소각한 경우에는 액면금액과 매입한 금액과의 차액에 주식수를 곱한 금액이 감자차익이 된다. 이것은 납입자본의 일부가 잔류하고 있는 것을 의미하며, 그것은 주주로부터의 증여 또는 갹출에 따른 금액으로 보고, 자본준비금으로서 적립하여야 한다.

(차) 자 본 금   ×××   (대) 현금및현금성자산   ×××

감 자 차 익 ×××

[사례]
자본금 50,000,000원의 A회사가 결손금 8,000,000을 보전하기 위하여 자본금 10,000,000원을 감소하다.

 (차) 자 본 금  10,000,000
          (대) 이월결손금  8.000.000
            감 자 차 익  2,000,000

(2) 주식의 병합과 감자차익의 처리

이것은 액면주식이나 무액면주식의 경우를 불문하고 2주를 1주로 병합하는 것과 같이 여러개의 주식을 합쳐서 그것 보다 적은 수의 주식으로 하는 경우의 자본수정거래이다.

 (차) 자 본 금 ×××   (대) 감 자 차 익  ×××
   감자 차 익 ×××   (대) 이월결손금  ×××

[사례]
회사의 자본금은 40,000,000원이며, 회사는 결손보전을 위하여 2주를 1주로 병합하는 감자를 실시하였다. 보전 대상이 되는 결손금(이월결손금계정에 따라 처리)은 18,7000,000원이다.

 (차) 자 본 금  20,000,000   (대) 이월결손금  18,7000,000
              감 자 차 익  1,300,000

## (2) 주식의 병합과 감자차익의 처리

이것은 액면주식이나 무액면주긱의 경우를 불문하고 2주를 1주로 병합하는 것과 같이 여러개의 주식을 합쳐서 그것보다 적은 수의 주식으로 하는 경우의 자본수정거래이다.

 (차) 자 본 금  ×××
   감자차익  ×××
         (대) 감 자 차 익  ×××
           이월결손금  ×××

[사례]
회사의 자본금은 40,000,000원이며 회사는 결손보전을 위하여, 2주를 1주로 병합하는 감자를 실시하였다. 보전대상이 되는 결손금(이월결손금계정에 따

라 처리)은 18,700,000원이다.

(차) 자 본 금  20,000,000
                                    (대) 이월결손금  18,700,000
                                         감 자 차 익   1,300,000

## 4. 감자차익의 세무회계

법인세법상 감자차익이란 자본감소의 경우로서 그 감소액이 주식소각, 주금의 반환에 든 금액과 결손의 보전에 충당한 금액을 초과한 경우 그 초과금액을 말한다.(법인법 §17①4호)계산식으로 하면 다음과 같다.

감자차익 = 자본금감소액 - 주식소각에 소요된 금액
          - 결손금보전에 충당된 금액

이러한 감자차익은 자본감소 후에도 주주에게 반환되지 않고, 불입자본으로 남아 있는 부분으로서 기본적인 성격은 주식발행액면초과액과 다르지 않다.

따라서 주식발행액면초과액의 경우와 같은 취지로 기업회계에서 이를 자본잉여금으로 계상하고 있으며, 법인세법도 이를 익금으로 보지 아니한다.  ① 감자차익은 주식발행초과금과 같이 형식적으로는 법정자본금이 아니지만, 실질적으로는 주주가 불입한 불입자본자본에 따른 형태이므로 법인세법에서 익금불산입 항목으로 규정하고 있다.(법인법 §17)

② 감자차익의 자본전입의 경우에는 원칙적으로 의제배당에 해당되지 않으며, 자기주식 소각익으로부터 발생한 감자차익은 그 소각일로부터 2년이 경과한 자본전입하는 경우에 한하여 의제배당의 과세대상에서 제외한다.

③ 상법 제341조에 따라 자기주식을 액면가액 보다 높은 금액으로 취득한 후 이를 상법제343조의 규정에 따른 자본감소의 방법으로 소각하는 경우에 주식액면가액을 초과하는 취득가액해당액(감자차손)은 자본거래로 보아 자본의 차감항목으로 처리한다.

## 5. 감자차익의 익금불산입

자본의 감소는 일반적으로 법인이 이월결손금의 누적으로 이를 보전하는 수단으로서 주주총회의 특별결의에 따라 행할 수 있으나 (상법 §438, §434), 세무회계에서는 감자차익이 발생하였다 하여 이월결손금의 충당하여야 한다는 강제규정이 없고 익금에만 산입하지 아니한다고 규정하고 있다.

따라서 감자차익을 이월결손금과 상계처리하여 이월결손금의 장부잔액을 감소시키더라도 과세표준계산상 각 사업연도 소득에서 차감될 이월결손금액에는 변동이 없기 때문에 과세표준계산에서 공제될 이월결손금에는 변동이 없기 때문에 과세표준게산에서 공제될 이월결손금과 장부상의 이월결손금을 일치시키기 위해서는 감자차익과 이월결손금을 상계하지 않음이 오히려 타당할 것으로 보인다.

회사에서 자본을 감소시키는 방법은 다음과 같은 방법이 있다.
 ① 주금액을 감소시키는 방법
 ② 주식수를 감소시키는 방법
 ③ 위 ①의 방법과 ②의 방법을 병행하는 방법
 ④ 매입 소각하는 방법

이 경우 자본의 액면금액에 미달하게 환급하고 주식을 회수하거나 또는 무상으로 회수할 때 감자차익이 발생하게 된다.

[사례]----------------------------------------------------------------
자본금 50,000,000원을 무상으로 반액감자하여 회수하고 신주를 발행, 발행비용 200,000원을 현금으로 지급하다.
--------------------------------------------------------------------

          [주 주]                  [신 주]
(차) 자 본 금  50,000,000   (대) 자   본   금  25,000,000
                                      현금및현금성자산  200,000
                                      감 자 차 익  24,800,000

<사례>---------------------------------------------------------------
액면 10,000원의 주식 1,000주를 회수하고 그 대신 액면 5,000원의 주식 1,000주를 교부하다.

          [주 주]                  [신 주]

(차) 자 본 금 10,000,000    (대) 자 본 금  5,000,000

<사례>------------------------------------------------------------------------

　　　　　[주주]　　　　　　　　　　　　　[신주]
(차) 자 본 금 10,000,000    (대) 현금및현금성자산 8,000,000
　　　　　　　　　　　　　　　　　감 자 차 익 2,000,000

# 제6절  감자차손의 처리

 유상감자에 있어서 감소된 자본금액이 주식소각에 소요된 금액보다 적을 때, 그의 과소액을 감자차손이라고 하며, 이 반대의 경우에는 감자차익이다.

 감자차손의 처리에는 감자차익에서 공제하라고 하는 설, 감자차익을 포함한 모든 자본준비금에서 공제하라고 하는 설, 미처분이익잉여금에서 공제한다는 설이 있다. 그러나 감자차익은 자본준비금에 포함되며, 자본준비금은 결산전보와 자본전입 이외로 취소할 수가 없으므로 미처분이익잉여금에서 공제하게 된다.

 그러나 감자차익은 자본준비금에 포함되며, 자본준비금은 결산전보와 자본전입 이외로 취소할 수가 없으므로 미처분이익잉여금에서 공제하게 된다.

[사례19]----------------------------------------------------------------

 A주식회사는 자본금 50,000천원(액면 1주 500원 발행필 주식총수 100,000주)이지만 10,000주를 1주당 600원으로 매입소각하여 수표로 지급하다.

----------------------------------------------------------------

    (차) 자 본 금      5,000천원
        감 자 차 손    1,000천원
                              (대) 당좌예금    6,000천원
    (차) 미처분이익잉여금  1,000천원
                              (대) 감자차손    1,000천원

# 제7절 수권주식과 감자

## 1. 수권주식제도

수권자본제도는 앞에서 설명한 바와 같이 정관에 미리 자본액을 정하지 않고 회사가 장차 발행할 예정인 주식수만을 기재하여 설립시에 있어서는 그 주식의 2분으1을 발행하면 되며, 나머지 주식은 회사설립 후 자금수요에 따라서 이사회의 결의만으로 수시로 신주발행을 할 수 있다. (상법 §289)

여기에서 회사가 발행할 주식총수가 수권주식수이다. 이 수권자본제도에 따라서 "회사가 발행하는 주식총수"와 "회사설립에 있어서 발행하는 주식총수"가 구별되며, 전자에서 후자를 뺀 미발행주식이 수권주식수에 포함되어 있으므로 수권주식만으로서는 회사자본을 추정할 수 없데 된다.

따라서 액면주식만을 발행하는 회사가 수권주식수에 액면주식 1주의 금액을 곱하면 자본액은 알 수 있지만, 수권주식 전부를 장차 발행할 것인가 아닌가는 분명하지 않으므로 그의 자본액은 단순한 예정자본에 불과하다.

따라서 수권자본액은 재무상태표에 기재하여서는 안되며, 수권주수(회사가 발행하는 주식) 및 발행필주식의 총수는 재무상태표에 기재하지 않으면 안된다.

[사례20]----------------------------------------------------------------

K주식회사는 발행하는 주식총수 600,000주의 모든 1주에 대하여 500원의 액면 보통주식, 설립에 있어서 발행하는 주식총수 300,000주로 하고 발기인에게 있어서 전부 인수받아 현금으로 불입하였다.

--------------------------------------------------------------------------

(차) 현　　　금　　150,000천원
　　　　　　　　　　　　　　　　(대) 자　본　금　　150,000천원

※ 수권주수 600,000주, 발행필주식총수 300,000주

## 2. 감자와 수권주수와의 관계

감자에 따라 주식병합 또는 주식소각을 수반하는데 따라서 주식수를 감소할 경우에는 이에 따라서 회사의 발행필주식총수가 감소되지만 이러한 발행필주식총수의 감소가 수권주수에 어떻게 영향을 미치는가에 대하여 2가지의 학설이 있다.

### (1) 수권주수 비감소설

주권주수 비감소설은 발행필주식수의 감소에 따라서도 특히 그의 취지, 정관의 변경을 하지 않는한, 수권주수는 감소되지 않으나, 감소된 주식의 재발행은 용납되지 않는 것으로 한다.

그 이유로는 정관변경의 절차가 없이는 수권주식수는 감소될 수 없으며, 또한 주식병합 및 소각에 따라 소멸된 주식은 이미 발행필주식으로서 기능을 다하였으므로 그 주식에 대하여 이사의 발행권한은 이미 행사 되었기 때문에 같은 발행권한을 겹쳐 실시할 수가 없는 것이다.

**[사례21]**------------------------------------------------------------

A주식회사(수권주수1,200,000주, 발행필주식총수 600,000주, 1주500원의 액면 보통주식 자본금 300,000천원)는 이월결손금 60,000천원을 전보하기 위하여 5주를 4주로 주식병합 하였다. 수권주수는 감소되지 않는다는 설에 따라 처리하라.

------------------------------------------------------------

(차) 자 본 금   60,000천원
　　　　　　　　　　　　　　　　　(대) 이월결손금   60,000천원

※ 수권주수 1,200,000주, 발행필주식수 480,000주
　　600,000주 X 1/5 = 120,000주-------감소되는 주식
　　120,000주 X 500원 = 60,000천원-----감자액
　　600,000주 - 120,000주 = 480,000주

### (2) 수권주수 감소설

수권주수 감소설은 주식병합 및 소각에 따른 발행필주식의 감소에 따라 소멸주식수 만큼 회사의 수권주식은 감소된 것으로 본다. 그 이유는 주주보호를 위하여 이사회에 대한 주식발행권한의 부여를 준엄하게 해석

하며, 수권주식과 발행필주식총수와의 차를 미발행주식총수와 일치시키려고 하는 것이다. 이러한 설에 따르면 정관변경의 절차를 거치는 일이 없이 수권주수의 변경이 있었던 것으로 하여 취급하는데 무리가 있다는 것이다. 그러나 감자에는 정관변경과 같으며, 주주총회의 특별결의에 따르므로 감소주식수만을 수권주수를 감소하는 정관변경 결의를 포함된 것이라고 한다.

 이익에 따른 주식소각일 경우에는 주주총회의 특별결의를 필요로 하지 않지만, 이 경우에는 이익에 따른 소각은 정관규정에 인정되어 있으므로 주주의 이익에 침해되지 않는 것으로 본다.

**[사례22]**
사례 20일 경우수권주수는 감소된다고 하는 설에 따라 처리하라.

※ 수권주수 1,080,000주, 발행필주식총수 480,000주

　　(수권주수)　　(감소주수)
　　1,200,000주 － 120,000주 ＝ 1,080,000주

# 제8절 이익에 따른 주식소각

주주에게 배당하여야만 할 이익의 범위에서 임의 또는 강제적으로 주식을 소각할 수가 있다.

임의적인 이익에 따른 주식소각은 주주의 동의를 얻어 회사가 자기주식을 취득하여 그 후 소각을 실시하는 것으로서 그의 전형은 회사가 자기주식을 매입하여 소각하는 방법이다.

그 밖에 주식의 증여에 따라서 회사가 주식을 취득하는 방법도 있다.

이에 대하여 강제소각이란 회사가 주주의 동의를 얻지 않고, 또한 회사가 주식취득을 하는 일이 없이 소각하는 것으로서 추첨·고지 그 밖에 이에 준하는 방법에 따른다.

이러한 그 어떤 경우라도 이익에 따른 주식소각은 주식수는 감소되지만 자본금은 감소되는 않는다.

또한 이익에 따른 주식소각의 방법은 자기주식계정을 사용하며, 소각절차가 완료하면 미처분이익계정으로 대체한다.

**[사례23]** --------------------------------------------------------

N주식회사는 이익에 따른 주식소각을 위해 보통주식10,000주(액면가액 500원)를 800원으로 구입하여 수표로 지급하였다. 그 후 그 주식을 소각하였다.

--------------------------------------------------------

　　(차) 자 기 주 식　　8,000천원
　　　　　　　　　　　　(대) 당 좌 예 금　8,000천원
　(차) 미처분이익잉여금　8,000천원
　　　　　　　　　　　　(대) 자 기 주 식　8,000천원

# 제9절 상환주식의 상환

## 1. 상환주식의 의의

 상환주식은 발행당초부터 회사의 이익으로 소각이 예정되어 있는 특별한 종류의 주식이다. 상환주식은 이익에 따라서만이 소각됨을 결정하고 있으며, 배당가능이익이 없을 경우에는 그의 이행은 법률상으로 불가능하다.
 상환주주가 그 상환청구권을 행사하는 실익이 있는 것은 회사가 불황에 빠졌을 때이며, 그 때에는 회사가 가장 필요로 하는 자금의 반환을 강제당하게 되는 것이다. 그리하여 상환을 확보하기 위해서 매기 일정액의 이익을 주식상환적립금으로서 유보하여 소각시에 취소할 수 있게 된다.
 또한 상환자금을 주식상환충당특정예금으로서 적립하여 충당할 수도 있다. 그리고 이익에 따른 주식소각과 같이 주식수는 감소되지만 자본금은 감소되지는 않는다.

[사례[24]]----------------------------------------------------------------
 A주식회사는 상환주식 20,000주(액면액 500원)를 1주 600원으로 상환하여 수표로 지급하였다. 주식상환적립금과 동 특정예금13,000천원이 취소 되었다.
--------------------------------------------------------------------------

    (차) 당기말미처분이익잉여금    12,000천원
                    (대) 당 좌 예 금    12,000천원
        (차) 당 좌 예 금    13,000천원
                    (대) 주식상한충당특정예금    13,000천원
        (차) 주식상환적립금    13,000,천원
                    (대) 주식상환작립금환입    13,000천원
                        (또는 당기말미처분이익잉여금)


## 2. 상환주식의 종류

상환주식은 상환하는 것의 선택권을 회사가 가지고 있으며, 주주의 의사를 묻지 않고 일방적으로 상환하는 강제상환주식과 회사가 임의로 매입하여 상환하는 임의상환주식 또는 주주에게 상환받을 것인가 아닌가의 선택권을 부여하는 의무상환 주식이 있다.

상법은 상환주식에 대하여 이익에 따른 소각만을 인정하고 있으므로 의무상환주식을 회사가 발행한데도 채권자의 이익을 해치는 일은 없는 것으로 되어 있다.

그러나 상환하는 주식의 재원은 배당가능이익이므로 주주가 의무상환주식의 상환을 청구한데도 회사에게 배당가능이익이 없는 경우에는 그의 이행은 불가능하다.

또한 회사에 이익이 있다고 하더라도 상법상 이익의 확정과 분배는 주주총회의 결의에 따르므로 주주가 주식상환을 할 경우에는 총회시에 회사에 상환청구를 하여 이사회는 이익처분안에 상환금액을 기재하여 총회에 제출하여 총회의 결의를 거쳐 상환이 실시하게 된다.

이 경우 주주에게서 주식의 상환청구가 있더라도 이사회가 그것을 이익처분안에기재하지 않을 때는 이사의 책임이 추궁된다.

또한 주주총회가 상환의 이익금처분의 결정을 하지 않을 때는 정관의 규정에 위반하는 것이 된다. 이러한 사실이 문제가 되는 것은 회사가 불황에 빠져 자금을 가장 필요로 할 때에 주주가 상환청구권을 행사하여 그의 반환을 강제하는 데 있다.

## 3. 상환주식의 유리성

상환주식은 회사가 막대한 자금을 필요로 하며, 회사의 경영성적이 좋지 않을 때나 또는 시황이 좋지 않기 때문에 보통주의 발행이 어려울 때에 이용된다. 물론 이러한 경우, 고율(高率)에 우선주배당률·누적조항·참가조항 등 주주에게 유리한 특전을 부여하여 우선주가 발행하게 되지만 이러한 조항은 회사의 재무상 크나 큰 부담이 되며, 그후 회사가 유리한 조건으로 신주 발행에 따른 자본조달을 어렵게 할 염려가 있다.

그러므로 상환주식 또는 상환조항이 들어있는 우선주를 발행한다면 회사의 경영성적이 호전되었을 경우에 주식을 상환하여 이에 대하여 보다 저율의 우선주,보통주 및 사채발행 등 유리한 조건으로 자본을 조달할 수 있게 된다.

 아와 같이 상환주식은 회사의 자금조달 방법으로서는 활용하고 있으며, 차입금이나 사채발행이 이익의 유무에 불구하고 원본 및 확정이자의 지급을 강제하는 점과 비교하여 보아도 상환주식은 유리하다.

# 제10절 감자에 관련된 세무회계처리

**Point**

감자(Reduction of legal capital)는 주식회사의 자본을 감소시키는 것으로 앞에서 설명한 형식감자와 실질적인 감자로 구분할 수 있는 것이다.
  그러나 감자에 관련된 세법상의 회계처리는 주식회사에서 자본의 감소로 생하는 감자차익의 세무회계처리와 주식회사의 주주가 회사의 감자로 인하여 얻는 의제배당에 대한 세무회계처리인 것이다.

## 1. 감자차익의 회계처리

주식회사에서는 자본금으로 표시된 금액은 회사가 발행한 주식의 액면총액이다. 만약에 주식회사의 자본금을 감소할 경우, 이 자본금 중에서 주주에게 반환하여 주지 않는 금액이 있는 금액이 있는 경우에는, 그것은 주주의 불입자본으로 남게 된다. 이와 같이 주식발행시에 자본금으로 처리된 금액 중에서 주식을 소각한 후에도 주주에게 환급하지 않고 불입자본에 남아있는 부분을 감자차익이라고 한다.
  주식회사에 있어서 자본금은 주식발행시에 불입된 금액의 전부 또는 주요부분을 차지함으로 자본금의 감소로부터 나타난 감자차익은 본래 주주의 불입자본으로 이루어진 것이라고 볼 수 있다.
  그러므로 법인세법에서 감자차익은 익금에 산입하지 않도록 규정하고 있는 것이다. 그의 법적성질은 자본준비금에 해당되는 불입잉여금이다.

**[사례1]**
  1. 주식회사 K상사는 액면 500원의 주식(기발행주식수 10,000주)을 10주에 대하여 2주의 비율로서 무상으로 감자한 경우.
  2. 위의 거래에서 감자차익중 800,000원을 이월결손금의 전보에 충당하였다.

(1) (차) 자 본 금   1,000,000   (대) 감 자 차 익   1,000,000)
(2) (차) 감 자 차 익    800.000   (대) 이월결손금      800,000

# 제7편
# 사채와 회계처리

제1절 사채의 개요
제2절 사채발행과 그 처리
제3절 사채의 회계처리방법
제4절 사채의 이자지급과 그 회계처리
제5절 사채할인 발행차금 및 사채발행비의 상각
제6절 사채상환과 그 회계처리
제7절 사채상환이익과 상환손실의 회계처리
제8 감채기금감채적립금의 그 처리
제9절 자기사채와 그 처리
제10절 사채의 차환과 그 처리
제11절 전환사채와 그의 처리
제12절 전환사채에 대한 회계처리
제13절 사채에 관련된 세무문제
제14절 신주인수권부사채의 회계처리

# 제1절 사채의 개요

 사채(Bond)란 주식회사가 장기경영자본을 조달하기 위하여 채권발행의 형식으로 차입한 채무이며, 따라서 사채는 다음과 같은 특징을 지니고 있다.
 (1) 사채발행은 법률상 유한회사를 제외한 모든 회사에서 인정 되지만 실제로는 주식회사에만 한정되고 있다.
 (2) 사채는 차입자본을 조달할 경우에 생기게 되는 채무이므로 자기자본을 조달하는 주식과는 법적인 성질을 달리한다.
 따라서 사채는 다음의 3가지 점에서 주식과는 그 성격이 다르다.
 ① 사채는 이익의 유무에 관계없이 약정이자를 지급하지 않으면 안된다.
 ② 사채는 채무이므로 일정한 기한 후에는 상환하지 않으면 안된다. 또한 회사가 해산될 경우에는 주주에게 대한 잔여재산 분배에 앞서서 상환된다.
 ③ 소유자인 사채권자에게는 의결권이 없다. 주주총회에서의 의결권은 주주에게만 부여되며 사채권자에게는 없다.
 (3) 사채는 채권발행은 법률적인 형식에 따라야 하므로. 이 점에서 증서 및 어음에 따른 차입금과는 다르다. 즉, 사채는 한 개의 채무를 사채권이라고 칭하는 비율적인 단위로 분할된 금액의 채권을 발행하여 불특정 다수의 사람들로부터 장기계약으로 차입한 채무이므로 단순한 차입금과는 다르다.
 상법은 이러한 특질을 가진 사채의 발행에 대하여 주식회사에 한하여 특례규정을 두고 있다.(상법 §469~§516)
 사채는 기준이나 관점의 차이에 따라 이것을 다음과 같은 여러 가지로 분류할 수가 있다.
　① 담보의 유무에 따라 담보부사채와 무담보사채
　② 금융기관의 지급보증여부에 따라 보증사채. 무보증사채
　③ 상환의 형태에 따라 일시상환거래, 연속상환사채 및 수의상환사채
　④ 채권면에 사채권자의 명의 여부에 따라 기명사채와 무기명사채

⑤ 사채권자에 부여된 특수한 권리에 따라 전환사채와 신주인수권부사채

⑥ 그 밖에 실무상으로 여러형태의 사채

우리나라에서는 담보부무기명사채가 일반적이다. 기명식인가 아닌가에 따라서 사채이자의 지급이나 사채권자에의 통지방법등이 다르게 된다.

# 제2절 사채발행과 그 처리

 사채의 발행은 이사회의 결의에 따라 실시된다. (상법 §469) 사채발행은 회사의 중요한 재무활동의 하나이므로 이사회의 결의를 필요로 하게 되는 것이다. 그의 결의에 있어서는 발행하는 사채의 종류·총액·발행가액·발행방법·이율·상환방법 등을 결정할 필요가 있다.
 전환사채를 발행할 경우에도 정관 또는 주주총회의 특별결의로서 전환을 청구할 수 있다는 뜻과 전환의 조건 및 전환으로 인하여 발행한 주식의 내용과 전환청구기간을 정하여야 한다.(상법 §513)
 일반사채의 경우와 달라서 이를 이사회의 결의에 맡기지 아니하는 것은 전환사채의 발행으로 사채권자에게 신주인수권을 주는 것과 같은 효과를 가지고 전환조건과 전환시의 주식의 시가에 따라서는 구주주의 이해에 중대한 관계가 있기 때문이다.
 사채의 발행형태는 직접발행과 간접발행으로 대별할 수 있다. 전자는 기채회사 자신이 일반대중에 대하여 사채모집을 직접 실시하는 방법이며, 후자는 사채의 모집업무 일체를 다른 전문기관에 대행시키는 방법이다.
 간접발행은 또한 위탁모집 위탁인수모집 및 총액인수의 3가지 형태로 나누어 진다.
 이것을 나타내면 다음과 같이 된다.
 직접발행 ; 직접모집·매출발행(특수금융기관발행형태 수금융기관의 채권)
 간접발행 ; 위탁모집, 위탁인수모집, 총액인수
 직접발행에는 직접모집과 매출발행 등 2가지가 있다. 그의 이용도는 지극히 낮다. 그 이유로는 사채불성립의 염려가 있다는 사실이나 발행사무가 빈번하며 또한 비경제적이기 때문이다.
 위탁모집이란 사채모집을 다른회사에 위임하는 방법이다. 이러한 위탁을 받을 수 있는 회사(모집의 수탁회사라고 부른다)는 은행이나, 또는 신탁회사에 국한된다.
 모집의 수탁회사는 기채회사를 위해 사채모집절차를 할 뿐만 아니라 사채권자를 위해 사채상환을 받는데 필요한 일체의 권한을 가지고 있다 (상법§484)

## 1. 사채의 종류

① 담보의 유무에 따라 담보부사채와 무담보사채
② 금융기관의 지급보증 여부에 따라 보증사채와 무보증사채
③ 상환의 형태에 따라 일시상환거래·연속상환사채 및 수시상환사채
④ 채권면에 사채권자의 명의기재 여부에 따라 기명사채와 무기명사채
⑤ 사채권자에 부여된 특수한 권리에 따라 전환사채와 신주안수권부사채
⑥ 그 밖에 실무상으로 여러 형태의 사채가 있다.

## 2. 사채발행비

사채발행비는 사채발행시에 직접지출한 금액을 말하는 것으로 이에 속할 수 있는 것은 대체로 다음과 같은 것 등이다.
① 사채모집공고비
② 금융기관과 증권회사의 취급수수료
③ 사채청약서 인쇄비
④ 계획서인쇄비
⑤ 사채권의 인쇄비
⑥ 사채의 등기등록세

이와 같은 사채발행비를 지급하였을 경우에는 사채발행비계정을 설정하여그 차변에 기입하고 재무상태표상 자산의부에 계상하게 된다.

사채의 발행은 액면발행·할인발행·할증발행의 3가지가 있는데. 할인발행이 다수를 차지하고 있다. 할인발행의 경우에는 발행가액과 액면금액과의 차액은 사채할인발행차금으로 처리하고, 사채기간 (사채발행일부터 만기일까지)에 걸쳐서 유효이자율법을 적용하여 상각한다.

예를들어 사채 총발행액이 1억원이고, 액면금액 10,000원에 대해 발행가액 9,800원, 만기 3년, 담보부 조건으로 사채를 발행하는 경우 이사회에소 사채발행결의가 있은 후에 다음과 같은 분개를 한다.

　　(차)　미 불 입 사 채　　1000,000,000

　　　　　　　　　　　(대)　담 보 사 채　100,000,000

이 경우 대변항목은 단순히 사채계정으로 하는 것보다 담보의 유무를 명확히 하기 위하여 "담보사채"라는 과목을 사용하는 것이 좋다. 그리고 사채모집이 마감되고 응모할당이 확정되어서 은행에 불입되면 다음과 같이 분개한다.

　(차)　현금및현금성자산　98,000,000
　　　　사채할인발행차금　 2,000,000
　　　　　　　　　　　(대)　미불입사채　100,000,000

그리고 증권회사와 취급은행에 사채발행)간접발행)과 관련된 수수료조로 1,000,000원을 수표로 지급하였다면 다음과 같이 회계처리를 하여야 한다.

　(차)　사채할인발행차금　1,000,000
　　　　　　　　　　　(대)　현금및현금성자산　1,000,000

※ 간접발행은 발행회사가 투자자들을 상대로 직접모집하지 않고, 중개인(증권회사)을 매개로하여 간접적으로 모집하는 방법이다. 반면 직접발행은 발행회사가 직접사채를 모집 또는 매출하는 방법으로서 사채잘행에 따른 일반업무처리 와 위험을 발행회사가 부담한다.

**[사례1]** ------------------------------------------------------------

A회사는 제10기에 액면금액 100,000,000원. 발행기액온 1좌 (액면10,000원)에 대하여 9,700원, 만기 5년, 연리8%로 년 2회 이자지급의 사채를 모집한다. 사채청약증거금은 10,000원에 대하여 1,000원이며, 응모액은 120,000,000원이었다

------------------------------------------------------------

　　(차)　현금및현금성자산　12,000,000
　　　　　　　　　　　(대)　사채청약증거금　12,000,000
① 사채응모자에 대하여 사채를 배정한 경우
　　(차)　미 납 입 사 채　 97,00,000
　　　　　사채할인발행차금　 3,000,000
　　　　　　　　　　　(대)　사　　　채　100,000,000

※ (10,000원-9,700원)×1,000,000원/10,000원 = 3,000,000원

② 사채배정을 받지 못한 사채청약자에게 청약증거금을 현금으로 지급한다.
　　(차)　사채청약증거금　2,000,000

              (대)  현금및현금성자산   2,000,000
  ③ 사채청약자로부터 사채발행가액의 납입을 받았다. 따라서 청약증거금은 사채의 납입금으로 충당하고, 따로 사채발행비용 600,000원은 현금으로 지급한다.
      (차)  현금및현금성자산   87,000,000
           사 채 청 약 증거금   10,000,000
              (대)  미납입사채   97,000,000
  ④ 기말결산에 사채이자 (6개월분)를 현금으로 지급한다. 회사는 사채할인발행차금을 정액법으로 상각한다.
      (차)  사 채 이 자   4,360,000
           (이자비용)
              (대)  현금및현금성자산   4,000,000
                   사채할인발행차금    360,000

## 3. 직접모집에 따라 발행할 경우

**[사례2]**------------------------------------------------------------
  ① 액면총액 100,000,000원, 이율 년 7%, 이자지급 년2회, 상환기한 7년의 사채를 @98원 (권면액100원)으로 모집한 결과, 응모액 120,000,000원, 발행가액의 전액을 사채청약증거금으로서 받았다.
  ② 모집을 중단하고 사채권의 할당을 실시하였다.
  ③ 사채권의 할당에 빠진 분의 청약증거금을 반환하였다.
  ④ 납입기일에 청약증거금을 납입금에 충당하여 별단예금으로 바꾸어 예납하였다.
  ⑤ 인쇄비 그 밖에 발행비용 3,000,000원을 수표로 끊어 결제히였다.
------------------------------------------------------------

① (차)  별단예금        117,600,000
              (대)  사채청약증거금   117,600,000
② (차)  미납입사채       98,000,000
        사채할인발행차금  2,000,000
              (대)  사       채    100,000,000
③ (차)  사채청약증거금   19,6000,000
              (대)  별 단 예 금    19,600,000
④ (차)  사채청약증거금   98,000,000

|          |          |          | (대) 미 납 입 사 채 | 98,000,000 |
|---|---|---|---|---|
| (차) 당 좌 예 금 | 98,000,000 | | | |
|          |          |          | (대) 별 단 예 금 | 98,000,000 |
| ⑤ (차) 사 채 발 행 비 | 3,000,000 | | | |
|          |          |          | (대) 당 좌 예 금 | 3,000,000 |

## 4. 위탁모집에 따라 사채를 발행할 경우

이 경우에는 납입기일에 모집하는 수탁회사에서 사채의 납입금액에서 발행비를 공제한 순액이 기채회사의 구좌에 당좌예금되기 때문에 그 처리는 아주 간단하다.

**{사례3}**
사례2와 같은 조건으로  에 위탁하여 증권회사가 총액인수와 납입을 완료하였다. 발행비용의 입체금 3,000,000원을 공제한 잔액이 이날 당사의 당좌예금에 메입 되었다.

(차) 당 좌 예 금    95,000,000
　　 사채할인발행차금  2,000,000
　　 사 채 발 행 비   3,000,000
　　　　　　　　　　　　　　　(대) 사　　　　채　 100,000,000

# 제3절 사채의 회계처리방법

## 1. 사채발행시의 회계처리

　사채의 발행은 액면발행·할인발행·할증발행의 3가지가 있는데, 할인발행이 다수를 차지하고 있다. 할인발행의 경우에는 발행가액과의 차액은 사채할인발행차금으로 처리하고, 사채기간(사해발행일부터 만기일까지)에 걸쳐서 유효이자율법을 적용하여 상각한다.
　예를들어 사채발행액이 1억원이고, 액면금액10,000원에 대해 발행가액 9,800원, 만기 3년, 담보부조건으로 사채를 발행하는 경우 이사회에서 사채발행의 결의가 있는 후에 다음과 같은 분개를 한다.

　　　(차)　미불입사채　100,000,000
　　　　　　　　　　　　　　　(대)　담보사채　100,000,000

　이 경우 대변항목은 단순히 사채계정으로 하는 것 보다 담보의 유무를 명확히 하기위하여 "담보사채"라는 과목을 사용하는 것이 좋다. 그리고 사채모집이 마감되고 응모할당이 확정되어서 은행에 불입쾨면 다음과 같이 분개된다.

　　　(차)　현금및현금성자산　98,000,000　(대)　미불압사채　100,000,000
　　　　　　사채할인발행차금　2,.000,000

　그리고 증권회사와 취급은행에 사채발행(간접발행)과 관련된 수수료조로 1,000,000원을 수표로 지급하였다면 다음과 같이 회계처리를 하여야 한다.

　　　(차)　사채할인발행차금　1,000,000
　　　　　　　　　　　　　　　(대)　현금및현금성자산　1,000,000

[사례]-------------------------------------------------------------------
　A회사는 제10기에 액면금액100,000,000원, 발행가액은 1좌 (액면 10,000원)에 대하여 9,700원, 만기 5년,연리 8%로 년2회 이자지급의 사채를 모집한다. 사채청약증거금은 10,000원에 대하여1,000원이며, 응모액은 120,000,000원이었다.
-------------------------------------------------------------------

(차)  현금및현금성자산  12,000,000
           (대)  사채청약증거금  12,000,000

① 사채응모자에 대하여 사채를 배정한 경우
 (차)  미 납 입 사 채   97,000,000
   사채할인발행차금   3,000,000 *
          (대)  사   채  100,000,000
  * (10,000원 - 9.700원) X 100,000,000원 / 10,000원 = 3,000,000원

② 사채배정을 받지 못한 사채청약자에게 청약증거금을 현금으로 지급하다.
 (차)  사채청약증거금  2,000,000원
          (대)  현금및현금성자산  2,000,000

③ 사채청약자로부터 사채발행가액의 납입을 받았다. 따라서 청약증거금은 사채의 납입금으로 충당하고, 따로 사채발행비용600,000,000원은 현금으로 지급한다.

④ 기말결산에 사채이자(6개월분)를 현금으로 지급한다. 회사는 사채할인발행차금을 정액법으로 상각한다.
 (차)  사채이자  4,360,000
   (이자비용)
         (대)  현금및현금성자산  4,000,000
            사채할인발행차금  360,000

 ※ 100,000,000원 X 0.08 X 6/12 = 4,000,000원(6개월분의 사채이자액)
  3,600,000원 ÷ 5년 X 6/12 = 360,000(사채할인발행차금의 상각액)
 ※ 이자는 6개월마다 지급하고 사채할인발행차금을 결산기말에 상각하는 경우 사채할인발행차금의 상각액은 1년분을 계상한다.

# 제4절 사채의 이자지급과
# 그 회계처리

  기채회사(起債會社)는 사채발행시의 약정에 따라서 이자를 지급하지 않으면 안된다. 우리나라에서는 보통 6개월마다 년2회 이자지급이 실시된다.
  사채이자는 그 금액이 상당히 다액이 되는 것이 보통이므로 일반지급이자와 구별하여 "사채이자계정"으로 처리 된다.
  발행후 1회째에 이자지급이나 조기상환을 실시할 경우에는 이자계산기간이 6개월이 차지 않을 경우가 있다. 이러한 경우에는 그 6개월의 일할(日割)에 따라서 계산하는 것이 일반적인 관행이다.
  우리나라에서는 무기명식의 사채가 보통이며, 이 경우에는 사채권에 전 기간의 이권(利券)을 붙여두고 있으며, 사채권자는 이자지급기가 되면 그 기의 이권을 끊어가지고 미리 지정된 금융기관에 가지고 가서 이권과 교환하여 이자의 지급을 받게 된다.

**[사례4]**----------
  사례1의 사채에 대하여 그 발행일이 2022년4월1일, 이자지급일이 매년 9월 30일과 3월30일로 한다. 또한 당사의 결산일이 9월30일이라고 하였을 경우에 2022년9월30일의 사채이자에 관한 처리를 하라.

----------

    (차)   사 채 이 자   3,500,000
                                    (대)  당 좌 예 금   3,500,000

사채이자 처리에 대하여 주의하여야만 할 일로서는 이자지급일과 결산일이 같은 날이 아닐 경우이다. 이 경우에는 결산일에 "미지급사채이자계정"을 설정하여 비용으로 이연계상하지 않으면 안된다. 이러한 처리는 말하자면 결산처리의 하나의 절차로서 실시되게 되는 것이다.

**[사례5]**----------
  사례2의 사채에 대하여 그 발행일이 2022년1월1일, 이자지급일이 매년 6월30일과 12월31일이라고 한다. 또한 당사의 결산일이 9월30일이라고 한다

면 9월30일(결산일) 및 12월31일(이자지급일)의 사채이자의 회계처리를 하라.

---

9월30일(결산일)의 처리
    (차) 사 채 이 자   1,750,000
                        (대) 미지급사채이자   1,750,000

12월31일(이자지급일)의 처리
    (차) 미지급사채이자   1,750,000
        사 채 이 자   1,750,000
                        (대) 당 좌 예 금   3,500,000

# 제5절 사채할인발행차금 및 사채발행비의 상각

## 1. 사채발행비의 의의

앞에서 설명한 바와 같이 사채를 발행 하였을 경우에는 사채할인발행차금계정은 차변에 생기며, 이것은 이자의 일부를 그의 발행시에 일괄적으로 선지급한 것으로 해석되고 있다. 즉, 사채할인발행차금의 성격은 사채의 계약이율이 발행시의 일반시장 금리에 비하여 지나치게 낮을 경우, 이것을 조정하기 위해 이자의 선지급분이라고 해석되는 것이 통설로 되어 있다.

따라서 사채할인발행차금은 이론적으로는 사채의 발행연도에 전액비용으로서 계상할 것이 아니라, 이것을 상환되기까지의 각 기간에 걸쳐 계획적이며, 규칙적으로 상각하지 않으면 안된다.

이와 같은 절차를 사채할인발행차금의 상각이라 부르고 있다. 즉, 이것은 매결산기에 있어서 당해 기간이 부담할 비용액을 사채할인발행차금계정에서 공제하여 "사채할인발행차금상각계정"이라는 비용계정으로 계상하여 사채할인발행차금계정의 잔액은 차기 이후의 비용으로서 익기에 계상된다. 이러한 사채할인발행차금의 상각은 결산정리사항 중의 하나라는 것은 말할 것도 없다. 이상과 같은 절차를 사채할인발행차금의 상각이라고 부르고 있다. 즉, 이것은 매결산기에 있어서 당해 기간이 부담할 비용액을 사채할인발행차금계정에서 공제하여 "사채할인발행차금싱긱계정이라는 비용계정으로 계상하여 사채할인벌행차금계정의 잔액은 차기 이후의 비용 즉, 이연저산으로서 익기에 이연계상 된다. 이러한 사채할인발행차금의 상각은 결산정리사항중의 하나라는 것은 말할 것도 없다.

이상과 같은 처리는 사채가 만기일까지 상환되지 않는 것을 전제로 하고 있다.

# 제6절 사채상환과 그의 회계처리

사채발행에 따라 조달한 자금을 사채권자에게 변제하는 것을 사채상환이라고 한다.

사채의 상환방법에는 만기상환·정시분할상환·조기상환 및 매입상환이라는 4가지 형태가 있으며, 저마다의 방법에 따라서 다른 처리를 필요로 하게 된다.

만기상환은 최종상환기한에 일괄하여 전액의 상환을 실시하는 방법이다. 따라서 이러한 방법은 최종상환기한까지 상환이 실시되는 일은 없다.

정시분할상환은 사채의 발행시에 사전에 정하여진 상환일에 일정액 이상을 분할상환하여 최종상환기한에 그의 잔액을 완납하는 방법이다.

우리 나라에서는 이러한 방법이 가장 널리 이용되고 있다. 매회 상환되어야만 할 사채에 대해서는 보통 추첨으로 결정된다.

조기상환은 회사의 형편에 따라 최종상환기한 보다 상환일을 빨리 하여 전액을 상환하는 방법이다. 이 경우에는 회사의 형편에 따라 상환일이 결정되기 때문에 사채발행 후 조속한 시기에 상환이 될수록 상환가액이 높은 것이 보통이다.

예를들어 기한 7년의 사채로 상환가액이 100원인 경우, 3년째에 전액 상환될 경우에는 104원, 4년째에는 103원, 5년째에는 102원으로 된다.즉, 조기상환일 경우에는 상환 프리미엄(premium)이 붙게 되는 것이다.

매입상환은 일정한 상환일을 설정하지 않고 기업자금의 여유도나 시장금리 등을 고려하여 수시로 그 경우의 증권시장에서 매입하여 소각하는 방법이다.

사채상환에 있어 가장 중요한 회계처리는 상환되는 사채에 합당한 사채할인발행차금의 처리에 대한 문제가 있다. 즉, 상환연도에 부담할 사채할인발행차금의 상각액과 잔존기간에 합당한 사채할인발행차금의 정산액과를 정확하게 계산하여 이 양자를 혼동하지 않는 것이 가장 중요하다. 그러기 위해서는 사채의 상환방법에 따라서 구체적으로 설명하기로 한다.

## 1. 만기상환의 처리

**[사례6]**
사채총액 30,000,000원을 액면 @100원에 대하여 @98원, 상환기한 5년, 이자율 년8%, 이자지급 년2회결산일에 지급하는 조건으로 발행 하였다. 사채발행비 600,000원, 따라서 만기상환시에서의 회계처리를 하라. 또한 사채 및 이자총액은 수표로 결제하였다.

```
(차) 사            채       30,000,000
     사   채   이   자        1,200,000 *
     사채할인발행차금상각         60,000 **
              (대) 당좌예금        31,200,000
                   재할인발행차금      60,000
```

<계산>
* 30,000,000 × 0.08 × 6/12 = 1,200,000 ------ 사채이자
** 600,000 × 1/5 × 6/12 = 60,000 ------ 사채할인발행차금상각

## 2. 정기분할상환의 처리

**[사례7]**
사례6의 사채에 대해 결산일이 3월31일 경우와, 결산일이 12월31일경우로 나누어 3회째의 상환일 및 최종상환일에서의 처리를 하라. 또한 이자는 이자지급일에 수표로 지급한 것으로 한다.

< 3월31일 경우>
**3회째의 상환일의 처리(2021년 3월 31일)**
```
(차) 사            채       12,000,000
     사   채   이   자        2,400,000 *
     사채할인발행차금상각         240,000 **
     사 채 발 행 비 상 각        300,000 ***
              (대) 당 좌 예 금      14,400,000
                   사채할인발행차금     240,000
                   사 채 발 행 비      300,000
```

&lt;계산&gt;
* 60,000,000 × 0.08 × 6/12 = 2,400,000
** 1,200,000 × 60,000,000 / 300,000,000 = 2,400,000
*** 900,000 × 1/3 = 300,000

최종상환일의 처리 2025년3월31일
(차) 사        채           12,000,000 *
     사 채 이 자              480,000
     사채할인발행차금상각      480,000 **
                    (대) 당 좌 예 금    12,480,000
                         사채할인발행차금       48,000

&lt;계산&gt;
* 12,000,000 × 0.08 × 6/12 = 480,000
** 1,200,000 × 1,200,000 / 300,000,000 = 48,000

&lt;12월31일의 계산&gt;
3년째 말의 처리(2023년12월31일)
(차) 사        채           12,000,000
     미지급사채이자          1,200,000
     사 채 이 자             1,200,000
                    (대) 당좌예금   14,400,000

&lt;계산&gt;
* 60,000,00 × 8080.08 × 3/12 = 1,200,000
** 60,000,000 × 0.08 × 3/12 = 1,200,000

&lt;최종상환일의 처리&gt; (2025년12월31일)
(차) 사        채           12,000,000
     미지급사채이자            240,000 *
     사 채 이 자               240,000 **
     사채할인발행차금상각       12,000
                    (대) 당 좌 예 금    12,480,000
                         사채할인발행차금      120,000

&lt;계산&gt;
* 12,000,000 × 0.08 × 3/12 = 3/12 = 240,000
** 12,000,000 × 0.08 × 3/12 = 240,000
*** 48,000 × 3/12 = 12,000

## 3. 조기상환의 회계처리

[사례]----------------------------------------
액면금액 50,000,000원, 이자율 년7%, 이자지급 년 2회지급(3월, 9월 말일), 10년 만기의 사채를 1구좌에 98원(권면액100원)으로 발행하고 이었던 회사가 4년째 말에 전액을 1구좌에 102원으로 조기 상환 하였다. 또한 이 회사의 결산일은 3월31일이다. 따라서 상환시의 처리를 하라.
----------------------------------------

(차) 사채할인발행차금상각　　100,000 *
　　　　　　　　　　　　　(대) 사채할인발행차금　　100,000
　(차) 사　　　　채　50,000,000
　　　　사채상환액　　1,600,000
　　　　　　　　　　(대) 당　좌　예　금　51,000,000
　　　　　　　　　　　　사채할인발행차금　　　600,000

<계산>
* 발행시의 사채할인발행차금
   100원 - 98원) × 500,000 = 1,000,000원
   1년간의 사채할인발행차금상각액
   1,000,000 × 1/10 = 100,000원

조기상환시의 사채할인발행차금 잔액은 600,000원(1,000,000원-400,000원이 된다는 사실에서. 이것이 조기상환에 정산하게 된다.

또한 사채상환손은 사채할인발행차금의 상각부정액의 정산분(예를들어 본 질문에서는 1,000,000원)과 상환프레미엄(premium)(예를들어 본 질문에서는 1,000,000원)으로 이루어지며, 전자는 전기손익수정손, 후자는 임시손실의 성격을 가지고 있다.

따라서 사채상환손은 특별손실의 부에 처리하게 된다. 단, 금액의 중요성이 없을 경우에는 이것을 영업외비용으로 처리하여도 좋을 것이다.

## 4. 매입상환의 손실

[사례9]----------------------------------------
사례6의 사채에 대하여 4년째 말에 액면총액 10,000,000원을 1구좌에

@98.7 으로 매입상환하여 수표를 발행하였다. 그리하여 매입상환일 또는 만기상환일에의 처리를 하라.

---

<매입상환일에의 처리>

(차) 사 채 이 자    1,200,000
    사채할인발행차금상각    60,000
            (대) 당 좌 예 금    1,200,000
                사채할인발행차금    60,000

(차) 사        채    10,000,000
            (대) 당 좌 예 금    9,870,000
                사채할인발행차금    40,000
                사 채 상 환 익    90,000

<계산>
사채발행시의 사채할인발행차금    600,000원
600,000원 × 4/5 = 480,000 ------ 4년째 말까지의 상각액
매입상환시의 사채할인발행차금 잔액은 120,000원이므로, 매입상환액 10,000,000원에 합당한 사채할인발행차금의 정산액은 다음과 같다.
120,000 × 10,000,000/30,000,000 = 40,000원


<만기상환일에의 처리>

(차) 사        채    20,000,000
    사 채 이 자    800,000 *
    사채할인발행차금상각    80,000 * *
            (대) 당 좌 예 금    20,000,000
                사채할인발행차금    80,000

<계산>
* 20,000,000 × 0.0 8 × 6/12 = 800,000
* * 60

# 제7절 사채상환이익과 상환손실의 회계처리

## 1. 사채상환이익의 회계처리

### (1) 사채상환이익의 내용

사채상환이익이란 자사가 발행한 사채를 조기상환한 경우에 사채상환일의 장부가액 보다 상환에 소요된 자금이 적은 경우의 이익이다. 반대로 상환에 소요된 자금이 사채장부가액 보다 큰 경우에는 상환손실이 발생한다. 기업회계상 사채상환이익은 영업외수익으로 처리한다.

사채상환이익이 발생하는 원인은 사채발행일 이후 시장이자율이 상승하였기 때문이다. 만약 사채발행이후 시장이자율이 하락하였다면 조기상환시점에서 사채상환손실이 발생한다.

사채의 상환방법에는 사채발행시의 계약에 따라 다음과 같은 방법이 있다.

① 일정기간 후에 한꺼번에 전액을 상환하는 일시상환(만기상환)
② 사채발행 후 일정한 거치기간을 설정하고, 그 기간만 지나면 상환기한 이전일지라도 언제든지 회사가 자유로이 상환할 수 있는 분할상환(수시상환),

이 분할상환방법에는 그 상환방법에 따라 다시 매입상환·추첨상환으로 나누어진다.

일시상환은 사채상환기간이 도래한 때에 사채금액을 상환하는 방법이므로 "만기상환"이며, 이 경우에 이미 사채할인발행차금은 상각이 종료된 것이므로 상환금액을 사채계정의 차변에 기재한다.

그러나 추첨상환의 경우에는 매기 사채할인발행차금의 상각액은 추첨상환금액을 가지고 계상하여야 하므로 매기 사채의 미상환액에 비례하여 상환액을 계상한다.

매입상환은 회사가 임의의 시기에 사채를 시장에서 매입하여 상환하는 방법으로 사채액면과 매입가격과는 통상 일치할 수 없으며, 그 차액이 바로 사채상환이익 또는 사채상환손실이 된다.

### (2) 사채상환이익의 회계처리방법

 사채발행시의 계약에 따라 상환기일에 전액을 한꺼번에 상환하는 일시상환(만기상환)은 액면금액에 따라 상환하기 때문에 사채상환손익이 생기지 않는다. 그리고 분할상환(수시상환에 있어서의 추첨상환은 추첨에 당첨된 번호의 사채를 상환하는 것이므로 보통 액면금액에 따라 상환하게 된다. 또 매입상환은 시장가액으로 상환되기 때문에
 따라서 사채의 시가가 액면금액 이하로 떨어진 경우 회사에 유리한 상환방법이다.
 그리고 매입상환이든지 추첨상환이든지 사채를 중도에 분할상환할 때에는 상환한 사채분에 대한 미상각의 사채할인발행차금을 정산하여 사채상환시에 이를 한꺼번에 상각처리 하여야 한다.

[사례]----------------------------------------------------------
 시장에서 다음과 같이 자사발행사채를 매입상환 하였다.
 매입상환한 사채의 액면금액의 총액--------------30,000,000
 상환에 소요한 금액-------------------------28,000,000
 당해 사채의 미상각 사채할인발행차금------------1,000,000
----------------------------------------------------------

　(차) 사　　　채　30,000,000
　　　　　　　　　　　　(대) 현금및현금성자산　28,000,000
　　　　　　　　　　　　　　 사채할인발행차금　 1,000,000
　　　　　　　　　　　　　　 사 채 상 환 이 익　 1,000,000

※ 사채의 발행에 따라 사채할인발행차금이 있는 경우에는 상환한 사채의 액면금액에 대응하는 사채할인발행차금을 일시 상각한다.

## 2. 사채상환손실의 내용

 자회사가 발행한 사채를 상환한 경우에 그 액면금액 보다도 사채의 상환에 소요된 자금이 다액인 경우에 발생하는 손실을 사채상환손실이라 한다.
 반대로 사채의 액면금액 보다도 그상환에 소요된 자금이 소액인 경우에는 사채의 상환이익이 발생하게 된다.
 사채의 상환방법에는 다음과 같은 것이 있다.

① 사채발행시의 계약에 따라 일정기간 후에 한꺼번에 전액을 상환하는 일시상환(만기상환)

② 사채발행 후 일정한 거치기간을 설정하고, 그 기간이 지나면 상환기간이전이라도 언제든지 회사가 자유로이 상환할 수 있는 분할상환(수시상환)이 분할상환의 방법에는 그 상환방법에 따라 발생하는 다시 매입상환과 추첨상환으로 나누어진다.

그리고 사채의 상환에 따라 발생하는 사채상환손실은 경상적으로 발생하는 것이 아닐 뿐만 아니라, 그때 그때의 사채의 시가에 따라 좌우되며, 따라서 기업회계상 임시손익의 성격을 띤 것으로 영업외비용으로 처리한다.

## 3. 사채상환손실의 계상

사채발행시의 계약에 따라 상환기일에 전액을 한꺼번에 상환하는 일시상환(만기상환)은 액면금액에 따라 상환하기 때문에 사채상환손익이 생기지 않는다. 그리고 분할상환(수시상환)에 있어서의 추첨상환은 추첨에 따라 당첨된 번호의 사채를 상환하는 것이므로 보통 액면금액에 따라 상환하게 된다.

또 매입상환은 시장가액으로 상환되기 때문에 액면금액과 상환을 위한 매입자금과의 차액이 사채상환손익으로 나타나며, 따라서 사채의 시가가 액면금액 이하로 떨어진 경우에 회사의 유리한 상환방법이다.

그리고 매입상환이든지 추첨상환이든지 사채를 중도에 분할상환 할 때에는 상환할 사채분에 대한 미상각의 사채할인발행차금을 정산하여 사채상환시에 그것을 한꺼번에 상각처리 하여야 한다.

## 4. 사채상환손실의 회계처리

사채발행시의 계약에 상환기일에 전액을 한꺼번에 상환하는 일시상환(만기상환)은 액면금액에 따라 상환하기 때문에 사채상환손익이 생기지 않는다.

그리고 분할상환(수시상환)에 있어서의 추첨상환은 추첨에 당첨된 번호의 사채를 상환하는 것이므로 보통 액면금액에 따라 상환하게 된다.

그리고 매입상환이든지 추첨상환이든지, 사채를 중도에 분활상환때에는 상환한 사채분에 대한 미상각의 사채할인발행차금을 정산할 사채상환시에 이를 한꺼번에 상각처리 하여야 한다.

[사례]
────────────────────────────────────────
시장에서 다음과 같이 자사발행사채를 매입상환 하였다.
매입상환한 사채의 액면금액의 총액----------30,000,000원
상환에 소요한 금액---------------------------28,000,000원
당해 사채의 미상각 사채할인발행차금------1,000,000원
────────────────────────────────────────

(차) 사　　　　채　　30,000,000
　　　　　　　　　(대) 현금및현금성자산　30,000,000
　　　　　　　　　　　 사채할인발행차금　 1,000,000
　　　　　　　　　　　 사 채 상 환 이 익　 1,000,000

※ 사채의 발행에 따라 사채할인발행차금이 있는 경우에는 상환한 사채의 액면금액에 대응사채할인발행차금은 일시 상각한다.

[사례1]
────────────────────────────────────────
A회사는 시장으로부터 자회사발행의 사채를 다음과 같이 매입상환 하다.
① 매입상환한 사채의 액면금액의 총액---------90,000,000원
② 상환에 소요된 금액----------------------- 5,000,000원
────────────────────────────────────────

(차) 사　　　　채　　90,000,000
　　 사 채 상 환 손 실　5,000,000
　　　　　　　　　(대) 현금및현금성자산　95,000,000

※ 사채의 할인발행에 따른 사채할인발행차금이 있는 경우에는 상환한 사채의 액면금액에 대응하는 사채할인발행차금을 한꺼번에 임시상각하여야 한다. 또 사채상환손실은 임시손실의 성격을 띤 것으로 영업외비용으로 표시한다.

[사례2]
────────────────────────────────────────
B회사는 다음 조건으로 발행한 액면 40,000,000원의 사채에 대하여 4년째 초엽에 그 중 20,000,000원을 추첨상환 하기로 결정하였다. 다만, B회사의 결산은 년 2회발행 액면 @9,600원(액면10,000원),이율18%, 상환기한은 5년이다.
────────────────────────────────────────

(차) 사　　　　채　　20,000,000
　　 사채할인발행차금상각　320,000
　　　　　　　　　(대) 미지급사채　　　20,000,000
　　　　　　　　　　　 사채할인발행차금　　320,000

※ (10,000원 - 9,600원) × 40,000,000 / 10,000 = 1,600,000원(사채할인발행차금총액)
1,600,000원 ÷ (5년×2) = 160,000원 (매기의 할인발행차금상각액)
160,000원 ×(3년×2) = 960,000(3년간의 상각누계액)
640,000원 ×20,000,000 / 40,000,000 = 320,000(상환사채20,000,000원에 대한 미상각의 사채할인발행차금)
※ 사채를 추첨상환할 때에는 보통 액면금액으로 상환하기 때문에 사채상환손익이 발생하지 않는다.

[사례]----------------------------------------------------------------
B회사는 위의 사채 20,000,000원을 사채권자에게 수표를 발행하여 지급하다.
----------------------------------------------------------------

(차) 미지급사채   20,000,000
                    (대) 현금및현금성자산   20,000,000

[사례]----------------------------------------------------------------
C회사는 사채액면 30,000,000원을 @500원, 기한 5년, 이율 년18%의 조건으로 발행하였으나, 제3년도말에 액면 10,000,000원을 @9,900원으로 매입상환하였다.
----------------------------------------------------------------

(차) 사        채         10,000,000
     사채할인발행차금상각     200,000
                    (대) 현금및현금성자산   9,900,000
                        사채할인발행차금     200,000
                        사 채 상 환 이 익    100,000

※ (10,000원 - 9,700원) ×30,000,000 / 10,000 = 9,000,000원(사채할인발행차금총액)
9,000,000원 ÷ (10년× 2년) = 450,000원(매기의 할인발행차금상각액)
450,000원×(2년×2) = 1,800,000원(2년간의 상각누계액)
9,000,000원 - 1,800,000원 = 7,200,000원(사채 300,000,000원에 대한 사채할인발행차금의 미상각잔액
7,200m000원)×100,000,000 /300,000,000 =2,400,000원(상환사채100,000,000원에 대한 미상각의 사채할인발행차금)
9,800원 × 100,000,000 / 10,000 = 98,000,000원(사채의 매입상환에 소요된 자금)
※ 사채상환익은 미상각의 사채할인발행차금과 상계하는 처리방법도 있는데, 위의 거래를 이 방법에 따라 분개하면 다음과 같다. 이 거래는 결국 사채상환손이 발생한 것이다.

(차) 사     채      100,000,000   (대) 현금및현금성자산 98,000,000,
     사채상환손실       400,000        사채할인발행차금   2,400,000

# 제8절 감채기금·감채적립금의 그 처리

　사채상환에 있어서 일시에 많은 금액의 자금을 필요로 함으로 기채회사(起債會社)는 이에 대비하여 매년 일정액의 이익을 사내유보함과 동시에 이에 합당한 금액을 정기예금금전 신탁유가증권 등의 특정자산으로서 운용하는 것이 일반적이다.
　전자는 감채적립금, 후자는 감채기금이라고 칭하여지고 있다. 감채적립금과 감채기금은 반드시 동시에 설정 된다고 국한시킬 수가 없으므로 그 설정방법에는 다음의 3가지 방법이 있다.

　　※ **감채기금의 의의**
　　　감채기금이란 사채상환용의 자금을 확보하기 위하여 사채발행회사가 사채의 존속기간 중 매사업연도 일정의 방법으로 적립하는 기금에 대한 것을 말한다. 따라서 이것은 사채상환을 위한 특정자산을 의미한다. 일반적으로는 사채모집에 즈음하여 사채권자와의 사이에 감채기금설정의 특약을 행하고 사채의 신용을 높이고 감채기금부사채라는 형체로 발행되고 있다.

　　※ **감채적립금의 의의**
　　　감채적립금은 사채 등 다액의 비유동부채의 반제에 대비하여 계획적으로 이익처분에 따라 유보되는 적립금이다. 임의적립금 중에서 특정목적을 가지지 않는 것은 통상적으로 별도적립금이라고도 한다.

## 1. 감채적립금을 설정하는 방법

　감채기금은 사채상환을 위해 이익처분에 있어서 감채적립금을 설정하는 방법이다. 감채적립금은 임의적립금 중 적극적인 적립분이므로, 순자산액이 그 만큼 증가되기 때문에 기업의 재정기반을 강화하게 된다.

[사례11]-------------------------------------------------------------
① 주주총회의 결의에 따라 당기말 미처분이익 중 10,000,000원을 감채적립금으로서 유보하기로 하였다.
② 사채100,000,000원을 상환하여 수표를 발행하여 결재하였다. 또한 동액의 감채적립금을 취소하고, 이것을 별도적립금으로 충당하기로 하였다.
-----------------------------------------------------------------------

| ① | (차) 미처분이익잉여금 | 10,000,000 | | | |
| | | | (대) 감채적립금 | 10,000,000 | |
| ② | (차) 사　　　　채 | 10,00,000 | | | |
| | | | (대) 당좌예금 | 10,000,000 | |
| | (차) 감채적립금 | 100,000,000 | | | |
| | | | (대) 별도적립금 | 100,000,000 | |

## 2. 감채기금만을 적립하는 방법

감채기금만을 적립하는 방법은 사채상환의 직접적인 지급준비를 위해, 예를들면 정기예금금전 신탁 등특정자산으로서 운용되는 방법이다.

이러한 방법은 일반적인 영업자금을 감채충당의 특정자산에 대체될 뿐이며, 기업의 순자산의 증가를 초래하지는 않는다.

**[사례12]**
① 현금 100,000,000원을 감채기금으로서 유가증권에 투자하였다.
② 감채용 유가증권으로부터 배당금500,000원을 감채기금으로 충당하였다.
③ 사채 100,000,000원의 상환에 있어서 감채용 유가증권을 매각하여 이에 충당하였다.

| ① | (차) 감채용투자유가증권 | 100,000,000 | | |
| | | | (대) 현금및현금성자산 | 100,000,000 |
| ② | (차) 감채용투자유가증권 | 500,000 | | |
| | | | (대) 수입배당금 | 500,000 |
| ③ | (차) 사　　　　채 | 100,000,000 | | |
| | | | (대) 감자용투자유가증권 | 100,000,000 |

## 3. 감채적립금을 설정함과 동시에 감채기금을 설정하는 방법

감채적립금과 감채기금은 회계상 필연적인 인과관계는 없으나, 이 양자를 동시에 설정함에 따라서 기업의 재정기반을 강화함과 동시에 영업자금의 고갈을 방지하는 등이 될 수 있는 장점이 있다.

또한 감채적립금은 일종의 적립금이므로, 이것을 소정의 목적을 위하여 취소하였을 경우에는 미처분이익금에 되돌리기 위해 손익계산서의 전기이월이익에 가산하는 형식으로 기재되는데에 유의하지 않으면 안된다.

**[사례13]**----------------------------------------------------------------
① 주주총회의 결의에 따라 당기말 미처분이익중 10,000,000원을 감채적립금으로서 설정함과 동시에 감채기금으로서 정기예금에 예입하였다.
② 감채용정기예금의 이자 500,000원을 감채기금으로 충당하였다.
③ 사채 100,000,000원을 상환하였다. 단, 감채적립금 및 감채기금이 각각 100,000,000원씩이 있다.
----------------------------------------------------------------

① (차) 당기말미처분이익잉여금　10,000,000
　　　　　　　　　　　　　　(대) 감채적립금　　　　　10,000,000
　　(차) 감채용정기예금　　　　10,000,000
　　　　　　　　　　　　　　(대) 현금및현금성자산　　10,000,000

② (차) 감채용정기예금　　　　　　500,000
　　　　　　　　　　　　　　(대) 수 입 이 자　　　　　 500,000
③ (차) 사　　　　채　　　　 100,000,000
　　　　　　　　　　　　　　(대) 감채용 정기예금　　100,000,000
　　(차) 감 채 적 립 금 100,000,000
　　　　　　　　　　　　　　(대) **임의적립금**　　　　100,000,000
　　　　　　　　　　　　　　　(또는 별도적립금)

# 제9절 자기사채와 그의 처리

　자기사채란 사채발행회사가 사채의 만기전에 자기회사의 사채를 매입하여 소각하지 않고 보유하고 있는 사채를 말한다.
　상법은 자기주식의 취득을 원칙적으로 금지하고 있으나 자기사채의 취득을 제한하지는 않는다. 따라서 회사는 자기사채를 취득하고 처분하는데 자유롭다고 본다. 이는 자기사채의 취득으로 인해 회사가 자기채무에 대해 채권자가 되는 것이므로 상법의 입장에서 채권자 보호를 위해 간습을 할 필요가 없기 때문이다.
　회사가 자기사채를 취득하여 소각하지 않는한 그 사채는 소멸되지는 않는다. 이 경우 취득하여 소각하지 않고 보유한 자기사채를 여타 유가증권과 동일하게 취급하느냐, 아니면 사채의 조기상환으로 취급하느냐가 문제가 된다.
　자기사채의 회계처리는 자기주식의 경우처럼 이론적으로 2가지 방법으로 생각할 수 있다. 첫째는 자기사채의 취득과 처분(소각 또는 재매각)을 하나로 묶어 취득한 때에 취득에 소요된가액으로 자기사채계정에 차기하고 자기사채를 소각하거나 재매출 하였를 때에 자기사채 처분손익을 인식하는 방법이다.(원가법)
　다른 하나는 자기사채의 취득과 처분을 각각별개의 회계사건으로 인식하는 방법이다. (액면법) 즉, 자기사채를 취득하였을 때사채할인발행차금과 자기사채처분손익을 산출한다.

## 1. 자기사채취득에 관한 회계처리

　자기사채를 취득할 때 사채의 조기상환과 동일하게 취급하도록 하고 있다. 회사는 자기사채 취득시에 자기사채에 상달하는 액면가액과 사채발행차금 등을 당해 계정과목에서 직접 차감하고 장부가액과 취득가액의 차이를 사채상환손익으로 인식하여야 한다.
　자기사채의 취득으로이해 발생하는 사채상환손익은 영업외손익으로 처리한다.

[사례1]
A회사는 사채액면1,000,000원, 발행가액은 950,000원, 만기 5년의 조건으로 발행한 사채에 대해 만3년 경과 후, 이 중 액면500,000원에 해당하는 사채를 450,000원에 매입하다. 단, 사채할인발행차금은 정액법으로 상각한다.

① 사채발행시의 회계처리
  (차) 현금및현금성자산  950,000
       사채할인발행차금   50,000
                          (대) 사      채   1,000.000
② 자기사채의 취득시 처리
  (차) 사      채   500,000
                          (대) 현금및현금성자산  450,000
                               사 채 할 인 발 행 차 금  10,000
                               사 채 상 환 이 익  40,000

## 2. 자기사채 매각에 관한 회계처리

자기사채를 매각할 때에는 사채발행시의 회계처리방법과 동일하게 재매각시의 현금수취액과 사채액면가액과의 차액을 사채할인(할증)발행차금계정과목으로 하여 사채에 가감하는 형식으로 표시하여야 한다.

[사례2]
B회사는 위 [사례2] 액면500,000원에 해당하는 자기사채를 매입한 다음날 480,000원에 재매각하다.

  (차) 현금및현금성자산  480,000
       현재가치할인차금   20,000
                          (대) 사      채   500,000

[시채]
① 사채총액 10,000,000원 1구좌 @96원(액면금액100원), 상환기한 10년으로

발행한 회사가 발행후 6년째말에 그 중 액면3,000,000원을 1구좌 @95원으로 매입하여 수표로 결제하였다.

② 위①의 자기사채를 그 후 시잘가격이 상승되었기 때문에 1구좌 97원으로 재매출하여 그 대금은당좌예금에 예입하였다.

③ 위 ①의자기사채를 그대로 소각하였다. 따라서 원가법 및 액면법에 따라서 회계처리를 하라.

---

**<원가법>**

(1)  (차) 자기사채  2,850,000
            (대) 당좌예금  2,850,000

(2)  (차) 당좌 예금  2,910,000
            (대) 자기사채  2,850,000
                자기사채매출익  60,000

(3)  (차) 사    채  3,000,000
            (대) 자기사채  2,850,000
                사채할인발행차금  48,000 *
                사채상환익  1,02,000

**<계 산>**

* 400,000 - 40,000 × 6 = 160,000 ---매입시미상각 잔액

  160,000 × 3,000,000 / 3,000,000 = 48,000---자기사채의 정산액

**<액면법>**

(1)  (차) 자 기 사 채  3,000,000
            (대) 당좌예금  2,850,000
                사채할인발행차금  48,000
                자기사채매입액  102,000

(2)  (차) 당 좌 예 금  2,910,000
        자기사채매출액  90,000
            (대) 자 기 사 채  3,000,000

(3)  (차) 사   채  3,000,000
            (대) 자 기 사 채  3,000,000

# 제10절 사채의 차환과 그의 처리

 사채의 차환이란 현재 발행되고 있는 사채를 상환하기 위하여 새로이 사채를 발행하는 것을 말한다. 즉, 신사채를 발행하여 구사채의 대신으로 하는 것을 말한다. 차환(借換)은 사채의 만기일에 실시하는 것이 일반적이며, 만기일 전에 조기상환하기 위하여 실시는 것도 있다.
 그것은 신사채의 이자율이 구사채의 그것 보다도 낮을 경우에 만기일 전에 차환이 실시되는 일이 많기 때문이다.
 사채의 차환을 실시할 경우에는 인력이나 비용면에서 메리트(merit)가 있으므로 신사채의 발행조건으로서 구사채에 따른 대용납입이 실시되는 일이 많다.
 예를들어 구사채의 기한이 9월25일이라고 한다면 신사채의 신청기일 및 대용증권의 제공기한을 9월20일, 납입기일을 9월25일로 하여 구사채는 "액면 100원에 대하여 100원의 비율로 납입금으로 대용할 수가 있다. 단, 이익금의 대용을 인정하지 않는다."는 것은 9월25일에 지급되는 최종회의 이자를 신사채의 납입금에 충당하는 것을 인정하지 않는다고 하는 사실이다.

[사례15] --------------------------------------------------------------
 액면총액10,000,000원의 사채의 상환기한이 9월25일에 도래한다. 기채회사는 구사채를 대용납입으로 받아들여 차환하게 되며 대용증권의 제공기한을 9월20일, 납입기일을 9월25일, 신사채의 발행가액을 1구좌 98원으로 결정하였다.
--------------------------------------------------------------

| 20/9 | (차) 자 기 사 채 | 10,000,000 | | |
|---|---|---|---|---|
| | | | (대) 사채청약증거금 | 10,000,000 |
| 25/9 | (차) 사채청약 증거금 | 10,000,000 | | |
| | | | (대) 사 채 | 10,000,000 |
| | (차) 사채할인발행차금 | 200,000 | | |
| | | | (대) 현금및현금성자산 | 200,000 |
| | (차) 사 채 | 10,000,000 | | |
| | | | (대) 자 기 사 채 | 10,000,000 |

 만기일 이전에 차환이 실시될 경우에는 구사채의 사채할인발행차금및

사채발행비의 미상각액을 어떻게 처리할 것인가에 대하여 문제가 있다.

만기일 이전에 차환이 실시될 경우에는 구사채의 사채할인발행차금 및 사채발행비의 미상각액을 어떻게 처리할 것인가에 대하여 문제가 있다.

차환을 구사채의 연장이라고 생각한다면 차환시점에서 정산하지 않으면 안되기 때문이다.

미상각처리에 있어서는 다음과 같은 3가지 방법이 있다.

① 구사채의 미상각액을 신사채에 부담시키는 방법
② 구사채의 미상각액을 차환시에 전액을 정산하는 방법
③ 구사채의 미상각액을 구사채의 잔존연수에 할당하는 방법

**[사채례16]**

구사채를 대신 상환하기 위해 신사채를 발행하였을 경우에 구사채의 미상각사채발행차금및 발행비는 회계상 어떻게 처리할 것인가. 특히 아래 사례에 대한 2. 3의 회계처리법을 들어 비교검토하여 회계이론상 가장 올바르다고 생각하는 견해를 말하라.

2020년 10월1일 A회사는 아래와 같은 조건으로 사채를 발행하였다.

  사채액면  10,000,000원  발행가액  @ 94원
  이자율; 년9%,
  기한; 6년,
  사채발행비 ; 60,000원

2022년 10월1일에 A회사는 같은 조건으로 사채를 발행하여 상기의 사채(구사채)의 상환에 임하였다.

  사채액면 10,000,000원,
  발행가액 ; @96원
  이율 ; 년8%
  기한; 8년
  사채발행비 ; 80,000원

---

### <제1법> 구사채의 미상각액을 신사채에 부담시키는 방법

구사채의 사채할인발행차금의 미상각액은 220,000원이다. 즉,

  600,000 + 60,000) ÷ 6년 = 110,000----1년당상각액+
  660,000 - 110,000 ×4년 = 220,000
  110,000 + 900,000 = 1,010,000----구사채의 매년 부담액
  1,010,000 ÷ (10,000,000 - 220,000) = 10.33%

---동상발행자 이자배당

(신사채의 발행차금등)　　(구사채의 사채할인발행차금잔액)

480,000　+　220,000　÷ 8년 + 800,000 = 887,500

---신사채의 매년 부담액

887,500 ÷ (10,000,000 - 480,000) = 9.32%

----동상 발행자 이자배당

### < 제2법 > 구사채의 미상각액을 차환시에 전액 정산하는 방법

이것은 할인발행차금의 미상각액을 일시에 정산함으로 차환한 연도의 부담액은 다음과 같다.

(신사채의 발행차금)　　　　( 구사채의 정산액)

480,000 ÷ 8년 + 800,000 +220,000 = 1,080,000

480,00 ÷ 8년 + 800,000 =860,000 ----익년도 이후의부담액

1,080.000 ÷ (10,000,000 - 480,000) = 11.34%

----차환연도의 발행자 이자배당

### <제3법> 구사채의 미상각액을 구사채의 잔존연수에 할당하는 방법

480,000 ÷ 8년 + 800,000 +110,000 = 970,000

----2022년, 2023년도의 부담액

48,000 ÷ 8닌 +800,000 =860,000

----2022년,2023년도의 부담액

한편 사채의 순이용자금량은 매년 60,00원씩 상각되기 때문에 다음과 같이 점차적으로 증가한다.

| 2022 | 9,520,000 | 2023 | 9,580,000 |
| 2024 | 9,640,000 | 2025 | 9,700,000 |

따라서 사채의 발행자 이자부담은 다음과 같이 된다.

| 2022 | 10.19% | 2023 | 10.13% |
| 2024 | 8.92%  | 2025 | 8.87%  |

제2법에 따르면 차환연도와그 이후의 연도에서는 발행자 이자배당이 대폭적으로 서로 다르기 때문에 불합리 하다.

그러한 점에서 제3법도 같다.차환을 구사채의 연장이라고 생각한다면 각 연도의 부담액이 공평하다는 점에서 제1법이 훨씬 우수하다.

# 제11절 전환사채와 그의 처리

## 1. 전환사채의 개요

### (1) 전환사채의 의의

전환사채란 주식으로 전환할 수 있는 권리, 다시 말하면 주식으로의 전환권이 인정되어 있는 사채를 말한다.

사채는 본래 회사의 채무로서, 회사구성원의 지위를 의미하는 주식과는 성질을 달리한다. 그런데 이 사채권자에 대해서 장래 그 자의 요구에 따라 주주의 지위를 취득시킬 것을 약속하고 발행하는 것을 말한다. 즉, 광의로는 다른 증권으로 전환할 수 있는 권리가 인정되는 사채이며, 협의로는 소유자의 희망에 따라 주식으로 전환할 수 있는 것이 보통이다.

전환사채의 기능은 다음과 같은 기능을 가지고 있다.
① 증자가 어려운 경우의 구제책이 된다
② 일반사채 보다 낮은 이율로 발생할 수 있다
③ 인플레이션기의 사채발행방법으로 적절하다.
④ 주식으로서의 전환기에 현금 납입을 추구하는 수단이 된다.
⑤ 투자가에 대하여 안정성과 투기성을 겸한 투자대상이 된다.

요컨대 전환사채는 주식과 사채의 양면적 성격을 가진 중간형태 또는 절충적 증권이라는점에 그 특징이 있다.

전환사채를 발행하였을 경우에는 일반사채와 구별하여야 하기 때문에 "전환사채계엉"을 설정하여 처리한다. 발행 후 특히 문제가 되는 것은 사채권자가 주식전환을 청구하였을 경우 이것을 어떠한 방법으로 회계처리할 것인가에 있다.

이자지급이나 상환 등의 회계처리는 보통사채와 같다. 전환에 따라서 발생하는 주식의 발행가액의 결정방법에는 원시발행가액주의, 장부가액주의 및 시가주의 등 3가지형이 있으나 우리나라 상법에서는 원시발행가액주의 입장에 서 있다.

## 2. 전환사채의 성격

 전환사채는 개념적으로 볼때 일반사채와 전환권의 2가지 요소로 구성되어 있으며, 발행자의 입장에서 볼 때 전자는 부채의 성격이지만, 후자는 납입자본의 성격을 가진 혼합증권이다.
 따라서 전환사채 발행시 발행가액을 일반사채에 해당하는 부분과 전환권에 해당하는 자본부분으로 분리하여 자본부분의 가치를 "전환대가"로 인식하여 자본으로 기록한다.(전환권가치인식법)

## 3. 전환사채의 장점

### (1) 발행자의 장점
 ① 발행시
   유리한 옵션(전환권)의 제공으로 동일한 조건의 일반사채 보다 수월하게 자금조달이 가능하다.
 ② 이자지급시
   일반적으로 발행기간 중에 낮은 이자율을 부담한다.
 ③ 추가상승시
   주가가 상승하여 전환사채 취득자가 전환권을 행사한 경우애에는 부채로 계상되어 있는 전환사채가 보통주 즉, 자본으로 대체함으로써 부채비율이 개선되며, 전환 이후 이자비용 및 원금상환의 부담이 없다.
 ④ 주가하락시
   전환사채 취득자가 전환권을 행사하지 않고 만기상환시 발행기간 동안의 낮은 이자를 지급했던 차액을 상환할증금 명목으로 지급함으로써 일반사채의 조달과 동일한 효과를 보게 된다.

### (2) 취득자의 장점
 ① 주가상승시
   전환사채 발행자의 주가가 상승하면 전환권을 행사하여 일반사채의 수익률 보다 높은 수익(자본이득 또는 배당소득)을 올릴 수 있다. 일반사채만큼을 보장하여 주는 상환할증금을 수령함으로써 최소한의 일반사

채 만큼의 수익률을 기대할 수 있다.
　② 주가하락시
　전환권 행사를 포기한다고 하더라도 만기상환시 일반사채의 수익률 만큼을 보장하여 주는 상환할증금을 수령함으로써 최소한의 일반사채 만큼의 수익률을 기대할 수 있다,

## 4. 상환할증금의 의의와 계산방법

### (1) 상환할증금의 정의와 이해
　전환사채와 신주인수권부 사채는 유가증권 소유자가 일정한 조건하에서 전환권 또는 신주인수권을 행사하면, 보통주로 전환 또는 보통주가 발행되는 사채를 말한다.

## 5. 사채발행가액의 회계

### (1) 원시발행 가액주의
　우리 나라의 상법에 따르면 전환에 따라 발행되는 주식의 발행가액은 전환사채의 발행가액으로 한다고 명확히 규정되어 있다.(상법§516 §348중의 준용규정)
　이러한 규정의 취지는 주식의 할인발행을 방지하는 일도 있으므로, 만약, 전환사채가 할인발행 되었을 경우에는 주식의 발행총액은 전환사채의 발행총액을 한도로 하여 결정하지 않으면 안된다. 그 때에 전환에 합당한 미상각의 사채할인발행차금이 남아 있을 경우에는 이것도 정산하여야만 할 것은 말할 것도 없다.
　그러나 우리나라에서는 전환사채의 할인발행은 보통 실시되고 있지 않으므로 사채할인발행차금의 문제는 발생하지 않는다.

[사례17]----------------------------------------------------------------
　① 이미 발행한 전환사채 중 액면 1,000,000원(바행가액1,000,000원)에 대하여 사채권자로부터 주식에의 전환청구를 받았다. 전환비율을 사채액면 1,000원에 대하여 액면 보통주식(액면금액500원)2주이다.

② 이미 1구좌에 95원으로 발행한 전환사채 중 액면 1,000,000원에 대하여 사채권자로부터 주식전환청구를 받았기 때문에 액면보통주식(액면금액 500원)을 상법이 인정하는 한도에서 발행하였다. 또한 이 전환사채에서 발생한 사채할인발행차금의 미상각잔액이 20,000원이다.

```
① (차) 전환사채    1,000,000
              (대) 자  본  금   1,000,000
② (차) 전환사채    1,000,000
              (대) 자  본  금     950,000
                  사채할인발행차금   20,000
                  사 채 전 환 익   30,000
```

### (2) 장부가액주의

 전환에 따라 발행하는 주식의 발행가액은 전환사채의 원시발행가액이 아니라 전환에서의 장부가액에 따른 것이라고 하는 주장이 있다. 이것을 장부가액주의라고 한다.
 왜냐하면 사채의 실질가액은 과거의 발행가액은 아니며, 액면가액에서 사채발행차금의 미상각잔액을 공제한 차액 즉, 장부가액이기 때문이다. 그러나 이러한 방법은 회계적으로는정확하더라도 현행 상법으로는 인정되지 않는다.

**[사례18]**
사례17②에 대하여 장부가액주의에 따른 회계처리를 하라.

```
(차) 전 환 사 채   1,000,000
            (대) 자  본  금    950,000
                주식발행초과금   30,000
                사채할인발행차금  20,000
```

 전환시의 전환사채의 실질가액은 액면가액 1,000,000원에서 사채할인발행차금의 미상각잔액20,000원과의 차액 980,000원이다.
 전환사채의 발행가액을 전입하여 그의 초과액을 주식발행초과금으로서 처리한다. 또한 전환시의 사채발행차금 잔액 20,000원은 정산되지 않으면 안된다.

### (3) 시가주의

전환가액의 기준으로서는 위에서 말한 2가지 이외에 전환사채의 시가를 기준으로 하는 시가주의가 있다. 그러나 전환사채의 시가는 주식의 시가에 따라 계속 움직이기 때문에 전환에 따라서 발행되는 주식의 시가라도 좋은 것으로 되어 있다.

그러나 현재 우리 나라에서 발행하고 있는 시가전환사채의 전환가액은 전환사채의 시가도 아니고, 전환시의 주식의 시가도 아니다. 그것은 전환사채를 발행할 때에 전환가액은 이미 결정되는 것이다. 즉, 전환사채를 발행할 경우에는 상법제513조의 규정에 따라 정관 또는 주주총회의 특별결의를 거쳐 전환조건, 전환에 따라 발행하는 주식내용 및 전환을 청구할 수 있는 기간을 결정할 필요가 있다. 따라서 일반적으로 "전환가액은 본 사채에 관한 인수계약서의 조인일의 앞에 OO증권거래소에서의 당사주식의 최초거래치의 평균 이상으로 하며, 그의 구체적인 금액의 결정에 대해서는 이사회에 일임한다"라는 형식으로 주주총회의 승인을 받게 되는 것이다. 또한 그 밖의 전환조건으로서는 보통 다음과 같이 정해져 있다.

"아래에 따라서 결정되는 전환가액에 대하여 당사 기명식 액면보통주식 1주의 비율로서 전환한다. 단, 사채액면금액(1구좌10만원)의 일부및 이자에 대해서는 청구하지 못한다.

전환에 따라 발행될 당사의 주식수는 다음과 같다.

주식수 = 각사 채권자가 전환청구를 위해 제출한 당사 액면금액의 총액 / 전환가액

이 경우에 1주 미;만의 단수가 생기게 되었을 경우에는 그의 단수에 상당한 사채액면금액의 잔액은 액면 100원에 대하여 100원의 비율로 현금으로서 상환 한다"고 되어 있다.

[사례19]----------------------------------------------------------------

이미 발행한 전환사채 중 액면총액1,,000,000원(액면 @50원)에 대하여 전환청구를 받았다 전환에 따라 발행하는 주식의 1주당 발행가액(전환가액이라고 함)은 185원이다. 또한 전환에 있어서 1주 미만의 단수를 생기게 하였을 경우에는 그 단수에 상당한 사채액면금액의 잔액을 액면 100원에 대하여 100원의 비율로 현금으로로 상환하는 것으로 한다.

----------------------------------------------------------------

(차) 전 환 사 채    1,000,000
　　　　　　　　　　　　　(대) 자 본 금    270,250

주식발행초과금     729,675
현    금     75

<계산>
주식수 = 1,000,000 / 185원 = 5,405주와 75원

 기채회사가 시가전환사채를 발행한 후에 액면발행에 따른 증자, 주식배당, 법정준비금의 자본전입이나 주식분할 등을 실시 하였을 경우에는 전환가액을 조정할 필요가 생기게 된다.
 그렇게 하지 않으면 사채권자가 피해를 입기 때문이다. 그리하여 회사는 이러한 경우를 상정하여 전환사채를 발행하였을 경우에 사전에 다음과 같은 조정산식을 결정하여 두는 것이 보통이다. 이러한 산식을 마켓·프라이스 방식이라고 부르고 있다.
 주식전환이 기중에 실시 되었을 경우에는 이론적으로 전환이 실시된 날까지의 사채이자와 전환 후의 주식의 이익배당으로 나누어서 지급되어야만 한다.
 그러나 이러한 계산은 사무적으로 번잡하기 때문에 상법은 전환은 그의 청구를 하였을 때에 그의 효력을 발생하는 것으로 되어 있다.

# 제12절 전환사채에 대한 회계처리

## 1. 전환사채 발행자의 회계처리

### (1) 발행가액
전환사채는 일반사채(Bond)와 주식전환권(Option)의 2가지 요소로 구성되는 복합적 성격을 지닌 증권(Hybries-securities)이다 따라서 전환사채를 발행한 경우에는 발행가액을 일반사채에 해당하는 부채부분과 전환권에 해당하는 자본부분으로 분리하여 자본부분의 가치를 전환대가로 인식한다.

### (2) 전환권 대가
전환권 대가는 당해 전환사채의 발행가액에서 현재가치를 차감하여 계산한다. 이 경우 사채의 현재가치는 만기일까지 기대되는 미래현금예금(상환할증금이 있는 경우에는 이를 포함한다)을 사채발행일 현재 발행회사의 전환권이 없는 일반사채의 유효이자율로 할인한 금액이다.
  ※ 사채상환할정금은 전환사채 (또는 신주인수권부사채)의 소유자가 만기까지 전환권 (또는 신주인수권을 행사하지 않아 만기상환하는 경우에 사채발행회사가 소유자에게 일정수준의 수익률을 보장하기 위하여 만기가액에 추가하여 지급하기로 약정한 금액을 말한다.

여기에서 유효이자율을 구할 수 없는 경우에는 관련시장에서 형성되는 동종 또는 유사한 채권채무의 이자율(동종시장이자율이라 함)을 적용하며, 동종시장 이자율의 산정이 곤란한 경우에는 전환사채 발행일 전 1년내에 차입한 차입금으로서 발행하는 전환사채와 유사한 만기를 가진 차입금의 가중평균차입이자율을 적용할 수 있다.(기업회계기준 제9호문단8)
전환권 대가는 기타자본잉여금으로 분류한 후 전환권이 행사되어 추가로 주식을 발행하는 시점에서 주식발행초과금으로 대체한다.

### (3) 전환권 조정
전환권조정은 당해 전환사채의 액면가액에서 차감한다.

※ 전환권 조정은 전환사채의 만기가치(액면가액에 상환할증금을 더한 금액)에서 차감되는 부채의 평가계정이라고 보면 된다.
반면에 사채상환할증금은 당해 전환사채의 액면가액에 부가한다

### (4) 이자비용

전환사채의 이자비용은 사채의 장부가액에 일반사채의 유효이자율을 적용하여 계산한다. 이 때 사채의 장부가액은 액면가액에 다음을 가감한 금액을 말한다.
① 사채발행차금
② 전환권 조정
③ 사채상환할증금(상환할증금 지급조건이 있는 경우)

### (5) 전환권 행사시 주식의 발행가액

전환권 행사시 주식의 발행가액은 전환권을 행사한 부분에 해당하는 전환사채의 장부가액과 전환권 대가의 합계금액으로 한다. 전환사채의 장부가액은 액면가액에서 다음을 가감한 금액을 말한다.
① 사채발행차금
② 전환권조정
③ 사채상환할증금(상환할증금지급조건이 있는 경우)
④ 최종이자 지급일로부터 전환권행사일까지의 발생이자(전환권이 회계기간 중에 행사된 경우)

그리고 전환권이 회계기간 중에 행사된 경우에는 실제권리가 행사된 날을 기준으로 사채의 장부가액을 결정하여 주식의 발행가액으로 한다.

### (6) 유도전환(induced conversions)과 관련하여 인센티브를 제공한 경우

전환사채발행자가 이자비용의 절약 또는 부채비율의 개선 등을 목적으로 만기 이전에 전환을 유도하기 위해서 전환가격의 인하, 신주인수권의 부여 또는 현금 등을 추가적으로 지급할 것을 제안하는 경우가 있다.
이 경우에는 추가로 부여하는 대가의 공정가액을 사채소유자가 취소불가능한 전환의사를 표시한 시점에 주식의 발행가액에서 차감한다.

※ 유도전환은 부채의 상환거래로 볼 수도 있고, 자본조달거래로 볼 수도 있다. 만약 유도전환을 부채의 상환거래로 보는 경우 납입자본에서 차감해야 한다. 기업회계 기준은 자본조달거래로 보는 입장인데, 이는 전환권대가를 분리인식하는 것과 궤를 같이 하는 것이다.

### (7) 외화표시전환사채의 외화환산

외화표시 전환사채는 원칙적으로 전환청구기간 만료시까지 비화폐성 외화부채로 본다, 다만, 다음과 같이 전환권의 행사가 이루어지지 않을 것이 거의 확실한 경우에는 화폐성외화부채로 본다.

① 투자자에게 부여된 전환권 행사기간이 결산일로부터 1년내인 경우로서 환율이 전환권행사에 불리한 방향으로 급격히 변동하거나 주가가 급격히 하락하여 전환권을 행사하지 않을 것이 거의 확실한 경우

② 만기가 결산일로부터 1년내인 경우로서 발행회사의 재무상태 등을 고려할 때 유가증권 회계에 따른 지분증권 손상차손이 발생하였다는 객관적인 증거가 있는 경우

## 2. 전환사채 소유자의 회계처리

전환사채 소유자의 회계처리는 크게 전환사채의 취득· 전환사채의 보유· 전환사채의 주식 등 3가지 사건으로 나누어 볼 수 있다.

### (1) 전환사채 취득

전환사채를 구입한 경우에는 일반사채와 동일하게 회계처리를 한다.

### (2) 전환사채의 보유

전환사채로 부터의 이자수익은 일반채무증권의 경우와 동일하게 회계처리를 하고, 사채상환할증금은 받기로 확정되었을 때 이자수익으로 인식한다.

### (3) 전환사채의 주식전환

전환권행사시 교부받은 지분증권의 취득원가는 전환사채의 장부가액으로 한다. 다만, 교부받은 지분증권이 시장성이 있는 경우에는 지분증

권의 취득원가는 당해 지분증권의 공정가액으로 하고, 장부가액과의 차이는 전환손익(영업외손익)으로 인식한다.

전환사채와 관련하여 자본조정에 포함된 미실현보유 손익이 있는 경우에는 이를 실현된 것으로 보아 전환손익에 포함한다.

전환권을 회계기간 중에 행사한 경우에는 실제 권리를 행사한 날을 기준으로 사채의 장부가액으로 한다.

## 3. 계정처리

액면가액으로 발행되고 만기 상환시 상환할증금이 붙은 전환사채의 회계처리는 다음과 같다.

**<전환사채 발행시의 회계처리>**
 (차) 현금및현금성자산  ×××   (대) 전 환 사 채   ×××
     전 환 권 조 정    ×××       사채상환할증금   ×××
     사채할인발행차금   ×××       전 환 권 대 가   ×××
                                (기타자본잉여금)

**<전환권의 행사시>**
 (차) 전 환 사 채    ×××   (대) 자 본 금       ×××
     사채상환할증금   ×××       사채할인발행차금 ×××
                              자 본 잉 여 금   ×××
                              (주식발행초과금)

 (차) 전 환 권 대 가  ×××   (대) 자 본 잉 여 금  ×××
                              (주식발행초과금)

**<만기상환시>**
 (차) 전 환 사 채           (대) 현금및현금성자산 ×××
     사 채 상환할증금  ×××

[사례]----------------------------------------------------------
**< 원화표시 전환사채로서 상환할증금이 없는 경우**
  12월결산인 A회사는 202×.1.1 다음과 같은 조건으로 전환사채발행
    액면가액 ; 10,000백만원
    표시이자율 ; 연 7%
    일반사채 시장수익률 ; 연 15
----------------------------------------------------------------

# 제13절 사채에 관련된 세무문제

사채는 주식회사만이 발행할 수 있는 장기차입금의 전형적인 자금조달 형태인데, 상법 제469조이하의 규정에 따라 발행되고 증원화된 채무를 말한다.

사채에 관한 세무회계에서는 사채이자 지급과 사채에 관련되는 사채권을 소유한 사채권자에 대한 회계처리인 것이다.

## 1. 사채이자와 사채에 관련되는 세법상 회계처리

사채이자란 사채에 부하여진 이자를 말한다. 사채이자는 사채액면금액에 일정한 이율(利率)을 곱하여, 매년 일정한 기일(보통은 2회)에 지급된다. 이자의 계산방법에는 발행당일로 부터와 발행익일부터의 2종이 있다. 이자비용으로서 영업외비용으로 처리된다.

사채이자도 지급이자로서 건설자금이나 부당행위계산이 아닌 것은 손금에 손입하지 않은 것은 손금에 산입함은 당연하나 사채이자 중에서 채권자가 불분명한 사채이자는 손금불산입한다고 규정하고 있다.

이 경우는 허위나 가공차입금에 대한 이자와는 달리 실제로 차입금을 차입하고, 동 지급이자도 지급하였으나 실권자가 불분명한 경우를 말하는 것으로서 그 성질이 각각 구별된다.

채권자가 불분명한 사채이자에는 알선수수료·사례금 등 명목여하에 불구하고 사채를 차입하고, 지급하는 금품을 포함하는 것이다.

사채권자가 불분명한 차입금의 종류로는 다음과 같은 것을 들 수 있다.(법인령 §51①)

① 채권자의 주소 및 성명을 확인할 수없는 차입금
② 채권자의 능력 및 자산상태로 보아 금전을 대여한 것으로 인정할 수 없는 차입금
③ 채권자와의 금전거래사실 및 거래내용이 불분명한 차입금

그러나 거래일 현재 주민등록표에 따라 그 거주사실이 확인된 채권자가 차입금을 면제받은 후에 소재불명이 된 경우의 차입금의 이자는 제

외한다.

이러한 채권자가 불분명한 사채이자는 손금불산입 하고 또한 그 처분은 대표자에 대한 상여로 할 것이다.

## 2. 사채권자에 대한 세무회계처리

사채권자의 세법상에 문제가 되는 것은 사채이자와 할인액을 지급받은 때에 소득세를 납부하여야 되는 것이다.

사채이자와 할인액은 사채권자의 이자소득이 되므로 그 전부가 지급받은 날이 속하는 사업연도에 소득으로 계상하여야 하며, 또한 자산소득이므로 생계를 같이하는 동거가족의 사채이자소득은 주소득자에 합산하여 소득세를 과세하게 된다.

사채이자와 할인액의 회계처리에서 사채이자 지급없이 사채를 발행할 경우가 있을 것이다. 예를들면 1좌1,000원의 사채를 1좌에 600원에 발행하고, 5년 후 사채금액 지급시에 1,000원을 지급한다면, 사채이자소득의 계상일은 지급받은 날이므로 5년 후 사채금액지급일이 될 것이다.

그러나 4년째 되는 날에 B가 A로부터 위의 사채권을 800원에 매입하였다면 A는 유가증권 매출익으로 과세소득을 구성하지 않지만 B는 1,000원과 600원의 차이 400원이 사채이자소득이 된다. 그러면 B의 실지소득은 200월 밖에 되지않는데, 이자소득이 400원이라는 모순을 갖게 되는 것이다. 또한 이 사채권은 무기명이므로 소유자의 추적은 거의 불가능하므로 그 매매사실도 전혀 알 수가 없을 것이다.

즉, 기채회사는
   (차) 현금및현금성자산   600   (대) 사       채  1,000
       사채할인발행차금   400

사채지급시
   (차) 사       채  1,000
                       (대) 현금및현금성자산  1,000

(1) 사채권자는 사채발행시에 사채를 인수하여 상환시까지 소유하고 있는 경우 사채발행시 사채권 구입
    (차) 유가증권  600      (대) 현금및현금성자산   600

＜사채금액을 지급받을 경우의 분개＞
　　　　　(차) 현금및현금성자산 1,000　(대) 유　가　증　권　600
　　　　　　　　　　　　　　　　　　　　　수　입　이　자　400
　(2) 만약 위와 같이 중간에 사채권의 매매가 이루어 졌다면, A의 분개
　　　　　(차) 유　가　증　권　　600　(대) 현금및현금성자산　600
　　　＜사채권을 800원에 매출한 경우의 분개＞
　　　　　(차) 현금및현금성자산　800　(대) 유　가　증　권　600
　　　＜B가 위 사채권을 구입하였을 경우의 분개＞
　　　　　(차) 유　가　증　권　　800　(대) 현금및현금성자산　800
　　　＜사채금액을 지급받을 경우의 분개＞
　　　　　(차) 현금및현금성자산 1,000　(대) 유　가　증　권　800
　　　　　　　　　　　　　　　　　　　　　수　입　이　자　200

　중간에 매매거래가 이루어졌을 경우에는 매도자는 유가증권매매익으로서 소득세가 과세되지 않지만 사채권의 금액을 지급하는 회사에서는 사채할인액의 지급시에는 이자소득에 대하여 원천징수하고 사채권자에게 원천징수영수증을 교부하게 되는 것이다. 이 때의 금액은 사채할인액 400원이 될 것이다. 그러나 B의 입장에서 보면 사채에 따른 소득은 200원에 불과한데 400원에 대하여 원천징수 된다는 모순이 있다. 또 이자소득으로 보기 때문에 A가 받을 수입이자에는 해당하는 금액을 자기가 과세받는 모순을 가지게 된다.

　이 경우에 매매사실을 입증하고 그 금액이 입증된다면 수입이자를 200원으로 과세받을 수 있을 것이다.

　그러나 우리 나라에서는 소득세가 과세되는 회사채는 액면발행이 일반적이다. 그러므로 사채할인발행차금은 발생하지 않는다.

　그러나 사채의 이자가 년25%(현시행20%)로 이자제한법에 제한되어 있으므로 사채이자를 년25%이상 지급할 수가 없다.(이자제한법§2① 최고이자율에 관한 규정). 그러므로 시장의 이자율이 년25%이상 될 경우에는 사채의 발행을 할 수 없게 된다. 이 경우에 기채회사의 사채를 이자율 년25%액면가액으로 증권회사에서 총액인수를 하여 투자자에게 매출하고 매출되지 않은 사채를 기채회사가 다시 매입하여 사채액면액 이하로 연고매출하는 경우가 발생하게 된다.

　이 경우에 투자가는 시장이자율 이상의 수익을 얻게 되고, 기채회사는

매입액과 매출액의 차이에 대해서는 자기사채매매손실로 손금에 산입하게 되는 것이다.

그러나 문제가 되는 것은 투자자가 얻는 사채액면금액과 매입금액과의 차액의 법적성질이다.

여기에서 매입익으로 보는 설과 수입이자로 본는 설로 나누어져 있다. 그러나 수입이자로 보면 기채회사에서 사채상환을 받을 때이자에 대한 소득세를 납부하여야 하지만 매입익으로 보면 유가증권매입익으로 소득세가 과세되지 않는다. 이 경우는 기채회사가 증권회사를 통하여 자기사채를 매입하여서 매출하였고, 기채회사에서 그 액을 자기사채매매손실로 회계처리 하였으므로 유가증권매매익으로 보아 소득세를 과세하지 않는 것이 정당하다고 생각된다.

## 3. 사채이자의 손금불산입

법인이 운영자금을 충당하기 위하여 지급한 사채인 이상 원칙적으로 손금에 산입할 수 있으나 차입금중 그 출처가 분명하지 않는 차입금에 대한 이자는 전액 손금에 산입할 수 없게 되어 있다.

### (1) 채권자가 불분명한 사채이자의 범위

"채권자가 불분명한 사채이자"는 무조건 손금에 산입하지 않는다.

여기에서 채권자가 불분명한 사채의 이자에 대해서는 다음과 같이 구정하고 있다.(법인령 §51①)

① 채권자의 주소 및 성명을 확인할 수없는 차입금
② 채권자의 능력 및 자산상태로 보아 금전을 대여한 것으로 인정할 수 없는 차입금
③ 채권자와의 금전거래사실 및 거래내용이 불분명한 차입금

거러나 거래일 현재 주민등록표에 따라 그 거래사실 등이 확인된 채권자가 차입금을 변제받은 후 소재불명이 된 경우의 차입금에 대한 이자는 부인하지 아니한다.

채권자가 불분명한 사채이자에는 차입원금에 대한 이자액 뿐만 아니하 이에 대한 알선수수료사례금 등 그 명목여하에 불문하고 사채를 차입하

고 지급하는 금품도 이를 포함하여 계산하여 전부를 부인하는 것이다.

## (2) 불분명한 사채이자의 부인과 처분

채권자가 불분명한 차입금의 이자(동 이자에 대한 원천징수세액에 상당하는 금액을 이를 대표자에 대한 상여로 처분하고, 이 원천징수세엑에 상당하는 금액은 기타사외유출로 처문한다.(통칙 67-106-3)

즉, 소득의 귀속이 불분명하므로 대표자에게 책임을 지우는 것이다. 만일

채권자가 불분명사채의 지급이자에 대한 원천징수세액을 징수불이행하였을 경우 추징당한 원천징수세액을 법인이 대납하고 손비로 처리한 경우에는 다음과 같이 소득처분을 한다.

① 당해 사채이자와 법인이 대납한 원천세를 납부한 금액은 법인의 소득금액 계산상 익금에 산입한 후

② 사채이자에 대한 원천징수세액 상당액은 기타사외유출로 하고

③ 위 원천징수세액 상당액을 제외한 금액은 대표자의 상여로 처분하는 것이다.

# 제14절 신주인수권부사채의 회계처리

## 1. 신주인수권부사채(BW)의 개요

　신주인수권사채는 증권의 소유자가 사전에 약정된 금액으로 신주를 인수할 수 있는 권리가 부여된 사채를 말한다.
　신주인수권사채는 신주인수권 행사시 별도의 주금 납입이 이루어지고 사채는 만기까지 그대로 존속한다는 점에서 사채 자체가 소멸되는 전환사채와 구별된다.
　신주인수권부사채도 전환사채와 마찬가지로 사채를 발행하려는회사가 사채를 용이하게 발행하기 위하여 사채권자에게 사채 이외의 별도의 혜택을 부여한 것이다.
　신주인수권부사채는 비분리형과 분리형이 있는데, 2가지 모두 발행가능하다.
　※ 신주는 보통주와 우선주 모두다 가능하지만 일반적으로보통주에 대한 신주인수권만 발행되고 있다. 기업회계기준에서는 신주인수권을 보통주의 발행을 청구할 수 있는 권리로 정의하고 있다.
　※ 일반사채와 신주인수권이 별도의 증권으로 분리되어 따로 양도 가능한 것은 분리형 BW, 신주인수권과 채권이 함께 표시되어 따로 eP어내 양도할 수 없는 것이 비분리형 BW이다. 분리형과 비분리형 모두 채권의 만기까지 신주인수권을 행사하지 않으면 신주인수 권리가 소멸된다는 점은 동일하다.

## 2. 신주인수권부사채 발행자의 회계처리

### (1) 발행금액
　신주인수권부사채는 일반사채와 신주인수권의 2가지 요소를 포함하는 증권이다.
　따라서신주인수권부사채를 발행한 경우에는 발행금액을 일반사채에 해당하는 부채 부분과 신주인수권에 해당하는 자본부분으로 분리하여 자본부분의 가치를 신주인수권 대가로 인식하여야 한다.

[사례]------------------------------------------------------------
코스닥 등록을 진행중인 회사가 공모주 발행시 발생한 제반비용중 IR관련비용(IR컨설팅비용·IR행사비용)과 주권인쇄시 구주주 소유분에 대한 주권인쇄비를 신주인쇄비로 회계처리 할 수 있는가.
------------------------------------------------------------

이 경우 코스닥등록을 추진하는 과정에서 수요예측을 위하여 기관투자자를 대상으로 실시하는 기업설명회와 관련하여 발생하는 비용은 신주발행을 위하여 직접 발생한 비용으로 볼수 없다. 한편 구주주가 소유한 주권양식의 변경이 코스닥등록시 신주발행을 위해 반드시 필요한 경우에는 신주뿐만 아니라 구주주 소유분에 대한 주권인쇄비도 신주발행을 위하여 직접 발생한 비용으로 볼 수 있다.

[사례]------------------------------------------------------------
회사가 증자성공시 주간사 증권사에게 공모금액의 일정률을 적용하여 지급하기로 한 수수료(광고비·인쇄비·외부전문가 용역비·투자설명회비용 등을 포함)중 신주발행비로 회계처리 할 수 있는 범위는 어떠한가. 지급한 수수료 중 신주발행비로 회계처리 할 수 있는 범위는 어떠한가.
------------------------------------------------------------

기업공개를 위한 증자시 주간사 증권사에게 지급한 수수료 중 신주발행과 관련하여 직접적으로 발생한 비용만을 주식발행가액을 결정할 때 차감하여야 하며, 기업의 통상적인 투자설명회 관련비용 등 신주발행을 위하여 직접 발생한 비용으로 볼 수 없는 금액은 비용으로 처리하는 것이 타당하다.

### (2) 신주인수권 대가의 계산

신주인수권 대가는 당해 신주인수권부사채의 발행가액에서 현재가치를 차감하여 계산한다. 이 경우 사채의 현재가치는 만기일까지 기대되는 미래현금흐름(상환할증금이 있는 경우에는 이를 포함)을 사채발행일 현재 발행회사의 신주인수권이 없는 일반사채의 유효이자율로 할인한 금액이다.

만약, 신주인수권이 분리되어 거래가 이루어지는 분리형신주인수권부사채의 경우에는 일반사채와 신주인수권의 공정가액을 기준으로 하여 신주인수권대가를 계산한다.

유효이자율을 구할 수 없는 경우가 발생할 수도 있다. 이에 대해 기업회계기준에서는 다음의 이자율을 순차적으로 적용할 수 있다고 규정하고 있다.

① 관련시장에서 형성되는 동종 또는 유사한 채권채무의 이자율

② 동종시장이자율의산정이 곤란한 경우에는 신주인수권부사채발행일 전 1년내에 차입한 차입금으로서 발행하는 신주인수권주사채와 유사한 만기를 가진 차입금의 가중평균차입이자율

　신주인수권대가는 기타 자본잉여금으로 분류한 후 신주인수권이 행사되어 추가로 주식을 발행하는 시점에서 주식발행초과금으로 대체한다.

### (3) 신주인수권조정

신주인수권조정은 당해 신주인수권부사채의 액면가액에서 차감한다. 반면에 사채상환할증금은 당해 신주인수권부사채의 액면가액에 부과한다.

※ 신주인수권조정은 전환사채의 만기가치(액면가액에 상환할증금을 더한 금액)에서 차감하는 부채의 평가계정이라고 보면 된다.

※ 사채상환할증금은 신주인수권부사채(또는전환사채)소유자가 만기까지 신주인수권을 행사하지 않아 만기상환하는 경우에 사채발행회사가 소유자에게 일정수준의 수익률을 보장하기 위하여 만기가액에 추가하여 지급하기로 약정한 금액을 말한다.

### (4) 이자비용

신주인수권부사채의 이자비용은 사채의 장부가액에 일반사채의 유효이자율을 적용하여 계산한다. 그리고 사채의 장부가액은 액면가액에 다음을 가감한 금액을 말한다.
① 사채발행차금신주
② 신주인수권조정
③ 사채상환할증금(상환할증금 지급조건이 있는 경우)

### (5) 신주인수권행사시 주식의 발행가액

신주인수권 행사시 주식의 발행가액은 신주인수권의 행사에 따라 납입되는 금액과 신주인수권을 행사한 부분에 해당하는 신주인수권 대가의 합계금액으로 한다. 다만, 상환할증금 지급조건이 있는 경우에는 신주인수권을 행사한 부분에 해당하는 사채상환할증금을 납입금액에 가산한다.

### (6) 외화표시신주인수권부사채

외화표시 신주인수권부사채는 화폐성 외화부채로 한다.

## 3. 신주인수권부사채 소유자의 회계처리

### (1) 취득시

비분리형 신주인수권부사채를 구입한 경우에는 일반사채와 동일하게 회계처리를 한다. 신주인수권이 분리되어 거래가 이루어지는 분리형신주인수권부 사채의 경우에는 일반사채와 관련시장에서 형성되는 동종 또는 유사한 채권·채무의 이자율(이하 "동종시장이자율"이라 함)을 적용하며, 동종시장이자율의 산정이 곤란한 경우에는 신주인수권부사채발행일 전 1년내에 차입한 차입금으로서 발행하는 신주인수권부사채와 유사한 만기를 가진 차입금의 가중평균차입이자율을 적용할 수 있다.

### (2) 이자수익

신주인수권부 사채로부터의 이자수익은 일반 채무증권의 경우와 동일하게 회계처리를 한다. 사채상환할증금은받기로 확정 되었을 때이자수익으로 인식한다.

### (3) 신주인수권 행사시 교부받은 지분증권의 취득원가

신주인수권 행사시 교부받은 지분증권의 취득워가는 신주인수권행사로 납입하는 금액(분리형신주인수권부사채의 경우 신주인수권을 행사한 부분에 해당하는 신주인수권의 장부가액을 가산한 합계금액)으로 한다. 다만 교부받은 지분증권이 시장성 있는 경우에는 지분증권의 취득원가는 당해 지분증권의 공정가액으로 한다. 이공정가액과 위 금액의 차이는 전환손익(영업외손익)으로 인식한다. 신주인수권과 관련하여 자본조정에 포함된 미실현보유손익이 있는 경우에는 이를 실현된 것으로 보아 전환손익에 포함한다.

## 4. 신주인수권부사채의 계정처리

신주인수권사채의 경우 비분리형분리형 공히 발행일부터 권리행사일까지 의회계처리는 전환사채와 다를바 없다.하지만 권리행사일 까지의 회계처리는 신주인수권의 속성상 전환사채와 구별된다. 할증상환조건으로 액면가액으로 발행된 신주인수권부사채의 회계처리는 다음과 같다.

## (1) 신주인수권부사채의 발행시
```
(차)  현금및현금성자산      ×××
      신주인수권조정        ×××
              (대)  사          채   ×××
                    사채상환할증금   ×××
                    신주인수권대가   ×××
```

(2) 신주인수권의 행사시
```
(차)  현금및현금성자산   ×××
      사채상환할증금     ×××
      신주인수권대가     ×××
              (대)  자    본    금   ×××
                    주식발행초과금   ×××
                    신주인수권조정   ×××
```

그리고 사채발행차금의 상각이나 사채이자의 지급 또는 미지급사채이자의 처리 등은 일반사채의 경우와 동일하게 회계처리를 한다.

[사례]----------------------------------------------------------------

① A회사(결산일3월31일))는 2023년4월1일에 다음의 조건으로 신주인수권부사채를 발행하였다. 사채의 권면총액 10억원. 상환기한 5년, 연이율 2%. 이자 지급일 연1회3월31일이며, 신주인수권조정은 정액법에 따라 상각한다. 발행가액은 권면 10,000원에 대하여 10,000원(그 중신주인수권부분2,000원) 사채권은 권면10,000원의1종류이며, 1매에 대하여 1주분의 신주인수권증서를 부여하며, 신주인수권의 행사에 따라 발행되는 주식(액면 5,000원)의 발행가액은 10,000원이다.

```
(차)  현금및현금성자산  1,000,000
      신주인수권 조정     200,000
              (대)  사        채   1,000,000
                    신주인수권대가    200,000
```

② 2023년3월31일, 이자를 지급하다.

③ 2023년6월30일에 30만주분의 신주인수권이 행사되었다.
```
(차)  현금및현금성자산  300,000,000
              (대)  자   본   금   150,000,000
```

(차) 신주인수권대가 60,000,000　　　　　주식발행초과금　150,000,000
　　　　　　　　　　　　　　　　(대) 주시발행초과금　　60,000,000

# 제8편
# 합병과 회계처리

제1절 합병의 개념과 절차
제2절 합병비율
제3절 합병의 본질과 회계처리법
제4절 합병법인의 기어회계기준상회계
제5절 합병에 관련된 세무처리

# 제1절 합병의 개념과 절차

## 1. 합병의 개념

[Point]
----------------------------------------------------------------
　상법의 규정에 따라 맺어지는 계약에 따라 2개 이상의 회사가 하나의 회사로 합동하는 것을 말한다.

　합병은 당해 회사 전부 또는 일부가 해산하여 그 권리와 의무가 존속회사 또는 신설회사에 포괄적으로 이전하는 효과를 수반한다.

　합병에 따라 당해 회사의 일방이 소멸하고 다른 편이 소멸하는 회사를 수용하는 경우를 흡수합병이라 하고, 당해 회사의 전부가 소멸하여 신회사를 설하는 경우를 신설합병이라 부른다 전자가 용이한 점에서 실제로는 대부분이 흡수합병으로 행하여진다.

　흡수합병에 있어서는 증자에 따른 신주발행에 관한 회계처리에 특수한 회계처리가 필요하다.

　세무상 소멸회사에 있어서의 자산·부채의 합병 직전의 장부가액이 세무계산상의 금액과 불일치의 부분에 대해서는 세무계산상의 금액에 의거하여 소득계산을 행한다.
----------------------------------------------------------------

　우리 나라에서는 합병이란 말은 일반적으로 법률상의 합병이라는 뜻으로 사용되고 있다. 즉, 합병은 2개 이상의 회사가 상법의 특별규정(합병절차)에 따른 계약에 따라 하나의 회사로 통합하는 법률행위이다.

　이 경우 합병당사회사의 일부(흡수합병일 경우)나 또는 전부(신설합병일 경우)가 해산하여 그의 재산이 청산절차를 거치지 않고 포괄적으로 합병 후에 존속되는 회사나 또는 새로이 설립된 회사로 이전되는 것과 동시에 그의 주주는 존속되는 회사 또는 신설회사의 주주가 된다. 바꾸어 말하면 합병은 법적절차에 따라 2가지 이상의 법인격이 하나로 합치는 것을 말한다.

　이러한 법률상의 합병에는 법정절차를 취하는 한, 모회사와 자회사의 합병도 포함된다. 그러면서도 모회사와 자회사(특히 모회사가 100%소유하고 있을 경우)는 법률상 별개의 법인격을 갖는 기업이지만 실질적으로는 하나의 기업이라고 생각 된다. 특히 우리 나라에서는 모회사의 기업형편에 따라 모회사의 일부분을 자회사로서 경영하는 일이 때로는 있다.
 모회사와 자회사의 합병은 실질적으로 하나인 기업인 회사가 법률적인 또는 형식적인 하나의 기업으로 되는 행위에 불과하다. 또한 다른 한편 합병과 실질적으로 동일한 경제적인 효과를 가지고 있는 영업양수는 합병에는 포함되지 않게 된다. 따라서 법률상의 합병은 형식적이며, 반드시 합병의 경제적인 실질이라는 견지에서 파악된 것은 아니다.
 그러나 미국에서는 제2차대전후 합병을 "기업결합"(Business Com0binanations) 또는 "취득과 합병"(Acqusitions and Mergers)으로서 법률상의 합병뿐만이 아니라 영업양수까지도 포함하고 또는 현금이나 주식의 교환에 따라 다른 회사의 의결권 주식을 취득하여 지배하며, 자회사로서 존속될 경우까지도 포함하여 논의되는 것이 보통이다. 즉, 미국에서의 합병의 개념은 법인격의 합일이라고 하는 형식적인 개념이 아닌 하나의 기업이 다른 기업을 지배할 경우까지도 포함하여 2가지 이상의 기업이 실질적인 하나의 기업주체(회계주체)에 결합함을 뜻한다.
 법률상 합병형태로는 흡수합병과 신설합병이 있다. 흡수합병은 합병당사자인 기존회사의 하나가 존속하며, 여기에 해산하는 타회사의 재산 및 주주를 흡수하는 합병이다.
 신설합병은 합병당사자인 기존회사가 모두 해산하여 그와 동시에 신회사를 설립하여 해산하는 회사의 재산 및 주주를 여기에 흡수하는 합병이다.
 해산하여 소멸하는 회사는 해산회사·소멸회사·피합병회사라고 불리운다. 흡수합병에 있어서 합병 후 존속하는 회사는 존속회사 및 합병회사, 신설합병에서 새로이 설립된 회사는 신설회사 또는 합병회사라고 불리운다.
 우리 나라에서는 실제로 실시되고 있는 합병은 대부분이 흡수합병이다. 회사가 서로 합병되는 경우에는 흡수합병의 형태를 취할 것인가, 신설합병의 형태를 취할 것인가 또는 흡수합병에 있어서는 어느 당사회사가 합병회사로 될 것인가를 상법상 원칙적으로는 자유이다.
 그러나 채무초과 회사(채무가 자산보다 큰 회사)와 합병이 되지 못하는 등 특수한 상태에 놓여 있는 회사와 합병할 경우나 주식회사가 다른 형태의 회사와 합병할 경우에는 일정한 제약이 따르게 된다.
 그러나 법률상 흡수합병으로 할 것인가, 신설합병으로 할 것인가는 어느 정도 자유롭게 선택할 수 있다는 사실과 또는 흡수합병에 있어서 합병 후 존속하는 회사를 합병당사회사 중 그 어떤 것으로도 할 수가 있다고 하는 사실은 회계상 여러 가지 문제가 발생한다.

회계는 기업주체를 관심영역으로서 실시하고 있으므로 어떠한 합병형태를 취하는가 또는 어떤 당사회사가 합병 후 존속될 거신가에 따라서 합병의 회계처리의 결과가 다르게 되기 때문인 것이다.

회계가 합병의 실질을 반영하여 처리되고, 보고를 하는 것이라고 생각된다면 흡수합병·신설합병, 합병 후 존속되는 회사는 합병당사회사 간에서 임의로 형식적으로 결정되는 것이 아니고, 합병에 있어서 어떤 당사회사가 실질적으로 지배회사이며, 합병 후의 회계주체가 될 것인가를 고려하여 결정하지 않으면 안된다.

## 2. 합병의 절차

회사의 합병은 다음과 같은 법정절차에 따라서 실시된다.
① 합병계약서의 작성
② 합병계약서 승인총회
③ 채권자보호절차
④ 주식의 합병
⑤ 합병의 실행(합병기일)
⑥ 합병보고총회
⑦ 합병등기

상법상의 합병절차는 합병당사회사의 대표이사가 합병계약서를 작성·체결하는 사실에서 개시된다.

그러나 실제로는 상법상의 합병절차에 들어가기 전에 합병에 관한 기본적인 사항에 대하여 의견을 조정하고 합의하여 합병각서를 교환하여 두는 것이 보통이다.

합병계약서에는 법정기재사항으로서 존속회사가 증가할 수권주식수, 합병신주의 총수, 합병비율, 증가할 자본금의 액, 준비금에 관한 사항, 합병교부금, 합병기일 등을 기재하지 않으면 안된다. 그 밖에 선량한 관리자의 의무 등을 임의적인 기재사항으로 기재한다.

합병에 임하여 상대회사의 재산상태나 합병조건은 당사 회사의 주주나 채권자에게 있어서 지극히 중요하므로 합병계약서는 각 회사의 주주총회 특별결의로 승인됨과 동시에 채권자의 보호절차(이의신청의 공고 등)를 취할 필요가 있다.

그러므로 대표이사는 주주가 합병승인총회 개최전에 합병의 여부, 합병조건의 여부를 판단하여 회사채권자가 합병에 대하여 이의신청을 할 것인가 아닌가를 판단하는 것이 가능하도록 주주총회 회일의 2개월전부터 각 당사회사의 재무상태표를 본점에 비치하지 않으면 안된다.

따라서 각 당사 회사가 작성·비치하는 재무상태표는 합병조건을 정하는데, 기초가 되는 재무상태표이며, 각 당사회사의 결산재무상태표와는 다르다.

따라서 이러한 각 당사회사의 재무상태표에 기재되는 재산은 회계학적으로는 공정가액으로 평가되는 것과 함께 합병후에 기대되는 개개의 회사의 수익력 등 기업가치를 반영한 것, 따라서 영업권을 계상한 것이 아니면 안된다.

더구나 상법에서는 합병계약체결의 전제로서 재무상태표의 작성을 강제하여, 이에 따라서만 합병조건을 결정하는 것은 아니다. 왜냐하면 합병조건은 여러 가지 요소를 고려하여서 결정되기 때문인 것이다

또한 합병계약의 체결에 있어서 재무상태표를 작성하지 않았을 경우에는 물론, 작성하여 그 재무상태표에 따라 합병조건을 결정하였을 경우라도 그 재무상태표 자체는 합병계약의 내용을 이루는 것이 아니기 때문에 합병계약서의 일부로서 합병승인총회에 제출하여 그 승인을 받을 필요는 물론 없으며, 합병승인결의가 있었던 후에 공고할 필요도 없는 것이다.

따라서 이러한 재무상태표에서의 재산평가는 적정한 기준에 평가될 수는 있으나, 그 평가는 강제되는 것은 아니다. 즉, 합병비율의 기초로서 합병당사회사의 재산상태가 공정하게 표시 된다면 결산재무제표와 같은 평가기준에 따라서 재무상태표를 작성한대도 상관은 없는 것으로 되어 있다.

합병에 따라 소멸되는 회사의 주주는 합병비율(소멸회사의 주식1주에 대하여 합병회사의 주식 몇주를 할당하는가 하는 할당비율)에 따라서 그가 갖는 주식을 존속회사의 주식과 교환하게 된다.

합병비율이 1:1일 경우, 즉 소멸회사의 주식1주에 대하여 존속회사의 주식1주를 할당할 경우에는 별단의 절차를 요하지 않으며, 그대로 교환한다면 좋을 것이다. 그러나 합병비율이 2:1과 같이 소멸회사의 주식에 대하려 그 보다 소수의 존속회사의 주식이 할당되었을 경우에는 이의 할당을 가능하게 함으로써 소멸되는 회사주식을 병합하는 것이 필요하다. 이 주식합병의 절차는 자본감소일 경우의 병합절차에 준하여 실시되는 것이다. 또한 주식합병에 따라 병합에 적합하지 않은 단주(端株)가 생겼을 경우에는 이것을 일괄하여 새로이 발행한 주식을 경매하거나 법원허가를 얻어 임의매각하거나 하여 그의 매각대금을 단주주주에게 교부하지 않으면 안된다.

합병기일에 소멸회사의 재산은 일체 존속회사에 인도되며, 소멸회사의 주주에게 존속회사의 주식이 할당되어 합병당사회사는 실질적으로 하나의 회사가 된다.

그리하여 존속회사의 이사는 일체의 모든 필요한 절차가 끝난 다음 지체없이 주주총회(합병보고총회)를 소집하여 합병에 관한 사항을 보고하지 않으면 안된다.

이상의 절차가 끝나면 존속회사에 대해서는 변경등기, 소멸회사에 대해서는 해산등기를 하여야 히며, 이러한 등기에 따라서 법률상 효력을 발생할 수가 있게 된다.

이상은 흡수합병의 경우이며, 신설합병의 경우에도 흡수합병의 절차와 실질적으로는 거의가 다르지 않다. 다만, 신설합병에서는 신회사가 설립되므로 설립위원의 선임, 정관의 작성, 창립총회의 개최가 필요하게 된다.

## 3. 합병교부금

### (1) 합병교부금의 의의

합병교부금이란 합병의 경우에 합병법인은 피합병법인의 주주 또는 사원에게 수입자산의 대가로서 교부하는 것은 대부분이 합병법인의 주식이나 주식의 액면가액으로 나눈 금액이 단수(端數)가 발생하거나 그 밖에 필요에 따라 금전을 교부하는 때도 적지 않다. 이러한 교부금을 합병교부금이라 하고, 이것은 수입자산의 일부이므로 합병법인의 손금으로 계상할 수 없는 것은 당연한 것이다.

합병을 인격승계방식으로 하는 경우에는 승계되는 자산과 이에 대한 주식의 소유관계도 동시에 변동없이 승계되어야 하므로, 원칙적으로 합병하는 경우에는 소멸하는 법인의 주주에게 주식을 교부하여 주어야 하며, 만일 현금으로 그 대가를 지급한다면, 이는 인격승계방식이 아니라 매수방식의 합병이 된다.

그러므로 합병교부금은 어디까지나 원칙적으로 합병에 대한 대가는 주식을 교부하는 것으로 하되, 다만 주식을 교부하는 것이 곤란하거나 불편한 경우 또는 그 대가가 합병으로 인하여 승계하는 자산에 대한 소유관계의 계속성과 직접 관계가 없는 일시적 성질의 금전인 경우에 한하며, 이의 보완책으로서의 부득이 지급하여야 하는 것이며, 보통 교부되는 주식대금에 비하여 아주 적은 액수의 금액이어야 한다.

### (2) 합병교부금의 내용

① 소멸하는 회사의 주주에 대하여 최종 이익배당금의 대신으로 지급하는 합병교부금

합병기일이 합병으로 인하여 소멸하는 회사의 사업연도말 현재인 경우에는 상관이 없으나 합병기일이 사업연도 중일 경우. 예를들면 사업연도가 1월부터 12월인 회사가 합병을 3월1일 현재로 하는 경우, 1월부터 2월말까지 영업실적에 대하여 별도 소멸회사의 이익처분절차에 따른 이익배당 대신 소멸하는 회사주주에 대하여 합병교부금을 지급할 수 있다. 이러한 경우에는 소멸하는 회사로부터 승계되는 자산과 직접 관계되지 않는 일시적 원인 (일정기간만의 영업실적)에 따른 대가 이기 때문에 주식을 교부하는 것 보다는 경과적인 조치로서 현금을 교부하는 것이 오히려 타당한 결과가 된다.

② 합병비율조정을 위한 합병교부금

합병당사회사의 자산상태 또는 영업실적 및 사업전망에 따라 합병비율은 결정된다 그러나 합병비율을 산정함에 있어 일정한 비례적인 수치로서는 부적합한 경우, 또는 단수로서 비율화 하는 것이 의미가 없거나 불편한 경우 등에 있어서 이에 대한 보완으로서 일정액의 합병교부금을 지급하게 된다.

# 제2절 합병비율

 합병에 즈음하여 존속회사 또는 신설회사의 주식(지분)이 소멸회사의 주주(사원)에게 교부되는데, 이 소멸회사의 주식과 주식회사 또는 신설회사의 교환비율을 합병비율(Rete of Merget)이라고 한다.
 합병비율은 합병계약서의 법적기재사항의 하나이고, 합병계약의 중심과제라고 할 것이다.
 이론상 합병비율은 소멸회사의 주주가 소멸회사의 기업가치에 대하여 가지고 있던 지분과 존속회사의 주주가 합병전의 존속회사의 기업가치에 대하여 가지고 있던 지분과가, 다함께 합병 후의 존속회사의 안에서 보장되도록 당사회사의 공정히 측정된 기업가치에 근거를 두고 정하여야 할 것이다.
 그러나 실제상은 합병당사자간의 자력관계에 큰 영향을 받아서 결정된다. 또 너무 엄밀하게는 계산되지 않고 존속회사가 소멸회사의 주주(사원)에게 합병교부금을 지급하는 것에 의해 조정하고, 1대1이던가 1대2와 같은 간단한 형식으로 정하는 것이 통상이다.
 예를들어 합병회사 의 기업평가액이 10,000천원, 발행주수가 10,000주, 피합병회사의 기업평가액이 4,000천원, 발행주수 5,000주로 한다면 합병비율은 (5 ; 4)이다

$$\frac{4,000,000 \div 5,000}{10,000,000 \div 10,000} = \frac{800}{1,000} = \frac{4}{5}$$

 그런데 우리나나의 부기책이나 회계학책에서는 합병비율은 때때로 합병당사회사간의 기업평가액의 비율, 이 예에서는 4,000/10,000 = 2/5(5:2)로서 표시되고 있다. 그러나 합병비율은 피합병회사의 주식 1주당 합병회사의 주식 몇 주를 교부하는가를 나타내는 비율이므로 합병비율은 합병당사회사간의 기업평가액의 비율로 나타내지 않으면 안된다.
 이러한 합병비율 결정의 기초가 되는 기업평가는 여러 가지의 요소가 고려되어 종합적으로 결정되며, 그의 기본적인 방법에는 다음과 같은 것이 있다.

# 1. 순자산평가법

순자산평가법이란 각 합병당사회사의 순자산액으로서 기업을 평가하는 방법이다. 그러므로 합병비율은 합병당사회사간의 1주당의 순자산액의 비율에 따라서 결정된다.

이 경우 자산은 장부가액에 따르는 일도 있으나, 재구입원가 즉, 당해자산을 현재구입 또는 제작한다고 한다면 지급될 지출액에 따라서 평가된다.

이러한 재구입원가에 따른 순자산평가법은 복성식(復成式)평가법이라고도 불리운다. 단, 채권 등의 화폐성자산에 대해서는 회수가능액으로 평가 된다.

**[사례1]**

A회사는 B회사를 흡수합병 하기로 되었다. A, B양회사의 재무상태표는 다음과 같이 합병에 있어 A회사가 발행하는 주식수 또는 합병에 따라 증가되는 A회사의 자본금액을 계산하라.

| A회사 | 재 무 상 태 표 | | (단위 ; 1,000원) |
|---|---|---|---|
| 제 자 산 | 600,000 | 제 부 채 | 200,000 |
| | | 자 본 금 | 250,000 |
| | | 이 익 준 비 금 | 20,000 |
| | | 임 의 적 립 금 | 130,000 |
| | 600,000 | | 600,000 |

※ 액면주식(액면 500원) 50만주

| B회사 | 재 무 상 태 표 | | (단위 ; 1,000원) |
|---|---|---|---|
| 제 자 산 | 300,000 | 제 부 채 | 180,000 |
| | | 자 본 금 | 100,000 |
| | | 이익준비금 | 5,000 |
| | | 임의적립금 | 15,000 |
| | 300,000 | | 300,000 |

※ 액면주식 (액면 500원) 20만주

**A회사의 순자산액**

  600,000천원 - 2000,000천원 = 400,

**A회사 1주당의 순자산액**

  400,000천원 ÷ 500,000(주) = 800원

**B회사의 순자산액**

  300,000천원 - 18,000천원 = 120,000천원

**B회사 1주당의 순자산액**

  120,000천원 ÷ 200,000(주) = 600원

  합병비율 = 600 ÷ 800 = 3/4(= 0.75)

  합병비율은 4 ;3 즉, B회사 주식 4주에 대하여 A회사주식 3주를 할당한다

**합병에 있어 발행한 주식수**

  200,000주 × 3/4 = 150,000주

**A회사의 자본금 증가액**

  599원 × 150,000 = 75,00

이 방법은 생산과 판매활동에 거액의 설비투자를 필요로 하는 기업, 특히 설비가 비교적 새로운 경우에 채택되며, 기업가치는 조직체의 가치이며, 개개의 자산의 평가액의 합계에 따라서 결정될 성질의 것이 아니라도 비판이 된다.

## 2. 수익환원가치법

계속기업의 가치는 재화나 용역판매에 따라서 이익을 획득하는 능력의 개수(開數)라고 하는 가정에 따라서 장차 얻게 된다고 예상되는 이익을 자본가치로 환원하여 기업가치를 평가하는 방법이다. 그리하여 합병비율은 합병당사회사간의 1주당의 자본가치의 비율에 따라서 결정 된다. 수익환원가치란 소정의 수익이 있는 경우, 그 수익의 액을 낳기에는 통상 어느 만큼의 자본투자가 필요한가라는 관점에서 그 수익을 낳는 밑천의 가치를 생각하는 것을 의미한다.

**[사례2]**

사례1에서 A회사의 평균 자기자본이릭률이 6%, B회사의 평균자기다본이익률 이 4.5%, 일반기업의 평균자기자본이익률이 4%일 경우, 수익환원가치법에 따라서 합병비율을 산정하여 합병에 있어서 A회사가 발행하는 주식수를 계산하라.

<A회사>
평균이익 = 자기자본(600,000천원 - 200,000천원) × A회사의 자기자본이익
         률 0.06 = 24,000천원
수익환원가치 = 24,000천원 ÷ 일반기업의 평균자기자본이익률
             0.04 = 600,000천원
1주당의 수익환원가치 + 600,000천원 ÷ 500,000(주) = 1,200원
<B회사>
평균이익 = (300,000천원 - 18,000천원) × 0.045 = 5,400천원
수익환원가치 = 5,400천원 ÷ 0.04 = 135,000천원
1주당의 수익환원가치 = 135,000천원 ÷ 200,000(주) = 675원
합병비율 = 675 ÷ 1,200 = 9 /16 (16;9)
합변에서 발행하는 주식수 = 200,000주 × 9 /16 = 112,500주

## 3. 순자산평가법과 수익환원가치법의 평균법

이것은 순자산평가법에 따른 기업평가액과 수익환원가치법에 따른 기업평가액을 평균하여 기업을 평가하는 방법이다.

합병비율은 합병당사회사간의 1주당의 기업평가액의 비율로 계산된다.

수익환원가치가 순자산액을 초과할 경우, 그의 초과액은 영업권이므로 이러한 평균법하에서는 영업권은 반분 정도 밖에 계상되지 않게 된다.

[사례3]----------------------------------------------------------------
사례1과 2에 따라 순자산평가법과 수익환원가치법의 평균법에 따라서 합병비율, 합병에서 발행되는 주식수 및 교부현금액을 계산하라. 단, A회사주식 1주당의 B회사 주식의 비율이 소수점이하 두자리 미만인 부분에 대해서는 주식을 교부하지 않고 1주당 1,000원의 현금을 교부한다.
----------------------------------------------------------------

A회사의 기업평가액>
순자산 400,000,000천원 + 수익환원가치 600,000천원/2 =500,000천원
1주당의 기업평가액 = 500,000천원 ÷ 500,000(주) = 1,000원
B회사의 기업평가액
120,000천원 + 135,000천원 / 2 = 127,500천원
1주당의 기업평가액 = 127,500천원 ÷ 200,000(주) 637.5원
합병비율 = 637.5 ÷ 1,000 =0.637.5
발행될 주식수 = 200,000주 × 0.6 = 120,000주

교부현금액 = 1,000원 × (127,500 - 120,000) = 7,500천원

## 4. 주가평가법

주가평가법은 주가(株價)에 발행주식총수를 곱하여 기업을 평가하는 방법이다.

합병비율은 합병당사회사간의 주가의 비율로 결정된다 이러한 방법은 주가가 투자자에 따른 기업의 장래의 예상이익과 위험을 가장 객관적으로 반영한다고 하는 생각에 따른 것이며, 미국에서 널리 사용되고 있는 방법이다.

**[사례4]**----------------------------------------------------------------
사례1에서 A회사의 합병계약시에서의 주가가 800원, B회사의 주가가 600원일 경우, 주가에 따라서 합병비율을 계산하라.
----------------------------------------------------------------

합병비율 = 600 ÷ 800 = 3/4 (4 ; 3)

# 제3절 합병의 본질과 회계처리법

## 1. 현물출자설

우리 나라에서는 합병의 회계처리는 회계학상 합병의 본질을 어떻게 생각하고 있느냐에 따라서 다르다고 되어 있다. 그리하여 이러한 합병의 본질관에는 현물출자설과 인격합일설(또는 인격승계설)이 있다.

현물출자설은 합병을 보통의 현물출자(금전 이외의 재산으로 출자하는 것)에 준하는 것으로 하여 피합병회사의 주주가 합병회사에 대하여 그의 재산 전부를 출자하여 합병회사의 본질이 증가 되는 것(흡수합병일 경우) 또는 신회사가 설립되는 것(신설합병의 경우)이라는 견해가 있다.

이러한 합병의 본질과의 관련에 있어서 현물출자설에서는 합병회사가 피합병회사로부터 받아드린 자산은 새로이 취득한 자산이므로 공정한 시가로 평가하여, 그리고 피합병회사에서 떠맡은 부채액을 공제한 수입순자산액을 피합병회사의 주주에 따른 합병회사에 대한 현물출자액으로 생각한다.

그리하여 이 수입순자산액(현물출자액)이 합병회사의 합병에 따른 자본금 증가액이나 또는 신설자본금의 액과 합병교부금의 합계액을 초과하는 액은 합병차익이라고 불리운다.

현물출자설에서는 합병차익은 출자액이 자본금 증가액 또는 신설자본금의 액을 초과하는 액이므로 보통 신주발행에 있어서 액면주식을 발행할 경우의 액면초과금과 똑 같이 생각되며, 주주의 납입자본의 일부에 속하는 것으로서, 이것을 자본잉여금(상법 및 기업회계기준상 자본준비금)으로서 처리 될 것으로 간주된다.

---

수입자산 ---------- 승 계 부 채
　　　　　　　　증가자본금(신설자본금)
　　　　　　　　합 병 교 부 금
　　　　　　　　합 병 차 익

---

※ 합병차익 = (수입자산 - 승계부채) - (증가자본금 또는 신설자본금 + 합병교부금)

현물출자설에서는 합병의 회계처리는 다음과 같이 실시한다.
① 합병회사가 피합병회사로부터 인계한 자산은 출자재산으로서 공정가액 및 공정시가로 평가된다.
② 합병회사가 피합병회사로부터 인계한 자산은 출자대상이 되는 재산에 한정되며, 재산가치가 없고 피합병회사에서의 손익계산의 견지에서만 이 인정 되는 이연자산은 원칙적으로 인계 되지 않는다. 단, 피합병회사의 사채를 인계하여 사채의 현재가치가 액면금액과 다를 경우에는, 사채를 액면금액으로 계상되므로 액면금액과 현재가치와의 차액은 사채할인발행차금으로서 계상 된다. 개발비 및 시험연구비의 효과가 합병 후 발현된다고 기대될 경우에는 합병대가의 결정에 있어서 평가 되며, 영업권의 구성요소로서 계상되는 것이 이론적이다. 또한 피합병회사의 부외자산은 공정하게 평가되어 계상된다.
③ 부채는 채무만이 인계 된다. 대손충당금이나 감가상각누계액 등의 평가성충당금은 인계되지 않는다.
④ 합병에 수반되어 생기는 비용은 신주발행비(흡수합병의 경우) 또는 창업비(신설합병의 경우)에 준하여 합병회사의 사산으로서 처리되는 것이 이론적이다.
⑤ 합병차익을 자본잉여금(자본준비금)으로서 처리되며, 피합병회사의 이익잉여금의 인계는 없다. 피합병회사의 이익잉여금은 이익을 얻는 피합병회사에 있어서만이 의미를 갖기 때문인 것이다.
⑥ 합병회사의 합병대가의 액(교부주식의 발행가액의 총액 = 피합병회사의 기업평가액)이 수입 순자산액을 초과할 경우에는 그 초과액은 영업권으로서 처리된다. 그러나 우리 나라에서는 수입순자산에 영업권을 포함하지 않으면 합병회사의 수입순자산액이 자본금 증가액 보다도 적을 경우, 그 차액을 영업권으로서 처리하는 일이 많다. 즉, 영업권은 합병차익의 반대개념(합병차손)으로서 취하여지며, 영업권과 합병차익과는 양립되지 아니한다. 그러나 영업권은 초과이익에 대한 지급으로서 수입수입순자산액이 자본금 증가액 보다 적을 경우에만 아니라 수입순자산액이 자본금 증가 보다 클 경우에도 생기게 되므로 이러한 생각은 이론적인 것이 못된다.

⑦ 수입순자산에 영업권을 포함하여 영업권을 계상할 경우에 포함한 수입순자산액이 자본금 증가액을 초과할 경우에는 그 초과되는 액이 합병차익이며, 수입순자산액이 자본금증가액 보다 적을 경우에는 그의 차액은 합병차손이라고 부른다. 현물출자설에서는 출자행위이므로 합병차손은 원래 발생하지 않게 되는 것이다. 만약 합병차손이 발생하였다고 한다면 그 부분은 자본납입이 없었던 것으로 하여 합병차익과 자본금액에서 공제 되어야만 한다. 또한 합병차손이 수입순자산의 평가가 적절하지 않기 때문에 생긴 것이라고 한다면 당해 자산에 할당하는 것이 필요하다.

**[사례5]**

A주식회사는 B주식회사를 흡수합병하였다. 합병 직전에 A, B양회사의 장부가액 에 따른 재무상태표는 다음과 같았다. 이 같은 경우
① 현물출자설에 따라서 아래의 합병조건 ㉮,㉯에서 A회사의 합병 및 합병 후의 재무상태표와
② 합병에 수반되는 B회사의 분개를 표시하라.

&lt;A주식회사&gt;   재무상태표   단위; 1,000원

| 현금및현금성자산 | 80,000 | 외상매입금 | 130,000 |
|---|---|---|---|
| 외 상 매 출 금 | 123,000 | 차 입 금 | 50,000 |
| 대 손 충 당 금 | △3,000 | 자 본 금 | 200,000 |
| 상 품 | 160,000 | 이익준비금 | 20,000 |
| 유 형 자 산 | 140,000 | 임의적립금 | 60,000 |
| 감가상각누계액 | △40,000 | | |
| | 460,000 | | 460,000 |

※ 액면주식 (액면 500원) 40만주

&lt;B주식회사&gt;   재무상태표   (단위;1,000원)

| 현금및현금성자산 | 40,000 | 외상매입금 | 60,000 |
|---|---|---|---|
| 외 상 매 출 금 | 70,000 | 차 입 금 | 30,000 |
| 대 손 충 당 금 | △1,000 | 자 본 금 | 100,000 * |
| 상 품 | 100,000 | 이익준비금 | 15,000 |

| | | | |
|---|---|---|---|
| 유 형 자 산 | 36,000 | 임의적립금 | 35,000 |
| 감가상각누계액 | △6,000 | | |
| | 240,000 | | 240,000 |

* 액면주식 (액면500원) 20만주

① 합병시의 B회사의 외상매출금의평가액은 70,000천원, 유형자산의 평가액은 34,000천원이다.

② ㉮ 합병비율이 1 : 1일 경우

　㉯ 합병비율이 2 : 1일 경우

---

(1) A회사의 분개

　㉮ 합병비율이 1 : 1 일 경우

　　(차) 현금현금성자산　40,000
　　　　외 상 매 출 금　70,000
　　　　상　　　　 품　100,000
　　　　유 형 자 산　34,000
　　　　　　　　　　　(대) 외상매입금　60,000
　　　　　　　　　　　　　 차 입 금　30,000
　　　　　　　　　　　　　 자 본 금　100,000
　　　　　　　　　　　　　 합 병 차 익　54,000
　　　　　　　　　　　　　 (자본준비금)

<A주식회사>　　　　　　재무상태표　　　　　　(단위: 1,000원)

| | | | |
|---|---|---|---|
| 현금및현금성자산 | 120,000 | 외상매입금 | 190,000 |
| 외 상 매 출 금 | 193,000 | 차 입 금 | 80,000 |
| 대 손 충 당 금 | △ 3,000 | 자 본 금 | 300,000 |
| 상　　　　 품 | 260,000 | 자본준비금 | 54,000 |
| 유 형 자 산 | 174,000 | 이익준비금 | 20,000 |
| 감가상각누계액 | △ 40,000 | 임의적립금 | 60,000 |
| | 704,000 | | 704,000 |

　㉯ 합병비율이 2 : 1일 경우

　　(차) 현금및현금성자산　40,000
　　　　외 상 매 출 금　70,000
　　　　상　　　　 품　100,000
　　　　유 형 자 산　34,000

(대) 외상매입금    60,000
    차 입 금       30,000
    자 본 금       50,000
    합 병 차 익   104,000

※ 299,000주 × 1/2 = 100,000주
  500원 × 100,000 = 50,000천원

합병 후의 잼상태표는 ㉮일 경우의 잼상태표에서 자본금이 250,000원, 자본준비금이 104,000이 될 뿐이며, 나머지는 똑 같기 때문에 생략하기로 한다.

(2) B회사의 분개
   (차) 외 상 매 입 금    60,000
        차 입 금          30,000
        대 손 충 당 금     1,000
        감가상각누계액      6,000
        자 본 금         100,000
        이 익 준 비 금    15,000
        임 의 적 립 금    35,000
              (대) 현금및현금성자산   40,000
                   외 상 매 출 금    71,000
                   상      품      100,000
                   유 동 자 산      36,000

현금출자설(또는 인격합일설)은 합병회사의 회계처리에 관한 것이며, 피합병회사의 회계처리에는 관계되지 않는다. 피합병회사에서는 자산·부채·자본의 소멸처리를 할 뿐이다.

[사례6]-------------------------------------------------------------
위 합병에 있어서 A회사와 B회사가 합병하여 신회사인 C회사를 설립하였을 경우 (신설합병)의 합병내역을 밝혀라. 단, C회사는 그의 주식 (액 500원)1주를 A회사1주, B회사 주식2주에 대하여 교부한다. A회사외상매출금의 평가액 120,000천원, 기타는 사례5와 같다.
-------------------------------------------------------------

- (차) 현금및현금성자산   120,000
       외 상 매 출 금    190,000
       상      품       260,000
       유 동 자 산      134,000
              (대) 외상매입금    190,000

차 입 금    80,000
자 본 금   300,000
합 병 차 익  134,000
(자본준비금)

**[사례7]**
A회사는 B회사를 흡수합병하였다. A회사의 평균 자기자본이익률은 5%, B회사의 평균 자기자본이익률은 6%, 동 업종의 자기자본이익률은 4%이다. 병직전에 A,B 양사의 재무상태표는 다음과 같다. A회사의 합병분배를 표시하라

<A주식회사>　　　　　재무상태표　　　　　　(단위 ; 1,000원)

| 제 자 산 | 16,000 | 제 부 채 | 4,000 |
|---|---|---|---|
|  |  | 자 본 금 | 10,000 |
|  |  | 자본준비금 | 200 |
|  |  | 이익준비금 | 800 |
|  |  | 임의적립금 | 1,000 |
|  | 16,000 |  | 16,000 |

※ 액면주식(액면 500원) 2만주

<B주식회사>　　　　　재무상태표　　　　　　(단위 ; 1,000원)

| 제 자 산 | 4,500 | 제 부 채 | 1,000 |
|---|---|---|---|
|  |  | 자 본 금 | 2,500 * |
|  |  | 자본준비금 | 100 |
|  |  | 이익준비금 | 200 |
|  |  | 임의적립금 | 700 |
|  | 4,500 |  | 4,500 |

* 액면주식(액면 500원), 5천주

(차) 제 자 산   4,500
　　 영 업 권   1,750
　　　　　　　　　　(대) 제 부 채   1,000
　　　　　　　　　　　　 자 본 금   3,500
　　　　　　　　　　　　 합 병 차 익  1,750

A회사의 년평균이익 = ( 16,000천원 - 4,000천원) × 0.05 = 600천원

A회사의 기업평가액 = 600천원 ÷ 0.04 = 15,000천원

1주당의 기업평가액 = 15,000천원 ÷ 20,000 = 750원

B회사의 기업평가액 = {(4,500천원 -1,000천원)× 0.06 } ÷ 0.04 = 5,250천원
B회사 1주당의 기업평가액 = 5,250천원 ÷ 5,000 = 1,050원
합병비율 == 1,050 ÷ 750 = 7/5 (5 : 7)
발행주수 = 5,000주 × 7/5 = 7,000주
발행총액 = A주식회사 1주의 발행가액 (A회사 1주당의 기업평가액)
　　　　　750원 × 발행주수 7,000 = 5250천원
증가자본금 = 500원 ×7,000 = 3,500천원
영업권 = 발행총액(기업평가액) 5,250천원 - 수입순자산액 - 3500천= 1,750천원

　그러나 우리 나라에서는 다음과 같이 처리되는 일이 많다.

　　(차) 제 자 산　4,500
　　　　　　　　　　　(대) 제 부 채　1,000
　　　　　　　　　　　　　 자 본 금　3,500

합병에 따라 증가되는 자본금 = A회사 자본금

　　　　　　　　　　 B회사평가액 5,250천원
10,000천원 × ─────────────── = 3,500천원
　　　　　　　　　　 A회사평가액 15,000천원

　후자의 방법은 증가자본금액을 직접 계산하여 수입순자산액이 증가자본액을 초과하는 액을 합병차익으로서 공제하는 방법이다

　그러나 우선 합병비율을 결정하여 그에 따라서 발행주 수가 결정되고, 그리고 합병신주의 발행가액을 결정하여 합병에 임하여 증가하는 자본금액을 결정하는 것이 이론적이다. 또한 합병신주의 발행가액은 반드시 액면금액일 필요는 없다.

　합병차익발생의 이론적인 전제로서는 합병회사가 받아드리는 순자산액은 합병에 따라 증가 되거나 또는 신설 되는 자본금액과 반드시 일치될 필요는 없기 때문인 것이다. 그리하여 합병신설의 발행가액은 본래 합병회사의 1주당의 기업평가액으로 하여야만 한다.

　왜냐 하면 합병비율은 합병당사회사의 기업평가액에 따라 결정되는 것이라고 보고 발행가액을 합병회사의 1주당 기업평가액으로 한다면, 합병

회사는 피합병회사에서 받아드린 순자산을 기업평가액으로 한다. 따라서 피합병회사의 영업권을 기업 전체와의 관련에서 계상할 수가 있기 때문인 것이다.

그런데 증가하는 자본금액을 직접 계산할 경우에는 합병당사회사에서 기업평가(자기자본평가)를 해서 교부주식수를 결정한다고 해도 합병회사에 있어서 증가하는 자본으로서 계상되는 것은 합병회사의 자기자본은 아니며, 자본금에 대한 합병비율의 비율이다.

## 2. 인격합일설

인격합일설은 합병에 있어서 합병회사가 피합병회사의 재산을 포괄적인 상태로 승계하여 2개 이상의 회사가 하나의 회사로 합친다고 하는 합병본질관이며 합병회사에 있어서 피합병회사의 인격의 계속을 인정하는 견해이다.

이러한 인격합일설에 따르면 합병회사가 피합병회사로부터 인계한 자산·부채는 합병에 있어서 회계처리기준이 변경되는 경우를 제외하고 합병차익은 피합병회사의 자본잉여금으로서 일괄적으로 파악하는 것이 아니라, 피합병회사에서는 자본잉여금·이익잉여금으로 구성되며, 그의 구성요소에 따라서 구분처리 된다.

즉, 인격합일설에 따르면 합병은 2가지 이상의 합병당사회사가 그대로 하나로 된 것이라고 보고 있기 때문에 합병당사회사의 합병 전의 자산··부채·자본의 장부가액은 원칙적으로 합벼외사에 인계되며, 합병 후의 회사의 자산부채 자본의 장부가액을 원칙적으로 합병회사에 인계되며, 합병 후의 회사의 자산부채자본액은 합병전의 당사회사의 자산·부채·자본의 장부가액을 합계한 것으로 된다.

따라서 인격합일설에 따르면 합병차익이라는 개념은 원래 존재하지 않는 것이다.

인격합일설에 따른 회계처리는 다음과 같이 실시된다.

① 피합병법인의 자산·부채는 그대로 장부가액으로 기록 된다. 이연자산이나 채무는 물론이고 충당금도 인계된다.

② 피합병법인의 자본도 인계되며, 따라서 이익잉여금이나 결손금도 인

계 된다.

그러나 합병비율이 1 : 1 이외일 경우에는 합병에 따라 증가되는 자본금 및 신설자본금액은 피합병회사의 자본금액과는 다르다. 합병비율이 2 : 1과 같이 피합병회사의 주주에게 교부되는 주식수가 합병전에 갖는 주식수 보다 적을 경우에는 합병으로 인하여 증가되는 자본금이나 또는 신설자본금액은 피합병회사의 합병전 자본금액 보다도 적어지게 된다.

이러한 차액은 합병에 있어서 감자가 실시된 것으로 보고 합병감자차익이라고 불리우며, 보통 감자차익과 같은 것이며, 자본잉여금 (상법상 자본준비금)으로 된다.

또한 반대로 합병비율이 1 : 2와 같이 피합병법인의 주주에게 교부되는 주식수가 합병전에 갖는 주식수 보다 많을 경우에는 합병으로 증가되는 자본금 및 신설자본금액은 피합병회사의 합병전의 자본금액 보다도 크게 된다.

이러한 차액은 합병증자차손이라고 불리운다. 합병증자차손은 우리 나라에서는 회계상 영업권으로 계상되는 일이 많은 모양이지만 수입자산을 피합병회사의 장부가액으로 인계한다고 하는 인격합일설의 논리와는 일관되어 있지 않다.

이러한 불합리는 합병에 있어서 기업평가에 따른 합병비율에 따라서 합병신주의 발행수가 결정되어 있음에도 불구하고 자산을 장부가액으로 기록하는 수입순자산액과 증가자본액의 결정기준이 다르기 때문인 것이다.

미국에서는 이 차손은 피합병회사의 합병전의 자본잉여금이 합병에 있어 자본금으로 전입된 것으로 하여 자본잉여금에서 공제되며, 이 차손이 자본잉여금 보다 많을 경우에는 또다시 이익잉여금에서 공제한다.

③ 영업권은 계상되지는 않는다.

[사례8]----------------------------------------------------------------
　인격합일설에 따라 사례5와 사례6의 합병내역을 밝혀라.
-------------------------------------------------------------------------

<사례5의 분개>
　㉮　(차)　현금및현금성자산　40,000
　　　　　　외 상 매 출 금　71,000
　　　　　　상　　　　　품　100,000
　　　　　　유 형 자 산　36,000
　　　　　　　　　　　　　　(대) 외 상 매 입 금　60,000

|  |  |  | 차 입 금 | 30,000 |
|---|---|---|---|---|
|  |  |  | 대손충당금 | 1,000 |
|  |  |  | 감가상각누계액 | 6,000 |
|  |  |  | 자 본 금 | 100,000 |
|  |  |  | 이익준비금 | 15,000 |
|  |  |  | 임의적립금 | 35000 |

㈏ (차) 현금및현금성자산　40,000
　　　　외 상 매 출 금　71,000
　　　　상　　　　　품　100,000
　　　　유 형 자 산　36,000
　　　　　　　　　　　　　(대) 외 상 매 입 금　60,000
　　　　　　　　　　　　　　　차 입 금　30,000
　　　　　　　　　　　　　　　대 손 충 당 금　1,000
　　　　　　　　　　　　　　　감가상각누계액　6,000
　　　　　　　　　　　　　　　자 본 금　50,000※
　　　　　　　　　　　　　　　합병감자차익　50,000
　　　　　　　　　　　　　　　 (자본준비금)
　　　　　　　　　　　　　　　이익준비금　15,000
　　　　　　　　　　　　　　　임의적립금　35,000

　※ 합병감자차익
　　= B회사의 합병전의 자본금 100,000천원 - 합병에 따른 자본금증가액 50,000천원
　　= 50,000천원

### <사례6의 분개>

(차) 현금및현금성자산　120,000
　　외 상 매 출 금　194,000
　　상　　　　　품　260,000
　　유 형 자 산　176,000
　　　　　　　　　　　　(대) 외 상 매 입 금　190,000
　　　　　　　　　　　　　　차 입 금　80,000
　　　　　　　　　　　　　　대 손 충 당 금　4,000
　　　　　　　　　　　　　　감가상각누계액　46,000
　　　　　　　　　　　　　　자 본 금　250,000
　　　　　　　　　　　　　　합병감자차익　50,000
　　　　　　　　　　　　　　이 익 준 비 금　35,000
　　　　　　　　　　　　　　임 의 적 립 금　95,000

[사례7]
사례5에서 A회사가 합병비율 1 : 1.5로서 B회사를 흡수합병하였을 경우, 인격합일설에 따른 A회사의 분개를 말하라.

(차) 현금및현금성자산　　40,000
　　　외　상　매　출　금　　 7,000
　　　상　　　　　　　품　　100,000
　　　유　　형　　자　　산　　36,000
　　　합　병　증　자　차　손　50,000 *
　　　　　　　　(대) 외　상　매　입　금　　60,000
　　　　　　　　　　 차　　　입　　　금　　30,000
　　　　　　　　　　 대　손　충　당　금　　 1,000
　　　　　　　　　　 감 가 상 각 누 계 액　 6,000
　　　　　　　　　　 자　　　본　　　금　 150,000
　　　　　　　　　　 이　익　준　비　금　 15,000
　　　　　　　　　　 임　의　적　립　금　 35,000

* 합병증자차손
 =합병에 따른 자본금 증가액 150,000천원 - B회사의 합병전의 자본금
　100,000천원 = 50,000천원

## 3. 현물출자설·인격합일설과 매수법·지분풀링법

이상과 같이 우리 나라에서는 회계학상 합병의 회계처리는 합병의 본질관에도 관계되어 일원적으로 실시되며, 합병본질관으로서 현물출자설과 인격합일설이 대립되어 있다.

# 제4절 합병법인의 기업회계기준상회계

**[Point]**

지배·종속기업간 합병의 경우 종속기업의 자산부채에 대하여 연결장부 금액으로 인식하며(회계기준 문단 32.9), 종속기업간 합병의 경우 피합병기업의 연결 장부금액과 그 대가로 지급하는 금액의 차이는 자본잉여금으로 반영 한다.(회계기준 문단32.10)

## <사례 1 >

### (1) 지배기업이 종속기업을 합병하는 경우

P회사는 S회사의지분80%를 소유하고 있다. P회사는 S회사의 지분 20%를 추가취득하여 S회사를 합병하였다. 합병시점에 P회사가 보유하는 S회사에 대한 지분법적용투자주식 장부금액은 80원이고, 동 시점에 S회사 순자산의 연결재무제표상 장부금액은 100원, S회사 순자산의 개별재무제표상 장부금액은 90원이며, 20%지분을 추가취득하기 위해 지급한 금액은 30원이다.

도표820

**(가) 합병 전·후 지배기업지분 및 비지배지분 내역**
① 합병 전

| 구 분 | 계산내역 | 금 액 |
|---|---|---|
| 지배기업지분 | 100 × 80% | 80 |
| 비지배지분 | 100 × 20% | 20 |
| 합 계 |  | 100 |

② 합병 후

| 구 분 | 계산내역 | 금 액 |
|---|---|---|
| 지배기업지분 | 100×100%-30 (현금감소분) | 70 |
| 비지배지분 | 100×0 % | 0 |
| 합 계 |  | 70 |

**(나) 개별회계처리**
① P회사의 개별회계처리
   (차) 순 자 산    100    (대) S 주 식    80
       자본잉여금    10        현 금    30
② S회사의 개별회계처리
   (차) 자본금및자본잉여금 100    (대) 순 자 산    100

**(다) 합병 전·후 연결재무제표 및 회계처리**
① 합병전
   (차) 순 자 산(S)    100    (대) 지배기업지분    80
                                비지배지분    20
       합 계    100        순 자 산    100
② 합병후
   (차) 순 자 산    100    (대) 지배기업지분    70
      현 금    (30)        비지배지분    0
       합 계    70        합 계    70

### (나) 개별회계처리

① P회사의 개별 회계처리

 (차) 순 자 산   100    (대) S 주 식   80
   자본잉여금   10      현   금   30

② S회사의 개별회계처리

 (차) 자본금및자본잉여금 100   (대) 순 자 산   100

### (다) 합병 전후 연결재무제표 및 회계처리

① 합병전

 (차) 순자산(S)   100    (대) 지배기업지분   80
              비지배지분   20
   합 계   100           100

② 합병후

 (차) 순자산(S)   100    (대) 지배기업지분   70
   현 금   (30)       비지배지분   0
   합 계   70         합 계   70

### (2.) 종속기업이 지배기업을 역합병하는 경우

·종속기업이 지배기업을 합병하는 경우 법적으로 종속기업이 합병기업이라 하더라도 실질적으로는 지배기업이 종속기업을 합병한 것으로 본다.

따라서 지배기업이 합병기업이 되어 역합병의 회계처리를 한다. 즉, 지배기업이 종속기업으로부터 받은 자산과 부채를 연결재무제표상의 장부금액으로 승계한다. 다만, 자본금은 종속기업이 발행한 주식의 액면금액으로 조정한다.

### (3) 종속기업 간 합병하는 경우

P회사는 S1회사와 S2회사의 지분을 각각 80%, 60% 소유하고 있다. 종속기업S1회사와 S2회사의 순자산의 연결재무제표상 장부가액은 각각 200원, 100원이다. S1회사는 S2회사를 합병하였으며 합병대가는 110원이고, 합병시 종속기업 S2회사 공정가치도 110원이다. S2회사의 연결재무제표상 장부금액과 개별재무제표상 장부금액은 동일하다.

도 표 822

**(가) 합병전후 지배기업지분 및 비지배지분 내역**

① 합병전후지배기업지분 및 비지배지분 내역

| 구 분 | 계산내역 | 금액 |
|---|---|---|
| 지배기업지분 | 200×80% + 100×60% | 220 |
| 비지배지분 | 200×20% + 100×40% | 80 |
| 합 계 |  | 300 |

② 합병후

| 구 분 | 계산내역 | 금액 |
|---|---|---|
| 지배기업지분 | 200+100-110×80%+66(현금증분) | 218 |
| 비지배지분 | (200+100-110)×20% | 38 |
| 합 계 |  | 256 |

**(나) 개별회계처리**

① P회사의 개별회계처리

 (차) 현 금 66  (대) S2 주식 60
   자본잉여금 2  (대) S1 주식 8 *

 * S1의순자산 변동분 몫 감소 ; (190 - 200) × 80% ---8

② S1 회사의 개별회계처리

  (차) 순 자 산 100
    자 본 잉 여 금 10
       (대) 현 금 110

③ S2회사의 개별 회계처리

(차)　자본금 및 자본잉여금　100
　　　　　　　　　　　　　　　(대)　순 자 산　100
**(다) 합병 전·후 연결재무제표 및 회계처리**
① 합병전
　　(차)　순　자　산 (S1)　200
　　　　　순　자　산 S2)　100
　　　　　(합계)　　　　　300
　　　　　　　　　　　　(대) 지배기업지분　220
　　　　　　　　　　　　　　 비지배지분(S1)　40
　　　　　　　　　　　　　　 비지배지분(S2)　40
　　　　　　　　　　　　　　 합　　　　계 300
② 합병후
　　(차)　순자산(S1)　190　　　(대) 지배기업지분　218
　　　　　현　금　66　　　　　　 비지배지분(S1)　38
　　　　　합　계　256　　　　　　합　　계　256
③ P회사의 연경재무제표상 합병회계처리
　　(차)　비지배지분　42　　　(대) 현　　금　44
　　　　　지배기업지분　2

# 제5절 합병에 관련된 세무처리

## 1. 우리 세법에서 합병의 본질

우리 나라 상법은 회사가 합병하는 경우에 소멸된 회사로부터 승계한 재산의 가액이 그 회사로부터 승계한 채무액, 그 회사의 주주에게 지급한 금액과 합병 후 존속하는 회사의 자본증가액 또는 합병으로 인하여 설립된 회사의 자본액을 초과한 때에는 그 초과액을 합병차익으로서 자본준비금으로 적립하여야 한다.

## 2. 합병시 합병법인에 대한 과세

### (1) 합병으로 피합병법인의 자산을 승계한 경우

이 경우에는 그 자산을 피합병법인으로부터 합병등기일 현재의 시가(법인세법제52조제2항에 따른 시가를 말함)로 양도받은 것으로 본다 이 경우 피합병법인의 각 사업연도의 소득금액 및 과세표준계산을 할 때 익금 또는 손금에 산입하거나 산입하지 아니한 금액, 그 밖의 자산부채 등은 다음에서 정하는 것만 합병법인이 승계할 수 있다.(법인법 §44의2①)

#### (가) 합병시의 자산·부채의 승계

내국법인이 합병하는 경우 법인세법 또는 다른 법률에 따른 규정이 있는 경우 외에는 법인세법 제44조의2 제1항 후단. 제44조의3 제2항. 제46조의2제1항 후단 또는 제46조의3 제2항에 따라 피합병법인의 각 사업연도의 소득금액 및 과세표준을 계산할 때 익금 또는 손금에 산입하거나 손금에 산입하지 아니한 금액의 승계는 다음 각 호의 구분에 따른다.
① 적격합병의 경우---세무조정사항은 모두 합병법인 등에 승계
② 위 ①외의 경우 --- 퇴직급여충당금 또는 대손충당금을 합병법인이 승계한 경우에는 그에 관련된 세무조정사항을 승계하고 그 밖의 세무조정사항은 모두 합병법인에 미승계

### (나) 합병에 따른 양도손익의 납세의무

법안이 합병으로 인하여 소멸한 경우 합병법인은 피합병법인이 납부하지 아니한 각 사업연도의 소득에 대한 법인세를 납부할 책임을 진다.(법인세법령§85의2)

## (2) 양도가액이 피합병법인의 순자산시가에 미달하는 경우

합병법인은 위에 따라 피합병법인의 자산을 시가로 양도받은 것으로 보는 경우로서 피합병법인에 지급한 양도가액이 피합병법인의 합병등기일 현재의 자산총액에서 부채총액을 뺀 금액(이하 순자산가액이라 함) 보다 적은 경우에는 그 차액을 세무조정계산서에 계상하고 합병등기일부터 5년간 균등하게 나누어 익금에 산입한다. (법인세법 44의2②)

합병법인은 위에 따라 양도가액이 순자산시가에 미달하는 경우 그 차액(이하 "합병매수차익"이라함)을 익금에 산입할 때에는 합병등기일이 속하는 사업연도부터 5년이 되는 날이 속하는 사업연도 까지 다음 산식에 따라 계산한 금액을 산입한다. 이 경우 월수는 역에 따라 계산하되 1개월 미만의 일수는 1개월로 하고, 이에 따라 합병등기일이 속한 월을 1개월로 계산한 경우에는 합병등기일부터 5년이 되는 날이 속한 월은 계산에서 제외한다.

<산식>

합병매수차익 x 해당 사업연도의 월수 / 월수

## (3) 양도가액이 피합병법인의 순자산시가를 초과하는 경우

합병법인은 위에 따라 피합병법인의 자산을 시가로 양도받은 것으로 보는 경우에 피합병법인에 지급한 양도가액이 합병등기일 현재의 순자산시가를 초과하는 경우로서 합병법인이 피합병법인의 상호거래관계, 그 밖의 영업상비밀 등에 대하여 사업상 가치가 있다고 보아 대가를 지급한 경우에는 그 차액을 세무조정계산서에 계상하고 합병등기일부터 5년간 균등하게 나누어 손금에 산입한다.(법인법44의2③)

## 3. 합병법인의 세법상 회계처리

합병법인의 세법상의 회계처리는 합병차익과 합병차손에 관한 제문제, 그리고 합병에 따른 그 밖의 세무문제로 구분할 수 있다.

### (1) 합병차익
#### (가) 합병차익의 의의
합병차익이란 상법 제174조(회사의 합병)에 따른 합병을 한 때 합병법인이 피합병법인으로부터 인수한 자산의 수입장부가액에서 인수한 채무의 수입장부가액을 공제한 금액 즉, 합병법인의 순자산의 수입가액이 합병법인의 합병으로 인하여 증가한 자본금 또는 출자금액에 합병교부금(합병으로 교부한 금전이나 교부주식 이외의 자산가액의 합계액)을 더한 금액(합병법인이 피합병법인의 주주 등에게 지급한 대가와 같다)을 초과한 때 그 초과하는 금액을 말한다.

#### (나) 법인세법상 합병차익 개념
합병을 하게 되면 합병법인이 피합병법인으로부터 자산과 부채를 승계하고, 그에 대한 대가로 피합병인의 주주 등에게 주식을 발행·교부하게 되는데, 이 경우에는 주식 이외의 금전 기타자산을 지급하는 경우도 있다.

합병차익을 산식으로 표시하면 다음과 같다.

---
합병차익(합병차손) = ① 합병법인이 피합병법인으로부터 승계한 순자산가액 - ②피합병법인 주주에게 지급한 합병대가

---
※ ① 승계한순자산가액 = 순자산가액 = (시가초과액) - 승계한 채무액
　② 합병대가 = 합병교부주식의 액면가액(합병법인의 자본금 증가액, 신설법인의 자본금) + 합병교부금

---

이 경우 피합병법인이 2이상일 경우 합병차익은 피합병법인별로 각각 계산하며, 이를 통산하여 합병차익과 합병차손 등을 상계할 수 없다.

합병법인과 합병차손은 자본거래에서 발생한 것이므로 각 사업연도소득금액계산상 익금 또는 손금에 산입하지 아니한다. 다만 합병차익 중 피합병법인의 자산을 시가로 평가하여 합병하는 경우에 발생하는 합병차익은 익금에 산입한다.

## 4. 합병시 피합병법인에 대한 과세

내국법인이 합병하는 경우에 그 청산소득에 대한 법인세가 과세되고 그 밖에 제과세문제가 생긴다.

### (1) 피합병법인이 합병으로 해산하는 경우 양도손익의 익금 또는 손금산입

피합병법인이 합병으로 해산하는 경우에는 그 법인의 자산을 합병법인에 양도한 것으로 본다. 이 경우 그 양도에 따라 발생하는 양도손익(아래 ①의 가액에서 ②의 가액을 뺀 금액을 말함)은 피합병법인이 합병등기일이 속하는 사업연도에 소득금액을 계산할 때 익금 또는 손금에 산입한다.(법인세법 §44①)

**(가) 피합병법인이 합병법인으로부터 받은 양도가액**
여기서 "양도가액"은 다음 각 호의 금액으로 한다.(법인령 §80①)
① 적격합병의 경우
법인세법제44조제1항제2호에 따른 피합병법인의 합병등기일 현재의 순자산장부가액
이를 적용 받으려는 피합병법인은 과세표준신고를 할 때
합병법인과 함께 "합병과세특례신청서"를 피합병법인의 납세지 관할세무서게 제출하여야 한다(법인세령§80③)
② 위 ①외의 경우
다음 각 목의 금액을 모두 더한 금액
㉮ 합병으로 인하여 피합병법인의 주주 등이 지급받는 합병법인 또는 합병법인의 모회사(합병등기일 현재 합병법인의 발행주식총수 또는 출자총액을 소유

하고 있는 내국법인을 말함)의 주식 등 (신설합병 또는 3이상의 법인이 합병하는 경우 피합병법인이 취득한 피합병교부주식등을 교부한 것으로 보아 합병교부주식 등의 가액을 계산한다.)
④ 합병법인이 납부하는 피합병법인의 법인세 및 그 법인세(감면세액을 포함)에 부과되는 국세와 지방소득세의 합계액

**(나) 피합병법인의 합병등기일 현재의 자산의 장부가액총액에서 부채의 장부가액을 뺀 금액**(이하 "순자산가액"이라 함)
위 (가)의②에 따른 피합병법인의 순자산장부가액을 계산할 때 국세기본법에 따라 환급되는 법인세액이 있는 경우에는 이에 상당하는 금액을 피합병법인의 합병등기일 현재 의 순자산장부가액에 더한다.(법인세령§80②)

### (2) 적격합병시의 양도가액

위 (1)을 적용할 때 다음 각 호의 요건을 모두 갖춘 합병의 경우에는 "피합병법인이합병법인으로부터 받은 양도가액"을 피합병법인의 합병등기일 현재의 순자산장부가액으로 보아 양도손익이 없는 것으로 할 수 있다. 다만. 부득이한 사유가 있는 경우에는 아래 ② ③ 또는 ④의 요건을 갖추지 못한 경우에도 양도손익이 없는 것으로 할 수 있다. (법인세법 44②)
① 합병등기일 현재1년 이상 사업을 계속하던 내국법인간의 합병일 것. 다만, 다른 법인과 합병하는 것을 유일한 목적으로 하는 법인으로서 자본시장과 금융투자업에 관한 법률 시행령 제6조 제4항 제14호에 따른 기업인수목적회사로서 같은 호 각 목의 요건을 갖춘법인의 경우는 제외한다.
② 피합병법인의 주주 등이 합병으로 인하여 받은 합병대가의 총합계액 중 합병법인의 주식 등의 가액이 100분의 80이상 이거나 합병법인의 모회사의 주식 등의 가액이 100분의80이상으로서의 그 주식 등이 피합병법인의 지배주주 등 중 다음 각 호의 어느 하나에 해당하는 자를 제외한 주주 등이 합병등기일이 속하는 사업연도의 종료일 까지 그 주식 등을 보유할 것
㉠ 법인세법 시행령 제43조제8항제1호가목의 친족중 4촌이상의 부계혈

족과 그 부계혈족의 아내

㉯ 합병등기일 현재 피합병법인에 대한 지분비율이 100분의1 미만이면서 시가로 평가한 그 지분가액이 10억원 미만인 자

㉰ 자본시장과 금융투자업에 관한 법률 시행령 제6조제4항제14호각목의 요건을 갖춘 기업인수목적회사와 합병하는 피합병법인의 지배주주 등인 자

위에서 "부득이한 사유가 있는 경우"란 다음 각 호의 어느 하나에 해당하는 경우를 말한다. (법인령 §80의2①)

1) 위에서 열거한 주주 등이 가각 합병으로 교부받은 전체주식 등의 2분의1미만을 처분할 경우

이 경우 해당 주식 등이 합병으로 교부받은 주식 등을 서로간에 처분하는 것은 해당 주주 등이 그 주식 등을 처분한 것으로 보지 않으며, 합병으로 교부받은 주식 등과 합병 외의 다른 방법으로 취득한 주식 등을 함께 보유하고 있는 해당 주식 등이 주식 등을 처분하는 경우에는 합병 외의 다른 방법으로 취득한 주식 등을 먼저 처분하는 것으로 본다.

2) 해당 주주 등이 사망하거나 파산하여 주식 등을 처분한 경우

3) 해당 주주 등이 적격합병적격분할 또는 적격현물출자(법인법 제47조의2제1항각호의 요건을 모두 갖추어 양도차익에 해당하는 금액을 손금에 산입하는 현물출자를 말함)에 따라 주식 등을 처분한 경우

4) 해당 주주 등이 조세특례제한법 제37조(자산의 포괄적 양도에 대한 과세특례), 제38조(주식의 포괄적교환·이전에 대한 과세특례 또는 제121조의30)에 따라 주식 등을 포괄적으로 양도, 현물출자 또는 교환·이전하고 과세를 이연 받으면서 주식 등을 처분한 경우

5) 해당 주주 등이 채무자 회생 및 파산에 관한 법률에 따른 회생절차에 따라 법원의 허가를 받아 주식 등을 처분하는 경우

6) 해당 주주 등이 조세특례제한법 시행령 제34조제6항제1호에 따른 경영정상화계획의 이행을 위한 약정 또는 같은 항제2호에 따른 경영정상화계획의 이행을 위한 특별약정에 따라 주식 등을 처분하는 경우

7) 해당 주주 등이 법령상 의무를 이행하기 위하여 주식 등을 처분하는 경우

③ 합병법인이 합병등기일이 속하는 사업연도의 종료일까지 피합병법인으로부터 승계받은 사업을 계속할 것(법인법44②3호)

**(가) 부득이한 사유**

이에 대한 부득이한 사유가 있는 것으로 보는 경우는 다음 각 목의 어느 하나에 해당하는 경우를 말한다.(법인령 80의2①2호)

① 합병법인이 파산함에 따라 승계받은 자산을 처분한 경우

② 합병법인이 적격합병·적격분할·적격물적분할 또는 적격현물출자에 따라 사업을 폐지한 경우

③ 합병법인이 자산의 포괄적 양도에 따라 자산을 장부가액으로 양도하면서 사업을 폐지한 경우

④ 합병법인이 채무자회생및파산에 관한 법률에 따른 회생절차에 따라 법원의 허가를 받아 승계받은 자산을 처분한 경우

**(나) 피합병법인의 주주 등이 받은 합병대가의 총합계액**

피합병법인의 등이 받은 합병대가의 총합계액은 법인세법 시행령제80조제1항제2호가목에 따른 금액으로 하고, 합병대가의 총합계액 중 주식 등의 가액이 법인세법제44조제2항제2호의 비율 이상인지를 판정할 때 합병법인이 합병등기일 전 2년내 취득한 합병포합주식 등이 있는 경우에는 다음 각 호의 금액을 금전으로 교부한 것으로 본다.

이 경우 신설합병 또는 3이상의 법인이 합병하는 경우로서 피합병법인이 취득한 다른 피합병법인의 주식 등이 있는 경우에는 그 다른 피합병법인의 주식 등을 취득한 피합병법인을 합병법인으로 보아 다음 각 호를 적용하여 계산한 금액을 금전으로 교부한 것으로 한다.(법인령 §80의2③)

① 합병법인이 합병등기일 현재 피합병법인의 법인세법 시행령제43조제7항에 따른 지배주주 등이 아닌 경우 ; 합병법인이 합병등기일 전 2년 이내에 취득한 합병포합주식 등이 피합병법인의 발행주식총수 또는 출자총액의 100분의20을 초과하는 경우 그 초과하는 합병포합주식 등에 대하여 교부한 합병교부주식 등의 가액

② 합병법인이 합병등기일 현재 피합병법인의 지배주주인 경우 ; 합병등기일 전 2년 이내에 취득한 합병포합주식 등에 대하여 교부한 합병교부주식듬등을 교부한 것으로 보는 경우 그 주식 등의 가액

### (다) 피합병법인의 주주 등에 합병으로 인하여 받은 주식 등을 배정할 때

피합병법인의 주주등에 합병으로 인하여 받은 주식 등을 배정할 때에는 해당 주주등에 다음 계산식에 따른 가액 이상의 주식 등을 각각 배정하여야 한다.

---
( 피합병법인의 주주 등이 지급받은 합병교부주식 등의 총합계액)
× 각 해당 주주 등의 피합병법인에 대한 지분비율

---

### (라) 피합병법인으로부터 승계한 고정자산가액의 2분의1이상을 처분하거나 사업에 사용하지 아니한 경우

합병법인이 합병등기일이 속하는 사업연도의 종료일 이전에 피합병법인으로부터 승계한 고정자산 가액의 2분의1 이상을 처분하거나 사용하지 아니한 경우에는 법인세법제44조제2항제3호에 해당하지 아니하는 것으로 한다. 다만, 피합병법인이 보유하던 합병법인의 주식을 승계 받아 자기주식을 소각하는 경우에는 해당 합병법인의 주식을 제외하고 피합병법인으로부터 승계받은 고정자산을 기준으로 사업을 계속하는지 여부를 판정하되, 승계받은 고정자산이 합병법인의 주식만 있는 경우에는 사업을 계속하는 것으로 본다.

### (3) 발행주식총수·출자총액을 소유하고 있는 다른 법인을 합병하는 경우

내국법인이 발행주식총수 또는 출자총액을 소유하고 있는 다른 법인을 합병하거나 그 다른 법인에 합병되는 경우에는 위 2에 불구하고 다음 각 호의 어느 하나에 해당하는 경우에는 양도손익이 없는 것으로 할 수 있다.(법인법 §44③)
① 내국법인이 발행주식총수 또는 출자총액을 소유하고 있는 다른 법인을 합병하거나 그 다른 법인에 합병되는 경우
② 동일한 내국법인이 발행주식총수 또는 출자총액을 소유하고 있는 서로 다른 법인간에 합병하는 경우

### (4) 합병에 따른 양도손익의 납세의무

법인이 합병 또는 분할로 인하여 소멸한 경우 합병법인 등은 피합병법인 등이 납부하지 아니한 각 사업연도의 소득에 대한 법인세(합병·분할에 따른 양도손익에 대한 법인세를 포함)를 납부할 책임을 진다.(법인령 §85의2)

## 5. 합병시 합병법인에 대한 과세

### (1) 합병으로 피합병법인의 자산을 승계한 경우

합병법인이 합병으로 피합병법인의 자산을 승계한 경우에는 그 자산을 피합병법인으로부터 합병등기일 현재의 시가(법인세법제52조제2항에 따른 시가를 말함)로 양도받은 것으로 한다. 이 경우 피합병법인의 각 사업연도의 소득금액및 과세표준 을 계산할 때 익금 또는 손금에 산입하거나 산입라지 아니한 금액, 그 밖의 자산부채 등은 다음에서 정하는 것만 합병법인이 승계할 수 있다.(법인법§44의2①)

#### (가) 합병 및 분할시의 자산부채의 승계

내국법인에 합병 또는 분할하는 경우 법인세법 또는 다른 법령에 따른 규정이 있는 경우외에는 법인세법제44조의2제1항 후단, 또는 제46조의3 제2항 또는 물적분할에 따라 피합병법인 등의 각 사업연도의 소득금액 및 과세표준을 계산할 때 익금 또는 손금에 산입하거나 산입하지 아니한 금액(이하 "세무조정사항이라 함)의 승계는 다음 각 호의 구분에 따른다. (법인령§85)

① 적격합병또는 적격분할의 경우---세무조정사항(분할의 경우에는 분할하는 세무조정사항에 한정 함)은 모두 합병법인 등에 승계

② 위 ①외의 경우---퇴직급여충당금 또는 대손충당금을 합병법인 등이 승계한 경우에는 그와 관련된 세무조정사항을 승계하고 그 밖의 세무조정사항은 모두 합병법인 등에 미승계

#### (나) 합병에 따른 양도손익의 납세의무

법인이 합병 또는 분할로 인하여 소멸한 경우 합병법인 등은 피합병법인등이 납부하지 아니한 각 사업연도의 소득에 대한 법인세(합병분할에 따른 영도손익에 대한 법인세를 포함)를 납부할 책임을 진다.(법인령§ 85의2)

### (2) 양도가액이 피합병법인의 순자산시가에 미달하는 경우

합병법인은 위에 따라 피합병법인의 자산을 시가로 양도 받은 것으로 보는 경우로서 합병법인에 지급한 양도가액이 피합병법인의 합병등기일 현재의 자산총액에서 부채총액을 뺀 금액 (이하 "순자산시가"라 함)보다 적은 경우에는 그 차액을 법인세법 제60조제2항제2호에 따른 세무조정계산서에 계상하고 합병등기일로부터 5년간 균등하게 나누어 익금에 산입한다.(법인세법§44의2②)

합병법인은 위에 따라 양도가액이 순자산가액에 미달하는 경우 그 차액(이하 "합병차익"이라 함)을 익금에 산입할 때에는 합병등기일이 속하는 사업연도부터 합병등기일부터 5년이 되는 날이 속하는 사업연도까지 다음 산식에 따라 계산한 금액을 산입한다. 이 경우 월수는 역에 따라 계산하되, 1개월 미만의 일수는 1개월로 하고, 이에 따라 합병등기일이 속한 월을 1개월로 계산한 경우에는 합병등기일로부터 5년이 되는 날이 속한 월은 계산에서 제외한다.(법인령 §80의3①)

<산식>③)③)

합병매수차익 = 해당 사업연도 월수 60월

### (3) 양도가액이 피합병법인의 순자산시가를 초과하는 경우

합병법인은 위에 따라 피합병법인의 자산을 시가로 양도받은 것으로 보는 경우에 피합병법인에 지급한 양도가액이 합병등기일 현재의 순자산시가를 초과하는 경우로서 합병법인이 피합병법인의 상호거래관계, 그 밖의 영업상의 비밀 등에 대하여 사업상 가치가 있다고 보아 대가를 지급한 경우에는 그 차액을 세무조정계산서에 계상하고 합병등기일부터 5년간 균등하게 나누어 손금에 산입한다.

이 규정에 따라 양도가액이 순자산시가를 초과하는 경우 그 차액(이하 "합병매수차손"이라 함)에 대한 손금산입액 계산, 산입방법 등에 관하여는 위 (2)를 준용한다. (법인령§80의3③)

## 6. 적격합병시 합병법인에 대한 과세 특례

## (1) 적격합병시 양도소득이 없는 것으로 한 경우

적격합병을 한 합병법인은 법인세법 제44조제2항 또는 제3항에 따라 양도손익이 없는 것으로 한 경우, 합병법인은 법인세법 제44조의2 (합병시 합병법인에 대한 과세)에도 불구하고, 피합병법인의 자산을 장부가액으로 양도받은 것으로 한다. 이 경우 장부가액과 시가와의 차액을 자산별로 계상하여야 한다.(법인법§44의3①)

합병법인은 위에 따라 피합병법인의 자산을 장부가액으로 양도받은 경우, 양도받은 자산 및 부채의 가액을 합병등기일 현재의 시가로 계상하되, 시가에서 피합병법인의 장부가액 (법인령§85. 1호에 해당하는 세무조정사항이 있는 경우에는 그 조정사항 중 익금불산입액은 더하고, 손금불산입액은 뺀 가액을 함)을 뺀 금액이 0보다 큰 경우에는 그 차액을 익금에 산입하고, 이에 상당하는 금액을 자산조정계정으로 손금에 산입하며, 0보다 작은 경우에는 시가와 장부가액의 차액을 손금에 산입하고 이에 상당하는 금액을 자산조정계정으로 익금에 산입한다. 이 경우 계상한 자산조정계정은 다음 각호의 구분에 따라 처리한다 (법인법 §80의4①

위 규정을 적용받는 합병법인은 합병으로 양도받은 자산에 관한 명세서를 납세지 관할세무서장에게 제출하여야 하며, 자산조정계정을 계상한 합병법인은 법인세법 제60조에 따른 신고와 함께 자산조정계정에 관한 명세서를 납세지 관할세무서장에게 제출하여야 한다.

① 감가상각자산에 설정된 자산조정계정

자산조정계정으로 손금에 산입한 경우에는 해당 자산의 감가상각비(해당 자산조정계정에 상당하는 부분에 대한 것만 해당함)를 상계하고 자산조정계정으로 익금에 산입한 경우에는 감가상각비에 가산. 이 경우 해당 자산을 처분하는 경우에는 상계 또는 더하고, 남은 금액을 그 처분하는 사업연도에 전액 익금 또는 손금에 산입한다.

② 위 ① 외의 자산에 설정된 자산조정계정

해당 자산을 처분하는 사업연도에 전액 익금 또는 손금에 산입, 다만 자기주식은 소각하는 경우에는 익금 또는 손금에 산입하지 않는다.하지 아니하고 소멸한다.

합병법인은 위에 따라 피합벼법인의 자산을 장부가액으로 양도받은 경우,피합병법인이 합병전에 적용받던법인세법 제59조에 따른 감면 또는 세액공제를 승계하여 감면 또는 세액공제의 적용을 받을 수 있다.
 디 경우 법인세법 또는 다른 법률에 해당 감면또는 세액공제의 요건등에 관한 규정이 있는 경우에는 합병법인이 그 요건 등을 모두갖춘 경우에만 이를 적용한다.(법인령 §80의4②)

## (2) 결손금익금손금에 산입하거나 산입하지 아니한 금액, 그 밖의 자산·부채 등 승계

 적격합병을 한 합병법인은 피합병법인의 합병등기일 현재의 결손금과 피합병법인이 각 사업연도의 소득금액 및 과세표준을 계산할 때 익금 또는 손금에 산입 하거나 산입하지 아니한 금액, 그 밖의 자산·부채 및 법인세법 제59조에 따른 감면세액·공제 등을 다음에 정하는 바에 따라 승계한다.(법인법§44의3②)

 즉, 내국법인이 합병 또는 분할하는 경우 법인세법 또는 다른 법률에 다른 규정이 있는 경우 외에는 법인세법 제44조의2제1항 후단, 제44의조의3, 제46조의2제1항 후단, 제46조의3제2항 또는 물적분할에 따라 피합병법인 등의 각 사업연도의 소득금액 및 과세표준을 계산할 때 익금 또는 손금에 산입하거나 산입하지 아니한 금액의 승계는 다음 각 호의 구분에 따른다. (법인령 85)
 ① 적격합병 또는 적격분할의 경우
  세무조정사항은 모두합병법인 등에 승계
 ② 위 ① 외의 경우
  퇴직급여충당금 또는 관련된 세무조정사항을 승계하고 그 밖의 세무조정사항은 모두 합병법인 등에 미승계

## (3) 사업폐지 또는 주식 등을 처분한 경우 익금산입

 적격합병을 한 합병법인은 3년 이내의 범위에서 합병등기일이 속하는 사업연도의 다음 사업연도의 개시일부터 2년에 다음 각 호의 어느 하나에 해당하는 사유가 발생하는 경우에는 그 사유가 발생한 날이 속하는 사업연도의 소득금액을 계산할 때 양도받은 자산의 장부가액과 시가와의 차액,(시가가 장부가액 보다 큰 경우만 해당), 승계받은 결손금 중 공제한 금액 등을 다음에서 정하는 바에 따라 익금에 산입하고 위 (2)에 따라

합병법인으로부터 승계받아 공제한 감면 세액공제액 등을 해당 사업연도의 법인세에 더하여 납부한 후 해당 사업연도부터 감면 또는 세액공제 등을 적용하지 아니한다. 다만, 부득이한 사유가 있는 경우에는 그러하지 아니하다.(법인§44의3③))

① 합병법인이 피합병법인으로부터 승계받은 사업을 폐지하는 경우

합병법인이 합병등기일이 속하는 사읍연도의 다음 사업연도 개시일부터 3년의 기간 중 피합병법인으로부터 승계한 고정자산가액의 2분의1 이상을 처분하거나 사업에 사용하지 아니한 경우에는 피합병법인으로부터 승계받은 사업을 폐지한 것으로 본다. 다만, 피합병법인이 보유하던 합병법인의 주식을 승계받아 자기주식을 소가하는 경우에는 해당 합병법인의 주식을 제외하고 피합병법인으로부터 승계받은 고정자산을 기준으로 사업을 계속하는지 여부를 판정하되, 승계받은 고정자산이 합병법인의 주시만 있을 경우에는 사업을 계속하는 것으로 본다.

② 피합병법인의 주주등이 합병법인으로부터 받은 주식 등을 처분하는 경우

위 규정단서에서 "부등한 사유가 있는 경우"란 다음 각 호의 어느 하나에 해당하는 경우를 말한다.(법인령§80의4⑦)

㉮ 합병법인이 피합병법인으로부터 승계받은 사업을 폐지하는 경우 ; 합병법인이 법인세법제80조의2제1항제2호 각목의 어느하나에 해당하는 경우

㉯ 피합병법인의 주주 등이 합병법인으로부터 받은 주식 등을 처분하는 경우 ; 법인세법 제80조의2제4항에 따른 주주 등이 제80죄2제1항 각목의 어느 하나에 해당하는 경우(법인령80의4⑦)

㉰ 각 사업연도 종료일 현재 합병법인에 종사하는 근로자 수의 합의 100분의 80 미만으로 하락하는 경우

합병법인은 위에 따라 양수한 자산의장부가액과 시가와의 차액 등을 익금에 사입한 합병법인은 피합병법인에 지급한 양도가액과 피합병법인의 합병등기일 현재의 순자산시가와의 차액을 위 각 호의 사유가 발생한 날부터 합병등기일 이후5년이 되는 날까지 익금 또는 손금에 산입한다.(법인법§44의3④)

**(가) 자산조정계정잔액의 총합계액을 익금에 산입한 경우**

합병법인이위 규정(법인밥 44의3③ 각 호의 어느 하나)에 해당하는 경우에는 위1에 따라 계상된 자산조정계정잔액의 총합계액(총합계액이 0보다 큰 경우에 한정하며, 총합계액이 0보다 작은 경우에는 없는 것으로 본다)과 위2 (법인세법 §44의3②)에 따라 피합병법인으로부터 승계 받은 결손금중 공제한 금액전액을 입금산입한다. 이 경우 위 1에 따라 계상된 자산조정계정은 소멸하는 것으로
한다.(법세법 시행영§80의4④)

**(나) 합병매수차익 또는 합병매수차손에 상당하는 금액**

위(가)의 규정에 따라 자산조정계정 잔액의 총합계액을 익금에 산입한 경우 합병매수차익 또는 합병매수차손에 상당하는 금액은 다음 각 호의 구분에 따라 처리하여야 한다. (법인세령§ 80의4⑤)

① 합병당시 합병법인이 피합병법인에 지급한 양도가액이 피합병법인의 합병등기일 현재의 순자산시가에 미달하는 경우에는 합병매수차익에 상당하는 금액을 법인세법 제44조의3제3항 각 호의 어느 하나에 해당하는 사유(합병법인이 피합병법인으로부터 받은 주식 등을승계 받은 사업을 폐지하는 경우 또는 피합병법인의 주주 등이 합병법인으로부터 받은 주식 등을 처분하는 경우)가 발생한 날이 속하는 사업연도에 손금에 산입하고, 그 금액에 상당하는 금액을 합병등기일부터 5년이 되는 날까지 다음 각 목의 구분에 따라 분할하여 익금산입 한다.

㉮ 법인세법 제44조의3 각 호의 어느 하나의 사유(합병법인이 피합병법인으로부터 승계받은 사업을 폐지하는 경우 또는 피합변법인의 주주 등이 합병법인으로부터 받은 주식 등을 처분하는 경우)가 발생한 날이 속하는 사업연도합병매수차익에 합병등기일부터 해당 사업연도 종료일 까지의 월수를 60개월로 나눈 비율을 곱란 금액(월수는 역에 따라 계산하되 1개월 미만의 일수는 1개월로 한다)을 익금에 산입 한다.

㉯ 위 ㉮의 사업연도 이후의 사업연도부터 합병등기릴로부터 5년이 되는 날이 속한 사업연도사업연도는 합병매수차익에 해당 사업연도의 월수 60개월로 나눈 비율을 곱한 금액(합병등기일이 속하는 속하는 월의 일수가 1개월 미만인 경우 합병등기일부터 5년이 되는 날이 속하는 월은 없는 것으로 함)을 익금에 산입

② 합병 당시 합병법인이 피합병법인에 지급한 양도가액이 피합병법인

의 합병등기일 현재의 순자산 시가를 초과하는 경우에는 합병매수차손에 상당하는 금액을 법인세법 제44조의3 제3항의 각호의 어느하나에 해당하는 사유(합병법인이 피합병법인으로부터 승계받은 사업을 폐지하는 경우 또는 피합병법인의 주주 등이 합병법인으로부터 받은 주식 등을 처분하는 경우)가 발생한 날이 속하는 사업연도에 익금에 산입하되, 법인세법 시행령 제80조의3제2항에 해당하는 경우(합병법인이 피합병법인의 상호, 거래관계, 그 밖의 영업상의 비밀 등에 대하여 사업상 가치가 있다고 보아 대가를 지급한 경우에 한정하여 그 금액에 상당하는 금액을 합병등기일부터 5년이 되는 날까지 다음 각 목의 구분에 따라 분할하여 손금에 산입

㉮ 법인세법 제44조의3 제3항 각 호의 어느 하나의 사유(합병법인이 피합병법인으로부터 승계받은 사업을 폐지하는 경우 또는 피합병법인의 주주 등이 합병법인으로부터 받은 주식 등을 처분하는 경우)가 발생하는 날이 속하는 사업연도는 합병매수차손에 합병등기일부터 해당 사업연도종료일까지의 월수를 60개월로 나눈 비율을 곱한 금액을 손금에 산입

㉯ 위 ㉮의 사업연도 이후의 사업연도부터 합병등기일부터 5년이 되는 날이 속하는 사업연도는 합병매수차손에 해당 사업연도의 월수 60개월로 나눈 비율을 곱한 금액(합병등기일이 소하는 월의 일수가 1개월 미만인 경우 합병등기이부터 5년이 되는 날이 속하는 월은 없는 것으로 함)

# 7. 합병시 이월결손금 등 공제한도

## (1) 합병에 따른 이월결손금 등의 승계

합병법인의 합병등기일 현재 결손금 중 적격합병에 대한 과세특례에 따라 합병법인이 승계한 결손금을 제외한 금액은 합병법인의 각 사업연도의 과세표준을 계산할 때. 피합병법인으로부터 승계받은 사업에서 발생한 소득금액(법인세령 §113③단서에 해당되어회계를 구분하여 기록하지 아니한 경우에는 그 소득금액을 자산가액을 합병등기일 현재 합병법인과 피합병법인의 사업용비율로 안분계산한 금액으로 한다)의 범위에서는 공제하지 아니한다.(법인세법 §45①, 영 §81①)

여기에서 "대통령령으로 정하는 자산가액비율"이란 합병등기일 현재 합병법인과 피합병법인의 사업용자산가액 비율을 말한다. 이 경우 합병법

인이 승계한 피합병법인의 사업용자산가액은 승계결손금을 공제하는 각 사업연도의 종료일 현재 계속보유(처분 후 대체하는 경우를 포함), 사용하는 자산에 한정하여 그 자산의 합병등기일 현재 가액에 따른다.(법인세령§81①)

### (2) 승계결손금의 범위액

 법인세법 제44조의3제2항에 따라 합병법인이 승계한 피합병법인의 결손금은 피합병법인으로부터 승계받은 사업에서 발생한 소득금액의 범위에서 합병법인의 각 사업연도의 과세표준을 계산할 때 공제한다.
 이에 따라 합병법인이 각 사업연도의 과세표준을 계산할 때 승계하여 공제하는 결손금은 합병등기일 현재의 피합병법인의 법인세법 제13조제1호에 따른 결손금(합병등기일을 사업연도의 개시일로 보아계산한 금액을 말함)으로 하되, 합병등기일이 속하는 사업연도의 다음사업연도부터는 매년 순차적으로 1년이 지난 것으로 보아 계산한 금액(승계결손금의 범위액)으로 한다.
 (법인령 §81②)

### (3) 적격합병시 양도손익이 없는 합병시 손금산입

 적격합병을 한 합병법인은 합병법인과 피합병법인이 합병전 보유하던 자산의 처분손실(합병등기일 현재해당 자산의 시가가 장부가액 보다 낮은 경우로서 그 차액을 한도로 하며. 합병등기일 이후5년 이내에 끝나는 사업연도에 끝나는 사업연도에서 발생한 소득금액(해당 처분손실을 공제하기 전 소득금액을 말함)의 범위에서 해당 사업연도의 소득금액을 계산할 때 손금에 산입한다.
 이 경우 손금에 산입하지 아니한 처분손실은 자산처분시 각각 해당 법인의 사업에서 발생한 결손금으로 보아 위의 (1) 및 (2)를 적용한다.(법인법 §45③)

### (4) 승계받은 감면 또는 세액공제의 적용

합병법인은 피합병법인으로부터 승계받은 감면 또는 세액공제를 다음 각 호에 따라 적용 받을 수 있다.(법인령 §81③)
 ① 법인세법 제59조(감면 및세액공제액의 계산) 제1항 제1호에 따른 감

면(일정기간에 걸쳐 감면죄는 것으로 한정함)의 경우에는 합병법인이 승계받은 사업에서 발생한 소득에 대하여 합병 당시의 잔존감면기간 내에 종료하는 각 사업연도분까지 그 감면을 적용한다.

② 법인세법 제59조(감면및 세액공제의 계산)제1항제3호에 에 따른 세액공제(외국납세액공제를 포함)로서 이월된 미공제액의 경우에는 합병법인이 다음 각 목의 구분에 따라 이월공제 잔여기간내에 종료하는 각 사업연도분까지 공제한다

㉮ 이월된 외국납부세액공제 미공제액 ; 승계받은 사업에서 발생한 국외원천소득응 해당 사업연도의 과세표준으로 나눈 금액에 해당사업연도의 세액을 곱한 금액의 범위에서 공제한다.

㉯ 법인세 최저한세액에 미달하여 공제받지 못한 금액으로서 이월된 미공제액 ; 승계받은 사업부문에 대하여 법인세최저한세액의 범위에서 공제한다.이 경우 공제하는 금액은 합병법인의 법인세 최저한세액을 초과할 수 없다.

㉰ 위 ㉮,㉯외에 납부할 세액이 없어 공제받지 못한 금액으로서 이월된 미공제액 ; 승계받은 금액으로서 이월된 미동제액 ; 승계받은 사업부문에 대하여 계산한 법인세산출세액의 범위에서 공제한다.

### (5) 합병등기일 현재 결손금과 승계한 결손금의 공제

합병법인이 합병등기일 현재 결손금과 합병법인이 승계한 피합병법인의 결손금의 공제는 법인세법 제13조 (과세표준)제1항 각호 외의 부분 단서에도 불구하고 다음 각 호의 구분에 따른 소득금액의 100분의 60(중소기업의 회생계획을 이행중인 기업 등 대통령령으로 저아는 법인의 경우는 100분의100)을 한도로 한다.(법인법§45⑤)

① 합병법인의 합병등기일 현재 결손금의 경우
합병법인의 소득금액에서 피합병법안으로부터 승계받 사업에서 발생한 소득금액을 차감한 금액

② 합병법인이 승계한 피합병법인의 결손금의 경우
  피합병법인으로부터 승계받은 사업에서 발생한 소득금액

### (6) 합병 후 이월결손금 등의 공제제한(법인 집행기준45-0-1)

① 합병법인의 이월결손금의 공제제한

합병법인의 합병등기일 현재 이월결손금은 피합병법인으로부터 승계받은 사업에서 발생한 소득금액 범위에서는 공제하지 아니한다.

② 피합병법인으로부터 승계한 이월결손금의 공제제한

적격합병으로 합병법인이 피합병법인으로부터 승계한 결손금은 피합병법인으로부터 승계받은 사업에서 발생한 소득금액범위에서 공제한다.

③ 합병전 보유자산 처분손실 ;

적격합병을 한 합병법인은 합병법인과 피합병법인이 합병전 보유하던 자산의 처분손실(합병등기일 이후 5년 이내에 끝나는 사업연도에 발생한 것만 해당)을 각각 합병전 해당 법인의 사업에서 발생한 소득금액(해당 처부손실을 공제하기전 소득금액을 말함)범위에서 해당 사업연도에 손금산입이 허용된다. 이 경우 손금에 산입하지 아니한 처분손실은 자산처분시 각각 합병전 해당 법인이 사업에서 발생한 결손금으로 본다.

### (7) 합병법인의 이월결손금 계산

합병법인의 합병등기일 현재 법인세법 제24조제2항제1호 및 제3항제1호에 따른 기부금 중 같은조 제5항에 따라 이월된 금액으로서 그 후의 각 사업연도의 소득금액을 계산할 때 합병전 합병법인의 사업에서 발생한 소득금액을 기준으로 제24조제2항제2호 및 제3항제2호에 따른 기부금 각각의 손금산입 한도액한도액의 범위에서 손금에 산입한다. 법인법 §45⑥)

### (8) 승계받은 소득금액의 계산

피합병법인이 합병등기일 현재 기부금한도초과액으로서 법인세법 제44조의3제2항에 따라 합병법인이 승계한 금액은 합병법인의 각 사업연도의 소득금액을 계산할 때 피합병법인으로부터 승계받은 사업에서 발생한 소득금액을 기준으로 법인세법 제24조제2한제2호 및 제3항제2호에 따른 기부금 손금산입한도액의 범위에서 손금에 산입한다.(법인법45⑦)

## 8. 피합병법인 주주의 세법상 회계처리

## (1) 합병으로 인한 의제배당

피합병법인의 주주 등인 법인이 취득하는 합병대가가 그 피합병법인의 주식 등을 취득하기 위하여 사용한 금액을 초과하는 금액은 배당으로 보아 익금에 산입한다.(법인세법§16①5)

## (2) 합병시 간주증여문제

특수관계가 있는 자에게 현저히 저렴한 가액으로 재산을 양도한 경우에는 그 재산의 양도자가 그 대가와 시가와의 차액에 상당하는 금액을 양수자에게 증여한 것으로 보아 증여세를 과세하도록 하고 있다.

# 제9편
# 자본거래와 손익거래의 구분

제1절 자본의 개요
제2절 자본거래
제3절 법인세법상 자본등의 거래
제4절 자본거래로 인한 수익의 익금불산입
제5절 자본거래 등으로 인한 손비의 손금불산입

# 제1절 자본의 개요

　상법상 회사 영업을 위하여 주주(유한회사에서는 사원)가 출자한 기금의 전부또는 중요부분을 표시하는 일정한 금액을 말한다.
　이것을 주식회사법상의 자본(자본금액)이라고도 한다. 이 의의의 자본은 일정한 계산상의 수액이고, 영업활동의 결과 또는 물가의 변동 등에 따라 증감되는 회사의 현실재산과는 다르다.
　자본은 고정적인 것인데 대하여 회사재산은 유동적인 것이고, 양자의 금액도 원칙적으로 일치하지 않는다.
　상법의 주식회사·유한회사에 대하여 자본의 제도를 두고 있는것은 주주사원의 유한책임이고, 특히 회사재산만이 회사채권자에 대한 책임재산이기 때문에 자본액에 상당하는 회사의 "순재산을 항상 보유하고 있으며, 자본은 그 의미에서 "순재산보유기준액이고 또 그 의미에서 규범적 액이다.
　이와 같은 자본의 작용을 확보하기 위하여 이른바 자본의 3대원칙이 인정되어 회사는 설립시에 일정한 자본액을 확정하고(**자본확정의 원칙**), 이 확정자본액에 상당하는 회사재산을 유지하고(자본유지 또는 충실의 원칙 또 자본이 증가되는 것은 좋으나, 자본을 감소하는 것은 충실의 원칙) 또 자본이 증가되는 것이 좋으나, 자본을 감소하는 것은 채권자에게 불리하므로 일정한 엄격절차(주주총회의 특별결의와 채권자에 대한 이의절차)를 밟도록 하고 있다.
(**자본불변의 원칙**)
　자본확정의 원칙은 자본조달의 편의를 위하여 정관에 자본금액을 기재하지 않고, (등기사항,상법§317②) 대신에 회사가 발행할 주식의 총수(상법§289①)와 회사가 설립시에 전부 인수를 하게 함으로써 장래의 자본확정의 원칙을 유지하고 있는 동시에, 양자의 차수(미발행주식총수)의 한도내에서 이사회의 결의에 따라 자유로 신주를 발행할 수 있도록 하고 있다.또 자본유지원칙의 내용으로서는 발기인·이사의 공동신주책임(상법§312①, §428①), 주금납입과의 상계금지(상법§334), 주식의 액면이하 발행의 제한(상법§330본문), 자기주식의 취득금지(상법§,341), 이익배당의 제한(상법§9 상법§462)등이 있다.
　자본은 주식발행의 액면총액으로 구성되고, 이와 같이 구성된 자본액은 신주발행(상법416이하), 준비금의 자본전입(상법461),전환사채의 전환 등에 따라 증가되고 자본감소절차에 따라 감소된다. 또 자본금액은 재무상태표의 대변의 란 자본부에 계상되고 배당가능이익의 계산상 회사의 자산에 대한 공제항목으로서 부채의 공제에 이어 공제된다. 또 회사가 자본결손을 내고 있을 때에는 이익배당을 할 수 없다.(상법§462)

## 1. 자본의 본질

자본은 소유주지분 또는 순자산을 의미하는데, 이는 회계실체에 속하는 자산에서 부채를 공제한 잔여분이다.
  자본은 다음과 같은 특성을 지니고 있다.
 ① 자본은 소유주지분으로서 회사와 소유자간에 이해관계인 소유권을 근거로 하여 나타난다.
 ② 소유주 지분은 부채인 채권자지분과 함께 회사의 자산에 대한 청구권을 나타낸다.
 ③ 자본의 의미를 지분이론에 따라서 여러 가지로 달리 표현된다.
이를 간단히 요약하면 회사실체이론에서는 주주의 잔여분에 대한 청구권으로, 자본주이론에서는 자본주에게 귀속할 순재산으로, 자금이론에서는 자산의 내용에 대한 구속으로 정의하고 있다.

## 2. 자본의 구성

경제학에서는 자본의 유기적 구성을 말하지만 경영학에서는 자기자본과 타인자본의 비율을 뜻한다.
 회사에 있어서 자본은 자기자본(자본금·이익잉여금·자본잉여금 등)과 타인자본(장기·단기차입금, 지급어음, 외상매입금, 사채)등으로 형성되어 있으며, 이 양자를 합친 총자본에 대한 자기자본의 비율을 자기자본구성률이라고 한다.
 이 비율이 낮으면 (50%미만)경기변동에 대한 저항력이 약하다고 할 수 있다.
 이 밖에 자기자본과 타인자본의 비율을 보는 재무비율로서 부채비율(=타인자본/자기자본)이 있는데, 이비율의100%를 초과하는 경우에는 자기자본 보다 타인자본이 많다는 뜻이므로 자본구성은 불균형상 태에 있다고 할 수 있다.

그러나 타인자본중에 저리의 비유동부태가 많고, 평균이자율을 초과하는 이익이 있는 경우에는 그 비율이 100%를 초과하더라도 자본구성의 안전성에는 위험이 없다.

① 자기자본구성비율 = 자기자본 /총자본 ×100
② 타인자본 구성비율 = 타인자본 / 총자본×100
③ 부채비율 = 타인자봅 / 자기자본×100
④ 잉여금비율 = 잉여금 / 불입자본×100

## 3. 자본구조계획

회사가 소유총자본의 액을 결정하기 위해 매출액·이익 등의 계획획을 새우는 것을 말한다.

회사경영에 있어서는 장기이익계획을 세워서 이익목표를 정하는데, 여기에는 먼저 총자본이익률의 목표를 설정하고, 여기에 따라서 목표매출액의 설정목표매출액에 대하여 소요총자본액의 설정, 다시 매출이익률의 예측을 행하는 것인데, 이와 같은 자본이나 매출액 이익의 각각의 상관관계로부터 계획이 세워지는 것을 구조자본계획이라고 하는데, 이를 위해서는 설비자금·운전자금 등의 계획도 동시에 행하지 않으면 안된다.

## 4. 자본의 구성요소

자본금은 그 발생원천에 따라 자본금 자본잉여금으로 구분된다.

자본금은 발행주식의 액면총액이고, 자본잉여금은 자본거래에서 발생한 잉여금이며, 이익잉여금은 손익거래에서 발생한 잉여금이다.

그리고 자본에 대한 가감항목을 별도로 자본조정으로 구분한다.

자본계정에 대한 내용을 집약하면 다음 표와 같다.

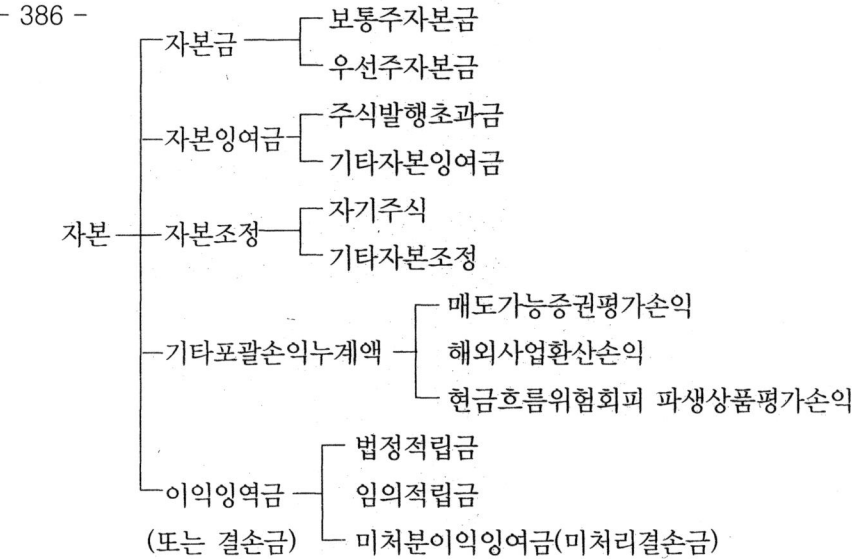

### (1) 발행된 액면총액

주식을 발행한 경우, 주식의 발행금액과 관계없이 발행된 주식의 액면가액의 총합계액이 회사의 자본을 구성하며, 액면주식이란 주권상에 주식액면가격으로서 액면가격 또는 액면금액이 명기된 주식을 말하며, 우리나라에서는 이것만이 인정되고 있다.

1주당의 액면가액 × 발행된 주식수 = 자본금

이 경우 액면초과발행에 따른 주식발행초과금은 자본잉여금으로 기재하고, 액면미달발행에 따른 주식할인발행차금은 자본조정으로 기재한다.

### (2) 주식배당에 따른 자본대체

회사는 배당가능이익이 있을 때에 주식으로 배당할 수 있다. 이 경우에는 이익이 사내에 유보되면서, 이에 대응하는 주식이 발행되는 것이다. 이는 실질적인 자본의 증가가 아니고, 형식적인 증자로서 법률상의 회사 자본금은 증가한다.

우리나라 상법에 있어서도 주식배당을 인정하고 있는데, 주식에 따른 배당을 이익배당총액의 2분의1에 상당하는 금액을 초과하지 못하는 것으로 규정하고 있다.

# 제2절 자본거래의 처리

## 1. 자본거래의 의의

 자본거래란 손익거래와 대립되는 용어로서 협의의 자본(자기자본에서 이익잉여금을 공제한 부분)에 증감변화를 일어키는 거래를 말한다. 다시 말하면 자본금 및 자본잉여금의 증감변화를 일어키는 거래인데, 증감·감자바를 말한다. 다시 말하면 자본금 및 자본잉여금의 증감변화를 일으키는 거래가 자본거래인데, 증감·감자·프리미움 주식발행·자산의 평가

## 2. 자본거래와 손익거래의 구분이유

 잉여금의 원칙에 따라 자본거래는 자본잉여금에 , 손익거래는 이익잉여금으로 처리하여야 하기 때문이다.
 그 이유는 자본거래와 손익거래가 과수의 근간과 과실의 관계와 비슷하고, 이것이 혼동될 때 자본과세자본배당을 초래하여 자본침식을 일으킬 염려가 있기 때문이다.

## 3. 자본거래와 손익거래 구분의 원칙

 기업회계기준에 명문화 되어 있는 자본거래와 손익거래와를 명료하게 구분하고, 특히 자본잉여금과 혼동하면 아니되는 원칙을 가리킨다. 잉여금구분원칙이라고도 한다.
 일찍이 우리나라에서는 자본거래와 손익거래와의 구분이 종종불명확하기 때문에 이익의 개념이 혼란하고, 자본으로서의 성질을 갖는 것(예컨대 주식발행차금에도 과세되었던 일이 있었다.

## 4. 자본거래의 유형

① 자산증 - 자본증
　㉮ 현금을 출자하면 현금(자산)이 증가되고, 반면 출자금도 그만큼 증가 된다.
　㉯ 현금이 아니고 건물이나 기계 같은 현물을 금전으로 평가한 다음에 출자를 하여도 현물인 건물기계(자산)의 증가와 출자금(자본)이 증가 된다.
② 자본감 - 자산감
　출자자가 출자한 자본의 일부를 사용으로 인출하게 되면 자본이 감소되고 현금(자산)이 감소된다.
③ 부채감 - 자본증
　사채(부채)가 자본으로 전환된 경우에는 부채의 감소와 자본의 증가로 나타난다.
④ 부채증 - 자본감
　탈퇴한 자본주에 대한 자본금의 청산을 후일로 연기하면 자본금은 감소되는 동시에 그것은 부채의 증가가 된다.
⑤ 자본감 - 수익증적립금을 자본금에 전입하였거나 전기이익금을 적립금으로 하는 경우와 같다.
⑥ 비용증 - 자본증
　이와 같은 경우는 별로 없을 것이지만, 예를들면 손익계정의 대변잔액(미지급급료 등)을 자본계정에 대채(출자금 등으로)하는 따위다.

## 5. 법인세법상 자본 등의 거래

　법인세의 과세소득은 당해 사업연도의 익금에서 손금을 공제한 금액이다. 그리고 이 익금에는 수익을 계산하는 것이고, 또한 손금에는 손실 및 비용을 계산하는 것이다.
　이 경우의 수익 및 비용손실의 액은 자본 등 거래외의 거래에서 생긴 것을 말한다. 즉, 일반적으로 자본의 증가 또는 감소에서 생기는 수익또는 손비는 기간손익계산을 위한 수익과 비용을 엄격하게 구별하지 않으면 안된다.
　이는 세법 고유의 것이 아니고 기업이익을 산정하기위한 중요한 원칙이다. 즉, 자본의 증가 또는 감소가 생기는 거래를 기업회계에서는 자본거래라 하며, 이에 대하여 발생하는 수익을 자본잉여금이라 한다. 이는 상법에서도 이 수익을 자본준비금으로 적립할 것을 요구하고 있다.

세법에서도 이상과 것은 기본적으로는 같은 것이고, 자본의 증가또는 감소로 인하여 생긴 수익은 자본적립금으로 적립할 것을 요구하고 있다.

세법에 있어서도 이상의 것은 기본적으로 같은것이고, 자본의 증가 또는 감소로 인하여 생기는 수익은 자본적립금으로 적립할 것을 요구하고 있다. 즉, 이와 같은 거래를 세법에서는 "자본거래 등"이라고 규정하고 있다.

자본 등의 거래는 단순히 자본거래만이 아니고, 이익 또는 잉여금의 처분도 포함되고 있는 개념이다.

그런데 이 거래에서 생기는 수익은 구체적으로 액면초과금·불입잉여금·감자차익 등이 이에 해당하고, 손실로는 감자차손 등이 이에 해당하는 것이다. 이들은 각 사업연도 소득금액계산상으로는 익금 또는 손금에 산입되지 않는다.

앞에서 설명한 바와 같이 자본 등 거래에서 생기는 손실도 모두 세법상의 손금에 산입되지 않는다. 이 경우의 이익 또는 잉여금의 처분이라 하는 것은 소위 상법상의 이익의 배당만을 지칭하는 것이 아니고 실질적으로 이익 또는 잉여금의 처분일 때에는 이에 해당하게 된다. 예컨대 의제배당이나 소위 인정상여 등도 모두 이에 해당하는 것이다.

# 6. 자본거래로 인한 수익의 익금불산입

다음과 같은 자본거래의 수익은 내국법인의 각 사업연도의 소득금액계산에 있어서 이를 익금에 산입하지 아니한다.

### (1) 주식발행액면초과액
주식발행액면초과액이란 주식을 그 액면을 초과한 금액으로 발행한 때의 주식발행초과금을 말한다. 즉, 액면을 초과하여 주식을 발행하는 프리미엄(Fremium)발행시 주식의 액면가액 보다 판매가격이 높아지는데, 그 차액을 말한다.

이러한 주식발행액면초과액은 법인이 각 사업연도소득금액계산에 있어 당해 사업연도의 익금에 산입하지 아니하도록 규정하고 있다. 그렇기 때문에 자본거래에서 발생한 자본잉여금 중의 하나인 자본준비금으로 과세대상소득에서 제외하고 있다.

### (2) 감자차익

일반적으로 말하는 감자차익이란 주식회사의 자본을 감소시킨 때, 감소자본금액이 주식의 환급 또는 결손의 보전을 한 금액을 초과하는 금액을 뜻한다.

감자차익은 자본거래에 따라 발생한 수익으로서 자본금의 일부라 할 수 있으므로, 법인세법에서는 각 사업연도의 소득계산상 총익금에서 제외하여 익금불산입 하도록 규정하고 있다.

### (3) 합병차익(합병평가차익을 제외한다)

합병차익에 대하여 세법상 특별히 그 뜻을 규정한 것은 없고, 상법의 규정에서 합병차익에 상당하는 금액을 자본준비금으로 적립하도록 강제함에서, 그 내용은 회사합병의 경우에 소멸된 회사로 부터 승계할 자산의 가액이 그 회사로부터 승계할 채권액, 그 회사의 주주에게 지급한 금액과 합병 후 존속하는 회사의 자본증가액 또는 합병으로 인하여 설립된 회사의 자본액을 초과하는 금액으로 표시하고 있다.

## 7. 자본거래 등으로 인한 손비의 손금불산입

아래 각 호의 손비는 내국법인의 각 사업연도의 소득금액을 계산할 때 손금에 산입하지 아니한다.

법인세는 과세표준으로 하고 있으므로, 법인세를 뺀 후의 당기순이익 등 잉여금의 처분사항을 손비로 계상할 수 없음은 당연하다 하겠다.

① 결산을 확정할 때 잉여금의 처분을 손비의 금액을 계산한 때
② 주식할인발행차금 ; 상법 제417조에 따라 액면미달의 가액으로 신주를 발행하는 경우 그 미달하는 금액과 신주발행비의 합계액

# 제3절 자본금의 처리

## 1. 자본금의 의의

자본금은 주주의 불입자본 중에서 상법의 규정에 따라 정관에 자본금으로 확정되어 있는 금액으로. 이는 1주당 액면금액에 발행주식총수를 곱하여 산출된다. 상법에서 채택하고 있는 수권자본제도에 따르면 발행할 수 있는 주식의 총수를 정관에 정하고 그 범위 내에서 의사회의 결의에 따라 주식을 발행하도록 하고 있다.

## 2. 자본금의 회계처리

### (1) 자본금 증가의 회계처리

자본금이 증가되는 경우는 설립시 주식발행과 유상증자무상증자주식 배당 그리고 전환주식 또는 전환사채의 전환 및 흡수합병 등의 경우가 있다.

#### (가) 설립시 주식발행

회사 설립시 발기인 등이 원시출하에 따라 주식을 뱅하게 된다. 이 경우 발행주식의 액면가액은 자본금으로, 액면초과액은 주식발행초과금으로 각각 처리한다.

또한, 주권의 발행비용 등 부대비용은 당래 증자로 인하여 발행하는 주식발행초과금으로 각각 처리한다. 또한 주권의 발행비용 등 부대비용은 당해 증자로 인하여 발생하는 주식발행초과금에서 직접 차감하고. 동 금액을 초과한 금액은 주식할인발행차금으로 처리한다.

[사례1]
----
A회사는 설립에 있어서 주식100,000주 (1주당 액면 1,000원)를 액면금액으로 발행하고, 그 전부를 발기인이 인수하여 현금으로 납입하다

(차) 별 단 예 금    100,000,000
                                     (대) 자 본 금    10,000,000

※ 주식인수금액은 별단예금에 예입되며 회사는 예치금증명을 발급받아 증자등기를 한다. 증자 후 사용가능한 예금계좌로 대체하는 것이 통례이므로 기말에는 현금및현금성자산계정에 포함한다.

**{사례2}**

A회사는 신주 10,000구를 1주에 대하여 1,100원(액면1,000원)으로 발행하고, 납입금은 당좌예금에 예입 하다.

(차) 별 단 예 금   11,000,000
                              (대) 자 본 금       10,000,000
                                   주식발행초과금    1,000,000

### (나) 증자

증자는 보통 신주발행, 사채의 전환 적립금의 자본전환 등으로 이루어진다. 발행할 주식에 대하여 주금납압이 실질적으로 이루어지는지 여부에 따라 유상증자(실질적증자)와 무상증자(형식적증자)로 구별된다.

#### ① 유상증자

유상증자란 주주 등으로부터 주금을 납입받음으로서 자본금을 증가시키는 절차를 말한다. 유상증자의 회계처리는 기본적으로 설립시 주식발행의 경우와 같다. 유상증자에는 주식의 액면발행·할인발행할증발행 등이 있으며, 아래 사례에서와 같이 회계처리를 하면 된다.

**[사례]**

< 액면발행 >

액면5,000원의 주식1,000주를 발행, 주식배정을 하고 곧 인수가격의 전액을 납입받고 주식발행비200,000원은 별도로 지급하다.

(차) 별 단 예 금      5,000,000
     주식할인발행차금    200,000
                              (대) 자 본 금          5,000,000
                                   현금및현금성자산    200,000

**[사례]**

< 할증발행 >

액면 5,000원의 주식 1,000주를 발행하고 청약서를 받다. 인수가격은 주당 6,000원에 주식배정을 하고, 곧 인수가격의 전액을 납입받 다. 그리고주식발행비300,000원을 별도로 지급하다.

　　　　(차) 별 단 예 금　6,000,000
　　　　　　　　　　　(대) 자 본 금　5,000,000
　　　　　　　　　　　　　　주식발행초과금　1,000,000
　　　　(차) 주식발행초과금　300,000
　　　　　　　　　　　(대) 현금및현금성자산　300,000

[사례]----------------------------------------------------------------
<할인발행>
현행 상법은 법인의 자본조달을 하기 위하여 다음의 요건을 갖춘 경우에는 그 할인발행을 인정하고 있다.(상법§ 417)
　첫째, 법인이 성립한 날부터 2년이 경과하여야 한다.
　둘째, 쥬쥬총회의 특별결의가 있어야 하며, 그 주주총회에서 주식의 최저 발행가액을 정하여야 한다.
　셋째, 법원의 허가를 얻어야 한다.
　넷째, 법원의 허가를 얻은날로부터 1월내 또는 연장할 경우 법원이 인가한 기간 내에 주식을 발행하여야 한다.

[사례]----------------------------------------------------------------
액면금액5,000원의 주식 1,000주를 4,000원에 할인발행하기로 주주총회의 특별결의와 법원의 허가를 얻어 전액 납입하였다면 그 회계처리는 다음과 같다.
----------------------------------------------------------------------

　　(차) 별 단 예 금　4,000,000
　　　　주식할인발행차금　1,000,000
　　　　　　　　　　　(대) 자 본 금　5,000,000

<기업결합시의 증자>
기업결합은 한 회사가 다른 회사와 경제적 단일체를 이루게 되는 것을 말하며, 법적형태에 따라서 주식취득과 합병으로 나누어 진다.
　주식취득과 합병 중 자본의 증가는 통상 합병과정에서 발생한다. 즉, 합병회사가 피합병회사를 흡수하는 과정에서 소멸하는 피합병회사의 자산과 부채를 그대로 인수하고 그 대가로 소멸하는 회사의 주주들에게 신주를 발행교부하여 줌으로써 합병회사의 자본이 증가하게 된다.
　합병 등 기업결합은 거래의 경제적 실질에 따라 매수와 지분통합으로 나누어진다.
　매수(purchase_란 한 회사가 다른 회사의순자산을 취득하는 형태이며,

지분통합(pooling of interests)이란 결합당사회사 중 어느 일방도 매수회사가 되지 못하고 결합당사의 주주들이 결합된 실체를 그대로 지배하는 형태의 기업결합을 의미한다.

기업결합의 회계처리도 거래의 실질에 따라 매수법과 지분통합법으로 나누어진다.

매수법에서는 매수회사가 취득하는 피매수회사의 순자산가액 및 매수회사가 지급하는 대가는 공정가액으로 평가한다.

따라서 합병회사가 피합병회사의 주주에게 합병회사의 주식을 교부하는 경우 교부한 주식의 공정가액 만큼 자본금 및 자본잉여금이 증가하게 된다.

그리고 지분통합법에서는 기업결합의본질을 당사 회사 주주간의 합의에 따라 주주지분을 단순히 결합하는 것으로 회계처리를 한다.

이 경우 주식발행회사(존속회사)가 소멸회사 주주에게 발행하는 주식의 액면가액 만큼 자본이 증가하게 된다. 그리고 주식결합을 위해 발행한 주식이나, 현금 등의 합계액이 승계한 자본금과 다를 경우 그 차이는 결합된 실체의 자본잉여금과 이익잉여금에서 순서대로 조정한다.

② 무상증자

무상증자란 이사회 또는 주주총회의 결의에 따라 잉여금(자본잉여금괴 이익잉여금)의 자본전입으로 자본금을 증가시키는 절차를 말한다.

이 경우에는 단순히 잉여금을 자본금으로 대체하고 무상으로 신주를 발행하는 것이기 때문에 법인의 순자산에 증감이 없을 뿐만 아니라 주주의 압장에서도 주식수만 증가할 뿐만 아니라 주주의 입장에서도 주식수만 증가할 뿐 자본율 변동은 없다.

**(다) 주식배당**

주식배당은 주주총회에서 이익잉여금의 처분에 따른 배당의 형식을 빌려 자본을 증가시키는 것을 말한다.

이는 무상증자와 실질 내용면에서 유사한 측면이 있지만 배당의 절차를 따르고배당가능이익만을 재원으로 할 수 있다는 점에서 무상증자와 차이가 있다.

[사례]

A회사는 당기의 이익배당금액55,600,000원 중 20,000,000원에 대하여 각 주주에게 1주당 액면1,000원의 신주를 발행교부하고 나머지에 대해서는 현금으로 지급하다.

---

   (차) 이익잉여금   55,600,000
         (대) 자  본  금   20,000,000
              현금및현금성자산   35,600,000

**(라) 전환증권의 전환**

전환증권은 전환주식과 전환사채로 분류되는데, 주주의 청구에 따라 전환주식을 다른종류의 주식으로 전환하거나 사채권자의 청구에 따라 전환사채를 주식으로 전환하는경우에 신주의 발행이 이루어진다.

전환주식을 전환하는 경우에는 전환전의 주식의 발행가액을 신주식의 발행가액으로 하여야 하며(상법 §348), 전환사채를 전환하는 경우에는 전환조건에 따라 신주발행가액을 정하게 된다.

## (2) 자본금 감소의 회계처리

자본금을 감소시키는 거래를 감자라고 한다.

감자는 주식수를 감소시키는 방법과 주금액을 감소시키는 방법이 있다. 주식을 감소시키는 주식소각에 따라 특정주식을 매입소각하는 방법과 주식병합 즉, 수개의 주식를 하나로 병합하는 방법이 있다.

   감자의 유형--------주식의 감소-------주식소각
                                         주식병합
              주금액의 감소

# 제10편
# 이익잉여금처분의처리

제1절 이익잉여금처분과 회계제칙의 관계
제2절 이익잉여금처분의 분개처리와 절차
제3절 이익처분에 관련한 세무회계처리

# 제1절 이익잉여금처분과 회계제칙의 관계

[Point]
이익잉여금처분이란 유보이익을 배당이나 배당평균적립금에 충당하는 것을 말하며, 이익잉여금처분계산서는 회사의 이월이익잉여재무금의 수정사항과 당기이익잉여금의 처분사항을 명확히 보고하기 위란 재무보고서이다.

## 1. 이익잉여금의 의의

이익잉여금븨 원천은 손익거래로서 계산되는 당기순이익이다. 당기순이익이 계산되면, 전기에서 이월되어온 미처분이익잉여금으로서 당기중에 전기손익의 수정사유로 수정된 후의 것(즉, 수정 후 전기이월이익잉여금)과 함께 덩기말 미처분이익잉여금이 된다. 이 미처분잉여금은 주주총회에서 배당하거나 각종 적립금으로적립하고 잔액은 차기에 이월한다.

따라서 이익잉여금이란 이와 같이 적립한 후 자본에 전입 하거나 결손보전 및 이입하여 사용하지 않고, 각종 적립금으로 적립되어 있는 것과 결산 때의 당기말 미처분이 이익잉여금으로 이루어진다.

여기서 결산 때의 당기말미처분이익잉여금이란 역시 전기에서 이월 되어 온 미처분이익이익잉여금으로서 당기중에 전기손익의 수정사유로 수정된 후의 것(즉, 수정 후 전기이월이익잉여금)과 당기순이익이 된다. 왜냐하면 이를 처분하는 것은 결산 이후에 주주총회에서 이루어지기 때문이다.

## 2. 이익잉여금처분의 정의

[Point]
이익잉여금처분계산서(또는결손금처리계산서) 이익잉여금의 처분사항 (또는 결손금의처리사항)을 명확히 보고하기 위한재무보고서이다.L (기업회계기준문단 실무지침 2.12)

이익잉여금처분이란 회사의 영업성과인 이익은 출자자 또는 그 밖의 관련자에게 여러 가지 형태로 처분 된다.

주식회사의 예를들면 처분의 대상금액은 이월이익잉여금 기말잔액에 당해 순이익을 더한 당기미처분이익잉여금이며, 상법에서는 전기이월이익에 당기이익을 더한 당기미처분이익이라고 하고 있다.

처분내용은 이익준비금, 법인세, 주민세 등의 납세충당금, 배당금, 임원상여금. 임의적립금 등이며, 그 잔액은 차기에 이월 된다.

이 처분은 주주총회의 승인을 걸쳐 결정 된다. 더구나 납세충당금은 이익처분항목이 아니라고 하는 사고가 유력하다.

상법 제447조 및 제449조의 규정에 따르면 주식회사의 이사는 매결산기에 재무상태변동표손익계산서 및 이익잉여금처분계산서(똔 결손금처리계산서)를 작성하고. 이를 이사회에 제출하여 승인을 받아 주주총회에 제출하도록 하고 있다.

## (1) 이익잉여금 등의 명칭사용 기준

이익잉여금처분계산서 또는 결손금처리계산서는 동일한 재무재표로서의 지위를 갖지만 기재되는 과목의 구성내용에 따라서 그 명칭이 달라진다.

이익잉여금처분계산서 또는 결손금처리계산서의 명칭은 이익잉여금의 실질적인 처분여부를 기준으로 구분된다.

따라서 당기말 미처분결손금이 계상디었으나, 이를 보전하고도 배당금 잉여금의 처분이 있는 경우에는 이익잉여금처분계산서의 명칭을 사용하고, 당기말 미처리결손금의 일부 또는 전부를 보전하기만 하는 경우에는 결손금처리계산서의 명칭을 사용한다.또한 직전연도는 결손금처리계산서를 작성하고, 당해 연도에는 이익잉여금처분계산서를 작성한 경우 (반대의 경우를 포함한다)에는 당해 연도를 기준으로 명칭을 사용하여야 하며, 이 경우의 작성양식은 이익잉여금처분계산서와 결손금처리계산서를 결합하여 사용하되, 동일한 명칭에 결손금을 표시하는 경우(예 ; 당기말 미처분 이익잉여금란에 당기말 미처리결손금표시)에는 △등 부(부)의 표시를 하여야 한다.(회계예규16-500)

### (2) 이익잉여금의 처분확정

이익잉여금의 처분은 주주총회에서 확정된다. 따라서 주주총회에 제출되는 이익잉여금처분계산서는 사업연도 종료일 현재 확정되지 아니한 처분안에 불과하므로 주주총회의 결의내용에 따라 변경될 수도 있다.

## 3. 이익잉여금처분계산서의 과목과 범위

기업회계기준상 이익잉여금계산서는 다음과 같이 처리한다.(기업회계기준 문단 2.89)
① 이익잉여금처분계산서는 미처분이익잉여금, 임의적립금 등의 이입액, 이익잉여금처분액,차기이월미처분이익잉여금으로 구분하여 표시한다.
② 미처분이익잉여금은 전기이월미처분이익잉여금(또는 전기이월미처리결손금)에 회계정책의 변경으로 인한 누적효과(비교재무재표의 최초회계기간 직전까지의 누적효과), 중대한 전기오류수정손익(비교재무재표의 최초회계기간 직전 까지의 누적효과), 중간배당액 및 당기순이익(또는 당기순손실)을 가감하여 산출한다.
③ 이익잉여금처분액은 이익준비금,, 기타 법정적립금,이익처분에 따른 상각 등 배당금·임의적립금으로 구분하여 표시한다. 이익잉여금처분에 따른 상각 등은 주식할인발행차금상각·자기주식처분손실 잔액·상환주식상환액 등으로 한다. 배당금의 경우 현금배당과 주식배당으로 구분한다.
④ 결손금처리계산서는 미처리결손금·결손금처리액·차기이월미처리결손금으로 구분하여 표시한다.
⑤ 미처리결손금은 전기이월미처리결손금(또는 전기이월미처분이익잉여금)에 회계정책의 변경으로 인한 누적효과(비교재무제표 최초회계기간직전까지의 누적효과) 중대한 전기오류수정손익(비교재무제표의 최초회계기간직전까지의 누적효과), 중간배당액 및 당기순이익(또는 당가순손실)을 가감하여 산출한다.
⑥ 기업회계기준 문단 2,89에 따라 이익잉여금계산서를 주석으로 공시하는 경우에는 주식의 종류별 주식배당금액, 액면배당률은 배당금 다음에 표시하고, 배당성향·배당금의 산정내역은 주석에 포함하여 기재한다. 이익잉여금처분계산서를 주석으로 공시하지 아니하는 경우에도 주식

의 종류별 주당배당금액·액면배당률·배당성향·배당금의 산정내역을 주석으로 기재한다.

기업회계기준에서는 이익잉여금처분계산서에 기재되는 이익처분의 내용은 다음에 게기하는 과목으로 규정하고 있다.
① 미처분이익잉여금
② 임의적립금등의 이입액
③ 사업확장적립금
⑤ 감채적립금④
⑥차기이월미처분이익잉여금

## 4. 미처분이익잉여금의 회계

미처분이익잉여금은 이월이익금의 기말잔액(전기에 이익처분을 하고 있는 금액)에 전기손익수정손익을 가감한 후의 수정후 전기이월이익잉여금과 당기순이익과의 합계액이며, 그 계산과 처분이 주주총회의 결의에 따라 결정되는 것으로서 당기말의 이익잉여금액을 표시하는 항목이다.

따라서 미처분이익잉여금은 아직 특정한 사용목적이 결정되지 아니한 이익잉여금이며, 이것은 주주총회에서 적법하게 처분할 수 있는 잉여금이다,즉, 이것은 주주배당금에 충당할 수도 있고, 임원들에게 상여로서 분배할 수 있으며, 또한 특정 한 적립금으로 대체할 수도 있으므로 이러한 의미에서 이것을 자유잉여금(Free Surplus)이라고도 한다.

그리고 또 회사의 결손이 발생한 때에는 무엇보다도 제일먼저 미처분이익잉여금을 헐어서 처분하고, 그래도 부족한 때에는 여러 가지의 처분금을 헐어서 처분하게 된다.

따라서 미처분이익잉여금은 수정 후 전기이월이익잉여금과 당기순이익의

2가지로 구성되는데, 결손금과 당기순미익의 2가지로 구성 되는데, 전자는 전기에 있어 이익금을 처분한 후에 이월된 잔액에 전가손익수정항목을 가감한 후의 금액이 되며, 여기에 다시 당기에 발생한 당기순이익을 가산한 것이 당기말미처분이익잉여금으로서 이것이 주주총회의 처분대상이 된다.,

### (가) 미처분이익잉여금의 회계처리 방법

 미처분이익잉여금은 그 원천에 따라 이월이익잉여금의 기말잔액과 당기순이익으로 구별되는데, 전자는 전기의 미처분이익잉여금을 처분 및 단기손익수정사항을 조정한 다음의 잔액으로서 당기에 계상된 것이며, 이것은 당기에 또다시 총회에서 처분의 대상이 되는 것이다.

 그리고 미처리이익잉여금 보다 주주총회에서의 처분액이 적을 때에는 그 나머지 부분은 차기이월이익잉여금이 되며, 그 처분액이 많을 때에는 임의적립금의 이입에 따라 보충되는 것이 일반적이다.

 따라서 당기의잉여금처분액의 일부분이 임시적립금의 이입에 따라 보충되는 경우에는 미처분이익잉여금과 임의적립금의 이입액이 가산된 합계액이 주주총회에서 이익잉여금의 처분에 충당된다.

 즉, 회사의 당기말 미처분이익잉여금이란 첫째의 당기순이익과 둘째의 수정후 전기이익잉여금을 합한 것이며, 그리고 미처분액은 다시 이월되어 간다.

**[거래의 예시]**

 ① 제3기말 미처분잉여금 347,800원 (수정후 전기이월이익잉여금결 78,900,000원 당기순이익 288,900,000원을 주주총회에서 다음과 같이 처분하기로 결의하다.

  이익준비금  20,000,000원,
  기업합리화적립금 22,067,000원,
  해외시장개척적립금  15,678,000원
  사업확장적립금  22,067,000원
  배당평균적립금  80,000,000원
  배당금  150,000,000원
  전기이월이익잉여금  10,055,000원

 <분 개>

  (차) 미처분잉여금  367,800,000
  　　　　　　　　(대) 이 익 준 비　　20,000,000
  　　　　　　　　　　 기업합리화적립금　22,067,000
  　　　　　　　　　　 해외시장척준비금　15,678,000
  　　　　　　　　　　 사업확장 적립금　70,000,000

배당평균적립금　　80,000,000
미지급배당금　　150,000,000
이월이익잉여금　　10,055,000

② 제4기말 미처분이익잉여금 98,700,000원(수정후 전기이월이익잉여금 10,990,000원)당기순이익 87,719,000원을 주주총회에서 다음과 같이 처분하기로 결의하였다.

첫째, 배당평균적립금 50,000,000원을 이익배당에 사용하기로 하고 사업확장적립금 70,000,000원은 목적한 공장시설을 완료하였으나 고정자산 취득에 소요된 자금을 다른 장기자금(장기차입금 또는 자기자본)으로 보전하기 어려움으로 별도적립금으로 재체하여 당분간 유보한다.

둘째. 다음과 같이 필요한 법정적립금의 적립 이외에는 배당금 지급에 우선한다.

이익준비금-----------11,000,000원,
기업합리화적립금------15,000,000원
해외시장개척준비금----11,000,000원,
배　당　금------------11,000,000원
차기이월이익잉여금----11,000,000원

＜분　개＞
　(첫째의 1)
　　(차) 배당평균적립금　50,000,000
　　　　　　　　(대) 미처분이익잉여금　　50,000,000
　(첫째의 2)
　　(차) 사업확장적립금　70,000,000
　　　　　　　　(대) 별　도　적　립　금　　70,000,000
　(둘째)
　　(차) 미처분이익잉여금　148,700,000
　　　　　　　　(대) 이　익　준　비　금　　11,000,000
　　　　　　　　　　　기업합리화적립금　　15,000,000
　　　　　　　　　　　해외시장개척준비금　11,000,000
　　　　　　　　　　　미　지　급　배　당　금　11,000,000
　　　　　　　　　　　차기이월이익잉여금　　1,700,000

③ 앞의 제4기 결산확정총회에서 지급키로한 배당금 ‥11,000,000원을 수표로 발행하여 지급하다.

<분개>
　　(차)　미지급배당금　110,000,000
　　　　　　　　　　　　　　(대)　당좌예금　110,000,000

④ 위①에서 차기이월이익잉여금 10.055,000원과 위②에서의 수정후 전기이월이익잉여금 10,990,000원과의 10,990,000원과의 차이내용은 다음과 같다.

첫째, 전기위 퇴직급여충당금 과소계상액 478,900원을 당기에 계상하였다.

둘째, 전기말 재고자산에 D상품1.413,900원의이 누락 되었음을 확인하여 수정하였다. 이를 분개한 내용을 예시하여 본다.

<분개>
(첫째)
　　(차)　전기손익수정손실　478,900
　　　　　　　　　　(대)　퇴직급여충당금　478,900
(둘째)
　　(차)　상 품　1.413,900
　　　　　　　　　(대)　전기손익수정이익　1,413,900

　※ 전기이월이익잉여금 10,055,000원 - 478,900원 *1,413,900 = 수정후 전기이월이익잉여금10,990,000원

## 이익잉여금처분계산서

제 × 기 20××년×월×일부터
20××년×월×일까지
처분예정일 20××년×월×일

제 × 기 20××년×월×일부터
20××년×월×일까지
처분확정일 20××년×월×일

기업명 (단위 : 원)

| 구 분 | 당 기 | | 전 기 | |
|---|---|---|---|---|
| 미처분이익잉여금(Ⅰ) | | 857,040 | | 648,400 |
|   전기이월미처분이익잉여금 | 498,400 | | 40,000 | ⑴ |
|   회계정책변경누적효과 | - | | 24,000 | ⑵ |
|   전기오류수정 | - | | 300,000 | ⑶ |
|   중간배당액 | (30,000) | | (10,000) | |
|   당기순이익 | 388,640 ⑸ | | 294,400 | ⑷ |
| 임의적립금등의이입액(Ⅱ) | | - | | - |
| 합 계(Ⅰ+Ⅱ) | | 857,040 | | 648,400 |
| 이익잉여금처분액(Ⅲ) | | 300,000 ⑹ | | 150,000 |
|   이익준비금 | 100,000 | | 80,000 | |
|   배당금 | 100,000 | | 50,000 | |
|     현금배당 | | | | |
|     주당배당금(률) 보통주 : 당기 ××원(%) | | | | |
|                              전기 ××원(%) | | | | |
|   임의적립금 | 100,000 | | 20,000 | |
| 차기이월미처분이익잉여금(Ⅰ+Ⅱ-Ⅲ) | | 557,040 | | 498,400 |

⑴ 130,000(20×1년말 미처분이익잉여금(보고금액)) - 90,000(20×2년 주주총회의 결정에 따른 미처분이익잉여금의 변동) = 40,000
⑵ 20×3년의 회계정책변경에 따른 20×1년말 미처분이익잉여금의 수정
⑶ 20×3년에 발견한 중대한 전기오류수정에 따른 20×1년말 미처분이익잉여금의 수정
⑷ 400,000(20×2년 보고 당기순이익) - 5,600(회계정책변경효과) - 100,000(전기오류수정효과) = 294,400
⑸ 500,000(회계정책변경과 전기오류수정 반영하기 전 20×3년 당기순이익) - 11,360(회계정책변경효과) - 100,000(전기오류수정효과) = 388,640
⑹ 처분예정일인 20×4년 ×월 ×일에 주주총회에서 결정될 미처분이익잉여금의 처분액

# 제2절 이익잉여금처분의 분개처리와절차

이익잉여금 처분의 기본적인 분개처리에 의하여 다음 사례에 따라서 설명하기로 한다.

[사례]
5월20일 당기말 미처분이익잉여금 4,000천원에 대하여 주주총회에서 다음과 같이 처분을 결의하였다.

주주배당금　　　　　　2,000천원
임원상여금　　　　　　　600천원
이익준비금　　　　　　　200천원
임의적립금　　　　　　1,000천원

<제1법> 이월이익잉여금을 당기말미처분이익잉여금계정으로 처리하는 방법
(차) 당기말미처분이익잉여금　3,800
　　　　(대) 미지급주주배당금　2,000천원
　　　　　　 미지급임원상여금　　600천원
　　　　　　 이 익 준 비 금　　　200천원
　　　　　　 임 의 적 립 금　　1,000천원

이러한 분개처리법을 취하면 이월이익잉여금 200천원은 당기말 미처분이익잉여금계정에 그대로 남아 있게 된다.

# 제3절 이익처분에 관련된 세무회계처리

이월이익잉여금과 상계한 손금의 처리는 법인의 손금으로 계상할 수 있는 조세공과금 등을 이익잉여금과 상계한 경우에는, 이를 손금에 가산하여 신고할 수 있다.(법인통칙 19-19-30)
-기업의 이익잉여금처분계산서를 보면 다음과 같다.

### 이익잉여금처분계산서

제 X 기 20××년×월×일부터　　제 X 기 20××년×월×일부터
　　　20××년×월×일까지　　　　　　20××년×월×일까지
처분예정일 20××년×월×일　　처분확정일 20××년×월×일

기업명;　　　　　　　　　　　　　　　　　　　단위; 원

| 구 분 | 당 기 | 전 기 |
|---|---|---|
| 미처리결손금 | ××× | ××× |
| 　전기이월미처분이익잉여금 | ××× | ××× |
| 　(또는 전기이월미처리결손금) | | |
| 　회계정책변경누적효과 | | ××× |
| 　전기오류수정 | | ××× |
| 　중간배당금 | ××× | ××× |
| 　당기순이익(또는 당기순손실) | ××× | ××× |
| 결손금처리액 | ××× | ××× |
| 　임의적립금이입액 | ××× | ××× |
| 　법정적립금이입액 | ××× | ××× |
| 　자본잉여금이입액 | ××× | ××× |
| 차기이월미처리결손금 | ××× | ××× |

여기서 세법상 문제가 되는 것은 임원상여 및 배당금에 소득세 과세문제와 임의적립금과 차기이월이익잉여금 중의 일부는 주주에게 배당한 것으로 보고 주주에게 소득세를 과세하는 지상배당소득에 대한 과세, 그

리고 위의 소득세를 법인이 원천징수하는 문제이다.

# 1. 배당금

**[Point]**

배당금은 주식회사·유한회사·합명회사·합자회사가 주주와 사원에 대하여 행하는 이익의 분배액을 말한다. 때로는 한국은행·농업협동조합 등이 출자자에 대하여 행하는 이익의 분배액과 증권투자신탁의 수익분배도 포함한다. 이익처분에 대하여 주식회사에서는 주주총회에 의하여 승인을 받지 않으면 안된다. 배당금은 보통 현금으로 지급되지만 주식에 의한 경우와 사채(社債)에 의하는 경우 등 여러 가지 형태가 있다.

주주총회에서 미처분이익잉여금의 처분안이 결정되면 배당액이 결정되고, 각 주주에게 배당금통지서와 배당금영수증을 발송하여 배당금을 지급한다. 이 배당금을 회사에서 직접 지급하는 방법과 거래은행에 지급을 위탁하는 방법이 있다.

## (1) 배당의 종류

배당의 형태에 따른 배당의 종류를 보면 다음과 같다.

① **현금배당(cash dividends)**

현금으로 배당하는 것을 말한다. 모든 유보이익은 반드시 현금의 뒷받침이 있는 것이 아니라는 점에서 볼 때 운전자본을 압박하는 배당방법이라고 할 수 있다.

② **재산배당**

현금 이외의 자산의 형태로 배당하는 것을 말한다. 이 때 재산은 회사가 소유하고 있는 유가증권·상품 그 밖의 부동산이 될 수도 있다. 재산배당은 현물로 이루어지기 때문에 현물배당이라고도 하며, 재산의 장부가액으로 회계처리를 한다.

③ **부채배당**

배당선언이 있은 후에 회사의 사채나 지급어음으로 배당하고 회사의 자금사정이 좋아질 때 이것과 교환으로 현금이 지급되는 형식으로 이루어지는 배당방법이다. 부채배당은 이익잉여금의 잔액은 충분하지만 현금이 부족할 때 선언한다.

④ **청산배당**

이익의 처분이 아니라 자본의 환급이 수반되는 배당을 말한다. 회사가 영업활동을 중지하기 위해서 출자액의 전부를 주주들에게 환급하는 경우와 필요 이상의 자본을 가지고 있기 때문에 감자의 절차를 밟아 출자액의 일부를 주주에게 환급하는 경우와 의식적 청산배당과 회계처리과정에서 나타난 오류로 말미암아 당기순이익 또는 잉여금을 과대계상하고 그 결과 많은 배당을 하는 무의식적 청산배당이 있다.

⑤ 주식배당

주주들의 주식소유에 비례한 회사의 추가주식배분을 말한다. 주식배당은 발행회사의 총주주지분·부채·자산 등을 변경시키지는 않는다. 따라서 유보이익을 자본계정으로 전환시키며, 주주지분의 내부적 내용의 구성변화가 발생할 뿐이다. 주식배당은 자기주식이나 미발행주식에서 배분되어 보통주 또는 우선주가 발행된다. 주식배당이 그 수령자가 소유한 것과 동일한 종류인 경우는 일반적 주식배당이라 하고, 다른 종류의 주식이 발행될 때에는 특수적 배당이라 한다. 우리 상법에는 회사는 주주총회의 결의에 의하여 이익배당총액의 2분의1에 상당한 금액을 초과하지 않는 범위내에서 이익배당을 새로이 발행하는 주식으로서 할 수 있다 (상법 462의 2②)고 규정함으로써 새로이 주식배당을 허용하고 있다.

## (2) 배당에 관한 회계처리

배당의 대표적인 형태는 현금배당과 주식배당을 들 수 있으며, 이에 대한 회계처리는 다음과 같다.

① 현금배당

주주총회의 결의에 의하여 현금배당이 결정되면 (차) 미처분이익잉여금×××  (대)배당금×××로서 미처분이익잉여금이 감소하여 배당금계정의 대변에 대체되어 현금배당 미지급액을 나타내고 현금이 실제로 지급되면 (차) 배당금 ××× (대) 현금×××으로 배당금계정 대변에 기입하여 지급완료와 동시에 소멸한다.

② 주식배당

과거에는 주식배당제도가 없으므로 배당금을 지급한 것으로 하고, 지급한 배당금을 신주납입금으로 받아들여 현금납입의 형태를 취하였으나, 현행 상법에 주식배당을 허용하고 있으므로, 만일 주주총회에서 액면가액 1,000원인 보통주 1,000주를 주식배당하기로 결의하였다면 (차) 미처분이익잉여금 1,000,000 (대) 주식배당 1,000,000으로 처리하고, 주식이 발행되었을 때에 (차) 주식배당 1,000,000 (대)자본금 1,000,000으로 처리한다.자본금 1,000,000으로 처리한다.

### (3) 배당금에 대한 소득세 과세

내국법인으로부터 받는 이익이나 잉여금의 분배는 배당소득에 해당되고, 또한 이 배당소득은 자산소득에 해당되므로 생계를 같이 하는자 중에 배당소득이 있을 경우에는 주된 소득자의 소득에 합산되어 과세가 된다.

### (4) 배당금·분배금의 익금산입

주식을 가지고 있거나 또는 출자하고 있을 경우에 받는 이익인 배당이나 준비금의 분배는 그것을 받는자가 개인인 경우에는 배당소득으로 소득세가 과세되고, 법인인 경우에는 수익으로 되어 익금에 산입하게 된다.

법인이 당기순이익이 생긴 경우 주주총회에 적립금이나 주주에 대한 배당금으로 처분된다. 즉, 잉여금 중 일부를 주주에게 분배할 몫으로 하는 배당금을 현금배당이라고 한다.

그러나 법인으로부터 주주에게 현금배당 외에 이와 유사한 경제적 이익이 환원되는 경우가 있다.

이러한 경우 일반적으로 이익의 배당이라고 말하지는 않으나, 법인세법에서는 배당금으로 보아 (보통 의제배당이라고 한다) 익금에 산입하도록 하고 있다. 즉, 법인이 감자하거나 잉여금을 자본에 산입하는 경우 또는 법인이 해산하거나 합병하는 경우에 상법상의 이익의 배당이나 분배에는 효과를 가져오는 다음의 경우에는 의제배당으로 하여 익금에 산입하고 있다.(법인세법 §16)

#### ① 감자나 퇴사 등의 경우

주식의 소각이나 자본의 감소로 인하여 주주가 취득하는 금전의 액과 그 밖의 자산의 가액의 합계액이 주주, 사원이나 출자자가 당해 주식 또는 출자를 취득하기 위하여 요한 금액을 초과하는 금액은 배당 또는 분배로 본다.(법인법§16①1)

주주가 취득하는 금액과　기타 자산의 합계액 – 당해주식의 취득가
　　　액　＝　배당의제액
　이 경우 배당 또는 분배의 시기는 주주총회나, 사원총회에서 주식의 소각, 자본 또는 출자의 감소, 잉여금의 자본 또는 출자에의 전입을 결의한 날 또는 사원이 퇴사, 탈퇴한 날에 분배된 것으로 본다.(법인령§13①1)
　주식의 소각이란 회사가 특정한 자기주식을 취득하여 소멸시키는 것을 말하며, 자본감소의 방법으로 무상과 유상의 경우가 있다.
　예컨대 유상감자시출자한 법인에게 지급한 환급금이 감자액을 초과할 경우에는 환급받은 법인은 의제
　배당이 생긴다.
　합명합자회사 등에 있어서도 사원의 퇴사·탈퇴나 출자의 감소로 인하여 출자법인이 교부하는 재산의 가액이 당초 회사에 출자하기 위해 소요된 지분의 취득가액을 초과하는 금액은 역시 의제배당금에 해당하므로 익금에 산입하여야 한다.

② **무상주 배당**
　세법은 법인의 잉여금의 전부 또는 일부를 자본 또는 출자에 전입함으로써 취득하는 주식 또는 출자의 가액(주식을 액면금액, 출자는 출자금액)은 배당으로 보아 익금에 산입하여야 한다.

## 2. 의제배당

### (1) 의제배당의 의의

　상법상으로는 이익배당은 아니지만 자본거래 등에서 발생하는 소득으로서 실질적으로는 배당한 것과 같은 경제적 이익을 주는 경우가 있다
　즉, 법인의 자본거래 등과 관련하여 법인이 그 동안 배당하지 않고 사내에 유보하였던 법인의 이익이 주주 등에게 분배되는 경우가 있는데, 이러한 경우는 비록 이익배당의 형식을 취하지는 않았지만 실질적으로는 그 경제적 이익의 성격이 배당과 같은 경우이다.
　현행 소득세법은 소득세 과세의 실효를 거두기 위하여 이러한 경제적 이익에 대하여 의제배당이라고 하여, 배당소득으로 과세한다.(소득세법 §17②, 소득령 §27)

## (2) 의제배당의 유형

의제배당은 그 성격에 따라 크게 2가지로 구분할 수 있는데, 첫째는 법인의 자본감소·해산·합병·분할 등 특정한 사유에 따라 당해 법인의 주주 등이 투자를 회수할 때에 그 주주 등이 수령한 재산가액이 당초 주식 또는 지분의 취득가액을 초과함으로 인한 의제배당이고, 둘째는 법인이 잉여금을 자본에 전입함에 따라 당해 법인의 주주 등의 무상주를 수령함으로 인한 의제배당이다.

### (가) 자본감소·해산·합병·분할 등으로 인한 의제배당
① **주식의 소각이나 자본의 감소인 경우**(감자로 인한 배당)
주식의 소각이나 자본의 감소로 인하여 주주가 취득하는 금전 그 밖의 재산의 가액(價額) 또는 퇴사·탈퇴나 출자의 감소로 인하여 사원이나 출자자가 취득하는 금전, 그 밖의 재산의 가액이 주주·사원이나 출자자가 그 주식 또는 취득하기 위하여 사용한 금액을 취득하기 위하여 사용한 금액을 초과하는 금액(소득법§17②1)

---
의제배당금액 = 주주 등이 받는 재산가액 - 주식 등의 취득가액

---

② **법인의 잉여금의 전부·일부를 자본 또는 출자의 금액에 전입함으로써 취득하는 주식 또는 출자의 가액의 경우**
다만, 다음 각 목의 어느 하나에 해당하는 금액을 자본에 전입하는 경우는 제외한다.
㉮ 상법 제459조 제1항에 따른 자본준비금으로서 법인세법 제17조제1항 각 호에 해당하는 금액
㉯ 자산재평가법에 따른 재평가적립금(토지의 재평가차액에 상당하는 금액은 제외)

③ **법인**(법인으로 보는 단체 포함)**이 해산하는 경우**
해산한 법인(법인으로 보는 단체를 포함)의 주주·사원·출자자 또는 구성원이 그 법인의 해산으로 인한 잔여재산의 분배로 취득하는 금전이나 그 밖의 재산의 가액이 해당 주식 및 출자 또는 자본을 취득하기 위하여 사용된 금액을 초과하는 금액(소득법§17②3) 다만, 내국법인이 조직변경하는 경우로서 다음 각 목의 어느 하나에 해당하는 경우는 제외한다.

㉮ 상법에 따라 조직변경하는 경우
㉯ 특별법에 따라 설립된 법인이 해당 특별법의 개정 또는 폐지에 따라 상법에 따른 회사로 조직변경하는 경우
㉰ 그 밖의 법률에 따라 내국법인이 조직변경하는 경우로서 대통령령으로 정하는 경우

---
의제배당금액= 분배받은 재산가액 -주식 등의 취득가액

---

### ③ 법인이 합병하는 경우(피합병법인의 주주 등이 취득하는 합병법인의 주주 등)

법인이 합병(2개 이상의 법인이 계약에 따라 1개의 법인으로 합병하는 것으로서 흡수합병과 신설합병이 있음)하는 경우에 합병으로 인하여 소멸한 법인의 주주사원 또는 출자의 가액과 금전의 합계액이 그 합병으로 인하여 소요된 금액을 초과하는 금액을 의제배당으로 한다.

---
의제배당금액 = 합병으로 취득한 주식 등의 가액 - 소멸법인주식 등의 취득가액

---

### ④ 법인이 분할 또는 분할합병하는 경우

법인이 분할하는 경우, 분할되는 법인(분할법인) 또는 소멸한 분할합병의 상대방 법인의 주주가 분할로 인하여 설립되는 법인 또는 분할합병의 상대방 법인으로 부터 분할로 인하여 취득하는 주식의 가액과 금전, 그 밖의 재산가액의 합계액(분할대가)이 그 분할법인 또는 소멸한 분할합병의 상대방 법인의 주식(분할법인이 존속하는 경우에는 소각 등에 따라서 감소된 주식에 한함)을 취득하기 위하여 소요된 금액을 초과하는 금액을 의제배당으로 한다.(소득법§17②6)

---
의제배당금액 = 분할합병으로 취득한 주식 등의 가액
             - 주식등의 취득가액

---

### (나)잉여금의 자본전입으로 인한 의제배당(무상주배당)

#### ① 무상주배당

법인의 잉여금의 전부 또는 일부를 자본 또는 출자의 금액에 전입함으로써 취득하는 주식 등 출자의 가액을 의제배당으로 한다. 다만, 상법

제459조 제1항에 따른 자본준비금(합병차익 등 및 분할평가차익등을 제외하며, 자기주식 또는 자기출자지분의 소각익의 경우에는 소각당시 시가가 취득가액을 초과하지 아니하는경우로서 소각일부터 2년이 경과한 후 자본에 전입하는 것에 한함, 채무의 출자전환을 주식 또는 출자지분을 발행하는 경우로서 당해 주식 또는 출자지분의 시가가 액면가액 이상이고 발행가액 이하인 경우에는 시가에서 액면가액을 차감한 금액에 한함)(소득법§17②2)

② **무상주 대위배당**

법인이 자기주식 또는 자기출자지분을 보유한 상태에서 자본전입을 함에 따라 그 법인외의 주주 등의 지분비율이 증가한 경우, 증가한 지분비율에 상당하는 주식등의 가액은 의제배당으로 과세한다.(소득법17②5)

③ **의제배당으로 보는 재평가적립금의 자본전입의 계산**

재평가적립금의 일부를 자본금 또는 출자금에 전입하는 경우 자산재평가법 제13조 제1항제1호의 규정에 따른 토지의 재평가액에 상당하는 금액은 다음 산식에 따라 계산한다.(소득령 §27⑤)

---

당해 자본금또는 출자금에 전입된 재평가적립금 × 자산재평가법제13조 제1항제1호의 규정에 따른 재평가차액 ÷ 재평가차액

---

### (다) 의제배당금의 계산

① **주주 등이 받은 재산가액의 평가**

의제배당금액을 계산함에 있어 주주 등이 취득하는 재산 중 금전 외의 재산의 가액은 다음과 같이 계산한 금액에 따른다.(소득령§27⑤)

이 경우 주식을 액면가액으로 평가할 경우에 해당되나 그 주식이 무액면주식인 경우에 그 가액은 의제배당의 수입시기에 그 주식을 발행하는 법인의 자본금을 발행주식총수로 나누어 계산한 금액으로 한다.(소득령§27⑥)

| 취득한 재산의 종류 | 의제배당의 종류 | | 가액의 평가 |
|---|---|---|---|
| 주식 또는 출자지분의 경우 | 잉여금의 자본전입 | | 액면가액 또는 출자금액. |
| | 합병 또는 분할 | 법인세 과세이연 요건 충족의 경우 | 액면가액 또는 출자금액. 단, 주식 등의 시가가 액면가액 또는 출자금 보다 큰 경우에 한함 |

|  | 법인세 과세이연 요건 불충분의 경우 | 취득 당시의 시가 |
| --- | --- | --- |
| 기타의 경우 |  | 취득 당시의 시가 |

 위에서 법인세 과세이연이란 요건이란 법인세법 제44조 제1항 각 호 중 제1호·제2호 및 동법 제46조 제1항각 호 중 제1호제2호의 요건을 말하는데, 법인세법 제44조 또는 제46조의 각 조 제1항 각 호의 요건을 갖춘 합병이나 분할로서 자산을 평가하여 승계하는 경우, 그 승계하는 자산의 가액 중 합병 또는 분할법인의 합병 또는 분할평가차익에 상당하는 금액은 법인의 합병분할등기일이 속하는 사업연도의 소득금액을 계산함에 있어서 이를 손금에 산입할 수 있다.

② **주식 또는 출자지분의 취득가액 계산**

 ㉮ 일반적인 경우

 의제배당을 계산함에 있어 소멸한 구 주식 등의 취득가액은 당해 주식 또는 출자를 취득하기 위하여 소요된 금액으로 한다.

 ㉯ 무상주 등의 경우

  1) 교부받을 당시에 의제배당으로 과세된 무상주인 경우---액면가액
  2) 교부받을 당시에 의제배당으로 과세되지 않는 주식 등을취득하는 경우----신구주식 등의 1주 또는 1좌당 장부가액은 다음 산식에 따른다.

$$\text{1주 또는 1좌당 장부가액} = \frac{\text{구주식 등 1주 또는 1좌당 장부가액}}{\text{1주+구주식등 1주 또는 1좌당 신주 등 배정수}}$$

  3) 유상감자로 인한 의제배당액 계산시 취득가액 계산특례

   유상감자전 2년 이내에 의제배당에 해당되지 아니하는 자본준비금(주식발행초과금 제외)의 자본전입에 따른 무상주의 취득이 있는 경우에는 그 주식이 먼저 감자 또는 소각된 것으로 보며, 그 주식의 취득가액은 위㉯의 규정에 불구하고 이를 0으로 한다.

 이 경우 무상주 취득후 의제배당일까지의 기간 중에 주식 등의 일부를

양도하는 경우에는 위 무상주와 다른 주식 등을 그 주식 등의 수에 비례하여 양도되는 것으로 보아 계산하며, 주식소각 등이 있은 이후의 1주 또는 1좌당 장부가액은 다음의 산식에 따른다.(소득령§27③)

$$\text{1주 또는 1좌당 장부가액} = \frac{\text{주식소각 등이 있은 이후의 취득가액 합계}}{\text{주식소각 등이 있은 이후의 주식 등 수의 합계}}$$

㉰ 취득가액이 불분명한 경우

감자·해산·합병·분할로 인한 의제배당을 계산함에 있어, 주식 또는 출자를 취득하기 위하여 소요된 금액이 불분명한 경우에는 당해 주식 또는 출자의 취득에 소요된 금액으로 보며(소득법§17④), 주주가 소액주주에 해당하고 당해 주식을 보유한 주주의 수가 다수이거나 당해 주식의 빈번한 거래등에 따라 당해 주식을 당해 주식을 취득하기 위하여 소요된 금액의 계산이 불분명한 경우에는 액면가액을 당해 주식의 취득에 소요된 금액으로 본다. 다만 유상감자로 인한 의제배당액 계산시 취득가액 계산특례에 따라 그 취득가액을 0으로 보는 경우 및 당해 주주가 액면가액이 아닌 다른 가액을 입증하는 경우에는 예외로 한다.(소득령§27⑦)

# 제4절 결손금처리계산서의 처리

## 1. 결손금처리계산서의 개요

결손금처리계산서는 미처리결손금의 처리내용을 밝히는 재무제표이다.
전기로부터의 이월이익잉여금이나 이월결손금에다 당기순이익 또는 당기순손실을 가감하여도 결손금이 생기는 경우에, 이 당기말 미처리결손금이 어떻게 전보되는가를 분명히 할 필요가 있다.
그러기 위하여 수주총회에 제출되어 승인된 결손금처리안에 의거하여 결손금처리계산서가 작성된다.

### (1) 처리전 결손금
전기이월결손금 (전기이월이익잉여금)에 회계처리기준의 변경으로 인한 누적효과, 전기오류수정손익(전전기이전에 발생함 오류사항을 비교목적으로 작성하는 전기 재무제표에 반영하는 경우에 한한다)
중간배당 및 당기순손실(당기순이익)등을 가감한 금액으로 한다.

### (2) 결손금처리액
결손금의 처리는 다음과 같은 과목의 순서로 한다.
① 임의적립금 이입액
② 법정적립금 이입액자본잉여금적립금 이입액

### (3) 차기이월미처리결손금
처리전결손금에서 결손금처리액을 차감한 금액으로 한다.

## 2. 결손금처리계산서의 내용

---
상법 등 관련법규에서 결손금처리계산서를 요구하는 경우에는 재무제표의 결손금에 대한 보충정보로서 결손금처리계산서주석으로 공시하여야 한다.

---
① 결손금처리계산서의 내용은 미처리결손금, 결손금처리액, 차기이월미

처리결손금으로 구분하여 표시한다 (회계기준 문단89)
② 미처리결손금은 전기이월미처리결손금 회계정책의 변경으로 인한 누적
효과(비교재무제표의 최초회계기간직전까지의 누적효과),중간배당액 및 당기순이익(또는 당기순손실)을 가감하여 산출한다.

<결손금처리계산서 양식>

## 결손금처리계산서

제 x 기 20xx년x월x월부터      제 x 기 20xx년x월x일까지
처분예정일 20xx년x월x일        처분확정일 20xx년x월x일

기업명                                            단위 ; 원

| 구 분 | 당기 | 전기 |
|---|---|---|
| 미처리결손금 | ××× | ××× |
|   전기이월미처문이익잉여금 | ××× | ××× |
|   (또는 잔기이월미처분이익잉여금) | | |
|     회계정책변경누적효과 | - | ××× |
|     전기오류수정 | - | ××× |
|     중간배당액 | ××× | ××× |
|     당기군이익(또는 당기순손실) | ××× | ××× |
| 결손금처리액 | ××× | ××× |
|   법정적립금이입액 | ××× | |
|   자본잉여금이입액 | ××× | |
| 차기이월미처리결손금 | ××× | ××× |

## 3. 전기손익수정사항

이상의 설명으로 보아 이익잉여금처분계산서와 결손금처리계산서에 표시하는 내용 중에서 좀더 필요로 하는 사항은 전기이월이익잉여금(또는 전기이월결손금)을 수정하는 내용인 전기수정사항이다.

이들 사항은 전기이전에 발생한 오류사항이므로 당기의 손익계산서에 표시하지 않고, 전기이월이익잉여금(또는 전기이월결손금)을 수정하도록 한 것이다. 즉, 다음과 같은 사항이 전기손익수정의 대상이 되므로 이를 전기손익수정이익과 전기손익수정손실로 구분처리하여 표시한다.

### (1) 회계기준적용의 오류

일반적으로 인정하는 기업회계기준에 따라 처리하여야 할 사항을 잘못 처리하였기에 이를 수정하는 것이자.

예를들면 발생주의 기준에 따라 전기에 수익으로 계상하여야 할 사항을 잘못 알고서 현금주의기준으로 당기에 수정 계상하였을 때, 이를 감소시키면서 전기손익수정이익으로 대체하는 것과전기에 상각하여야 할 유형무형의 고정자산의 상각을 실시하지 않는 경우에 이를 전기손익수정손실로 상각하는 것 등이 있다.

### (2) 추정의 오류

회계상의 추정을 잘못하였기에 이를 수정하는 것이다. 예를들면 전기결산시에 법인세 등을 잘못 추정하여 과소계상 하였으므로 추가납부 하여야 할 금액이 있어 이를 전기손익수정손실로 처리하는 것 등이 있다.

기업회계기준에서는 새로운 사건이 발생함에 따라 추가적인 정보나 경험에 기초하여 과거의 추정을 변경하는 경우에 발생하는 수정사항은 전기손익수정사항에 포함하지 아니한다 하였다.

예를들면 세법에서 정한 고정자산의 내용연수에 따라 감가상각을 하던 기업에서세법에서 특정고정자산의 내용연수를 변경하였으므로 이에 따라상각하는 경우 과거에 과소상각하였거나 과대상각한 것은 전기손익수정손익으로 하지 아니하고, 이로 인한 영향은 당기 이후의 기간에 대하여 미치는 것으로 처리하여도 되는 것이다.

### (3) 계정분류의 오류

계정을 잘못분류하였던 것을 수정하는 것이다.

예를들면 전기에 자산계정으로 처리하여야 할 것을 비용계정으로 처리하였으므로, 이를 자산계상하면서 전기손익수정이익으로 처리하거나 비용계정으로 처리하여야 할 것을 자산계정으로 처리하였으므로 이를 자산에서 감액시키면서 전기손익수정손실로 처리하는것이다.

### (4) 계산상의 오류

각종 계산상의 오류를 수정하는 것이다. 예를들면 전기에 재고자산을 평가하면서 단가 또는 수량을 잘못 계상한 것, 미지급이자를 계산하면서 이자율을 잘못적용하여 계산한 것, 감가상각비를 계산하면서 집계를 잘못한 것등을 전기손익수정으로 처리하는 것이다.

### (5) 사실의 누락 및 오용

손익의 발생사실을 알면서도 이를 계상하지 아니한 것,발생하지아니한 손익을 발생한 것 같이 처리한 것,의도적으로 수익적지출을 자본적지출로 하거나, 자본적지출을 수익적지출로처리한 것등을 수정하는 것이다.

다시 설명하면 전기에 매출액등의 수익을 누락한 것, 가공의 비용을 계상한 것, 각종 비용을 이연자산 또는 고정자산으로 처리하였거나 각종 자산을 비용으로처리한 것, 등을 전기손익수정사항으로 처리하는 것이다.

**[사례 1]**----------------------------------------------------------------

A상품 10개 원가 5,000,000원을 전기에 매출인도하고서 매출원가에는 계상하였으나, 대금을 받지 않았다하여 매출계상 하지 아니 하였다가 당기에 대금 6,000,000원을 전액 현금으로 받으면서 매출계상하였는바, 외부감사인의 권유로 수정하다,

```
    (차) 매      출    6,000,000
                    (대) 전기손익수정익    6,000,000
                         (매출누락)
```

**[사례2]**----------------------------------------------------------------

연구개발비전기 미상각액 500,000원을 당기에 상각하다.

---

　　　(차)　전기손익수정손　　500,000
　　　　　(기타전기손익수정손)
　　　　　　　　　　　　　(대)　연구개발비　500,000

**[사례3]**-------------------------------------------------------------
　　결산시에 법인세 등을 5,500,000원으로 추정하여 비용계상하고 또한 동 액을 미지급계상 하였으나, 세무조정한바, 6,000,000원으로 확정되어 즉 시 현금으로 납부하였다.

---

　　　(차)　미 지 급 금　　5,500,000
　　　　　전기손실수정손실　　500,000
　　　　　(법인세등추납액)
　　　　　　　　　　　　　(대)　현　　　금　6,000,000

**[사례4]**-------------------------------------------------------------
　　전기에 취득한 시험연구용기계 900,000원을 정상적인 시험연구비로 보아 비용처리 하였으나 계정분류의 잘못으로 비품계정으로 젖젖하다.
　　이 비품의 전기분 감가상각비는 100,000원이다.

---

　　　(차)　비　　품　　900,000
　　　　　　　　　　　　　(대)　감가상각누계액　100,000
　　　　　　　　　　　　　　　　전기손익수정이익　800,000
　　　　　　　　　　　　　　　　(고정자산과소평가)

**[사례5]**-------------------------------------------------------------
　　전기말에 재고자산(상품)을 평가하는 과정에서 단가를 잘못 적용하여 기말재고자산(상품)을 3,600,000원을 과소하게 계산하는 오류가 있었음이 발견되었는바, 금액적으로 간과하기어려워수정하다.

---

　　　(차)　상　　품　　3,600,000

　　　　　　(대)　전기손익수정이익　3,600,000
　　　　　　　　(재고자산과소평가)

{사례6}--------------------------------------------------------------
전기의 가공의 매입세금계산서700,000원으로 자금을 인출하고서 매출원가에 계상하였던바, 외부감사인의 권유로 이를 수정하되 인출한자금은 대표이사에 대한 채권으로 계상하기로 하다.

--------------------------------------------------------------

　　　　(차)　주주임원단기채권　700,000
　　　　　　　　(대)　전기손익수정이익　700,000
　　　　　　　　　　(기타전기손익수정익)

# 제11편
# 합명·합자·유한회사의 법적구조와 회계

**제1절 합명회사의 운영과 법적구조**
**제2절 합자회사의 운영과 법적구조**
**제3절 유한책임회사의 운영과 법적구조**

# 제1절 합명회사의 운영과 법적구조

합명회사(Partnership)란 무한책임사원만으로 구성되는 일원적(一元的) 조직의 회사를 말한다. 사원전원이 회사채무에 대하여 직접연대무한책임을 지고(상법 212) 이에 대응하여 각 사원이 업무집행의 권리 및 대표권을 가진다.

또 사원에게는 출자의무가 있으므로 이른바 자기 재산을 스스로 자본적으로 운영하고 채권자에 대하여는 무한책임을 지는 개인기업이 복합화된 것이라고 볼 수 있다. 따라서 각 사원의 인적신용이 중요시 되고 대내적으로도 각 사원간의 밀접한 신뢰관계를 필요로 한다.

신뢰관계의 필요는 어떤 사원의 대표행위에 기인한 책임을 연대책임으로 하는 결과, 타사원이 이를 무한히 부담하여야 한다는 점을 고려한다면 이는 당연한 것이다.

또 사원은 공동의 이익을 각자가 협력해서 달성하여야 하므로 특히 업무집행의무를 진다(상법 200①).

사원간의 신뢰관계를 유지하기 위하여 제명선고제도(除名宣告制度)가 있고(상법 220), 지분의 양도는 제한되고 있으며 다른 총사원의 동의가 있어야 한다(상법 197). 그러나 이것은 사원의 투하 자본회수의 이익을 제한하므로 법은 지분의 환급을 수반하는 임의퇴사를 인정하고 있다.

사원의 출자는 금전출자·현물출자 이외에 신용출자(회사를 위하여 보증을 하고 어음·수표의 인수 및 배서를 하며 물적담보를 제공하는 등의 신용행위)·노무출자등이 있다.

이자(二者)는 직접적으로 회사의 재산을 구성하는 것이 아니므로 손익의 분배와 잔여재산의 분배의 표준을 정하기 위하여 별도의 정관상 출자의 목적과 가격 또는 평가의 표준을 정하여야 한다(상법 179①4). 합명회사는 전형적인 인적회사이며 조합성이 농후한 회사이다.

# 1. 합명회사의 설립

## (1) 정관의 작성

합명회사의 설립에는 2명이상의 사원이 공동으로 정관을 작성하여야 한다.(상법 178)

## (2) 정관의 절대적 기재사항

정관에는 다음의 사항을 기재하고 총사원이 기명날인 또는 서명하여야 한다.
① 목적
② 상호
③ 사원의 성명·주민등록번호 및 주소
④ 사원의 출자의 목적과 가격 또는 평가의 표준
⑤ 본점의 소재지
⑥ 정관의 작성년월일

## (3) 합명회사의 등기

### (가) 설립의 등기

합명회사의 설립등기에 있어서는 다음의 사항을 등기하여야 한다.(상법 180)
① 위 (2)의 ①부터 ③까지 및 ⑤의 사항과 지점을 둔 때에는 그 소재지. 다만, 회사를 대표할 사원을 정한 때에는 그외의 사원의 주소를 제외한다.
② 사원의 출자의 목적, 재산출자에는 그 가격과 이행한 부분
③ 존립기간 그 밖에 해산사유를 정한 때에는 그 기간 또는 사유
④ 회사를 대표할 사원을 정한 때에는 그 성명·주소 및 주민등록번호
⑤ 수인의 사원이 공동으로 회사를 대표할 것을 정한 때에는 그 규정

### (나) 지점설치의 등기

① 회사의 설립과 동시에 지점을 설치하는 경우

회사의 설립과 동시에 지점을 설치하는 경우에는 설립등기를 한후 2주내에 지점소재지에서 상법 제180조 제1호 본문 (다른 지점의 소재지를 제외한다) 및 제3호부터 제5호까지의 사항을 등기하여야 한다. 다만, 회사를 대표할 사원을 정한 때에는 그외의 사원은 등기 하지 아니한다.(상법 181①)

② 회사의 성립후 지점을 설치하는 경우

회사의 성립후에 지점을 설치하는 경우에는 본점소재지에서는 2주 내에 그 지점소재지와

설치년월일을 등기하고, 그 지점소재지에서는 3주간내에 위 (가) 각 호의 사항(다른 지점의 소재지를 제외한다)을 등기하여야 한다.(상법 181②)

### (다) 본점·지점의 이전등기

① 본점을 이전하는 경우

회사가 본점을 이전하는 경우에는 2주간내에 구소재지에서는 신소재지와 이전년월일을, 신소재지에서는 위 (가)의 각 호의 사항을 등기하여야 한다.(상법 182①)

② 지점을 이전하는 경우

회사가 지점을 이전하는 경우에는 2주 내에 본점과 구지점소재지에서는 신지점소재지와 이전년월일을 등기하고, 신지점소재지에서는 제180조 제1호 본문 및 제3호부터 제5호까지의 사항을 등기하여야 한다.(상법 182②)

### (라) 변경등기

위 (가)에 게기한 사항에 변경이 있을 때에는 본점소재지에서는 2주간내, 지점소재지에서는 3주간내에 변경등기를 하여야 한다.(상법 183)

### (마) 업무집행정지가처분 등의 등기

사원의 업무집행을 정지하거나 직무대행자를 선임하는 가처분을 하거나 그 가처분을 변경·취소하는 경우에는 본점 및 지점이 있는 곳의 등기소에서 이를 등기하여야 한다.(상법 183의 2)

## (4) 합명회사 소의 제기 등

① 설립무효, 취소의 소

회사의 설립의 무효는 그 사원에 한정하여 회사성립의 날로부터 2년 내에 소만으로 이를 주장할 수 있고, 설립의 취소는 그 취소권 있는 자에 한정하여 회사성립의 날로부터 2년내에 소만으로 이를 주장할 수 있다.(상법 184①)

민법 제140조의 규정은 전항의 설립의 취소에 준용한다.(상법 184②)

② 채권자에 따른 설립취소의 소

사원이 그 채권자를 해할 것을 알고 회사를 설립한 때에는 채권자는 그 사원과 회사에 대한 소로 회사의 설립취소를 청구할 수 있다.(상법 185)

③ 전속관할

위의 ① 및 ②의 소는 본점소재지의 지방법원의 관할에 전속한다.(상법 186)

④ 소제기의 공고

설립무효의 소 또는 설립취소의 소가 제기된 때에는 회사는 지체없이 공고하여야 한다.(상법 187)

⑤ 소의 병합심리

수개의 설립무효의 소 또는 설립취소의 소가 제기된 때에는 법원은 이를 병합심리하여야 한다.(상법 188)

⑥ 하자의 보완등과 청구의 기각

설립무효의 소 또는 설립취소의 소가 그 심리중에 원인이 된 하자가 보완되고 회사의 현황과 제반사정을 참작하여 설립을 무효 또는 취소하는 것이 부적당하다고 인정한 때에는 법원은 그 청구를 기각할 수 있다.(상법 189)

⑦ 판결의 효력

설립무효의 판결 또는 설립취소의 판결은 제삼자에 대하여도 그 효력이 있다. 그러나, 판결확정전에 생긴 회사와 사원 및 제삼자간의 권리의무에 영향을 미치지 아니한다.(상법 190)

⑧ 패소원고의 책임

설립무효의 소 또는 설립취소의 소를 제기한 자가 패소한 경우에 악의 또는 중대한 과실이 있는 때에는 회사에 대하여 연대하여 손해를 배상할 책임이 있다.(상법 191)

### (5) 합명회사 설립무효취소판결의 효과

설립무효의 판결 또는 설립취소의 판결이 확정된 때에는 해산의 경우에 준하여 청산하여야 한다. 이 경우에는 법원은 사원 그 밖의 이해관계인의 청구에 따라 청산인을 선임할 수 있다.(상법 193)

### (6) 합명회사 설립무효·취소와 회사계속

설립무효의 판결 또는 설립취소의 판결이 확정된 경우에 그 무효나 취소의 원인이 특정한 사원에 한정한 것인 때에는 다른 사원전원의 동의로써 회사를 계속할 수 있다. 이 경우에는 그 무효 또는 취소의 원인이 있는 사원은 퇴사한 것으로 본다.(상법 194 ①,②)

사원이 1인으로 된 때에는 새로 사원을 가입시켜서 회사를 계속할 수 있다. 이 경우에 회사의 해산등기를 하였을 때에는 본점소재지에서는 2주간 내, 지점소재지에서는 3주간내에 회사의 계속등기를 하여야 한다.(상법 194 ③)

## 2. 합명회사의 내부관계

합명회사의 내부관계에 관하여는 정관 또는 본법에 다른 규정이 없으면 조합에 관한 민법의

규정을 준용한다.(상법 195)

### (1) 합명회사 채권출자

채권을 출자의 목적으로 한 사원은 그 채권이 변제기에 변제되지 아니한 때에는 그 채권액을 변제할 책임을 진다. 이 경우에는 이자를 지급하는 외에 이로 인하여 생긴 손해를 배상하여야 한다.(상법 196)

### (2) 합명회사 지분의 양도

사원은 다른 사원의 동의를 얻지 아니하면 그 지분의 전부 또는 일부를 타인에게 양도하지 못한다.(상법 197)

### (3) 합명회사 사원의 겸업 금지

사원은 다른 사원의 동의가 없으면 자기 또는 제삼자의 계산으로 회사의 영업부류에 속하는 거래를 하지 못하며 동종영업을 목적으로 하는 다른 회사의 무한책임사원 또는 이사가 되지 못하며, 사원이 위의 규정에 위반하여 거래를 한 경우에 그 거래가 자기의 계산으로 한 것인 때에는 회사는 이를 회사의 계산으로 한 것으로 볼 수 있고 제삼자의 계산으로 한것인 때에는 그 사원에 대하여 회사는 이로 인한 이득의 양도를 청구 할 수 있나. 이 권리는 다른 사원과반수의 결의에 따라 행사하여야 하며 다른 사원의 1인이 그 거래를 안 날로부터 2주간을 경과하거나 그 거래가 있은 날로부터 1년을 경과하면 소멸한다.

위의 규정은 회사의 그 사원에 대한 손해배상의 청구에 영향을 미치지 아니한다.(상법 198)

### (4) 합명회사 사원의 자기거래

사원은 다른 사원과반수의 결의가 있는 때에 한정하여 자기 또는 제삼자의 계산으로 회사와 거래를 할 수 있다. 이 경우에는 민법 제124조의 규정을 적용하지 아니한다.(상법 199)

### (5) 합명회사 업무집행의 권리의무

각 사원은 정관에 다른 규정이 없는 때에는 회사의 업무를 집행할 권리와 의무가 있으며, 각 사원의 업무집행에 관한 행위에 대하여 다른 사원의 이의가 있는 때에는 곧 행위를 중지하고 총사원과반수의 결의에 따라야 한다.(상법 200)

### (6) 합명회사직무대행자의 권한

직무대행자(상법 183의2)는 가처분명령에 다른 정함이 있는 경우 외에는 법인의 통상업무에 속하지 아니한 행위를 하지 못한다. 다만, 법원의 허가를 얻은 경우에는 예외로 하며, 직무대행자가 제1항의 규정에 위반한 행위를 한 경우에도 회사는 선의의 제3자에 대하여 책임을 진다.(상법 200의2)

### (7) 합명회사 업무집행사원

정관으로 사원의 1인 또는 수인을 업무집행사원으로 정한 때에는 그 사원이 회사의 업무를 집행할 권리와 의무가 있으며, 수인의 업무집행사원이 있는 경우에 그 각사원의 업무집행에 관한 행위에 대하여 다른 업무집행사원의 이의가 있는 때에는 곧 행위를 중지하고 업무집행사원 과반수의 결의에 따라야 한다.(상법 201)

### (8) 합명회사 공동업무집행사원

정관으로 수인의 사원을 공동업무집행사원으로 정한때에 그 전원의 동의가 없으면 업무집행에 관한 행위를 하지 못한다. 그러나, 지체할 염려가 있는 때에는 그러하지 아니하다.(상법 202)

### (9) 합명회사 지배인의 선임과 해임

지배인의 선임과 해임은 정관에 다른 정함이 없으면 업무집행사원이 있는 경우에는 총사원 과반수의 결의에 따라야 한다.(상법 203)

### (10) 합명회사 정관의 변경

정관을 변경함에는 총사원의 동의가 있어야 한다.(상법 204)

### (11) 합명회사 업무집행사원의 권한상실선고

사원이 업무를 집행함에 현저하게 부적임하거나 중대한 의무에 위반한 행위가 있는 때에는 법원은 사원의 청구에 따라 업무집행권한의 상실을 선고할 수 있으며, 이 판결이 확정된 때에는 본점과 지점의 소재지에서 등기하여야 한다.(상법 205)

위의 업무집행권한의 상실 선고의 소는 본점소재지의 지방법원의 관할에 속한다.(상법 206, 186)

## 3. 합명회사의 외부관계

### (1) 합명회사대표

정관으로 업무집행사원을 정하지 아니한 때에는 각 사원은 회사를 대표한다. 수인의 업무집행사원을 정한 경우에 각 업무집행사원은 회사를 대표한다. 그러나 정관 또는 총사원의 동의로

업무집행사원중 특히 회사를 대표할 자를 정할 수 있다.(상법 207)

### (가) 합명회사 대표사원의 권한

회사를 대표하는 사원은 회사의 영업에 관하여 재판상 또는 재판외의 모든 행위를 할 권한이 있으며, 이 권한에 대한 제한은 선의의 제삼자에게 대항하지 못한다.(상법 209)

### (나) 합명회사와 사원간의 소에 관한 대표권

회사가 사원에 대하여 또는 사원이 회사에 대하여 소를 제기하는 경우에 회사를 대표할 사원이 없을 때에는 다른 사원 과반수의 결의로 선정하여야 한다.(상법 211)

### (다) 합명회사의 공동대표

회사는 정관 또는 총사원의 동의로 수인의 사원이 공동으로 회사를 대표할 것을 정할 수 있으며, 이 경우에도 제삼자의 회사에 대한 의사표시는 공동대표의 권한이 있는 사원 1인에 대하여 이를 함으로써 그 효력이 생긴다.(상법 208)

## (2) 합명회사의 책임

### (가) 합명회사 대표의 손해배상 책임

회사를 대표하는 사원이 그 업무집행으로 타인에게 손해를 가한 때에는 회사는 그 사원과 연대하여 배상할 책임이 있다.(상법 210)

### (나) 합명회사 사원의 책임

회사의 재산으로 회사의 채무를 완제할 수 없는 때에는 각 사원은 연대하여 변제할 책임이 있으며, 회사재산에 대한 강제집행이 주효하지 못한 때에도 위와 같다. 위의 규정은 사원이 회사에 변제의 자력이 있으며 집행이 용이한 것을 증명한 때에는 적용하지 아니한다.(상법 212)

### (다) 합명회사 신입사원의 책임

회사성립후에 가입한 사원은 그 가입전에 생긴 회사채무에 대하여 다른 사원과 동일한 책임을 진다.(상법 213)

### (라) 합명회사 사원의 항변

사원이 회사채무에 관하여 변제의 청구를 받은 때에는 회사가 주장할 수 있는 항변으로 그 채권자에게 대항할 수 있으며, 회사가 그 채권자에 대하여 상계, 취소 또는 해제할 권리가 있는 경우에는 사원은 위의 청구에 대하여 변제를 거부할 수 있다.(상법 214)

### (마) 자칭 사원의 책임

사원이 아닌 자가 타인에게 자기를 사원이라고 오인시키는 행위를 하였을 때에는 오인으로

인하여 회사와 거래한 자에 대하여 사원과 동일한 책임을 진다.(상법 215)

### (3) 합명회사의 업무집행사원의 권한상실 선고

대표사원이 업무를 집행함에 현저하게 부적임하거나 중대한 의무에 위반한 행위가 있는 때에는 법원은 사원의 청구에 따라 업무집행권한의 상실을 선고할 수 있으며, 이 판결이 확정된 때에는 본점과 지점의 소재지에서 등기하여야 한다.(상법 216, 205)

위의 업무집행권한의 상실선고의 소는 본점소재지의 지방법원의 관할에 속한다.(상법 216, 206)

## 4. 합명회사 사원의 퇴사

### (1) 합명회사 사원의 퇴사권

정관으로 회사의 존립기간을 정하지 아니하거나 어느 사원의 종신까지 존속할 것을 정한 때에는 사원은 영업연도말에 한정하여 퇴사할 수 있다. 그러나, 6개월전에 이를 예고하여야 하며, 사원이 부득이한 사유가 있을 때에는 언제든지 퇴사할 수 있다.(상법 217)

### (2) 퇴사원인

사원은 위(1)의 경우외에 다음의 사유로 퇴사한다.(상법 218)
① 정관에 정한 사유의 발생
② 총사원의 동의
③ 사망
④ 금치산
⑤ 파산
⑥ 제명

### (3) 사원 사망시 권리승계의 통지

정관으로 사원이 사망한 경우에 그 상속인이 회사에 대한 피상속인의 권리의무를 승계하여 사원이 될 수 있음을 정한 때에는 상속인은 상속의 개시를 안 날로부터 3개월내에 회사에 대하여 승계 또는 포기의 통지를 발송하여야 하며, 상속인이 전항의 통지 없이 3개월을 경과한 때에는 사원이 될 권리를 포기한 것으로 본다.(상법 219)

### (4) 제명의 선고

사원에게 다음의 사유가 있는 때에는 회사는 다른 사원 과반수의 결의에 따라 그 사원의 제

명의 선고를 법원에 청구 할 수 있다.(상법 220①)
① 출자의 의무를 이행하지 아니한때
② 상법 제198조(사원의 경업의 금지)제1항의 규정에 위반한 행위가 있는 때
③ 회사의 업무집행 또는 대표에 관하여 부정한 행위가 있는 때, 권한없이 업무를 집행하거나 회사를 대표한 때
④ 그 밖에 중요한 사유가 있는 때

위의 판결이 확정된 때에는 본점과 지점의 소재지에서 등기를 하여야 하며, 위 제명의 소는 본점소재지의 지방법원의 관할에 전속한다.(상법 220②, 205②, 206)

### (5) 제명사원과 회사간의 계산

제명된 사원과 회사와의 계산은 제명의 소를 제기한 때의 회사재산의 상태에 따라서 하며 그때로부터 법정이자를 붙여야 한다.(상법 221)

### (6) 지분의 환급

퇴사한 사원은 노무 또는 신용으로 출자의 목적으로 한 경우에도 그 지분의 환급을 받을 수 있다. 그러나, 정관에 다른 규정이 있는 때에는 그러하지 아니하다.(상법 222)

### (7) 자본의 압류

사원의 지분의 압류는 사원이 장래이익의 배당과 지분의 환급을 청구하는 권리에 대하여도 그 효력이 있다.(상법 223)

### (8) 지분압류채권자에 따른 퇴사청구

사원의 지분을 압류한 채권자는 영업연도말에 그 사원을 퇴사시킬 수 있다. 그러나 회사와 그 사원에 대하여 6개월전에 그 예고를 하여야 하며, 예고는 사원이 변제를 하거나 상당한 담보를 제공한 때에는 그 효력을 잃는다.(상법 224)

### (9) 회사원의 책임

퇴사한 사원은 본점소재지에서 퇴사등기를 하기 전에 생긴 회사채무에 대하여는 등기후 2년 내에는 다른 사원과 동일한 책임이 있으며, 이는 지분을 양도한 사원에 준용한다.(상법 225)

### (10) 퇴사원의 상호변경청구권

퇴사한 사원의 성명이 회사의 상호 중에 사용된 경우에는 그 사원은 회사에 대하여 그 사용의 폐지를 청구할 수 있다.(상법 226)

## 5. 합명회사의 해산

### (1) 합명회사 해산의 원인

회사는 다음의 사유로 해산한다.(상법 227)
① 존립기간의 만료 그 밖에 정관으로 정한 사유의 발생
② 총사원의 동의
③ 사원이 1명으로 된 때
④ 합병
⑤ 파산
⑥ 법원의 명령 또는 판결

### (2) 합명회사의 해산등기

회사가 해산된 때에는 합병과 파산의 경우외에는 그 해산사유가 있은 날로부터 본점소재지에서는 2주간내, 지점소재지에서는 3주간내에 해산등기를 하여야 한다.(상법 228)

### (3) 사원에 따른 해산청구

부득이한 사유가 있는 때에는 각 사원은 회사의 해산을 청구할 수 있는데, 다음의 규정을 준용한다.(상법 241)
① 청구의 소는 본점소재지의 지방법원의 관할에 전속한다.
② 해산청구를 제기한 자가 패소한 경우에 악의 또는 중대한 과실이 있는 때에는 회사에 대하여 연대하여 손해를 배상할 책임이 있다.

### (4) 합명회사의 계속

다음의 경우에는 사원의 전부 또는 일부의 동의로 회사를 계속할 수 있다. 그러나 동의를 하지 아니한 사원은 퇴사한 것으로 본다.(상법 229①)
① 존립기간의 만료 그 밖에 정관으로 정한 사유가 발생한 때
② 총사원의 동의

그리고 사원이 1명으로 된 경우에는 새로 사원을 가입시켜서 회사를 계속할 수 있다(상법 229 ②). 이 경우에 이미 회사의 해산등기를 하였을 때에는 본점소재지에서는 2주간 내, 지점소재지에서는 3주간 내에 회사의 계속등기를 하여야 한다(상법 229 ③).

## 6. 합명회사의 합병

### (1) 합병의 결의
회사가 합병을 함에는 총사원의 동의가 있어야 한다.(상법 230)

### (2) 채권자의 이익
회사는 합병의 결의가 있은 날부터 2주내에 회사채권자에 대하여 합병에 이의가 있으면 일정한 기간내에 이를 제출할 것을 공고하고 알고 있는 채권자에 대하여는 따로따로 이를 최고하여야 한다. 이 경우 그 기간은 1개월이상이어야 하며, 채권자가 이 기간내에 이의를 제출하지 아니한 때에는 합병을 승인한 것으로 본다.(상법 232 ①, ②)

이의를 제출한 채권자가 있는 때에는 회사는 그 채권자에 대하여 변제 또는 상당한 담보를 제공하거나 이를 목적으로 하여 상당한 재산을 신탁회사에 신탁하여야 한다.(상법 232 ③)

### (3) 합병의 등기
회사가 합병을 한때에는 본점소재지에서는 2주간내, 지점소재지에서는 3주간내에 합병후 존속하는 회사의 변경등기, 합병으로 소멸하는 회사의 해산등기, 합병으로 설립되는 회사의 설립등기를 하여야 한다.(상법 233)

### (4) 합병의 효력발생
회사의 합병은 합병후 존속하는 회사 또는 합병으로 설립되는 회사가 그 본점소재지에서 위 (다)의 등기를 함으로써 그 효력이 생긴다.(상법 234)

### (5) 합병의 효과
합병후 존속한 회사 또는 합병으로 설립된 회사는 합병으로 소멸된 회사의 권리의무를 승계한다.(상법 235)

### (6) 합병무효의 소의 제기
회사의 합병의 무효는 각회사의 사원, 청산인, 파산관재인 또는 합병을 승인하지 아니한 회사채권자에 한정하여 소만으로 이를 주장할 수 있다.

이 소는 합병 등기가 있은 날로부터 6개월내에 제기하여야 한다.(상법 236)

다음의 규정은 합병무효의 소에 준용한다.
① 상법 제186조(전속관할)
② 상법 제187조(소제기의 공고)

③ 상법 제188조(소의 병합심리)
④ 상법 제189조(하자의 보완 등과 청구의 기각)
⑤ 상법 제190조(판결의 효력)
⑥ 상법 제191조(패소원고의 책임)

### (7) 합병무효의 등기

합병을 무효로 한 판결이 확정된때에는 본점과 지점의 소재지에서 합병후 존속한 회사의 변경등기, 합병으로 소멸된 회사의 회복등기, 합병으로 설립된 회사의 해산등기를 하여야 한다.(상법 238)

### (8) 무효판결확정과 회사의 권리의무의 귀속

합병을 무효로 한 판결이 확정된때에는 합병을한 회사는 합병후 존속한 회사 또는 합병으로 인하여 설립된 회사의 합병후 부담한 채무에 대하여 연대하여 변제할 책임이 있다.(상법 239 ①)

합병후 존속한 회사 또는 합병으로 설립한 회사의 합병후 취득한 재산은 합병을 한 회사의 공유로 하며, 이 경우에 각 회사의 협의로 그 부담부분 또는 지분을 정하지 못한 때에는 법원은 그 청구에 따라 합병당시의 각 회사의 재산상태 그 밖의 사정을 참작하여 이를 정한다.(상법 239 ②)

## 7. 합명회사의 조직변경

합명회사는 총사원의 동의로 일부사원을 유한책임사원으로 하거나 유한책임사원을 새로 가입시켜서 합자회사로 변경할 수 있다.(상법 242 ①)

### (1) 조직변경의 등기

합명회사를 합자회사로 변경한 때에는 본점소재지에서는 2주간내, 지점소재지에서는 3주간내에 합명회사에 있어서는 해산등기, 합자회사에 있어서는 설립등기를 하여야 한다.(상법 243)

### (2) 조직변경에 따라 유한책임사원이 된 자이 책임

합명회사사원으로서 제242조 제1항에 따라 유한책임사원이 된 자는 앞 조문에 따른 본점등기를 하기 전에 생긴 회사채무에 대하여는 등기후 2년내에는 무한책임사원의 책임을 면하지 못한다.(상법 244)

## 8. 합명회사의 청산

### (1) 청산중의 회사
회사는 해산된 후에도 청산의 목적범위 내에서 존속하는 것으로 본다.(상법 245)

### (2) 수인의 지분상속인이 있는 경우의 청산
회사의 해산후 사원이 사망한 경우에 그 상속인이 수인인 때에는 청산에 관한 사원의 권리를 행사할 자 1명을 정하여야 한다. 이를 정하지 아니한 때에는 회사의 통지 또는 최고는 그중의 1명에 대하여 하면 전원에 대하여 그 효력이 있다.(상법 246)

### (3) 임의청산
해산된 회사의 재산처분방법은 정관 또는 총사원의 동의로 이를 정할 수 있다. 이 경우에는 해산사유가 있는 날로부터 2주간내에 재산목록과 대차대조표를 작성하여야 한다.(상법 247 ①)

이 경우에 사원의 지분을 압류한 자가 있는 때에는 그 동의를 얻어야 하며, 위의 회사는 그 재산의 처분을 완료한 날부터 본점소재지에서는 2주간내에, 지점소재지에서는 3주간내에 청산종결의 등기를 하여야 한다.(상법 247 ④, ⑤)

위의 규정은 회사가 제227조제3호 또는 제6호의 사유로 해산한 경우에는 이를 적용하지 아니한다.(상법 247 ②, 232)
① 사원이 1명으로 된 때
② 법원의 명령 또는 판결

#### (가) 임의 청산과 채권자 보호
회사가 전조제3항의 규정에 위반하여 그 재산을 처분함으로써 회사채권자를 해한 때에는 회사채권자는 그 처분의 취소를 본점소재지의 지방법원에 청구할 수 있다.(상법 248 ①)

#### (나) 지분압류채권자의 보호
사원의 지분을 압류한 자가 그 동의를 얻지 아니하고, 그 재산을 처분한 때에는 사원의 지분을 압류한 자는 회사에 대하여 그 지분에 상당하는 금액의 지급을 청구할 수 있다. 이 경우에는 위 (1)을 준용한다.(상법 489)

### (4) 지분압류채권자의 보호
사원의 지분을 압류한 자가 그 동의를 얻지 아니하고 그 재산을 처분한 때에는 사원의 지분을 압류한 자는 회사에 대하여 그 지분에 상당하는 금액의 지급을 청구할 수 있다. 이 경우에

는 위 (1)을 준용한다.(상법 249)

### (5) 법정청산

정관 또는 총사원의 동의로 회사재산의 처분방법을 정하지 아니한 때에는 합병과 파산의 경우를 제외하고 다음에 따라서 청산을 하여야 한다.(상법 250)

#### (가) 청산인

회사가 해산된 때에는 총사원과반수의 결의로 청산인을 선임한다.(상법 251)

#### (나) 법원 선임에 따른 청산인

회사가 사원이 1명으로 된 때 또는 법원의 명령 또는 판결의 사유로 해산된 때에는 법원은 사원 그 밖의 이해관계인이나 검사의 청구에 따라 또는 직권으로 청산인을 선임한다.(상법 252)

#### (다) 청산인의 등기

청산인이 선임된 때에는 그 선임된 날로부터, 업무집행사원이 청산인이 된때에는 해산된 날로부터 본점소재지에서는 2주간내, 지점소재지에서는 3주간내에 다음의 사항을 등기하여야 한다.(상법 253 ①)

① 청산인의 성명·주민등록번호 및 주소. 다만, 회사를 대표할 청산인을 정한 때에는 그외의 청산인의 주소를 제외한다.
② 회사를 대표할 청산인을 정한 때에는 그 성명
③ 수인의 청산인이 공동으로 회사를 대표할 것을 정한 때에는 그 규정

그리고 위의 사항에 변경이 있을 때에는 본점소재지에서는 2주간내, 지점소재지에서는 3주간 내에 변경등기를 하여야 한다.(상법 253 ②, 183)

#### (라) 청산인의 직무권한

청산인의 직무는 다음과 같다.(상법 254)
① 현존사무의 종결
② 채권의 추심과 채무의 변제
③ 재산의 환가처분
④ 잔여재산의 분배

청산인이 수인인 때에는 청산의 직무에 관한 행위는 그 과반수의 결의로 정한다.(상법 254 ②)

회사를 대표할 청산인은 제1항의 직무에 관하여 재판상 또는 재판외의 모든 행위를 할 권한이 있다.(상법 254 ③)

민법 제93조의 규정은 합명회사에 준용한다.(상법 254 ④)

#### (마) 청산인의 회사대표

업무집행사원이 청산인으로된 경우에는 종전의 정함에 따라 회사를 대표하며, 법원이 수인의 청산인을 선임하는 경우에는 회사를 대표할 자를 정하거나 수인이 공동하여 회사를 대표할 것을 정할 수 있다.(상법 255)

#### (바) 청산인의 의무

청산인은 취임한 후 지체없이 회사의 재산상태를 조사하고 재산목록과 대차대조표를 작성하여 각 사원에게 교부하여야 하며, 청산인은 사원의 청구가 있는 때에는 언제든지 청산의 상황을 보고하여야 한다.(상법 256)

#### (사) 청산인의 해임

사원이 선임한 청산인은 총사원과반수의 결의로 해임할 수 있다.(상법 261)

청산인이 그 직무를 집행함에 현저하게 부적임하거나 중대한 임무에 위반한 행위가 있는 때에는 법원은 사원 그 밖의 이해관계인의 청구에 따라 청산인을 해임할 수 있다.(상법 262)

#### (아) 영업의 양도

청산인이 회사의 영업의 전부 또는 일부를 양도함에는 총사원 과반수의 결의가 있어야 한다.(상법 257)

#### (자) 채무완제 불능과 출자청구

회사의 현존재산이 그 채무를 변제함에 부족한 때에는 청산인은 변제기에 불구하고 각 사원에 대하여 출자를 청구할 수 있다.

위의 출자액은 각 사원의 출자의 비율로 이를 정한다.(상법 258 ②)

#### (차) 채무의 변제

청산인은 변제기에 이르지 아니한 회사채무에 대하여도 이를 변제할 수 있다. 이 경우에 이자없는 채권에 관하여는 변제기에 이르기까지의 법정이자를 가산하여 그 채권액에 달할 금액을 변제하여야 하며, 이자있는 채권으로서 그 이율이 법정이율에 달하지 못하는 것에 이를 준용한다.(상법 259 ①, ②, ③)

위의 경우에는 조건부채권, 존속기간이 불확정한 채권 그 밖의 가액이 불확정한 채권에 대하여는 법원이 선임한 감정인의 평가에 따라 변제하여야 한다.(상법 259 ④)

#### (카) 잔여재산의 분배

청산인은 회사의 채무를 완제한 후가 아니면 회사재산을 사원에게 분배하지 못한다. 그러나 다툼이 있는 채무에 대하여는 그 변제에 필요한 재산을 보류하고 잔여재산을 분배할 수 있다.

(상법 260)

**(타) 청산인의 업무종료**

청산인은 그 임무가 종료한 때에는 지체없이 계산서를 작성하여 각사원에게 교부하고 그 승인을 얻어야 하며, 계산서를 받은 사원이 1개월이내에 이의를 하지 아니한 때에는 그 계산을 승인한 것으로 본다. 그러나 청산인에게 부정행위가 있는 경우에는 예외로 한다.(상법 263)

**(파) 청산종결의 등기**

청산이 종결된 때에는 청산인은 앞 조문에 따른 총사원의 승인이 있은 날로부터 본점소재지에서는 2주간내, 지점소재지에서는 3주간 내에 청산종결의 등기를 하여야 한다.(상법 264)

**(하) 다음의 상법규정은 청산인에 준용한다**(상법 265)

① 상법 제183조의2(업무집행정지가처분 등의 등기)
② 상법 제199조(사원의 자기거래)
③ 상법 제200조의2(직무대행자의 권한)
④ 상법 제207조(회사대표)
⑤ 상법 제208조(공동대표)
⑥ 상법 제209조(대표사원의 권한)
⑦ 상법 제210조(손해배상책임)
⑧ 상법 제382조(선임, 회사와의 관계)
⑨ 상법 제399조(회사에 대한 책임)
⑩ 상법 제401조(제3자에 대한 책임)

# 9. 장부서류의 보존

회사의 장부와 영업 및 청산에 관한 중요서류는 본점소재지에서 청산종결의 등기를 한 후 10년간 이를 보존하여야 한다. 다만, 전표 또는 이와 유사한 서류는 5년간 이를 보존하여야 한다. 이 경우에는 총사원과반수의 결의로 보존인과 보존방법을 정하여야 한다.(상법 266)

# 10. 사원의 책임의 소멸시기

상법 제212조에 따른 사원의 책임은 본점소재지에서 해산등기를 한후 5년을 경과하면 소멸하며, 이 기간경과 후에도 분배하지 아니한 잔여재산이 있는 때에는 회사채권자는 이에 대하여 변제를 청구할 수 있다.(상법 267)

# 제2절 합자회사의 운영과 법적 구조

합자회사는 유한책임사원과 무한책임사원으로 구성되는 이원적 조직의 회사이다.(상법 268)

합자회사는 무한책임사원과 유한책임사원으로 구성되는 이원적 조직의 회사이다.(상법 268) 합자회사에는 합명회사와 같이 인적회사성을 가진다. 이른바 합명회사에 유한책임사원을 가입시킨 것과 같은 회사이며, 상법은 합명회사에 관한 규정을 준용하도록 하고 있다.(상법 269)

합자회사는 유한책임사원이 무한책임사원이 경영하는 회사기업에 출자를 하고 이익의 배당을 받는다는 점에서 익명조합과 유사한 점이 있으나, 법률상으로는 유한책임사원도 회사의 구성원으로서 사원의 지위를 가지고 대외적으로는 출자액의 한도내에서 책임을 직접 부담하기 때문에 익명조합과 다르다는 것은 명백하다.

유한책임사원은 회사업무를 집행하는 권리나 대표권을 가지고 있지 않으나, 감사권은 부여되고 또 경업피지업무도 부담하지 않는다.(상법 275)

유한책임사원의 책임은 출자가액을 한도로 하여 회사채권자에 대하여 직접 연대하여 부담하고, 이미 출자의 전부 또는 일부를 이행한 경우에는 그 한도 내에서 책임을 명하게 된다.(상법 279)

또 유한책임사원은 회사의 경영에 대한 직접적인 권한을 가지지 않으나 감시권을 가지며, 회사 자체가 소규모의 인적신용을 중시하는 기업이므로 유한책임사원의 지분양도는 제한되어 무한책임사원 전원의 동의를 요한다.(상법 276)

## 1. 정관의 절대적 기재사항

합자회사의 정관에는 다음의 사항을 기재하여야 한다.(상법 270, 179)
① 목적
② 상호

③ 사원의 성명·주민등록번호 및 주소
④ 사원의 출자의 목적과 가격 또는 평가의 표준
⑤ 본점의 소재지
⑥ 정관의 작성년월일

## 2. 합자회사의 등기사항

합자회사의 설립등기를 할 때에는 다음 각 호의 사항 외에 각 사원의 무한책임 또는 유한책임인 것을 등기하여야 한다. (상법 271)

① 목적, 상호, 사원의 성명·주민등록번호 및 주소 및 본점의 소재지. 다만, 회사를 대표할 사원을 정한 때에는 그외의 사원의 주소를 제외한다.
② 사원의 출자의 목적, 재산출자에는 그 가격과 이행한 부분
③ 존립기간 그 밖에 해산사유를 정한 때에는 그 기간 또는 사유
④ 회사를 대표할 사원을 정한 때에는 그 성명 주소 및 주민등록번호
⑤ 수인의 사원이 공동으로 회사를 대표할 것을 정한 때에는 그 규정
⑥ 합자회사가 지점을 설치하거나 이전할 때에는 지점소재지 또는 신지점소재지에서 위 ①본문 및 ③부터 ⑤까지의 사항을 등기하여야 한다. 다만, 무한책임사원만을 등기하되, 회사를 대표할 사원을 정한 경우에는 다른 사원은 등기하지 아니한다.

## 3. 유한책임사원

회사채무에 대하여 출자액의 한도내에서 회사채권자에게 일정조건 하에 직접 또는 연대하여 책임을 지는 사원으로 무한책임사원과 대립한다.

책임이 유한인 점은 주주와 같지만, 회사채권자에 대하여 일정한 조건하에 직접책임을 지는 점에서 주주와 다르고 무한책임사원과 비슷하다.

책임의 유한이란 출자액을 한도로 하여서만 회사의 채무를 변제할 책임이 있다는 뜻이며, 출자의무의 전부 또는 일부를 이미 이행하였을 때에는 그 부분에 대하여는 책임이 면제된다. (상법 279)

그러나 유한책임사원이 자기를 무한책임사원으로 오인시키는 행위를 한 때에는 선의의 제3자에 대해서는 무한책임사원과 동일한 책임을 진다.(상법 281)

이와 같이, 책임이 유한이므로 유한책임사원은 회사의 경영에 참가하지 아니한다. 곧 회사의

업무집행이나 대표권을 가지지 않고 다만, 감사권이 있을 뿐이다.(상법 277, 278)

따라서 회사와의 관계도 단지 재산적이고 출자도 재산출자에 한정한다.(상법 272) 지분의 양도도 비교적 자유롭고(상법 276) 경업금지 의무도 없다.(상법 275)

### (1) 유한책임사원의 출자

유한책임사원은 신용 또는 노무를 출자의 목적으로 하지 못한다.(상법 272)

### (2) 유한책임사원의 경업의 자유

유한책임사원은 다른 사원의 동의없이 자기 또는 제삼자의 계산으로 회사의 영업부류에 속하는 거래를 할 수 있고 동종영업을 목적으로 하는 다른 회사의 무한책임사원 또는 이사가 될 수 있다.(상법 275)

### (3) 유한책임사원의 지분양도

유한책임사원은 무한책임사원전원의 동의가 있으면 그 지분의 전부 또는 일부를 타인에게 양도할 수 있다. 지분의 양도에 따라 정관을 변경하여야 할 경우에도 같다.(상법 276)

### (4) 유한책임사원의 감시권

유한책임사원은 영업연도말에 있어서 영업시간내에 한정하여 회사의 회계장부·대차대조표 그 밖의 서류를 열람할 수 있고 회사의 업무와 재산상태를 검사할 수 있으며, 중요한 사유가 있는 때에는 유한책임사원은 언제든지 법원의 허가를 얻어 제1항의 열람과 검사를 할 수 있다.(상법 277)

### (5) 유한책임사원의 업무집행, 회사대표의 금지

유한책임사원은 회사의 업무집행이나 대표행위를 하지 못한다.(상법 278)

### (6) 유한책임사원의 책임

유한책임사원은 그 출자가액에서 이미 이행한 부분을 공제한 가액을 한도로 하여 회사채무를 변제할 책임이 있고, 회사에 이익이 없음에도 불구하고 배당을 받은 금액은 변제책임을 정함에 있어서 이를 가산한다.(상법 279)

#### (가) 출자감소의 경우의 책임

유한책임사원은 그 출자를 감소한 후에도 본점소재지에서 등기를 하기 전에 생긴 회사채무에 대하여는 등기후 2년내에는 위의 책임을 면하지 못한다.(상법 280)

#### (나) 자칭무한책임사원의 책임

유한책임사원이 타인에게 자기를 무한책임사원이라고 오인시키는 행위를 한 때에는 오인으로 회사와 거래를 한 자에 대하여 무한책임사원과 동일한 책임이 있다.

이는 유한책임사원이 그 책임의 한도를 오인시키는 행위를 한 경우에 준용한다.(상법 281)

### (다) 책임을 변경한 사원의 책임

상법 제213조(신입사원의 책임)의 규정은 유한책임사원이 무한책임사원으로 된 경우에 준용하며, 제225조(퇴사원의 책임)의 규정은 무한책임사원이 유한책임사원으로 된 경우에 준용한다.(상법 282)

### (7) 유한책임사원의 사망

유한책임사원이 사망한 때에는 그 상속인이 그 지분을 승계하여 사원이 된다. 이 경우에 상속인이 수인인 때에는 사원의 권리를 행사할 자 1명을 정하여야 한다. 이를 정하지 아니한 때에는 회사의 통지 또는 최고는 그중의 1명에 대하여 하면 전원에 대하여 그 효력이 있다.(상법 283)

### (8) 유한책임사원의 금치산

유한책임사원은 성년후견개시선고를 받은경우에도 퇴사되지 아니한다.(상법 284)

## 4. 무한책임사원

무한책임사원이란 회사의 채무에 대하여 일정조건하에 회사채권자에게 연대무한의 책임을 부담하는 사원을 말한다.

무한책임사원은 유한책임사원에 대하는 개념이며, 합자회사는 무한책임사원과 유한책임사원으로 조직된다.

### (1) 업무집행의 권리의무

무한책임사원은 정관에 다른 규정이 없는 때에는 각 자가 회사의 업무를 집행할 권리와 의무가 있다.(상법 273)

### (2) 지배인의 선임·해임

지배인의 선임과 해임은 업무집행사원이 있는 경우에도 무한책임사원과반수의 결의에 따라야 한다.(상법 274)

## 5. 합자회사의 해산과 계속

합자회사는 무한책임사원 또는 유한책임사원의 전원이 퇴사한 때에는 해산되며, 이 경우에 잔존한 무한책임사원 또는 유한책임사원은 전원의 동의로 새로 유한책임사원 또는 무한책임사

원을 가입시켜서 회사를 계속할 수 있다.(상법 285 ①, ②)

### (1) 신입사원의 책임

회사설립 후에 가입한 유한책임사원 또는 무한책임사원은 그 가입 전에 생긴 회사채무에 대하여 다른 사원과 동일한 책임을 진다.(상법 285 ③, 213)

### (2) 회사의 계속

사원이 1인으로 된 경우에는 유한책임사원 또는 무한책임사원을 가입시켜서 회사를 계속할 수 있다.(상법 285 ③, 229③)

## 6. 조직변경

합자회사는 사원전원의 동의로 그 조직을 합명회사로 변경하여 계속할 수 있으며, 유한책임사원전원이 퇴사한 경우에도 무한책임사원은 그 전원의 동의로 합명회사로 변경하여 계속할 수 있다. 이 경우에는 본점소재지에서는 2주간내, 지점소재지에서는 3주간내에 합자회사에 있어서는 해산등기를, 합명회사에 있어서는 설립등기를 하여야 한다.(상법 286)

## 7. 청산인

합자회사의 청산인은 무한책임사원과반수의 결의로 선임하며, 이를 선임하지 아니한 때에는 업무집행사원이 청산인이 된다.(상법 287)

# 제3절 유한책임회사의 운영과 법적구조

## 1. 유한책임회사의 개요

유한책임회사(Limited Liability Company)는 회사의 주주들이 채권자에대하여 자기의 투자액의 한도 내에서 법적인 책임을 부담하는 회사를 말한다

이 유한책임회사는 2012년 개정된 상법에 도입된 회사의 형태이다.

유한책임회사의 내부관계에 관하여는 정관이나 상법에 다른 규정이 없으면 합명회사에 관한 규정을 준용한다.

유한책임회사는 주식회사의 경직된 지배구조 보다 신속하고 유연하며, 탄력적인 지배구조를 가지고 있으며, 출자자가 직접 경영에 참여할 수 있으며, 각 사원이 출자금액만을 한도로 하여 책임을 지므로 고도의 기술을 보유하고 있으며, 초기 상용화에 어려움을 격는 벤처창업에 적합하다.

## 2. 유한책임회사의 설립

### (1) 정관의 작성과 기재사항

유한책임회사를 설립할 때에는 사원은 정관을 작성하여야 하며(상법287의2) 이 정관에는 다음 각 호의 사항을 적고 각 사원이 기명날인 하거나 서명하여야 한다((상법287의3))

① 상법 제179조 제1호부터 제3호까지, 제5호 및 제6호에서 정한 사항
② 사원의 출자의 목적 및 가액
③ 자본금의 액
④ 업무집행자의 성명(법인인 경우에는 명칭) 및 주소

### (2) 설립시의 출자의 이행

사원은 신용이나 노무를 출자의 목적으로 하지 못하며, 사원은 정관의 작성 후 설립등기를 하는 때까지 금전이나 그 밖의 재산의 출자를 전부 이행하여야 한다. 현물출자를 하는 사원은 납입기일에 지체없이 유한책임회사에 출자의 목적인 재산을 인도하

고 등기, 등록 그 밖의 재산의 출자를 전부 이행하여야 한다.
　현물출자를 하는 사원은 납입기일에 지체없이 유한책임회사에 출자의 목적인 재산을 인도하고 등기, 등록 그 밖의 권리의 설정 또는 이전이 필요한 경우에는 이에 관한 서류를 모두 갖추어 교부하여야 한다.(상법287의4)

### (3) 설립의 등기
유한책임회사는 본점의 소재지에서 다음 각 호의 사항을 등기함으로써 설립한다.(상법287의5)
　① 상법 제179조 제1호, 제2호 및 제5호에서 정한 사항과 지점을 둔 경우에는 그 소재지
　② 상법 제180조 제3호에서 정한사항
　③ 자본금의 액
　④ 업무집행자의 성명, 주소 및 주민등록번호(법인인 경우에는 명칭, 주소 및 법인등록번호) 다만, 유한책임회사를 대표할 업무집행자를 정한 경우에는 그 외의 업무집행자의 주소는 제외한다.
　⑤ 유한책임회사를 대표할 자를 정한 경우에는 그 외의 업무집행자의 주소는 제외한다.
　⑥ 정관으로 공고방법을 정한 경우에는 그 공고방법
　⑦ 둘 이상의 업무집행자가 공동으로 회사를 대표할 것을 정한 경우에는 그 규정
　유한책임회사가 지점을 설치하는 경우에는 제181조를 준용하며, 본점이나 지점을 이전하는 경우에는 제182조를 준용한다.(상법287의5 제2항,제3항)
　위 각 호의 사항이 변동된 경우에는 본점소재지에서는 2주 내에 변경등기를 하고, 지점소재지에서는 3주 내에 변경등기를 하여야 한다.(상법287의5 제4항)
　그리고 유한책임회사의 업무집행자의 업무집행을 정지하거나 직무대행자를 선임하는 가처분을 하거나, 그 가처분을 변경 또는 취소하는 경우에는 본점 및 지점이 있는 곳의 등기소에서 등기하여야 한다.(상법287의5제5항)

### (4) 준용규정
유한책임회사의 설립의 무효와 취소에 관하여는 제184조부터 제194조까지의 규정을 준용하며, 이 경우 제184조 중 "사원"은 "사원 및 업무집행자로 본다.(상법287의6)

## 3. 유한책임회사의 내부관계

### (1) 사원의 책임
사원의 책임은 상법에 다른규정이 있는 경우 외에는 그 출자금액을 한도로 한다.(상

법287의7)

### (2) 지분의 양도

사원은 다른 사원의 동의를 받지 아니하면 그 지분의 전부 또는 일부를 타인에게 양도하지 못하며, 이에 불구하고 업무를 집행하지 아니한 사원은 업무를 집행하는 사원이 없는 경우에는 사원 전원의 동의를 받아야 한다. 이에 불구하고 정관으로 그에 관한 사항을 달리 정할 수 있다.(상법287의8)

### (3) 유한책임회사에 따른 지분양수의 금지

유한책임회사는 그 지분의 전부 또는 일부를 양수할 수 없다. 그리고 유한책임회사가 지분을 취득하는 경우에 그 지분은 취득한 때에 소멸한다.(상법287의9)

### (4) 업무집행자의 겸업금지

업무집행자는 사원 전원의 동의를 받지아니하고는 자기 또는 제3자의 계산으로 회사의 영업부류(營業部類)에 속한 거래를 하지못하며, 같은 종류의 영업을 목적으로 하는 다른 회사의 업무집행자. 이사 또는 집행임원이 되지 못한다. 업무집행자가 이를 위반하여 거래를 한 경우에는 제198조 제2항부터 제4항까지의 규정을 준용한다.(상법287의10)

### (5) 업무집행자의 유한책임회사간의 거래

업무집행자는 다른 사원 과반수의 결의가 있는 경우에만 자기 또는 제3자의 계산으로 회사와 거래를 할 수 있다. 이 경우에는 민법 제124조를 적용하지 아니한다.(상법287의11)

### (6) 업무의 집행

유한책임회사는 정관으로 사원 또는 사원이 아닌 자를 업무집행자로 정하여야 한다. 1명 또는 둘 이상의 업무집행자를 정한 경우에는 업무집행자 각자가 회사의 업무를 집행할 권리와 의무가 있다. 이 경우에는 제201조 제2항을 준용한다. 정관으로 둘 이상을 공동업무집행자로 정한 경우에는 그 전원의 동의가 없으면 업무집행에 관한 행위를 하지 못한다.(상법287의12)

### (7) 직무대행자의 권한 등

선임된 직무대행자의 권한에 대해서는 제200조의2를 준용한다.(상법287의13)

### (8) 사원의 감시권
업무집행자가 아닌 사원의 감시권에 대해서는 제277조를 준용한다.(상법287의14)

### (9) 법인이 업무집행자인 경우의 특칙
법인이 업무집행자인 경우에는 그 법인은 해당 업무집행자의 직무를 행할 자를 선임하고 그 자의 성명과 주소를 다른 사원에게 통지하여야 한다. 이에 따라 선임된 직무수행자에 대해서는 위 (5)와 (6)을 준용한다.(상법287의15)

### (10) 정관의 변경
정관에 다른 규정이 없는 경우 정관을 변경하려면 총사원의 동의가 있어야 한다.(상법287의16)

### (11) 업무집행자 등의 권한 상실선고
업무집행자의 업무집행권한의 상실에 관하여는 제205조를 준용하며, 이 경우 소(訴)는 본점 소재지의 지방법원의 관할에 전속한다.(상법287의17)

## 4. 유한책임회사의 외부관계

### (1) 유한책임회사의 대표
① 업무집행자는 유한책임회사를 대표한다.
② 업무집행자가 둘 이상인 경우 정관 또는 총사원의 동의로 유한책임회사를 대표할 업무집행자를 정할 수 있다.
③ 유한책임회사는 정관 또는 총사원의 동의로 둘 이상의 업무집행자가 공동으로 회사를 대표할 것을 정할 수 있다. 이 경우에 제3자의 유한책임회사에 대한 의사표시는 공동대표의 권한이 있는 자 1인에 대하여 함으로써 그 효력이 생긴다.
④ 유한책임회사를 대표하는 업무집행자에 대해서는 제209조를 준용한다.

### (2) 손해배상책임
유한책임회사를 대표하는 업무집행자가 그 업무집행으로 타인에게 손해를 입힌 경우에는 회사는 그 업무집행자와 연대하여 배상할 책임이 있다.(상법287의20)

### (3) 유한책임회사와 사원간의 소
유한책임회사가 사원(사원이 아닌 업무집행자를 포함)에 대하여 또는 사원이 유한책임회사에 대하여 소를 제기하는 경우에 유한책임회사를 대표할 사원이 없을 때에는 다른 사원 과반수의 결의로 대표할 사원을 선정하여야 한다(상법287의21).

### (4) 대표소송

사원은 회사에 대하여 업무집행자의 책임을 추궁하는 소의 제기를 청구할 수 있다. 이 소(訴)에 관하여는 제203조 제2항부터 제4항까지, 제6항 및 제404조부터 제406조까지의 규정을 준용한다.(상법287의22)

## 5. 사원의 가입 및 탈퇴

### (1) 사원의 가입

유한책임회사는 정관을 변경함으로써 새로운 사원을 가입시킬 수 있으며, 이에 따른 사원의 가입은 정관을 변경한 때에 효력을 발생한다. 다만, 정관을 변경한 때에 해당 사원이 출자에 관한 납입 또는 재산의 전부 또는 일부의 출자를 이행하지 아니한 경우에는 그 납입 또는 이행을 마친 때에 사원이 된다. 사원 가입시 현물출자를 하는 사원에 대해서는 상법 제287조의4 제3항을 준용한다.(상법287의23)

### (2) 사원의 탈퇴권

사원의 퇴사에 관해서는 정관으로 달리 정하지 아니하는 경우에는 상법제217조 제1항을 준용한다.(상법287의24)

### (3) 퇴사의 원인

사원의 퇴사원인에 관해서는 상법 제218조를 준용한다.(상법287의25)

### (4) 사원 사망시 권리승계의 통지

사원이 사망한 경우에는 상법 제219조를 준용한다.(상법287의26)

### (5) 제명의 신고

사원의 제명에 관하여는 상법 제220조를 준용한다. 다만, 사원의 제명에 필요한 결의는 정관으로 달리 정할 수 있다.(상법287의27)

### (6) 퇴사사원지분의 환급

퇴사사원은 그 지분의 환급을 금전으로 받을 수 있으며, 퇴사사원에 대한 환급금액은 퇴사시의 회사의 재산상황에 따라 정하며, 퇴사사원의 지분 환급에 대해서는 정관으로 달리 정할 수 있다.(상법287의28)

### (7) 지분압류채권자에 따른 회사

사원의 지분을 압류한 채권자가 그 사원을 퇴사시키는 경우에는 상법 제224조를 준용한다.(상법287의29)

### (8) 퇴사사원의 지분환급과 채권자의 의의

유한책임회사의 채권자는 퇴사하는 사원에게 환급하는 금액이 상법 제287조의37에 따른 잉여금을 초과한 경우에는 그 환급에 대하여 회사에 이의를 제기할 수 있으며, 이 이의제기에 관하여는 상법 제232조를 준용한다. 다만, 상법 제232조제3항은 지분을 환급하더라도 채권자에게 손해를 끼칠 우려가 없는 경우에는 준용하지 아니한다.(상법287의30)

### (9) 퇴사사원의 상호변경청구권

퇴사한 사원의 성명이 유한책임회사의 상호 중에 사용된 경우에는 그 사원은 유한책임회사에 대해서 그 사용의 폐지를 청구할 수 있다.(상법287의31)

## 6. 유한책임회사의 회계 등

### (1) 회계의 원칙

유한책임회사의 회계는 상법과 상법 시행령으로 규정한 것 외에는 일반적으로 공정하고 타당한 회계관행에 따른다.(상법287의32)

### (2) 재무제표의 작성및 보존

업무집행자는 결산기 마다 재무상태표, 손익계산서 그 밖에 유한책임회사의 재무상태와 경영성과를 표시하는 것으로 상법 시행령으로 정하는 서류를 작성하여야 한다.(상법287의33)

### (3) 재무제표의 비치공시

업무집행자는 상법 제287조의33에 규정된 서류를 본점에 5년간 갖추어 두어야 하고, 그 등본을 지점에 3년간 갖추어 두어야 하며, 사원과 유한책임회사의 채권자는 회사의 영업시간 내에는 언제든지 위 (2)의 재무제표의 열람과 등사를 할 수 있다.(상법287의34)

### (4) 자본금

사원이 출자한 금전이나 그 밖의 재산의 가액을 유한책임회사의 자본금으로 하며(상법287의35), 유한책임회사는 정관변경의 방법으로 자본금을 감소할 수 있다. 자본금 감소의 경우에는 상법 제232조를 준용한다. 다만, 감소 후의 자본금의 액이 순자산액 이상인 경우에는 그러하지 아니하다.(상법287의36)

### (5) 잉여금의 분배

유한책임회사는 재무상태표의 순자산액으로부터 자본금의 액을 뺀 액(잉여금이라

함)을 한도로 하여 잉여금의 분배를 할 수 있으며, 이를 위반하여 잉여금을 분배한 경우에는 유한책임회사의 채권자는 그 잉여금을 분배 받은 자에 대하여 회사에 반환할 것을 청구할 수 있다. 이 청구에 관한 소(訴)는 본점 소재지의 지방법원의 관할에 전속한다.

잉여금은 정관에 다른 규정이 없으면 각 사원이 출자한 가액에 비례하여 분배하며, 잉여금의 분배를 청구하는 방법이나 그 밖에 잉여금의 분배에 관한 사항은 정관으로 정할 수 있고, 사원의 지분의 압류는 잉여금의 배당을 청구하는 권리에 대해서도 그 효력이 있다.(상법287의37)

## 7. 유한책임회사의 해산

### (1) 해산의 원인
유한책임회사는 다음 각 호의 어느 하나에 해당하는 사유로 해산한다.(상법 287)의 238)

 ① 다음의 사유에 해당하는 경우
  ㉮ 존립기간의 만료 기타 정관으로 정한 사유의 발생
  ㉯ 총사원의 동의
  ㉰ 합병
  ㉱ 파산
  ㉲ 법원의 명령 또는 판결
 ② 사원이 없게 된 경우

### (2) 해산의 등기
유한책임회사가 해산된 경우에는 합병과 파산의 경우 외에는 그 해산사유가 있었던 날부터 본점소재지에서는 2주 내에 해산등기를 하고, 지점소재지에서는 3주 내에 해산등기를 하여야 한다.(상법287의39)

### (3) 유한책임회사의 계속
위 (1)의 해산원인 중 제227조 제1호 및 제2호의 경우에는 제229조 제1항 및 제3항을 준용한다.(상법287의40)

즉, 존립기간의 만료 기타 정관으로 정한 사유의 발생과 총사원의 동의의 경우에는 사원의 전부 또는 일부의 동의로 회사를 계속할 수 있다. 그러나 동의를 하지 아니한 사원은 퇴사한 것으로 본다.

(4) 유한책임회사의 합병

　유한책임회사의 합병에 관하여는 상법제230조, 제232조부터 제240조까지의 규정을 준용한다.(상법제287의41)

(5) 해산청구

　유한책임회사의 사원이 해산을 청구하는 경우에는 상법241조를 준용한다.(상법287의42)

## 8. 유한책임회사의 조직변경

　주식회사는 총회에서 총주주의 동의로 결의한 경우에는 그 조직을 변경하여 유한책임회사로 할 수 있으며, 그리고 유한책임회사는 총사원의 동의에 의하여 주식회사로 변경할 수 있다.(상법287의43) 유한책임사원의 조직변경에 관하여는 상법 제232조 및 제604조부터 607조까지의 규정을 준용한다.

## 9. 유한책임회사의 청산

　유한책임회사의 청산에 관하여는 상법 제245조, 제246조, 제251조부터 제257조까지 및 제259조부터 제267조까지의 규정을 준용한다.

# 제4절 유한회사의 운영과 법적구조

## 1. 유한회사의 개요

다수의 균등액의 출자로 구성되는 자본을 가지고 사원 전원이 자본에 대한 출자의무를 부담할 뿐이고, 회사채권자에 대하여는 아무런 책임을 지지 않는 특질을 가진 물적회사로서 상행위 그 밖에 영리를 목적으로 상법에 따라 설립된 사단법인(상법 169)이다.

유한회사는 독일, 불란서의 유한책임회사, 영국의 사회사(私會社)를 모방하여 채용된 물적회사와 인적회사의 장점을 융합시킨 중간적 형태의 회사로서 중소기업에 적합한 형태의 회사이다.

그 조직이 비공중적·폐쇄적인 점에서는 인적회사와 유사하나, 유한책임사원으로 구성되는 자본단체란 점에서는 주식회사와 유사하다.

이른바 폐쇄적 간이주식회사라고도 말할 수 있다.

다음은 유한회사의 중요한 특질을 설명해 보기로 한다.

① 폐쇄적 성질로서 설립절차는 주식회사의 등기설립에 상당하는 것에 한정한다. 사원의 수는 원칙으로 50인 이하(상법 545①)이고, 설립, 증자시에 사원의 공모는 할 수 없다.(상법 589②) 주식·주권 또는 이에 유사한 것의 발행은 허용되지 않는다.(상법 600②, 604①) 사원의 지분양도가 제한되며(상법 556) 대차대조표의 공고는 불필요하다.(상법 583①) 주식회사의 경우와 같은 정리가 인정되지 않는다. 수권자본제를 채용하지 아니하므로 자본총액을 정관에 게기하여야 한다.(상법 542②)

② 조직의 간이성 : 이사의 원수(員數)에 제한이 없고(상법 561), 이사회는 인정되지 않으며(상법 567참조) 감사는 임의기관이다.(상법 568①), 사원총회의 권한이 크고 그 소집절차·결의방법이 간이화되어 있다.(상법 571⑦, 572, 577) 사원의 책임은 출자의무에 한정되는 유한책임이며 현물출자·재산인수의 목적에 관하여 가액전보책임(價額塡補責任)을 진다.

## 2. 유한회사의 설립

### (1) 정관

① 정관의 작성

유한회사를 설립함에는 사원이 정관을 작성하여야 한다.(상법 543①)

② 정관의 기재사항

정관에는 다음의 사항을 기재하고 각 사원이 기명날인 또는 서명하여야 한다.(상법 543②)

㉮ 목적
㉯ 상호
㉰ 사원의 성명·주민등록번호 및 주소
㉱ 자본의 총액
㉲ 출자일좌의 금액
㉳ 각 사원의 출자좌수
㉴ 본점의 소재지

③ 정관의 인증

정관은 공증인의 인증을 받음으로써 효력이 생긴다.(상법 543③. 292)

④ 변태설립사항

다음의 사항은 정관에 기재함으로써 그 효력이 있다.(상법 544)

㉮ 현물출자를 하는 자의 성명과 그 목적인 재산의 종류·수량·가격과 그 양도인의 성명
㉯ 회사가 부담한 설립비용

### (2) 출자 1좌의 금액의 제한

출자 1좌의 금액은 100원 이상으로 균일하게 하여야 한다.(상법 546)

### (3) 초대이사의 선임

정관으로 이사를 정하지 아니한 때에는 회사성립 전에 사원총회를 열어 이를 선임하여야 하며, 사원총회는 각 사원이 소집할 수 있다.(상법 547)

### (4) 출자의 납입

이사는 사원으로 하여금 출자금액의 납입 또는 현물출자의 목적인 재산 전부의 급여를 시켜야 한다.(상법 548①)

현물출자를 하는 발기인은 납입기일에 지체없이 출자의 목적인 재산을 인도하고 등기·등록 그 밖에 권리의 설정 또는 이전을 요할 경우에는 이에 관한 서류를 완비하여 교부하여야 한다.(상법 548②, 295②)

### (5) 설립의 등기

유한회사의 설립등기는 위 (5)의 납입 또는 현물출자의 이행이 있은 날로부터 2주간 내에 하여야 하며, 이 등기에서 다음의 사항을 등기하여야 한다.(상법 549①,②)

① 목적
② 상호
③ 본점의 소재지
④ 자본의 총액
⑤ 출자 1좌의 금액
⑥ 이사의 성명·주민등록번호 및 주소. 다만, 회사를 대표할 이사를 정한 때에는 그 외의 이사의 주소를 제외한다.
⑦ 회사를 대표할 이사를 정한 때에는 그 성명
⑧ 수인의 이사가 공동으로 회사를 대표할 것을 정한 때에는 그 규정
⑨ 존립기간 그 밖의 해산사유를 정한 때에는 그 기간과 사유
⑩ 감사가 있는 때에는 그 성명 및 주민등록번호

유한회사의 지점설치 및 이전시 지점소재지 또는 신지점소재지에서 등기를 하는 때에는 위 (5)의 ⑥부터 ⑨까지에 규정된 사항과 제179조 제1호 제2호 및 제5호에 규정된 사항을 등기하여야 한다.(상법 549③)

#### (가) 지점설치의 등기

유한회사의 설립과 동시에 지점을 설치하는 경우에는 설립등기를 한 후 2주간 내에 지점소재지에서 다음의 사항(다른 지점의 소재지를 제외)을 등기하여야 한다.(상법 549④, 181①)

① 목적
② 상호
③ 사원의 성명·주민등록번호 및 주소
④ 지점소재지
⑤ 사원의 출자의 목적, 재산출자에는 그 가격과 이행한 부분
⑥ 존립기간 그 밖에 해산사유를 정한 때에는 그 기간 또는 사유

⑦ 회사를 대표할 사원을 정한 때에는 그 성명
⑧ 수인의 사원이 공동으로 대표할 것을 정한 때에는 그 규정

회사의 설립 후 지점을 설치하는 경우에는 본점소재지에서는 2주 내에 그 지점소재지와 설치연월일을 등기하고, 그 지점소재지에서는 3주 내에 위 각 호의 사항(다른 지점의 소재지를 제외) 및 ⑥부터 ⑧까지의 사항을 등기하여야 한다.(상법 181②)

### (나) 본점, 지점의 이전등기

회사가 본점을 이전하는 경에는 2주간 내에 구소재지에서는 신소재지와 이전연월일을, 신소재지에서는 위 (가)의 각 호의 사항을 등기하여야 하며, 회사가 지점을 이전하는 경우에는 2주 내에 본점과 구 지점 소재지에서는 신지점소재지와 이전연월일을 등기하고, 신지점소재지에서는 위 (가)의 각 호의 사항(다른 지점소재지를 제외)을 등기하여야 한다.(상법 549④, 182)

### (다) 변경등기

위 (가) 각호에 게기한 사항에 변경이 있을 때에는 본점소재지에서는 2주간 내, 지점소재지에서는 3주간 내에 변경등기를 하여야 한다.(상법 549④, 183)

## (6) 사원의 책임

① 현물출자 등에 관한 회사성립시의 사원의 책임

회사성립 당시의 실가가 정관에 정한 가격에 현저하게 부족한 때에는 회사성립 당시의 사원은 회사에 대하여 그 부족액을 연대하여 지급할 책임이 있으며, 사원의 책임은 면제하지 못한다.(상법 550, 544·1호·2호)

② 출자미필액에 대한 회사성립시의 사원 등의 책임

회사성립 후에 출자금액의 납입 또는 현물출자의 이행이 완료되지 아니하였음이 발견된 때에는 회사성립 당시의 사원, 이사와 감사는 회사에 대하여 그 납입되지 아니한 금액 또는 이행되지 아니한 현물의 가액을 연대하여 지급할 책임이 있으며, 이 같은 사원의 책임은 면제하지 못하며, 이사와 감사의 책임은 총사원의 동의가 없으면 면제하지 못한다.(상법 551)

## (7) 설립무효

회사의 설립의 무효는 그 사원, 이사와 감사에 한정하여 설립의 취소는 그 취소권 있는 자에 한정하여 회사성립의 날로부터 2년 후에 소만으로 이를 주장할 수 있다.(상법 552①)

민법 제140조의 규정은 위의 설립의 취소에 준용한다.(상법 552②, 184②)

① 채권자에 따른 설립취소의 소

사원이 그 채권을 해할 것을 알고 회사를 설립한 때에는 채권자는 그 사원과 회사에 대한

소로 회사의 설립취소를 청구할 수 있다.(상법 552②, 185)

② 전속관할

위의 소는 본점소재지의 지방법원의 관할에 속한다.(상법 552②, 186)

③ 소재기의 공고

설립무효의 소 또는 설립취소의 소가 제기된 때에는 회사는 지체없이 공고하여야 한다.(상법 552②, 187)

④ 소의 병합심리

수개의 설립무효의 소 또는 설립취소의 소가 제기된 때에는 법원은 이를 병합심리하여야 한다.(상법 552②, 188)

⑤ 하자의 보완 등과 청구의 기각

설립무효의 소 또는 설립취소의 소가 그 심리 중에 원인이 된 하자가 보완되고 회사의 현황과 제반사정을 참작하여 설립을 무효 또는 취소하는 것이 부적당하다고 인정한 때에는 법원은 그 청구를 기각할 수 있다.(상법 552②, 189)

⑥ 판결의 효력

설립무효의 판결 또는 설립취소의 판결은 제3자에 대하여도 그 효력이 있다. 그러나 판결확정 전에 생긴 회사와 사원 및 제3자 간의 권리의무에 영향을 미치지 아니한다.(상법 552②, 190)

⑦ 패소원고의 책임

설립무효의 소 또는 설립취소의 소를 제기한 자가 패소한 경우에 악의 또는 중대한 과실이 있는 때에는 회사에 대하여 연대하여 손해를 배상할 책임이 있다.(상법 552②, 191)

⑧ 설립무효, 취소의 등기

설립무효의 판결 또는 설립취소의 판결이 확정된 때에는 본점과 지점의 소재지에서 등기하여야 한다.(상법 552②, 192)

⑨ 설립무효, 취소판결의 효력

설립무효의 판결 또는 설립취소의 판결이 확정된 때에는 해산의 경우에 준하여 청산하여야 하며, 이 경우에는 법원은 사원 그 밖의 이해관계인의 청구에 따라 청산인을 선임할 수 있다.(상법 552②, 193)

## 3. 유한회사 사원의 권리의무

**(1) 사원의 책임**

사원의 책임은 상법에 다른 규정이 있는 경우 외에는 그 출자금액을 한도로 책임을 진다.(상법 553)

### (2) 지분
① 사원의 지분
각 사원은 그 출자좌수에 따라 지분을 가진다.(상법 554)
② 지분에 관한 증권
유한회사는 사원의 지분에 관하여 지시식 또는 무기명식의 증권을 발행하지 못한다.(상법 555)
③ 지분의 양도
사원은 그 지분의 전부 또는 일부를 타인에게 양도 하거나 상속할 수 있다. 그러나 정관으로 지분의 양도를 제한 할 수 있다.(상법 556)
④ 지분이전의 대항요건
지분의 이전은 취득자의 성명, 주소와 그 목적이 되는 출자좌수를 사원명부에 기재하지 아니하면 이로써 회사와 제3자에게 대항하지 못한다.(상법 557)
⑤ 지분의 공유
수인이 공동으로 지분을 인수한 자는 연대하여 납입할 책임이 있으며, 지분이 수인의 공유에 속하는 때에는 공유자는 사원의 권리를 행사할 자 1명을 정하여야 하며, 사원의 권리를 행사할 자가 없는 때에는 공유자에 대한 통지나 최고는 그 1명에 대하여 하면 된다.(상법 558, 333)
⑥ 지분의 입질
지분은 질권의 목적으로 할 수 있으며 위의 ③과 ④의 규정은 지분의 입질에 준용한다.(상법 559)
⑦ 질권의 물상대위
지분의 소각, 병합, 분할 또는 전환이 있는 때에는 이로 인하여 종전의 사원이 받을 금전이나 지분에 대하여도 종전의 지분을 목적으로 한 질권을 행사할 수 있다.(상법 560①, 339)
⑧ 기명지분의 등록질
기명지분을 질권의 목적으로 한 경우에 회사가 질권설정자의 청구에 따라 그 성명과 주소를 사원명부에 부기하고 그 성명을 지분권에 기재한 때에는 질권자는 회사로부터 이익이나 이자의 배당, 잔여재산의 분배 또는 금전의 지급을 받아 다른 채권자에 우선하여 자기채권의 변제에 충당할 수 있으며, 민법 제353조 제3항의 규정은 이 경우에 준용한다.(상법 560①, 340)
⑨ 자기지분의 취득
회사는 다음의 경우 외에는 자기의 계산으로 자기의 지분을 취득하지 못한다.(상법 560①, 341)

㉮ 지분을 소각하기 위한 때
㉯ 회사의 합병 또는 다른 회사의 영업전부의 양수로 인한 때
㉰ 회사의 권리를 실행함에 있어 그 목적을 달성하기 위하여 필요한 때
㉱ 단주의 처리를 위하여 필요한 때
㉲ 주주가 주식매수청구권을 행사한 때

⑩ 자기지분의 질취

회사는 지분의 총수의 20분의1을 초과하여 자기의 지분을 질권의 목적으로 받지 못한다. 그러나 다음의 경우에는 그 한도를 초과하여 질권의 목적으로 할 수 있다.(상법 560①, 341의3)
㉮ 회사의 합병 또는 다른 회사의 영업전부의 양수로 인한 때
㉯ 회사의 권리를 실행함에 있어 그 목적을 달성하기 위하여 필요한 때

⑪ 출자좌의 처분

회사는 출자좌를 소각하기 위한 때에는 지체없이 출자좌실효의 절차를 밟아야 하며, 상법 341조 제2호부터 제5호까지와 제341조의3 제1항 단서의 경우에는 상당한 시기에 출자좌 또는 질권의 처분을 하여야 한다.(상법 560①, 342)

## 4. 유한회사의 관리

### (1) 이사·회사대표

유한회사에는 1명 또는 수인의 이사를 두어야 하며(상법 561), 이사는 회사를 대표한다.(상법 562①) 이사가 수인인 경우에 정관에 다른 정함이 없으면 사원총회에서 회사를 대표할 이사를 선정하여야 한다. 그리고 정관 또는 사원총회는 수인의 이사가 동동으로 회사를 대표할 것을 정할 수 있다. 이 경우에도 제3자의 회사에 대한 의사표시는 공동대표의 권한이 있는 사원 1명에 대하여 이를 함으로써 그 효력이 생긴다.

### (2) 대표사원의 권한

회사를 대표하는 사원은 회사의 영업에 관하여 재판상 또는 재판 외의 모든 행위를 할 권한이 있으며, 이 권한에 대한 제한은 선의의 제3자에게 대항하지 못한다.(상법 567, 209)

### (3) 손해배상책임

회사를 대표하는 사원이 그 업무집행으로 인하여 타인에게 손해를 가한 때에는 회사는 그 사원과 연대하여 배상할 책임이 있다.(상법 567, 210)

### (4) 선임, 회사와의 관계

이사는 사원총회에서 선임하며, 회사와 이사의 관계는 위임에 관한 규정을 준용한다.(상법 567, 382)

### (5) 해임

이사는 언제든지 사원총회의 결의로 이를 해임할 수 있다. 그러나 이사의 임기를 정한 경우에 정당한 이유없이 그 임기만료 전에 이를 해임한 때에는 그 이사는 회사에 대하여 해임으로 인한 손해의 배상을 청구할 수 있다.(상법 567, 385①)

이사가 그 직무에 관하여 부정행위 또는 법령이나 정관에 위반한 중대한 사실이 있음에도 불구하고 사원총회에서 그 해임을 부결한 때에는 자본총액의 3%이상에 해당하는 출자좌수를 가진 이사는 사원총회의 결의가 있는 날부터 1개월 내에 그 이사의 해임을 법원에 청구할 수 있다.(상법 567, 385②)

### (6) 결원의 경우

법률 또는 정관에 정한 이사의 원수를 결한 경우에는 임기의 만료 또는 사임으로 인하여 퇴임한 이사는 새로 선임한 이사가 취임할 때가지 이사의 권리의무가 있다.(상법 567, 386①)

위의 경우에 필요하다고 인정할 때에는 법원은 이사, 감사 그 밖의 이해관계인의 청구에 따라 일시이사의 직무를 행할 자를 선임할 수 있다. 이 경우에는 본점의 소재지에서 그 등기를 하여야 한다.(상법 386②)

### (7) 이사의 보수

이사의 보수는 정관에 그 액을 정하지 아니한 때에는 사원총회의 결의로 이를 정한다.(상법 567, 388)

### (8) 표면회사대표의 행위와 회사의 책임

사장·부사장·전무·상무 그 밖에 회사를 대표할 권한이 있는 것으로 인정될만한 명칭을 사용한 이사의 행위에 대하여는 그 이사가 회사를 대표할 권한이 없는 경우에도 회사는 선의의 제3자에 대하여 그 책임을 진다.(상법 567, 395)

### (9) 경업금지

이사는 사원총회의 승인이 없으면 자기 또는 제3자의 계산으로 회사의 영업부류에 속한 거래를 하거나 동종영업을 목적으로 하는 다른 회사의 무한책임사원이나 이사가 되지 못하며, 이사가 이를 위반하여 거래를 한 경우에 회사는 사원총회의 결의로 그 이사의 거래가 자기의 계산으로 한 것인 때에는 이를 회사의 계산으로 한 것으로 볼 수 있고 제3자의 계산으로 한 것인 때에는 그 이사에 대하여 이로 인한 이득의 양도를 청구할 수 있다. 이 권리는 거래가 있는 날로부터 1년을 경과하면 소멸한다.(상법 567, 397)

(10) 회사에 대한 책임

이사가 법령 또는 정관에 위반한 행위를 하거나 그 임무를 해태한 때에는 그 이사는 회사에 대하여 연대하여 손해를 배상할 책임이 있으며, 이 행위가 사원총회의 결의에 따른 것인 때에는 그 결의에 찬성한 이사도 손해를 배상할 책임이 있으며, 이 결의에 참가한 이사로서 이의를 한 기재가 의사록에 없는 자는 그 결의에 찬성한 것으로 추정한다.(상법 567, 399)

(11) 회사에 대한 책임의 면제

위 (10)에 따른 이사의 책임은 주주 전원의 동의로 면제할 수 있다.(상법 567, 400)

(12) 제3자에 대한 책임

이사가 악의 또는 중대한 과실로 인하여 그 임무를 해태한 때에는 그 이사는 제3자에 대하여 연대하여 손해를 배상할 책임이 있다.(상법 567, 401①)

이 행위가 사원총회의 결의에 따른 것인 때에는 그 결의에 찬성한 이사도 위의 책임이 있으며, 이 결의에 참가한 이사로서 이의를 한 기재가 의사록에 없는 자는 그 결의에 찬성한 것으로 추정한다.(상법 567, 401②)

(13) 직무집행정지, 직무대행자 선임

이사선임결의의 무효나 취소 또는 이사해임의 소가 제기된 경우에는 법원은 당사자의 신청에 따라 가처분으로써 이사의 직무집행을 정지할 수 있고 또는 직무대행자를 선임할 수 있다. 급박한 사정이 있는 때에는 본안 소송의 제기 전에도 그 처분을 할 수 있다. 법원은 당사자의 신청에 따라 위의 가처분을 변경 또는 취소할 수 있으며, 이 처분이 있는 때에는 본점과 지점의 소재지에서 그 등기를 하여야 한다.(상법 567, 407)

(14) 직무대행자의 권한

위 (13)의 직무대행자는 가처분명령에 다른 정함이 있는 경우 외에는 회사의 상무에 속하지 아니한 행위를 하지 못한다. 다만, 법원의 허가를 얻은 경우에는 그러하지 아니하다.

직무대행자가 위를 위반한 행위를 한 경우에도 회사는 선의의 제3자에 대하여 책임을 진다. (상법 567, 408)

(15) 이사, 회사 간의 소에 관한 대표

회사가 이사에 대하여 또는 이사가 회사에 대하여 소를 제기하는 경우에는 사원총회는 그 소에 관하여 회사를 대표할 자를 선정하여야 한다.(상법 563)

(16) 업무집행의 결정

이사가 수인인 경우에 정관에 다른 정함이 없으면 회사의 업무집행, 지배인의 선임 또는 해임과 지점의 설치·이전 또는 폐지는 이사 과반수의 결의에 따라야 한다.(상법 564①) 사원총회는 위에 불구하고 지배인의 선임 또는 해임을 할 수 있다.(상법 564②)

(17) 회사간의 거래

이사는 감사가 있는 때에는 그 승인이, 감사가 없는 때에는 사원총회의 승인이 있는 때에 한하여 자기 또는 제3자의 계산으로 회사와 거래를 할 수 있다. 이 경우에는 민법 제124조의 규정을 적용하지 아니한다.(상법 564③)

(18) 사원의 대표소송

① 사원의 대표소송

자본금 총액의 3% 이상에 해당하는 출자좌수를 가진 사원은 회사에 대하여 이사의 책임을 추궁할 소의 제기를 청구할 수 있다.(상법 565①)

다음의 소는 위를 준용한다.(상법 565②)

㉮ 위의 청구는 그 이유를 기재한 서면으로 하여야 한다.(상법 403②)

㉯ 회사가 청구를 받은 날로부터 30일 내에 소를 제기하지 아니한 때에는 사원은 즉시 회사를 위하여 소를 제기할 수 있다.(상법 403③)

㉰ 위 ㉯의 기간의 경과로 인하여 회사에 회복할 수 없는 손해가 생길 염려가 있는 경우에는 사원은 즉시 소를 제기할 수 있다.(상법 403④)

㉱ 위 ㉯와 ㉰의 소를 제기한 사원의 보유주식이 제소 후 자본의 총액이 3% 미만으로 감소한 경우에도 제소의 효력에는 영향이 없다.(상법 403⑤)

㉲ 위 ㉯와 ㉰의 소를 제기한 경우 당사자는 법원의 허가를 얻지 아니하고는 소의 취하, 청구의 포기·인락·화해를 할 수 없다.(상법 403⑥)

㉳ 이해관계인이 상법 제176조 제1항의 청구를 한 때에는 법원은 회사에 따라 상당한 담보를 제공할 것을 명할 수 있다.(상법 403⑦, 176③)

㉴ 회사가 위㉳의 청구를 함에는 이해관계인의 청구가 악의임을 소명하여야 한다.(상법 176④)

㉮ 소는 본점 소재지의 지방법원의 관할에 전속한다.(상법 186)
② 대표소송과 소송참가, 소송고지
회사는 다음의 소송에 참가할 수 있다.(상법 565②, 404, 403)
㉮ 회사가 위 ①의 받은 날로부터 30일 내에 소를 제기하지 아니한 때에는 위의 사원은 즉시 회사를 위하여 소를 제기할 수 있다.
㉯ 위 ㉮의 기간의 경과로 인하여 회사에 회복할 수 없는 손해가 생길 염려가 있는 경우에는 위 ㉮에 불구하고 사원은 즉시 소를 제기할 수 있다.
③ 제소주주의 권리의무
위 ②에 따라 소를 제기한 사원이 승소한 때에는 그 사원은 회사에 대하여 소송비용 및 그 밖에 소송으로 인하여 지출한 비용 중 상당한 금액의 지급을 청구할 수 있다. 이 경우 소송비용을 지급한 회사는 이사 또는 감사에 대하여 구상권이 있으며, 소를 제기한 사원이 패소한 때에는 악의의 경우 외에는 회사에 대하여 손해를 배상할 책임이 없다.(상법 565②, 405)
④ 대표소송과 재심의 소
위 ①의 소가 제기된 경우에 원고와 피고의 공모로 인하여 소송의 목적인 회사의 권리를 사해할 목적으로써 판결을 한 때에는 회사 또는 사원은 확정한 종국판결에 대하여 재심의 소를 제기할 수 있다.(상법 565②, 406)

(19) 서류의 비치·열람
① 정관·의사록의 비치
이사는 정관과 사원총회의 의사록을 본점과 지점에 비치하고, 사원명부를 본점에 비치하여야 한다.(상법 566①)
② 사원명부의 기재사항
사원명부에는 사원의 성명, 주소와 그 출자좌수를 기재하여야 한다.(상법 566②)
③ 서류의 열람·등사
사원과 회사채권자는 영업시간 내에 언제든지 정관과 사원총회의 의사록 및 사원명부를 열람 또는 등사를 청구할 수 있다.(상법 566③)

(20) 감사
유한회사는 정관에 따라 1명 또는 수인의 감사를 둘 수 있다.(상법 568①)
 (가) 감사의 권한

감사는 언제든지 회사의 업무와 재산상태를 조사할 수 있고, 이사에 대하여 영업에 관한 보고를 요구할 수 있다.(상법 569)

### (나) 선임, 회사와의 관계

감사는 사원총회에서 선임하며, 회사와 감사의 관계는 위임에 관한 규정을 준용한다.(상법 570, 382)

### (다) 해임

감사는 언제든지 사원총회의 결의로 이를 해임할 수 있다. 그러나 감사의 임기를 정한 경우에 정당한 이유없이 그 임기만료 전에 이를 해임한 때에는 그 감사는 회사에 대하여 해임으로 인한 손해의 배상을 청구할 수 있다.(상법 570, 385①)

### (라) 결원의 경우

법률 또는 정관에 정한 감사의 원수를 결한 경우에는 임기의 만료 또는 사임으로 인하여 퇴임한 감사는 새로 선임된 감사가 취임할 때까지 감사의 권리의무가 있으며, 이 경우에 필요하다고 인정할 때에는 법원은 이사·감사 그 밖의 이해관계인의 청구에 따라 일시감사의 직무를 행할 자를 선임할 수 있다. 이 경우에는 본점의 소재지에서 그 등기를 하여야 한다.(상법 570, 386)

### (마) 감사의 보수

감사의 보수는 정관에 그 액을 정하지 아니한 때에는 사원총회의 결의로 이를 정한다.(상법 570, 388)

### (바) 회사에 대한 책임의 면제

상법 제399조에 따른 감사의 책임은 총사원의 동의로 면제할 수 있다.(상법 570, 400)

### (사) 직무집행정지, 직무대행자선임

감사선임결의의 무효나 취소 또는 감사해임의 소가 제기된 경우에는 법원은 당사자의 신청에 따라 가처분으로써 감사의 직무집행을 정지할 수 있고 또는 직무대행자를 선임할 수 있다. 급박한 사정이 있는 때에는 본안 소송의 제기 전에도 그 처분을 할 수 있으며, 법원은 당사자의 신청에 따라 위의 가처분을 변경 또는 취소할 수 있으며, 처분이 있는 때에는 본점과 지점의 소재지에서 그 등기를 하여야 한다.(상법 570, 407)

### (아) 겸임금지

감사는 회사 및 자회사의 이사 또는 지배인 그 밖의 사용인의 직무를 겸하지 못한다.(상법 570, 411)

#### (자) 조사·보고의 의무

감사는 이사가 사원총회에 제출한 의안 및 서류를 조사하여 법령 또는 정관에 위반하거나 현저하게 부당한 사항이 있는지의 여부에 관하여 사원총회에 그 의견을 진술하여야 한다.(상법 570, 413)

#### (차) 감사의 책임

감사가 그 임무를 해태한 때에는 그 감사는 회사에 대하여 연대하여 손해를 배상할 책임이 있으며, 감사가 악의 또는 중대한 과실로 인하여 그 임무를 해태한 때에는 그 감사는 제3자에 대하여 연대하여 손해를 배상할 책임이 있고, 감사가 회사 또는 제3자에 대하여 손해를 배상할 책임이 있는 때에는 그 감사와 이사는 연대하여 배상할 책임이 있다.(상법 570, 414)

#### (카) 사원의 감사소송

자본의 총액의 3% 이상에 해당하는 출자좌수를 가진 사원은 회사에 대하여 감사의 책임을 추궁할 소의 제기를 청구할 수 있다.(상법 570, 565)

### (21) 사원총회

#### (가) 사원총회의 소집

총회는 매년 1회 일정한 시기에 이를 소집하여야 하며, 연 2회 이상의 결산기를 정한 회사는 매 기에 총회를 소집하여야 하고, 임시총회는 필요 있는 경우에 수시로 이를 소집한다.(상법 578, 365)

사원총회는 상법에 다른 규정이 있는 경우 외에는 이사가 이를 소집한다. 그러나 임시총회는 감사도 이를 소집할 수 있는데, 사원총회를 소집할 때에는 사원총회일의 1주 전에 각 사원에게 서면으로 통지서를 발송하 발송하거나 각 사원의 동의를 받아 전자문서로 통지서를 발송하여야 한다. (상법 571①②)

이 통지서에는 회의의 목적사항을 기재하여야 하며(상법 571③, 363②), 정관에 다른 정함이 없으면 본점소재지 또는 이에 인접한 지에 소집하여야 한다.(상법 571③, 364)

#### (나) 소수사원에 따른 총회소집청구

자본금이 총액의 3% 이상에 해당하는 출자좌수를 가진 사원은 회의의 목적사항과 소집의 이유를 기재한 서면을 이사에게 제출하여 총회의 소집을 청구할 수 있다. 이 규정은 정관으로 다른 정함을 할 수 있다.(상법 572①,②)

위의 청구가 있은 후 지체없이 총회소집의 절차를 밟지 아니한 때에는 청구한 사원은 법원의 허가를 얻어 총회를 소집할 수 있으며, 총회는 회사의 업무와 재산상태를 조사하게 하기 위하여 검사인을 선임할 수 있다.(상법 572③, 366②③, 578, 367)

### (다) 소집절차의 생략
총사원의 동의가 있을 때에는 소집절차 없이 총회를 열 수 있다.(상법 573)

### (라) 총회의 정족수와 결의방법
사원총회의 결의는 정관 또는 상법에 다른 규정이 있는 경우 외에는 총사원의 과반수를 가지는 사원이 출석하고 그 의결권의 과반수로써 하여야 한다.(상법 574)

① 총회의 연기와 속행의 결의

총회에서는 회의의 속행 또는 연기의 결의를 할 수 있으며, 이 경우에는 상법 제363조(소집의 통지·공고)의 규정을 적용하지 아니한다.(상법 578, 372)

② 총회의 의사록

총회의 의사에는 의사록을 작성하여야 하며, 의사록에는 의사의 경과요령과 그 결과를 기재하고 의장과 출석한 이사가 기명날인 또는 서명하여야 한다.(상법 578, 373)

③ 결의취소의 소

총회의 소집절차 또는 결의방법이 법령 또는 정관에 위반하거나 현저하게 불공정한 때 또는 그 결의의 내용이 정관에 위반한 때에는 사원·이사 또는 감사는 결의의 날로부터 2개월 내에 결의취소의 소를 제기할 수 있다.(상법 578, 376①)

㉮ 전속관할

결의취소 소는 본점소재지의 지방법원의 관할에 전속한다.(상법 578, 376②, 186)

㉯ 소제기의 공고

결의취소의 소가 제기된 때에는 회사는 지체없이 공고하여야 한다.(상법 578, 376②, 187)

㉰ 소의 병합심리

수개의 결의취소의 소가 제기된 때에는 법원은 이를 병합심리하여야 한다.(상법 578, 376②, 188)

㉱ 판결의 효력

결의취소의 판결은 제3자에 대하여도 그 효력이 있다.(상법 578, 376②, 190본문)

㉲ 패소원고의 책임

결의취소의 소를 제기한 자가 패소한 경우에 악의 또는 중대한 과실이 있는 때에는 회사에 대하여 연대하여 손해를 배상할 책임이 있다.(상법 578, 376②, 191)

### (마) 사원의 의결권
각 사원은 출자 1좌마다 1개의 의결권을 가진다. 그러나 정관으로 의결권의 수에 관하여 다른 정함을 할 수 있다.(상법 575)

① 의결권의 행사

사원은 대리인으로 하여금 그 의결권을 행사하게 할 수 있다. 이 경우에는 그 대리권을 증명하는 서면을 총회에 제출하여야 하고, 총회의 결의에 관하여 특별한 이해관계가 있는 자는 의결권을 행사하지 못한다.(상법 578, 368②③)

② 자기출자지분의 의결권
회사가 가진 자기출자지분은 의결권이 없다.(상법 578, 369②)

③ 의결권수의 계산
총회의 결의에 관하여는 의결권을 행사할 수 없는 주식의 의결권 수와 제409조 제2항 제3항 및 제542조의12조 제3항 제4항에 따라 그 비율을 초과하는 주식으로서 행사 할 수 없는 주식의 의결권 수는 출석한 주주의 의결권의 수에 산입하지 아니한다. (상법 578, 371②)

　(바) 영업양도 등
유한회사가 다음에 게기한 행위를 함에는 총사원의 반수 이상의 결의가 있어야 한다.(상법 576①, 374①-③, 585)

① 영업의 전부 또는 중요한 일부의 양도
② 영업전부의 임대 또는 경영위임, 타인과 영업의 손익전부를 같이 하는 계약 그 밖에 이에 준하는 계약의 체결·변경 또는 해약
③ 회사의 영업에 중대한 영향을 미치는 다른 회사의 영업 전부 또는 일부의 양수

위의 규정은 유한회사가 그 성립 후 2년 내에 성립전으로부터 존재하는 재산으로서 영업을 위하여 계속하여 사용할 것을 자본의 20분의1 이상에 상당한 대가로 취득하는 경우에 준용한다.(상법 576②)

　(사) 서면에 따른 결의
총회의 결의를 하여야 할 경우에 총사원의 동의가 있는 때에는 서면에 따른 결과를 할 수 있으며, 결의의 목적사항에 대하여 총사원이 서면으로 동의를 한 때에는 서면에 따른 결의가 있는 것으로 본다.

서면에 따른 결의는 총회의 결의와 동일한 효력을 가지며, 총회에 관한 규정은 서면에 따른 결의에 준용한다.(상법 577②)

(22) 재무제표의 작성
이사는 매결산기에 다음의 서류와 그 부속명세서를 작성하여야 한다.(상법 579①)

① 대차대조표
② 손익계산서
③ 그 밖에 회사의 재산상태와 경영성과를 표시하는 것으로서 제447조 제1항 제3호에 따른

서류

　감사가 있는 때에는 이사는 정기총회 회일로부터 4주간 전에 위의 서류를 감사에게 제출하여야 하며, 감사는 서류를 받은 날로부터 3주간내에 감사보고서를 이사에게 제출하여야 한다.

　이사는 위 각 호에 규정한 서류를 정기총회에 제출하여 그 승인을 하여야 한다.(상법 583, 449①)

### (23) 영업보고서의 작성

　이사는 매 결산기에 영업보고서를 작성하여야 한다.(상법 579의2①)

　감사가 있는 때에는 이사는 정기총회 회일로부터 4주간 전에 영업보고서를 감사에게 제출하여야 하며, 감사는 영업보고서를 받은 날로부터 3주간 내에 감사보고서를 이사에게 제출하여야 한다.(상법 579의3①)

　영업보고서를 정기총회에 제출하여 그 내용을 보고하여야 한다.(상법 583, 449②)

### (24) 재무제표 등의 비치·공시

　이사는 정기총회 회일의 1주간 전부터 5년간 위 (17)의 서류 및 (18)의 서류와 감사보고서를 본점에 비치하여야 한다.(상법 579의2②)

　사원과 회사채권자는 영업시간 내에 언제든지 비치서류를 열람할 수 있으며, 회사가 정한 비용을 지급하고 그 서류의 등본이나 초본의 교부를 청구할 수 있다.(상법 59의3②, 448②)

### (25) 이익배당의 기준

　이익의 배당은 정관에 다른 정함이 있는 경우 외에는 각 사원의 출자좌수에 따라 하여야 한다.(상법 580)

### (26) 사원의 회계장부열람권

　자본의 3% 이상에 해당하는 출자좌수를 가진 사원은 회계의 장부와 서류의 열람 또는 등사를 청구할 수 있다.(상법 581①)

　회사는 정관으로 각 사원이 서류의 열람 또는 등사를 청구할 수 있다는 뜻을 정할 수 있다. 이 경우 부속명세서는 이를 작성하지 아니한다.(상법 581②)

### (27) 업무·재산상태의 검사

　회사의 업무집행에 관하여 부정행위 또는 법령이나 정관에 위반한 중대한 사유가 있는 때에는 자본총액의 3% 이상에 해당하는 출자좌수를 가진 사원은 회사의 업무와 재산상태를 조사하게 하기 위하여 법원에 검사인의 선임을 청구할 수 있다.(상법 582①)

검사인은 그 조사의 결과를 서면으로 법원에 보고하여야 하고, 법원이 보고서에 따라 필요하다고 인정한 경우에는 감사가 있는 때에는 감사에게 사원총회의 소집을 명할 수 있고, 감사가 없는 때에는 이사에게 사원총회의 소집을 명할 수 있다.(상법 582②)

이 검사인의 보고서는 이를 총회에 제출하여야 한다.

(28) 이사·감사의 책임해제

정기총회에서 재무제표를 승인 한 후 2년 내에 다른 결의가 없으면 회사는 이사와 감사의 책임을 해제한 것으로 본다. 그러나 이사 또는 감사의 부정행위에 대하여는 그러하지 아니하다.(상법 583①, 450)

① 자본금의 액
② 그 결산기까지 적립된 자본준비금과 이익준비금의 합계액
③ 그 결산기에 적립하여야 할 이익준비금의 액

위의 규정에 위반하여 이익을 배당한 때에는 회사채권자는 배당한 이익을 이를 회사에 반환할 것을 청구할 수 있다.(상법 583①, 462②)

이 청구의 소는 본점소재지의 지방법원의 관할에 전속한다.(상법 583, 462③, 186)

(29) 이익준비금

회사는 그 자본의 2분의1에 달할 때까지 매 결산기에 금전에 따른 이익배당액의 10분의1 이상의 금액을 이익준비금으로 적립하여야 한다.(상법 583①, 458)

(30) 자본준비금

회사는 다음의 금액을 자본준비금으로 적립하여야 한다.(상법 583①, 459)

① 액면 이상의 출자좌를 발행한 때에는 그 액면을 초과한 금액
② 주식의 포괄적 교환을 한 경우에는 상법 제360조의7(완전모회사의 자본증가의 한도액)에 규정하는 자본증가의 한도액이 완전모회사의 증가한 자본액을 초과한 경우의 그 초과액
③ 출자좌의 포괄적 이전을 한 경우에는 제360조의18(완전모회사의 자본의 한도액)에 규정하는 자본의 한도액이 설립된 완전모회사의 자본액을 초과한 경우의 그 초과액
④ 자본감소의 경우에 그 감소액이 출자좌의 소각, 주금의 반환에 요한 금액과 결손의 전보에 충당한 금액을 초과한 때에는 그 초과금액
⑤ 회사합병의 경우에 소멸된 회사로부터 승계한 계산의 가액이 그 회사로부터 승계한 채무액, 그 회사의 주주에게 지급한 금액과 합병 후 존속하는 회사의 자본증가액 또는 합병으로 인

하여 설립된 회사의 자본액을 초과한 때에는 그 초과금액

⑥ 제530조의2(회사의 분할·분할합병)이 규정에 따른 분할 또는 분할합병으로 인하여 설립된 회사 또는 존속하는 회사에 출자된 재산의 가액이 출자한 회사로부터 승계한 채무액, 출자한 회사의 사원에게 지급한 금액과 설립된 회사의 자본액 또는 존속하는 회사의 자본증가액을 초과한 때에는 그 초과금액

⑦ 그 밖에 자본거래에서 발생한 잉여금

위의 ⑤ 및 ⑥의 초과금액 중 소멸 또는 분할되는 회사의 이익준비금 그 밖에 법정준비금은 합병 후 또는 분할·분할합병 후 존속 또는 설립되는 회사가 이를 승계할 수 있다.

### (31) 법정준비금의 사용

위 (29)의 이익준비금 및 (30)자본준비금은 자본금의 결손전보에 충당하는 경우 외에는 처분하지 못한다. (상법 583①, 460)

### (32) 이익의 배당

회사는 대차대조표상의 순자산액으로부터 다음의 금액을 공제한 액을 한도로 하여 이익배당을 할 수 있다.(상법 583①, 462①)

① 자본의 액
② 그 결산기까지 적립된 자본준비금과 이익준비금의 합계액
③ 그 결산기에 적립하여야 할 이익준비금의 액

위의 규정에 위반하여 이익을 배당한 때에는 회사채권자는 이를 회사에 반환할 것을 청구할 수 있다.(상법 583①, 462②)

이 청구의 소는 본점소재지의 지방법원의 관할에 전속한다.(상법 583, 462③, 186)

### (33) 중간배당

연 1회의 결산기를 정한 회사는 영업연도 중 1회에 한정하여 이사회의 결의로 일정한 날을 정하여 그날의 사원에 대하여 이익을 배당(이하 "중간배당"이라 함)할 수 있음을 정관으로 정할 수 있다.(상법 583①, 462의3①)

#### (가) 중간배당의 한도

중간배당은 직전 결산기의 대차대조표상의 순자산액에서 다음 각 호의 금액을 공제한 액을 한도로 한다.(상법 583①, 462의3②)

① 직전 결산기의 자본금의 액
② 직전 결산기까지 적립된 자본준비금과 이익준비금의 합계액

③ 직전 결산기의 정기총회에서 이익으로 배당하거나 또는 지급하기로 정한 금액
④ 중간배당에 따라 당해 결산기에 적립하여야 할 이익준비금

### (나) 중간배당의 배제

회사는 당해 결산기의 재무상태표상의 순자산액이 다음 각 호의 금액의 합계액에 미치지 못할 우려가 있는 때에는 중간배당을 하여서는 아니된다.(상법 583①, 462의3③)
① 자본의 액
② 그 결산기까지 적립된 자본준비금과 이익준비금의 합계액
③ 그 결산기에 적립하여야 할 이익준비금의 액

### (다) 배상책임

당해 결산기 재무상태표상의 순자산액이 위 (나) 각 호의 금액의 합계액에 미치지 못함에도 불구하고 중간배당을 한 경우 이사는 회사에 대하여 연대하여 그 차액(배당액이 그 차액보다 적을 경우에는 배당액)을 배상할 책임이 있다. 다만, 이사가 위(나)의 우려가 없다고 판단함에 있어 주의를 게을리하지 아니하였음을 증명한 때에는 그러하지 아니하다.(상법 583①, 462의3④)

## 5. 유한회사 정관의 변경

유한회사의 정관을 변경함에는 사원총회의 결의가 있어야 한다.(상법 584)

### (1) 정관변경의 특별결의

유한사의 정관을 변경하고자 하는 사원총회의 결의는 총사원의 반수 이상이며, 총사원의 의결권의 4분의3 이상을 가지는 자의 동의로 하며, 이를 적용함에 있어서는 의결권을 행사할 수 없는 사원은 이를 총사원의 수에, 그 행사할 수 없는 의결권은 이를 의결권의 수에 산입하지 아니한다.(상법 585)

### (2) 자본금 증가의 결의

다음의 사항은 정관에 다른 정함이 없더라도 자본금증가의 결의에서 정할 수 있다. (상법 586)
① 현물출자를 하는 자의 성명과 그 목적이 재산의 종류, 수량, 가격과 이에 대하여 부여할 출자좌수
② 자본금의 증가 후에 양수할 것을 약정한 재산의 종류, 수량, 가격과 그 양도인의 성명
③ 증가할 자본금에 대한 출자의 인수권을 부여할 자의 성명과 그 권리의 내용

(3) 증자의 경우의 출자인수권의 부여의 결의

유한회사가 특정한 자에 대하여 장래 그 자본금을 증가할 경우에 있어서 출자의 인수권을 부여할 것을 약속하는 경우에는 위 (1)의 특별결의에 따라야 한다.(상법 587)

(4) 사원의 출자인수권

사원은 증가할 자본금에 대하여 그 지분에 따라 출자를 인수할 권리가 있다. 그러나 위 (2)와 (3)의 결의에서 출자의 인수자를 정한 때에는 예외로 한다.(상법 588)

(5) 출자인수의 방법

자본 증가의 경우에 출자인수를 하고자 하는 자는 인수를 증명하는 서면에 그 인수할 출자의 좌수와 주소를 기재하고 기명날인 또는 서명하여야 하며, 유한회사는 광고 그 밖의 방법에 따라 인수인을 공모하지 못한다.(상법 589)

(6) 출자인수인의 지위

자본금증가의 경우에 출자인수를 한 자는 출자의 납입의 기일 또는 현물출자의 목적인 재산의 급여의 기일로부터 이익배당에 관하여 사원과 동일한 권리를 가진다.(상법 590)

(7) 자본금 증가의 등기

유한회사는 자본금증가로 인한 출자전액의 납입 또는 현물출자의 이행이 완료된 날로부터 2주 내에 본점의 소재지에서 자본금 증가로 인한 변동등기를 하여야 한다.(상법 591)

(8) 증가의 효력발생

자본금의 증가는 본점소재지에서 위 (7)의 등기를 함으로써 그 효력이 생긴다.(상법 592)

(9) 현물출자 등에 관한 사원의 책임

다음의 재산의 자본금증가 당시의 실가가 자본금증가의 결의에 따라 정한 가격에 현저하게 부족한 때에는 그 결의에 동의한 사원은 회사에 대하여 그 부족액을 연대하여 지급할 책임이 있다. (상법 593①)

① 현물출자를 하는 자의 성명과 그 목적인 재산의 종류, 수량, 가격과 이에 대하여 부여할 출자좌수

② 자본금의 증가 후에 양수할 것을 약정한 재산의 종류, 수량, 가격과 그 양도인의 성명

위의 사원의 책임은 면제하지 못한다.(상법 593②)

(10) 미인수출자 등에 관한 이사 등의 책임

　자본금증가 후에 아직 인수되지 아니한 출자가 있는 때에는 이사와 감사가 공동으로 이를 인수한 것으로 보며, 자본증가 후에 아직 출자전액의 납입 또는 현금출자의 목적인 재산의 급여가 미필된 출자가 있는 때에는 이사와 감사는 연대하여 그 납입 또는 급여미필재산의 가액을 지급할 책임이 있다.(상법 594①②)

　위의 이사와 이사의 감사의 책임은 총사원의 동의가 없으면 면제 받지 못한다.(상법 594③, 551③)

(11) 증자무효의 소

　자본금 증가의 무효는 사원, 이사 또는 감사에 한정하여 위 (7)의 자본금증가의 등기에 따른 본점 소재지의 등기를 한 날로부터 6개월 내의 소만으로 이를 주장할 수 있다.(상법 595①)

# 제12편
# 합명·합자·유한회사의
# 회계처리

제1절 합명·합자회사회계의 특징
제2절 유한회사의 회계

# 제1절 합명·합자회사 회계의 특징

 합명회사란 사원 전원이 회사의 채무에 대하여 종된 채무자로서 회사 채권자에게 직접연대 무한책임을 지며, 정관에 따로 정해져 있지 않는 한, 사원 개개인이 회사의 업무를 집행하는 권한을 갖는 회사이다.
 여기서 사원은 말하자면 회사의 사용인(회사에 사용되고 있는 사람)과는 다르다는 사실에 주의하지 않으면 안된다. 위에서 설명한 바와 같은 뜻에서 개인기업 및 자연인의 집합인 조합기업과는 다르다.
 이에 비하여 합자회사는 합명회사와 같이 무한책임사원 1인 이상과 유한책임사원 1인 이상으로 구성된 회사인 점에서 합명회사와는 다르다.
 유한책임이란 출자가액을 한도로 하여 회사의 채무를 변제할 책임을 지는 것을 말한다.
 이 같은 합명회사와 합자회사의 가장 큰 차이점은 유한책임사원의 유무에 있다. 그러므로 합자회사에 관한 상법규정(제268조~제287조)은 그 대부분이 유한책임에 관한 것이며, 그 이외는 합명회사의 규정을 준용하도록 되어 있다.(상법 269)
 회사의 계산에 대해서는 양사 다 같이 상법 제1편 제5장의 상업장부에 관한 규정이 적용된다. 따라서 여기서는 이러한 사실을 고려하여 합명회사와 합자회사의 회계를 일괄하여 설명하고 양자에게 차이가 발생할 경우에는 그것을 설명하도록 하겠다.
 여기서 회사의 설립시, 설립 후의 결산, 신사원이 입사할 때, 사원이 퇴직할 때나 또는 회사가 해산할 때의 순으로 설명하기로 한다

## 1. 회사의 설립

## (1) 출자의 목적(출자의 종류)

 회사는 등기에 따라서 설립되며, 설립계약을 하고 그 계약을 이행하는데 따른 설립행위가 필요하게 된다.
 이 설립행위에는 각 사원의 합동행위와 더불어 정관의 작성이 포함된다.
 이 설립행위에는 각 사원의 합동행위와 더불어 정관의 작성이 포함된다.
 정관의 절대적인 기재사항은 목적·상호 등 이외에 "회사의 출자목적 및 그 가격 또는 평가기준"을 포함하고 있다.
 이것은 무한책임사원의 출자형태로서 금전이나 기타재산 뿐만 아니라 노무 및 신용출자가 인정되고 있으며, 이익을 처분할 때에는 출자액이 문제가 발생한다.
 이 노무 및 신용출자가 되었을 때 회계상 어떻게 처리할 것인가. 이것은 출자금(자본금)으로서 처리될 일이 아니며, 이익분배 및 잔여재산분배일 경우에는 정관기재의 평가액에 따르던가 비망기록에 따라 실시 하면 좋다.
 특히 이 경우의 논거는 노무 및 신용출자는 그를 출자한 사원으로부터 독립시켜 양도할 수 있는 것이 아니므로 자산으로서 계상할 수는 없다.
 따라서 자본금에 계상할 수는 없는 것이다. 단, 이 경우 비망기록을 위해 대조계정을 사용하여야만 된다고 주장한다. 이것이 통설이다.
 한편 합명회사·합자회사는 인적회사이며, 그 신용의 기초는 무한책임사원이다.
 따라서 양도가능성이 없다고 하더라도 무형재산으로서 계상되어야만 한다. 그러므로 노무 및 신용을 평가하여 자산으로 계상한 다음 금액을 출자금(자본금)으로서 계상하여야만 된다는 견해도 있다. 또한 이 경우 자산계상한 것을 신용과 같이 상각하여야만 된다고 하는 생각도 있다.
 다음으로 사례를 들어 2가지의 처리를 나타내 보기로 한다.

**[사례1]**------------------------------------------------------------------------------------
 A,B,C 등 3명은 합명회사를 설립하기로 하여 A는 현금 5,000,000원, B는 노무(평가액2,500,000원), C는 신용(평가액 2,500,000원)을 출자하였다. 노무 및 신용은 10%의 상각을 하는 것으로 한다. 따라서 설립에 수반되는 분개를 표시하라.
------------------------------------------------------------------------------------

&lt;제1설&gt;

  (차) 현    금 5,000,000
    노무출자대충 2,500,000
    신용출자대충 2,500,000
            (대) A출자금 5,000,000
               B노무출자 2,500.000
               C신용출자 2,500,000

  (차) 노무상각 2,500,000
    신용상각 2,500,000
            (대) 노  무 2,500,000
               신  용 2,500,000

 제1설에서는 노무출자대충과 노무출자, 신용출자대충과 신용출자는 비망기록을 위한 대조계정 뿐이다. 따라서 이것은 재무상태표에는 주기해서 나타내는 수 밖에 없다.

 여기에서는 사원수가 적기 때문에 OO출자금으로 하였으나 많을 경우에는 다만 출자금으로 하며 별도로 사원원장이라고 하는 보조원장을 사용할 수가 있다. 또한 출자금 대신 자본금으로 하여도 좋다.

## (2) 출자의무

 출자의무는 사원자격의 취득시에 생긴다. 설립에 있어서는 새로이 입사하였을 경우에는 입사시의 출자의무가 발생하게 된다. 출자의무의 소멸은 출자이행·출자자격상실(퇴사·해산 등)에 따라서 생기게 된다.

 그러나 합명·합자회사에서는 재산출자시기와 정도는 정관의 규정에 따른다. 따라서 정관에 규정되어 있다면 "재산출자시기를 몇 회로 나누어 그의 금액도 분할할 수가 있다.

 물론 이행시기와 금액과는 각 사원에게 평등하지 않으면 안된다. 출자의무는 위에서 설명한 바와 같이 설립기, 입사시에 생기지만 구체적인 납입의무는 최고에 따라서 일어나는 것이라고 되어 있다.

 이렇게 해석하면 최고의 시점에서 회사는 사원에 대하여 재산출자청구권(채권)을 취득하게 되는 것이다.

 이에 비하여 출자의무의 발생시에 출자금을 계상하여 납입되지 않은 부분에 대해서는 미납입출자금이라는 계정을 세워야만 된다고 하는 입장도 있다.

이에 사례에 따라서 나타내 보기로 한다.

**[사례 2]**
A,B,C는 합명회사를 설립하기로 하고, A는 현금 5,000,000원, B는 권면액 2,000,000원의 어음으로, C는 현금 3,000,000원의 출자를 하기로 하였다. 또한 정관에서는 첫 번째납입을 20××년4월1일, 두번재를 같은년도 10 월1일에 각각 반액씩을 납입하는 것으로 하고 있다. 각 시점에서 최고가 되어 같은 날자에 실제로 납입이 완료된 것으로 보고 분개를 표시하라.

<제1설>
　[최고에 따라 납입의무가 발생될 경우]
20××4월 1일
　　　(차) 현　　금　4,000,000　　　(대) A출자금　2,500,000
　　　　　받을어음　1,000,000　　　　　 B 출자금　1,000,000
　　　　　　　　　　　　　　　　　　　　 C 출자금　1,500,000

20××년10월 1일
　　　(차) 현　　금　4,000,000　　　(대) A출자금　2,500,000
　　　　　받을어음　1,000,000　　　　　 B출자금　1,000,000
　　　　　　　　　　　　　　　　　　　　 C출자금　1,500,000

<제2설>
20××년4월 1일
　　　(차) 현　　금　4,000,000　　　(대) A출자금　5,000,000
　　　　　받 을 어 음　1,000,000　　　　 B출자금　2,000,000
　　　　　A미납입출자금 2,500,000　　　 C출자금　3,000,000
　　　　　B 미납입출자금 1,000,000
　　　　　C 미납입출자금 1,500,000

20××년 10월 1일
　　　(차) 현　　금　4,000,000　　　(대) A미납입출자금 2,500,000
　　　　　받을어음　1,000,000　　　　　 B 미납입출자금 1,000,000
　　　　　　　　　　　　　　　　　　　　 C 미납입출자금 1,500,000

합명·합자회사일 경우, 무한책임사원이 존재함으로 주식회사일 경우처럼 채권자 보호를 위한 배려를 할 필요는 없다. 이러한 뜻에서는 미납입출자금의 표시는 불필요하다고 하는 생각이 강하다고 말할 수 가 있다.

미납입출자금계정은 출자의무의 발생시에 채권이 성립된다고 한다면, 일종의 채무계정이지만 최고시, 즉, 납입의무의 발생시에 납입청구권이 발생된다고 볼 수가 있으므로 출자금계정의 평가계정으로 볼 수가 있는 것이다.

이 사례에서는 최고와 같은 날에 납입이 실시 되었으나, 최고일과 납입시에 틈이 생겼다고 한다면 최고일에 (차) 납입청구권(또는 미납입출자금) (대) 출자금이라는 처리가 실시되어 납입시에 (차) 현금 등 (대) 미납입출자금이라는 처리가 된다.

이 경우의 미납입출자금은 평가계정은 아니며, 채권계정이라는 사실에 주의하여야만 한다. 따라서 이러한 청구권은 양도·압류·상쇄가 가능하다.

### (3) 채권·채무의 출자에 관한 문제

사례2와 같이 채권에 따른 출자가 실시되어 그의 채권이 초일이 되더라도 채무자가 변제되지 않았을 경우에는 채권에 따라서 출자한 사원이 변제의 책임을 지게 된다. 이 경우 당해 사원은 회사에 대하여 이자와 손해배상금을 지급하지 않으면 안된다.

[사례3]
사원 A가 설립 때에 출자한 대여금(5,000,000원)이 기일에 임박하여 채무자 B에게 변제를 청구하였으나, B는 지급불능이었다. 회사는 즉시 A에 대하여 변제를 요구하여 이자 6,800원과 함께 현금으로 받아들였다.

(차) 현　　　금　5,000,000　　　(대) 대 여 금　5,000,000
　　　　　　　　　　　　　　　　　　수입이자　　　6,800

이 경우, 출자 그 자체는 아무런 관계가 없으며, 채권채무의 문제라는 사실에 주의하여야만 한다.

그런데 이제까지는 사원이었던 자가 새로이 회사를 설립할 때에 어떻게 할 것인가를 고찰하여 왔으나, 사원인 자가 종래에 개인기업을 영위하고 있으며, 합동으로 하나의 합명회사를 설립할 수 있는 일도 생각할 수가 있다.

이 경우에는 영업을 일괄하여 출자하는 것이 생기게 된다. 따라서 그 중에는 개인기업의 채무도 존재할 여지가 있다.

법해석상 다수설은 채무를 포함한 영업의 출자는 인정되지 않으나, 무한책임사원의 존재가 있으므로 이러한 출자도 인정될 것이다.

전자에 따르면 개인기업의 채무는 개인에 따라 변제되며, 채무를 포함하지 않는 자산만에 의한 출자가 이루어진다. 후자에 따르면 개인기업의 채무는 신설회사의 채무로 된다. 이를 사례다음의 사례에 따라서 나타내기로 한다.

**[사례4]**

개인기업을 영위하는 A와 B는 합동하여 합명회사를 설립하기로 하였다, A, B 개개인의 재정상태는 다음과 같다. 또한 자산의 평가액은 신회사에의 출자의 평가액과 일치되는 것으로 한다.

### A기업 B/S

| | | | |
|---|---|---|---|
| 현　　금 | 4,000,000 | 외상매입금 | 1,000,000 |
| 외상매출금 | 2,000,000 | 차 입 금 | 2,000,000 |
| 상　　품 | 5,000,000 | 자 본 금 | 12,920,000 |
| 건　　물 | 4,920,000 | | |
| | 15,920,000 | | 15,920,000 |

※ 건물의 감가상각비의 누계액은 10,800,000원이다.

### B기업 B/S

| | | | |
|---|---|---|---|
| 현　　금 | 2,000,000 | 지급어음 | 1,000,000 |
| 받을어음 | 1,000,000 | 자 본 금 | 6,000,000 |
| 상　　품 | 4,000,000 | | |
| | 7,000,000 | | 7,000,000 |

<제1법>
(차) 현　　　금 1,000,000　　(대) 건물감가상각누계액　1,080,000
　　 외상매출금 2,000,000　　　　A 출　자　금　12,920,000
　　 상　　　품 5,000,000
　　 건　　　물 6,000,000
(차) 현　　　금 1,000,000
　　 받을 어음 1,000,000
　　 상　　품 4,000,000　(대) B 출　자　금 6,000,000

<제2법>
(차) 현　　　금 4,000,000　　(대) 외상매입금 1,000,000
　　 외상매출금 2,000,000　　　 차 입 금　2,000.000
　　 상　　　품 5,000,000　　　 건 물감가
　　 건　　　물 6,000,000　　　 상각누계액　1,080,000
　　　　　　　　　　　　　　　　A출자금　12,920,000
(차) 현　　　금　2,000,000　　(대) 지급어음　1,000,000

|  |  |  |  |
|---|---|---|---|
| 받을어음 | 1,000,000 | B출자금 | 6,000,000 |
| 상　품 | 4,000,000 |  |  |

　여기에서는 A,B 개개인의 출자를 나누어 분개하였으나, 합쳐서 분개를 하여도 좋다. 감가상각누계액은 계정기록으로서 처리하여야 하므로 건물을 당초의 취득원가로서 기록하고 있다.

## 2. 결 산

### (1) 결산절차

　합명·합자회사일 경우 회사의 계산에 대해서는 상법총칙의 상업장부의 규정이 적용된다. 따라서 합명·합자회사는 영업상의 재산 및 손익상황을 명백히 하기 위하여 회계장부 및 재무상태표를 작성하지 않으면 안된다.(상법 §30①)

　회계장부란 분개장(전표 등으로도 가능). 원장 및 보조장을 말하며, 재산상황과 손익상황을 명백히 하기 위한 장부라고 해석된다. 상업장부 규정의 해석에 대해서는 공정한 회계관행을 참작하지 않으면 안된다.

　즉, 특별한 지출이 없는한 공정한 회계관행에 따라서 해석하여야만 한다. 여기서 말하는 공정이란 상법의 입장에서 보아 공정하냐고 하는 것뿐이며, 반드시 "기업회계기준을 의미하는 것은 아니나 그것을 가장 중요한 회계관행이라고 말하고 있다.

　그리고 상업장부에 규정되어 있지 않는 것에 대해서는 공정한 회계관행에 따라야만 된다고 말할 수가 있다.

　자산평가의 원칙에는 동산·부동산·채권 그 밖의 재산의 가액을 결산당시의 가격에 따라 평가하여야 한다.

　영업용 유형자산은 취득가액 또는 제작가액을 붙여 매결산기에 상당한 상각(회계상의 정규감가상각이라고 해석되고 있다)을 한다.

　금전채권에 대해서는 채권금액에서 회수불가능금액(회계상의 대손충당금에 해당된다고 해석되고 있다)을 공제한 액을 초과할 수는 없다. 왜냐하면 초과하지 않으면 어느 정도 낮아도 좋은가 하면 공정한 회계관행에서 보아 불가능하다고 볼수가 있을 것이다.

　합명합자회사에서는 무한책임사원이 존재함으로 채권자 보호를 위해 재산가액을 낮게 평가할 필요는 없으며, 또한 이 경우는 비밀적립금의 설정을 인정해 버리게 되는 결과가 되기 때문이다.

　자산의 평가규정은 상기의 규정 밖에 없고 그 이외 것에 대해서는 규정의 해석이 아니라 공정한 회계관행에 따라 판단하는 수 밖에 없다.

　창업비에 대해 말한다면 주식회사는 정관에 기재된 비용 등을 계상할 수가 있다. 유한책임뿐인 주식회사에서는 정관에 기재하여야 한다는 조건부로 인정되어 있으므로 무한책임사원이 존재하는 합명합자회사에서는 계상되지 않는다는 이유는 없다고 생각한다.

　그러나 주식발행이 없는 합명합자회사에서는 신주식발행비가 생길 여지는 없다.

　사채는 전문가가 지적한 바에 따르면 합명회사나 합자회사도 법률적으로는 사채는 발행될 수는 있지만 상법은 그에 대하여 규정을 하고 있지 않기 때문에 실제적으로 발행할 수는 없는 것이다.

　이에 따르는 사채는 발행될수는 있지만 상법은 이에 대하여 규정을 하고 있지 않기 때문에 실제적으로 발행할 수가 없을 것이다.

　그러면 충당금은 설정될 수가 있을 것인가. 채무의 평가 등에 대하여 규정되어 있지 않으므로 공정한 회계관행에 따라서 계상될 수가 있다고 말할 수가 있다.

　이상과 같은 점을 고려하여 통상의 결산절차를 상정한다면 좋다. 사례에 따라서 표시하기로 한다.

**[사례]** ────────────────────────────────

　AB합명회사의 결산정리 전의 잔액시산표는 <자료1>과 같다. <자료2>의 결산정리사항에 따라 기말 (1년결산)의 재무상태표를 작성하라.

<자료1>

잔액시산표　　　　　　　　　(단위 ;원)

| | | | |
|---|---:|---|---:|
| 현　　　　　금 | 200,000 | 외 상 매 출 금 | 300,000 |
| 받을어음 | 200,000 | 건물감가상각누계액 | 108,000 |
| 상　　　　　품 | 500,000 | A 충 자 금 | 600,000 |
| 건　　　　　물 | 600,000 | B 출 자 금 | 200,000 |
| 매　　　　　입 | 1,200,000 | 미 처 분 잉 여 금 | 92,000 |
| 판매비및관리비 | 300,000 | 매　　　　　출 | 1,700,000 |

,<자료2> 결산정리사항

① 기말상품재고액(원가)은 550,000원이며, 일부상품에 대하여 시가의 두드러진 하락이 있으며, 판매예상시점까지 회복될 것인지 어쩐지는 분명하지가 않다. 그의 하락손의 예상액은 30,000원이다.
② 당회사는 매결산기에 건물에 대하여 상당한 상각을 하기로 되어 있다. 상각방법은 정액법이며, 잔존가액은 원가의 10% 내용연수는 10년이다.
③ 기말매출채권의 잔액에 당기는 3%의회수불능예상액이 발생한다고 예상된다.
④ 당기초에 종업원들 사이에서 퇴직급여충당금규정의 합의를 보았다. 이에 따라서 20,000원의 전입을 실시하였다.

---

AB합명회사　　　　　　　재 무 상 태 표
　　　　　　　　　　　　　　20××년×월×일　　　　　　　　단위;천원)

- <자산의 부>
  Ⅰ.유동자산
　1. 현　　　금　　　　　　　　　　　　　　200,000
　2. 받 을 어 음　　　　200,000
　　　대손충당금　　　　　6,000　　　　　194,000
　3. 상　　　품　　　　　　　　　　　　　　520,000
　　유동자산합계　　　　　　　　　　　　　　　　　　　　914,000

Ⅱ.비유동자산
　(1)유형자산
　1. 건　　　물　　　　　600,000
　　감가상각누계액　　　162,000　　　　　438,000
　　유형자산합계　　　　　　　　　　　　　438,000
　비유동자산합계　　　　　　　　　　　　　　　　　　　　438,000
　자 산 합 계　　　　　　　　　　　　　　　　　　　　　1,352,000

< 부채의부>
　Ⅰ.유동부채
　1. 외상매출금
　　유동부채합계　　　　　　　　　　　　　300,000　　　　300,000
　Ⅱ. 비유동부채
　1. 퇴직급여충당금

|   |   |   |
|---|---|---|
| 비유동부채합계 | 20,00 | 20,000 |
| 부 채 합 |  | 320,000 |

<자본의 부>
Ⅰ. 출 자 금                                          800,000
Ⅱ. 기타잉여금
  1. 당기미처분이익잉여금

|   |   |   |
|---|---|---|
| 기타잉여금합계 | 232,000 | 232,000 |
| 자 본 합 계 |  | 1,032 000 |
| 자산부채합계 |  | 1,352,000 |

## (2) 이익처분

일반적인 결산절차와 같이 전기부터 이월이익잉여금과 당기순이익과의 합계를 미처분이익잉여금계정에 포함하고 있다.합명·합자회사일 경우 손익분배는 정관에 규정을 두는 것이 보통이다. 정관에 규정이 없을 때에는 조합에 관한 민법규정에 따라 출자액에 따르는 것이라고 해석된다.

이익배당의 시기도 정관에 규정한다. 따라서 이 시기에 이익처분의 경리가 실시되게 된다. 그러나 정관의 규정에 따라 그 즉시 이익분배를 하지 않고 사원의 출자액의 증가를 꾀하며, 퇴사나 해산할 때에 출자액과 그때까지의 이익분배액의 합계를 지급할 수가 있다.

이익처분에 관련되어 생기는 것으로서는 주식회사의 이익준비금의 문제이다.

합명합자회사일 경우 무한책임사원이 존재됨으로 채권자 보호를 위한 이익준비금의 설정은 법적으로는 요구되지 않는다.따라서 적립할 필요는 없다. 만약 이익준비금으로 하였다고 하더라도 그것은 일종의 임의적립근으로 될 것이다.

또한 주의하여야만 할 일은 노무출자자신용출자자도 이익분배에 따른다고 하는 사실이다. 출자금계정에 그러한 것이 표시되지 않는 일이 있으므로 주의하지 않으면 안된다.

[사례6]-------------------------------------------------------------

ABC는합명회사 설립에 있어 사원이 되어 A는 현금500,000원, B는 노무(평가액100,000원), C는 채권200,000원을 출자하였다.정관에서 이익이 발생하였을 경우, 출자액의 비율에 따라서 배당하기로 하고 있다. 20××년 ×월 ××일

(1년결산)에 결산을 하여 당기순이익이 250,000원으로 계산 되었다. 또한 이월이익은 100,000원이었다. 그 중 50,000원은 결손전보적립금으로 하였고, 260,000원에 대하여 분배하기로 하였다. 다음 결산기에 200,000원의 순손실을 발생하게 하였다. 미처리결손금은 결손전보적립금을 취소하여 잔액은 이월하기로 하였다.

---

① (차)　손　　　　익　　250,000
　　　　이월이익잉여금　　100,000
　　　　　　　　　　　　　　　　　(대)　미처분이익잉여금　350,000

　(차)　미처분이이잉여금　350,000
　　　　　　　　　　　　　　　　　(대)　결손금전보적립금　　50,000
　　　　　　　　　　　　　　　　　　　　A지급배당금　　　162,000
　　　　　　　　　　　　　　　　　　　　B지급배당금　　　 32,500
　　　　　　　　　　　　　　　　　　　　C지급배당금　　　 65,000
　　　　　　　　　　　　　　　　　　　　이　월　이　익　　 40,000

② (차)　이　월　이　익　　 40,000
　　　　미처리결손금　　　160,000
　　　　　　　　　　　　　　　　　(대)　손　　　　익　　200,000

　(차)　결손보전적립금　　 50,000
　　　　이　월　결　손　금　110,000
　　　　　　　　　　　　　　　　　(대)　미 처 리 손 실　160,000

합명·합자회사에서도 정관의 절대적인 기재사항으로서 사원의 출자의 목적(어떠한 출자인가)과 그의 가격 및 평가의 표준이 (상법 §179, §269)있다, 따라서 개인기업과 같이 손익을 출자금에 가감하는 일이 없이 미처분이익이나 또는 미처리손계정을 사용하여야만 한다.

　이익처분 후에 미처분이익계정으로 이월이익을 이월하는 것은 가능하다. 해답에서는 이월이익계정을 별개로 세웠다 또한 ②에서는 이월이익을 미처분이익으로 대체하여 순손실을 전보하여 잔액을 미처리손실로 하여도 좋다.

　(차)　이월이익잉여금　　40,000
　　　　미처리결손금　　　160,000
　　　　　　　　　　　　　　　　　((대)　손　　　　익　　200,000

# 3. 사원의 입사(入社)

여기에서 말하는 입사에는 지분양도에 따른 승계적인 취득을 포함하지 않고, 회사설립 후의 신사원의 증가라고 생각된다. 이 경우에 생기는 회계상의 문제는

신입사원에게 출자액과 별도로 가입금을 부과할 경우의 문제와 영업권을 계상할 경우이다. 다음에 상세히 기술하기로 한다.

## (1) 가입금을 부과할 경우

가입금이 신입사원에게 부과해지는 것은 보통 당해 합명·합자회사의 업무성적이 양호할 경우이다. 이것은 주식회사에서 주식의 시가발행에 수반되는 액면초과금에 상당한 것이라고 해석된다.

구사원과의 지분의 형평을 기도하는 것이라고 이해되기도 쉽기 때문이다. 그러므로 가입금은 구사원의 지분증가로 된다.

주식회사와 같이 주식은 없으며, 또한 출자금에 대한 액면액도 없다. 이렇게 해서 구사원의 출자금의 증가로서 처리될 수가 있게 된다.

**[사례7]**

다음의 기말시점에서의 재무상태표에서나타낸 A, B합명회사에 새로이 C가 입사하기로 되었다. C는 출자액100,000원과 가입금 60,000원을 현금으로 지급하였다. 따라서 이 분개와 입사 후의 재무상태표를 표시하라. 또한 구사원의 출자액의 증가는 출자액의 기준으로 한다.

<A·B합명회사> B/S           (단위 ; 1,000원)

| | |
|---|---|
| 제 자 산  1,100 | 제 부 채     300 |
| | A 출 자 금  300 |
| | B 출 자 금  200 |
| | 별도적립금    200 |
| | 미처분이익    100 |
| | 1,100 |

(차) 현    금    160,000
                    (대)  C출자금   100,000
                         A출자금    36,000

B출자금    24,000

<ABC합명회사>                B/S                    (단위 ; 1,000원)

| | | | |
|---|---|---|---|
| 현　　금 | 160 | 제 부 채 | 300 |
| 기 타 자 산 | 1,100 | A출자금 | 336 |
| | | B출자금 | 224 |
| | | C출자금 | 100 |
| | | 별도적립금 | 200 |
| | | 미처분이익잉여금 | 100 |
| | 1,260 | | 1,260 |

A의 출자금의 증가는
  60,000 × 300,000 (A의 출자액) / 500,000(AB출자총합계)
  = 36,000
B의 출자액의 증가는
  60,000 × 200,000 / 500,000 = 24,000

### (2) 영업권의 계상

신입사원에게 가입금을 부과하는 대신에 신구사원의 지분형평을 꾀하기 위해 영업권을 계상하는 경우가 있다. 이 경우에 영업권은 매입영업권이 아니고 자기창설영업권의 계상이다. 이것은 기업회계기준에 따르는 한 인정되지 않는다. 그러나 이와 같은 회계처리가 관행화 되어 있으며, 상법의 입장에서는 무한책임사원이 존재하고 있으므로 영업권을 계상한대도 채권자보호의 관점을 해치는 것은 아니다. 따라서 상법의 입장에서는 공평한 회계관행이라고 하여도 좋을 것이다. 다음의 사례에서 회계처리를 밝히기로 한다.

[사례8]----------------------------------------------------------------
위 사례7에서 C는 출자금 100,000원을 현금으로 출자 하였다. A,B합명회사는 영업권을 60,000원으로 계상하여 구사원의 출자액은 출자액을 기준으로 하여 안분증가하기로 하였다. 분개와 C사원 입사 후의 재무상태표를 작성하라.
------------------------------------------------------------------

(차) 현　　금    100,000
    영 업 권    60,000
                                (대) C출자금    100,000
                                    A출자금    36,000

B출자금     24,000

&lt;ABC합명회사&gt;           B / S                (단위 ;1,000원)

| 현 금 | 100 | 제 부 채 | 300 |
| 기타자산 | 1,100 | A출자금 | 336 |
|  |  | B출자금 | 224 |
|  |  | C출자금 | 100 |
|  |  | 별도적립금 | 200 |
|  |  | 미처분이익잉여금 | 100 |
|  | 1,200 |  | 1,200 |

## 4. 사원의 퇴사(退社)

  여기서 말하는 퇴사란 회사존속 중에 사원권을 상실하여 사원으로서의 지위를 상실하는 것을 말한다.
  퇴사는 퇴사희망자의 퇴사 이외에 사원의 제명선고(상법§320)도 있다.
  사원이 부득이한 사유가 있을 때에는 언제든지 퇴사를 할 수가 있다.(상법 §217②) 그러나 퇴사시점에서 안분계산을 하기 위하여 재무상태표를 작성할 필요가 생기게 되는 것이다.
  지분반환의 계산방법에 대해서는 합명합자회사에 특별한 규정이 없으므로 상법 제1조에 따라 민법의 조합에 관한 규정 (민법 §719)에 준용된다. 민법에서는 탈퇴한 조합원과 다른 조합원과의 사이에 계산은 탈퇴 당시의 조합재산의 상태에 따라야 한다고 규정되어 있다.
  이러한 탈퇴 당시에 조합상태란 장부가액이 아니라 조합재산의 일괄양도할 경우의 가액으로 한다.
  따라서 영업성적이 좋은 회사라면 영업권을 계상할 수 있게 된다. 이에 따라서 정관에 규정되어 있다면, 그에 따라서 각 출자자의 지분이 계상된다. 정관에 규정이 없다면, 출자액을 기준으로 하여 안분계산한다.
  영업성적이 좋지 않으면 소극지분을 일어키게 된다. 이 경우에는 퇴사하는 사원은 정관에 규정된 것이라면 그에 따라서 부담하며, 없다면, 출자액을 기준으로 하여 소극지분계산을 하여 현금으로 납입하지 않으면 안된다.

이와 같이 소극지분이 존재하며, 퇴사하는 사원이 생기게 될 경우 합자회사에서는 합명회사와는 다른 문제가 생기게 된다. 합자회사에는 유한책임사원이 존재하기 때문이다.

합자회사에서의 무한책임사원의 퇴사사유는 합명회사의 경우와 같지만 (상법 §269, §217, §218) 유한책임사원이 사망하면 그 상속인이 당연히 그 지분을 승계하여 사원으로 된다.(상법 §283) 또 유한책임사원은 금치산의 선고를 받아도 퇴사하지 아니하고 그 후견인이 대리하여 출자 기타의 법률행위를 한다.(상법 §284) 이러한 점이 합명회사와는 다르다.

그러나 사원의 퇴사시점에서 적극지분이 있을 경우에는 어느 사원이 퇴사할지라도 합명회사와 동일하게 회계처리가 되지만 소극지분(즉 순손실이 있을 경우)이 있을 경우에는 유한책임사원은 그 출자액을 초과하여 손실을 부담하지않으므로 소극지분에 대해서는 출자액의 한도로 부담하게 된다고 해석된다. 따라서 다음에 합명·합자회사에서 적극지분이 존재할 경우, 합명회사에서 소극지분이 존재할 경우, 합자회사에서 유한책임사원이 퇴사할 경우 소극지분이 존재할 경우로 나누어 예를들어 설명하기로 한다. 또한 합명회사·합자회사의 무한책임사원이 노무나 또는 신용에 따라 출자를 하고 있으며, 퇴사할 경우에는 정관에 규정이 있으면 그에 따르며, 없다고 한다면 회사의 순자산액이 출자금액의 총액을 초과하고 있을 경우에만 영업권을 할 수 있는 것이라고 해석되고 있다.

[사례]

A,B,C 합명회사에서는 부득이한 사정에 따라 C사원이 퇴사하기로 되었다. 퇴사시점은 마침 결산시였다. 80,000원의 영업권을 계상하여 출자금으로 추가하기로 되었다. 영업권계상전의 A출자금은 300,000원, B의 출자금은 200,000원, C의 출자금은 500,000원이었다. 자본의부에는 이러한 것 이외에 별도적립금이 200,000원, 이월이익잉여금 100,000원이었다. 또한 당기순이익의 금액은 200,000원이었다. 또한 당기순이익의 금액은 200,000원이었다. 퇴사에 있어서 출자액을 기준으로 한다. 따라서 c사원퇴사에 관계되는 분개를 표시하라.

---

(차) 영 업 권   80,000
          (대) A 출자금   24,000
             B 출자금   16,000
             C 출자금   40,000

(차) C 출 자 금  540,000
　　　별 도 적 립 금  100,000
　　　미처분이익잉여금  150,000
　　　　　　　　　　　(대) 현　금  790,000

A,B,C의 각 출자액의 비율은 0.3 , 0.2, 0.5이다. 이것은 영업권에 따른 출자금의 증가에 적용되며, 별도적립금, 미처분이익잉여금의 안분계산에도 사용된다. 이것을 현금으로 반환하는데 따라서 퇴사가 완료되는 것이다.

**[사례10]**

A,B,C합명회사의 결산시에 요약한 재무상태표는 다음과 같다. 당사는 정관에서 존립시기를 규정하고 있지않으며, C사원이 6개월 이전부터 퇴사를 예고하고 있었기 때문에 정관의 규정에 따라서 출자금을 기준으로 하여 지분계산을 하였다. 더구나 그의 지분은 소극지분으로 되었기 때문에 C사원에게서 현금을 받아 들였다. 이러한 금액을 계산하여 분개를 표시하라.

### B / S

| | | | |
|---|---|---|---|
| 제 자 산 | 300,000 | 제 부 채 | 400,000 |
| 미처리결손금 | 600,000 | A 출자금 | 100,000 |
| | | B 출자금 | 200,000 |
| | | C 출자금 | 200,000 |
| | 900,000 | | 900,000 |

미처리결손금에 대한 부담분
　A사원  600,000× 100,000(A의 출자액) / 500,000(ABC출자액합계)=120,000
　B사원  600,000× 200,000 / 500,000 =  240,000
　C사원  600,000× 200,000 / 500,000 =  240,000
　C사원의 현금 지급액
　　240,000(미처리결손금부담분) - 200,000(출자액) = 40,000
　　　(차) 현  금  40,000
　　　　　 C출자금  200,000
　　　　　　　　　　(대) 미처리결손금  240,000

**[사례11]**

A,B,C합자회사는 B.C사원을 유한책임사원으로 하는 회사이다. 사례10에서 재무상태표 중 결산시에 C사원이 퇴사하기로 되었다. 지분계산은 사례10과 같다고 하고, C사원이 소극지분액이 자기의 출자금액을 한도로 하여 부담한 경우 분개를 표시하라.-

< 출자액을 한도로 하여 부담할 경우의 분개 >
 (차) C출자금 200,000
                    (대) 미처리결손금 200,000

# 5. 합명·합자회사의 해산과 청산

이러한 회사의 해산은 존립기간의 만료, 정관에서 규정한 해산사유의 발생, 총사원의 동의, 법원의 명령, 파산 등으로 생긴다.

청산이란 해산한 회사의 법률관계를 정리하여 재산을 처분하는 재판 이외의 절차를 말한다.

합명·합자회사에서는 이러한 청산절차에는 임의청산과 법정청산이 인정되고 있다.

임의청산이란 법정절차에 따를지 않고, 정관 또는 전사원의 동의로서 자유로 정한 방법에 따른 청산절차(상법 247①)를 말한다.

법정청산은 엄격한 절차하에서 재산처분 등을 실시하는 방법이다. 법정청산 하에서는 업무완료 및 청산사무집행, 채권의 추심, 채무의 변제, 회사재산의 환가처분, 잔여재산의 분배로 실시한다.

회계상의 절차는 다음과 같다.

 ① 청산절차목록 및 청산재무제표의 작성
 ② 청산손익계정의 개설(채권의 추심, 자산의 환가처분, 채무의 변제에 수반되는 손익을 기록하는 계정이다)
 ③ 청산출자금계정의 개설
 ④ 자본의 제계정의 잔액과 청산손익계정의 잔액을 청산출자금계정으로 대체한다.
 ⑤ 잔여재산을 처분하여 분배액을 현금계정과 청산출자금계정에 기입한다.

이것을 사례로 표시하기로 한다.

[사례12]
AB합명회사는 존립기간의 만료에 따라 해산하기로 되었다. 청산을 위한

청산개시 재무상태표는 자료1과 같다. 또한 재산의 정리사항은 자료2와 같다. 그리고 잔여재산이 존재할 경우에는 출자액을 기준으로 하여 반환액을 결정하기로 하였다.

<자 료 1>

청산개시재무상태표  (단위 ;1,000원)

| | | | |
|---|---|---|---|
| 현　　　금 | 400 | 지급어음 | 150 |
| 받을어음 | 200 | 미지급임금 | 50 |
| 외상매출금 | 150 | 차입금 | 800 |
| 유가증권 | 50 | A출자금 | 600 |
| 상　　　품 | 200 | B출자금 | 400 |
| 건물(주1) | 112 | 별도적립금 | 100 |
| 토지(주2) | 1,000 | 미처분이익잉여금 | 12 |
| | 2,112 | | 2,112 |

[주] ① 건물의 감가상각누계액은 288천원이다.
　　② 토지는 차입금의 저당물건으로 되어있다.

<자 료 2>

1. 받을어음은 전액현금회수 하였으나 외상매출금은 140천원만이 현금으로 회수 되었을 뿐이었다.
2. 유가증권은 60천원으로 매각하여 대금은 현금으로 받아들였다.
3. 상품은 180천원으로 매각하여 현금을 받아 들였다.
4. 건물은 110천원으로 매각하여 현금을 받았다.
5. 토지는 1,500천원으로 매각하여 현금을
6. 채무는 현금을 지급하여 변제하였다.
7. 사원의 잔여재산의 분배를 실시하였다.

이상과 같이 각 사원의 반환액, 청산에 필요한 분개, 청산손익계정 및 청산출자금계정(어느 것이나 T형으로 좋다.)을 기입하라.

---

Ⅰ. **개시분개**(단위를 1,000원으로 표시)

　　(차) 현　　　금　　400
　　　　　받을어음　　200
　　　　　외상매출금　150
　　　　　유가증권　　 50
　　　　　상　　　품　200

　　　　　건　　물　　112
　　　　　토　　지　1,000
　　　　　　　　　　　　　　　　(대) 지 급 어 음　　150
　　　　　　　　　　　　　　　　　　미지급금　　　50
　　　　　　　　　　　　　　　　　　차입금　　　800
　　　　　　　　　　　　　　　　A 출 자 금　600
　　　　　　　　　　　　　　　　　　B 출 자 금　　400
　　　　　　　　　　　　　　　　　　별도적립금　　100
　　　　　　　　　　　　　　　　　　미처분이익잉여금　12

Ⅱ. 청산분개
　　1. (차) 현　　금　340
　　　　　　청산이익　　10
　　　　　　　　　　　　　　　　(대) 받 을 어 음　　200
　　　　　　　　　　　　　　　　　　외상매출금　　150

　　2. (차) 현　　금　　60
　　　　　　　　　　　　　　　　(대) 유 가 증 권　　50
　　　　　　　　　　　　　　　　　　청 산 손 익　　10

　　3. (차) 현　　금　180
　　　　　　청산손익　　20
　　　　　　　　　　　　　　　　(대) 상　　품　　　200

　　4. (차) 현　　금　110
　　　　　　건물감가상각누계액 288
　　　　　　청산소득　　2
　　　　　　　　　　　　　　　　(대) 건　　물　　　400

　　5. (차) 현　　금　1,500
　　　　　　　　　　　　　　　　(대) 토　　지　　1,000
　　　　　　　　　　　　　　　　　　청 산 손 익　　500

　　6. (차) 미지급임금　50
　　　　　　차 입 금　800
　　　　　　지급어음　150
　　　　　　　　　　　　　　　　(대) 현　　금　　1,000

7. (차) 청산손익　　478
　　　　A출자금　　600
　　　　B출자금　　400
　　　　별도적립금 100
　　　미처분이익잉여금　12
　　　　　　　　　　　　　　　　　(대) 청산출자금　1,590
　(차) 청산출자금 1,590
　　　　　　　　　　　　　　　　　(대) 현　　　금　1,590

## 청 산 손 익

------------------------------------------------------------
1. 외 상 매 출 금　　10　　2. 현　　　금　　10
3. 상　　　　품　　20　　5. 현　　　금　　500
6  건　　　물　　　2
7. 청 산 출 자 금　 478
　　　　　　　　　510　　　　　　　　　　510

## 청산출자금

------------------------------------------------------------
7. 현　　　금　1,590　　7. 청산손익　　478
　　　　　　　　　　　　　"　A출자금　　600
　　　　　　　　　　　　　"　B출자금　　400
　　　　　　　　　　　　　"　별도적립금　100
　　　　　　　　　　　　　　미처분이익잉여금　12
　　　　　　　　1,590　　　　　　　　　　1,590

A사원에의 반환액
　　청산손익분　478,000 × 600,000 / 1,000,000 ＝ 286.800원
　　A 출자금　　　　　　　　　　　　　　　　　600,000원
　　별도적립금분 100,000 × 600,000 / 100,000 ＝ 60,000원
　　미처분이익잉여금 12.000원×600,000원/100,000 ＝ 7,200원
　　　　　　　　　　　　　　　　　　　　　　　954,000원

B사원에게 반환액

청산손익분   478,000원 × 400,000/ 100,000 =   191,200원
B출자금                                              400,000원
별도적립금분   100,000 × 400,000 /100,000 =      4,800원
                                                    636,000원

# 제2절 유한회사의 회계

유한회사는 다수의 균등액의 출자로서 성립하는 자본을 가지고, 사원의 전원이 자본에 대한 출자의무회사이더. 를 부담할 뿐이지 회사 채권자에 대해서는 아무런 책임을 부담하지 않는 특질을 가진물적회사로서상행위기타 영리를 목적으로 상법에 의하여 설립된 사단법인이다. (상법 §169).그러므로 유한회사는 사원의 전부가 유한책임사원이라는 데 그 특징이 있다.

이러한 특징은 주식회사와 같은 것이다. 이렇게 해서 유한회사는 사원이 유한책임의 이익을 받지만 합명합자회사와 같이 간단한 절차로 회사를 설립하거나 운영하거나 할 수 있는 회사라고 말할 수가 있다.

사원이 유한책임이라고 하는 사실에서 합명·합자의 경우와는 달리 채권자의 보호가 중요한 문제가 된다.

이러한 사실에서 자본충실의 원칙이 엄격하게 요청되게 되며, 자산으로서의 법정준비금의 적립 등이 요구되게 된다.

이러한 점에 유의하면서 다음과 같이 구분하여 생각할 수 있다. 단, ⑥은 합명합자회사에서 설명 하였으므로 여기서는 생략한다.

① 설립시의 회계
② 결산시의 회계
③ 이익처분의 회계
④ 증감자의 회계
⑤ 조직변경의 회계
⑥ 청산회계

## 1. 설립시의 회계

유한회사의 설립은 사원이 될려고 하는 자가 정관을 작성하여 기명날인하고 출자의 이행을 하여 설립등기가 됨으로서 유한회사가 설립된다.

또한 정관의 절대적 기재사항에는 자본의 총액, 출자 1좌의 금액, 각 사원의 출자좌수, 본점의 소재지를 기재하여야 한다.(상법 §543)

출자 1좌의 금액은 100원이상 균일하게 하여야 한다.(상법 §546) 또한 설립시에 현물출자가 되었을 경우에는 정관에 현물출자자의 성명재산종류와 수량, 그 가격 및 이에 대하여 부여하는 출자좌수를 기재하지 않으면 효력이 없다.(상대적 기재사항)

현물출자자산의 가격이 회사설립시의 실가(실가)에 두드러지게 부족할 경우에는 회사설립시의 사원은 회사에 대하여 연대하여 부족액을 지급할 의무가 생기게 된다. 이것은 회사가 현물출자보전청구권을 갖는 것을 의미한다.(상법 §550)

회사가 설립된 후에 양수를 약속한 재산과 그의 가격 및 양수인의 성명도 상대적인 기재사항이다. 이 경우에도 회사는 설립시의 사원에 대하여 재산가격보전청구권을 갖게 된다.

또한 유한회사일 경우, 주식회사와 같이 수권자본제도는 인정되어 있지 않으므로 자본총액의 납입이 필요하다. 따라서 납입미필 현물출자의 미제출이 있을 때 설립시의 사원, 이사는 연대하여 납입 및 제출미필의 재산가액의 납입의무를 맞게 되는 것이다.

**[사례13]**----------------------------------------------------------------------

20××년××년×일에 AB 두사람은 각각 200좌와 300좌(출자1좌의 금액은 1,000원)를 현금출자하여 C는 AB 두토지(평가액100,000원, 부여한 출자좌수 100좌)에 따른 현물출자를 하여 중앙유한회사를 설립하기로 하고 등기를 하였다 정관에 기재된 설립비용은 20,000원이며, 입체지급을 하고 있었던 A에게 현금으로 지급하였다. 20××년 ××월×일(결산일)에 현물출자된 토지의 실가 공정한 평가액)가 90,000원이었다는 사실이 명백하여졌다. 결산일 다음날에 C 사원으로부터 부족액10원에 대하여 현금이 납입 되었다. 이상과 같이 설립시, 결산시점, 결산일 다음날의 분개를 하라.

----------------------------------------------------------------------

< 설립시 >

| | (차) | 현 금 | 500,000 | | | |
|---|---|---|---|---|---|---|
| | | 토 지 | 100,000 | | | |
| | | 창업비 | 20,000 | | | |
| | | | | (대) | A자본금 | 200,000 |
| | | | | | B자본금 | 300,000 |
| | | | | | C자본금 | 100,000 |
| | | | | | 현 금 | 20,000 |

< 결산시 >
  (차) 출자전보청구권   10,000
                (대) 토   지   10,000

<결산일의 익일 >
  (차) 현   금   10,000      출자전보청구권   10,000

## 2. 결산의 회계

유한회사일 경우의 계산은 거의가 주식회사에 관한 규정아 준용된다.
계산서류로 재산목록, 재무상태표, 영업보고서, 손익계산서, 준비금과 이익배당에 관한 의안을 작성하여야 한다.

## 3. 이익처분의 회계

이익준비금은 위에서 말한바와 같이 주식회사와 같으며, 매결산기의 이익 10분의1 이상의 금액을 자본금의 2분의1에 달하기까지 적립하지 않으면 안 드한다 사원에 대한 배당금은 정관에 별도의 규정이 없을 경우에는 좌수를 기준으로 하여 분배액을 결정한다.
이사에 대한 상여, 감사가 있으면 그에 대한 상여도 이익처분으로 된다. 다음 사례를 참고하기 바란다.

[사례]
---
A유한회사의 당기말미처분이익잉여금은 400,000원이다. 마 중 200,000원에 대해서는 사원 A,B,C(저마다의 출자좌수의 비율은 5,3,2이다)에 출자좌수에 따라서 흠전으로 분배하였다. 이익준비금은 당기순이익 400,000원의 20분의 1로 한다. 그 분개를 하라.
---

(차) 미처분이익잉여금   400,000
         (대) 이익준비금   20,000
             미지급배당금   200,000
             이월이익잉여금   180,000

## 4. 증감자의 회계

### (1) 증자의 회계

자본증가는 사원총회에서 자본증가 결의에 따라 실시할 수가 있다. 그러나 앞에서 설명한 바와 같이 정관에 자본총액이 결정되어 전액이 납입되지 않으면 안되므로 자본증가는 정관변경이 되며, 특별결의로 된다.

즉, 총사원의 반수 이상이며, 총사원의 의결권의 4분의3 이상을 가진자의 동의가 필요한 것이다. 자본증가에 있어서 특별결의로 결의가 된 이상 사원은 출자인수권을 갖게 된다.된다.

자본증가에 있어서는 채권자보호를 위해 자본충실의 원칙에 따라야 한다.

현물출자된 재산 또는 자본증가 후에 양수하기로 약정된 재산의 자본증가시의 실가가 자본증가결의로 결정된 가격에 부족된 경우에는 그 결의에 동의한 사원은 회사에 연대적으로 부족액을 연대 납입하지 않으면 안된다.

자본증가 후에 미납입·미제출의 출자가 존재할 때에는 이사가 연대적으로 지급할 의무가 생기게 된다. 자본증가시에만 생기는 것으로서는 인수되지 않는 출자이다. 이에 대해서도 이사들이 연대하여 지급의무를 지게 된다.

[사례]--------------------------------------------------------------------

서울유한회사는 증자(1좌1,000원,2,000좌)하기로 하고, 20××년1월20일에 A,B,C,,D의 4인이 종전부터 사원의 출자비율(4,3,2,1)에 따라 4명에게 할당하여 인수 받았다. 20××년1월31일의 납입기일이 되었으나, C로부터의 납입이 미필 되었다. 그리하여 20××년 1월2일에 이사A가 현금으로 납입하였다. 20××년2월10일에서야 현물출자한 건물의 공정한 평가액이1 50,000원이라는 사실이 밝혀졌다. 20××년2월15일 부족액의 현금납입을 받았다. 이상의 각 날자의 분개를 하라.

--------------------------------------------------------------------

① 20××년1월20일의 분개
    (차) 미납입자본금   2,000,000
                                             (대) 인수필자본금   2,000,000

② 20××년1월30일의 분개
    (차) 현 금   1,400,000
        건 물    200,000
        출자보전청구권   400,000

|           |          |           |     | (대) | 자 본 금 | 2,000,000 |
|---|---|---|---|---|---|---|
| (차) | 인수필자 본금 | 2,000,000 |
|           |          |           |     | (대) | 미납입자본금 | 2,000,000 |

③ 20××년2월10일의 분개
    (차) 출자보전청구권　　50,000
                                (대) 건　　　물　　50,000

④ 20××년2월15일의 분개
    (차) 현　　　금　　50,000
                                (대) 출자보전청구권　　50,000

　①의 인수시점에는 분개를 하지 않아도 된다. 여기서는 대조계정으로 비망기재를 하고 있다. ②에서는 미납분이 생겼으나 그것은 이사의 보전책임을 즉시 생기게 하며, 이것은 완전한 보전이므로 납입완료라 보고 대조계정을 전액으로서 소화하며, 자본금을 계상하고 있다. 이것은 출자보전청구권이다. 그런데 ③은 현물출자의 부족액인 부족액전보청구권으로 하는 편이 실태를 보다 좋게 표시한다고 생각된다.

　또한 증자방법에는 위의 사례에서와 같이 좌수증가에 따른 것, 1좌의 금액을 증액하는 것, 양자를 병요하는 것, 등이 있다. 그것은 좌수의 변화 문제이며, 법적으로는 정관기재사항에 따른 중대한 문제이지만, 회계처리상사원원장에 기입할 문제이며, 분개를 자본금으로서 지분권자마다 처리하지 않는 한 문제될 것은 없다.

### (2) 감자의 회계

　증자와 똑 같이 감자도 사원총회의 특별결의로 된다. 자본총액의 변경이라고 하는 정관변경이 되기 때문인 것이다.

　감자방법에는 출자 1좌의 금액을 감소하는 것, 좌수를 감소하는 것 등이 있다. 그러나 출자 1좌의 최저액은 앞에서 설명한바와 같이 1,000원이며, 자본조달시에 출자1좌를 1,000원으로 하였을 경우에는 이 절사방법은 적용되지 못한다. 좌수를 감소할 경우에는 병합(예를들어 종래의 좌수2를 좌수1로 한다.

　이 경우 자본금의 금액은 반분이 된다)과 소각이 있다.

　감자는 자본금을 감소하며, 그것을 사원에게 반환할 경우와 그에 따라서 결손보전을 실시할 경우가 있다. 그 어느 경우라도 자본금의 감소액이 반환액 또는 결손ㄴ보전액을 초과할 때 감자차익이 생긴다. 이것은 위에서 말한 자본준비금이다.

**[사례16]**----------------------------------------------------------------

남해유한회사는 자본금 10,000,000원 (출자 1좌의 금액2,000원)이 과대 자본이기 때문에 출자 1좌의 금액을 1,500원으로 하여 감자를 결의 하였고 현금으로 되돌려 주었다.

---

　　　(차)　자　본　금　　2,500,000
　　　　　　　　　　　　　　　　(대) 미지급자본금　　2,500,000
　　　　　　　　　　　　　　　　　　(또는 사원)
　　　(차)　미지급자본금　2,500,000
　　　　　　(또는 사원)
　　　　　　　　　　　　　　　　(대) 현　　　　금　　2,500,000

**{사례17}**----------------------------------------------------------------

동아유한회사는 이월결손금 1,900,000원을 전보하기 위하여 감자결의를 사원총회에서 실시 하였다. 당사는 현재 출자 1좌의 금액은 1,000원이고, 좌수는 5,000원이다. 좌수 5를 좌수 3으로 병합하여 감자를 실시하기로 하고 있다. 이러한 분개와 결손보전의 분개를 말하라.

---

① 　(차)　자　본　금　　2,000,000
　　　　　　　　　　　　　　　(대)　이 월 결손금　　1,900,000
　　　　　　　　　　　　　　　　　　감 자 차 익　　　100,000
② 　(차)　감 자 차 익　　100,000
　　　　　　　　　　　　　　　(대)　자 본 준비금　　　100,000

①의 분개는 감자차익으로서 표시하지 않고 자본준비금으로서 표시한다는 것을 상정하여 자본준비금계정에 대체한 것이다.

따라서 개정기록은 감자차익으로서 넘기며, 표시는 자본준비금으로 하는 것을 뜻함으로이러한 분개는 없다고 하더라도 잘못은 아니다.

## 5. 조직변경회계

유한회사의 조직변경은 주식회사로 조직을 변경하는 것이다. 유한회사를 주식회사로 변경하기 위해서는 보통결의. 특별결의가 아닌 총사원의 일치에 따른 총회결의가 필요하며 또한 법원의 인가가 필요한 것이다.

또한 주식발행에 대해서는 회사의 현존하는 순자산액이상의 발행가액의 총액을 가진 주식의 발행을 해서는 안된다. 순자산액이 이러한 자본의 총액에 부족될 때에는 총회겨의라는 시점에서 사원이나 이사가 자본충실의 책임을 지지않으면 안된다.

회계상 절차로서는 우선 조직변경을 위해 재무상태표를 작성하여 순자산액을 명백히 밝혀야 하며, 주식발행수와 바행가액이 결정되어 발기가 완료된 시점에서 유한회사 자본의 제계정을 주식회사의 그것들과 대체하게 된다. 사래를들어 밝히
기로 한다.

**[사례18]**----------------------------------------------------------------------------

서울유한회사는 총회일치의 결의에 따라 주식회사로 조직을 변경하기로 하였다. 채무자로부터의 이의신청은 없었다. 조직변경재무제표는 다음과 같다. 또한 주식회사로 변경함에 있어서 발행하는 주식은 액면주(액면 500원)를 40,000주로 하기로 하였다. 또한 조직변경을 위한 비용 40,000원에 대하여 주식회사의 정관에 회사가 부담하여야 할 설립비용으로 기재하여 등기일에 현 지급하였다. 이상과 같이 조직변경에 따른 말하라. 단, 이익은 분배필    로서 한다.

조직변경재무상태표                (단위; 1,000원)

| | | | |
|---|---:|---|---:|
| 현　　　　금 | 2,000 | 지급어음 | 500 |
| 받을 어음 | 3,000 | 외상매입금 | 1,130 |
| 외상매출금 | 1,000 | 차　입　금 | 1,000 |
| 상　　　　품 | 6,000 | 대손충당금 | 120 |
| 건　　　　물 | 5,000 | 감가상각누계액 | 2,250 |
| 토　　　　지 | 8,000 | 자　본　금 | 16,000 |
| | | 이익준비금 | 3,000 |
| | | 이월이익잉여금 | 1,000 |
| | 25,000 | | 25,000 |

(차) 미납입자본금　20,000,000
　　　　　　　　　　　　(대) 자　본　금 20,000,000
　　　　　　　　　　　　　　　(주식회사)
(차) 자　본　금　16,000,000

```
(유한회사)
이익준비금        3,000,000
이월이익잉여금    1,000,000
                              (대) 미납입자본금 20,000,000
      차) 창 업 비          40,000
                              (대) 현      금        40,000
```

여기서는 해산하여 청산절차를 거쳐 주식회사를 설립하는 것이 아니라, 회사가 법률상 동일인격을 보유하면서 다른 종류로 변경하는 것이므로 자산부채는 계속되는 것으로 하여 평가의 절차를 취하지 않고 또한 개시기입도 실시되지는 않았었다. 따라서 변경된 것은 자본에 관한 계정만이라는 사실이 된다.

조직변경의 비용은 주식회사의 설립비용이라고 생각하여 창업비로서 처리하였다. 인격의 동일성을 보유한다고는 하지만 주식회사 설립을 위한 비용이라고 해석 되었기 때문이다.

## 6. 합병회계

유한회사는 다른 유한회사와 합병이 된다. 흡수합병일 경우, 존속회사가 유한회사라고 하는 것은 당연하며, 신설합병에서의 신설회사는 유한회사 아니면 안된다.

유한회사는 주식회사와 합병될 수가 있다. 존속회사가 유한회사로도 할 수 있고, 주식회사로할 수수도 있으나 조직변경일 경우와 똑 같이 존속회사가 주식회사일 때나 또는 신설회사가 주식회사일 경우에는 법으ㅏㄴ의 인가가 필요하다.(상법 §600①)

합병에 있어 당사자 한편이 주식회사이며, 당해 주식회사가 사채를 발행하고 있으며, 합병시에 상환이 미필일 경우 존속회사나 또는 신설회사는 유한회사가 되어서는 안된다고 규정하고 있다.(상법 §600②)

이러한 규정이 유한회사에서 사채가 발행될 수가 어벖다는 노거 중의 하나로 되어 있다. 합병에 관한 회계처리는 앞에서 설명한 점에 유의한다면 주식회사와는 거의 같다. 상세한 것은 앞의 '제7편 합병과 회계처리"에 대한 란을 참고하여 주기 바란다.

# 제13편
# 결 산

제1절 결산의 순서
제2절 결산의 점검
제3절 법인세의 신고
제4절 손익조정의 방법과 결산서류
제5절 세무조정과 세무조정계산서

# 제1절 결산의 순서

## 1. 결산의 의의

 기업은 일정한 경영기간을 확정하여 그 기간 중에 발생한 모든 거래를 장부에 기록 정리한 다음 자산의 평가, 기말자산의 실제조사 등에 의하여 경영성과를 확정하는 동시에 재정상태를 명확히 하여야 한다.
 이와 같이 기업의 재정상태와 경영기간 중의 손익을 산출하는 절차를 결산(Closing Accounts)이라 한다.
 결산은 1회계연도의 자산·부채·자본의 변동에 대한 계산기록을 총괄한 기록상의 결과와, 기말의 자산·부채의 사실과 대조하여 기록을 정리하고 계산을 마감한 다음 당해 회계연도의 경영성적을 확정하는 동시에 기말현재의 재정상태를 명확히 하는 절차이다.
 따라서 결산하는 일자를 결산일이라 하며, 결산일까지의 영업기간을 회계연도라 한다.
 상법에서도 일반 개인 사업자에 대해서는 적어도 매년 1회, 그리고 법인은 매결산기에 재산목록과 재무상태표를 작성할 것을 규정하고 있다. 기업이 결산을 하게 되면 결산재무제표를 작성하여야 한다.

## 2. 결산의 종류

 결산에는 일반적으로 연도결산과 월차결산으로 분류할 수 있다.
 연도결산은 연말 현재의 재정상태와 경영성적을 확정하여야하므로 그 계산의 정확성과 진실성이 강력히 요구되며 당해 기간에 발생한 수익과 비용은 가능한한 완전히 계상하여야 하는 것이 중요하다.
 따라서 일반적으로 결산이라 함은 주로 연도결산을 의미한다.
 월차결산은 1개월을 회계기간으로 하여 월별로 손익을 계산함으로써 계속되는 거래로 인한 경영의 동태를 관찰하여 잘못된 것은 개선하고, 좋은 점은 더욱 신장될 수 있도록 하려는 데에 그 주안점이 있다.
 또한 사업은 사전계획에 의하여 꾸준히 실행해야 하며, 지나온 실천의 발자취를 돌이

켜 보고 계획대로 실천되었는지를 검토·분석해야 한다.

따라서 연차결산을 1개연을 기간으로 하여 결산을 실시하므로 그 경영성과 등의 검토와 분석은 사업기간 중 매월마다 이를 반영하기가 어렵다. 그러나 월차계산은 매월의 성과를 그때그때 파악할 수 있어 경영의 입안에 상당한 도움을 줄 수 있다.

또한 이러한 월차결산은 연차결산의 실시를 위한 단계적인 가결산이기도 하다. 가결산은 본결산을 정확하고도 신속하게 진행하기 위한 절차이므로 월차결산은 경영관리의 목적과 연차결산의 목적을 위해서도 반드시 실시되어야 한다.

그리고 월차결산은 경영의 관리통제수단 외에도 부차적 목적으로서 매월의 세무상 소득의 흐름을 파악하며, 연간의 과세액을 미리 개산(概算)해두기 위해서는 이 계산에 의한 월차손익액이 추계산출하는 계산의 기초가 될 수 있다.

월차결산은 기말결산절차를 간략화한 것이다. 월차결산은 기말결산과 같이 공표에 의하여 이해관계자에게 정확한 자료를 제공하는 것보다는 개산적인 손익을 파악하여 신속히 경영상황을 분석함으로써 경영내부의 필요성에서 실시되는 것이 통상적이다.

따라서 될 수록 빨리 월별손익을 파악하여 예산과 비교분석하여 월차 이후의 경영방침을 세우는 자료로 삼아야 한다.

이와 같이 월차결산은 기업의 관리회계상 필요한 제도라 할 수 있으며 반드시 기말결산과 같이 정확한 손익의 계산을 필요로 하지 않는다.

월차결산은 그 절차에 있어서 연말결산에 준하여 실시하되 수정전시산표를 작성하여 기장에 대한 이상유무를 확인하며 결산분개에 의하지 아니하고 월차결산정산표에 의하여 실시한다. 따라서 월말재고자산의 평가, 각 충당금의 개산액의 계상, 선급비용·미지급비용과 같은 이월비용처리등 보조장부에 직접 기장처리하지 아니하고 정산표에 의하여 개산적인 월별손익을 계산하는 것이다.

# 3. 결산의 절차

## (1) 결산절차의 개요

결산의 절차(Closing Procedures)라 함은 기업이 각 사업연도 기간 중에 발생한 상거래등 제반거래에 의하여 자산, 부채, 자본과 손익에 변동을 가져오게 되는데 이러한 사실을 기록계산, 정리한 보조부와 총계정원장에서 기말 시산표를 작성하여 상호계정잔액을 대조하여 기록계산의 정확성을 검증하고, 이어 기말현재 외상매출채권의 회수불

및 견적액을 검토하고 재고자산에 대해서는 실지재고에 의한 실재고를 수정 평가하여야 하며 고정자산에 대하여는 감가상각을 실시하여 장부잔액을 보정 또는 수정하여 결산서를 작성하는 일련의 모든 절차를 말한다.

기업재산의 변동은 총계정원장계정 중 자산, 부채 계정에서 기록되고 그 내용명세는 각 계정단위로 설정된 보조장부에 기록되어 있다.

기업이 연도말 결산기에 이르면 결산절차를 실시해야 하는데 그 결산절차는 일반적으로 결산예비절차, 결산본절차와 결산후절차로 나누고 있다.

### (가) 결산예비절차

결산예비절차는 다음과 같다.
① 결산처리요령과 결산일정을 설정한다.
② 수정전 시산표의 작성과 총계정원장과의 검증한다.
③ 총계정원장과 보조장부와의 잔액검증한다.
④ 재고조사등 재고조사표의 작성한다.
⑤ 수정시산표의 작성한다.

### (나) 결산본절차

결산본절차는 다음과 같다.
① 결산정리사항을 기입한다.
② 비용 및 수익항목을 손익계정에 대체한다.
③ 자산, 부채 및 자본계정을 정리 마감한다.
④ 총계정원장및보조장부의 마감과 차기이월 등을 기입한다.

### (3) 결산후절차

결산후절차는 다음과 같다.
① 손익계산서를 작성한다.
② 재무상태표를 작성한다.
③ 재무제표부속명세서를 작성한다.
④ 이익잉여금처분계산서를 작성한다.

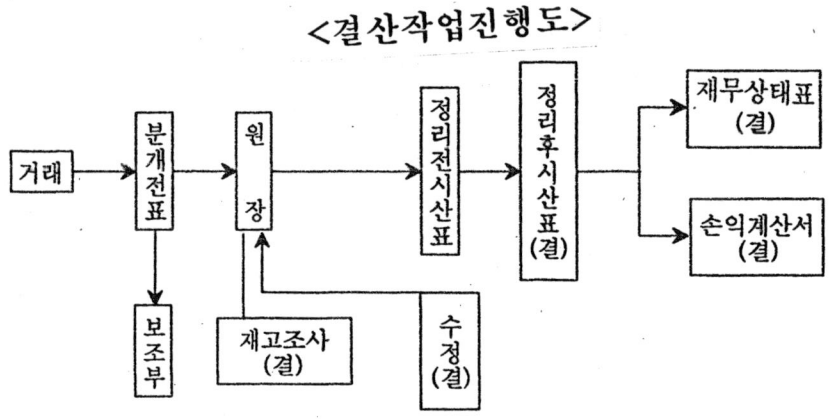

※주 : (결)은 결산작업에 따라서 작성하는 것을 의미한다.

### (2) 결산예비절차

**(1) 시산표의 작성**

결산정리전 시산표를 작성하여 그 대차합계액의 일치 및 보조부와의 일치를 확인하고 기록의 원리적 정확성을 확인한다.

결산준비의 절차로서 원시기록부인 분개장(전표)으로부터 총계정원장으로의 전기가 바르게 되었는지 즉, 그 정부(正否)를 검정하기 위하여 시산표를 작성한다.

시산표는 총계정원장의 기록을 기초로 하여 작성하는 표로서 이러한 시산표를 작성하는 목적은 총계정원장에 전기한 정부(正否)에 대한 검증에 있으며, 또한 결산 전에 미리 경영의 업적과 재정개황을 알고자 함에 있는 것이다.

이러한 시산표는 그 작성하는 목적과 방법에 따라 합계시산표·잔액시산표·합계잔액시산표 등으로 구분된다.

합계시산표의 작성목적은 이 표를 대조함으로써 총계정원장의 전기가 빠짐없이 바로 기입되어 있는지의 정부(正否)를 검증함에 있으며, 잔액시산표의 작성목적은 이표의 각 계정 잔액산출에 있어서 그 회계연도의 재산과 자본에 대한 현재액을 표시하는 것이므로 재정상태와 손익개황을 알려고 함에 있는 것이다.

이와 같은 시산표의 차변금액총계와 대변금액총계는 대차평균의 원리에 의하여 반드시 일치하여야 한다. 만약 시산표의 작성에 있어서 차변합계금액과 대변합계금액이 일치하지 않으면 이는 오류나 탈루가 발생하고 있는 것이다.

이를 조사하여 수정하는 방법은 시산표의 차변합계금액과 대변합계금액을 검사하여 그 정부(正否)를 밝히고 동시에 총계정원장을 대조하여 각 계정금액 또는 잔액을 검사하면 오류나 탈루의 원인을 발견하게 된다.

만약 위의 방법에 의해서도 오류나 탈루를 발견하지 못하면 원시기록부와 보조장부의 금액을 조사대조해야 한다.

합계잔액시산표를 예시하면 다음 표와 같다.

합계잔액시산표

××공업주식회사   [ ××년 1월 1일부터 ××년 12월 31일까지 ]

| 차변 잔액 | 차변 합계 | 계정과목 | 대변 합계 | 대변 잔액 |
|---|---|---|---|---|
| 973,000 | 8,320,000 | 현금및현금성자산 | 7,347,000 | |
| 330,000 | 1,295,000 | 매 출 채 권 | 965,000 | |
| 250,000 | 250,000 | 제      품 | | |
| 1,070,000 | 1,070,000 | 원 재 료 | | |
| 1,500,000 | 1,500,000 | 건      물 | | |
| 700,000 | 700,000 | 기      계 | | |
| 450,000 | 450,000 | 비      품 | | |
| | 470,000 | 매 입 채 무 | 765,000 | 295,000 |
| | | 차 입 금 | 500,000 | 500,000 |
| | | 자 본 금 | 3,000,000 | 3,000,000 |
| | | 매      출 | 2,678,000 | 2,678,000 |
| | | 잡 이 익 | 30,000 | 30,000 |
| 350,000 | 350,000 | 판매비와관리비 | | |
| 380,000 | 380,000 | 노 무 비 | | |
| 400,000 | 400,000 | 경      비 | | |
| 50,000 | 50,000 | 이 자 비 용 | | |
| 50,000 | 50,000 | 법 인 세 등 | | |
| 6,503,000 | 15,285,000 | 합      계 | 15,285,000 | 6,503,000 |

**(가) 시산표의 대차가 일치하지 아니하는 이유**

일반적으로 시산표의 대·차가 일치하지 아니하는 원인을 보면 다음과 같은 경우가 있다.

① 전표의 집계가 잘못되었을 때
② 원장에 전기할 때 오기, 기입누락, 중복기입, 대차변의 착오 등이 있을 때

③ 원장의 합계계산에 착오가 있을 때
④ 시산표 작성시 기입착오나 누락이 있을때
⑤ 시산표의 계산착오가 있을 때

(나) 시산표에서 발견되지 아니하는 오류

시산표를 작성한 후 이를 검증한 결과 시산표 자체에서는 발견할 수 없는 오류가 있는데 이에는 다음과 같은 경우가 있다.

① 동일거래를 2중으로 전기한 때
② 계정계좌에 착오가 있었을 때
③ 대차변에 동일숫자가 증감기록 되었을 때

**(2) 재고조사표의 작성**

재고조사표는 계정잔액을 실제가격에 일치하게 하기 위하여 수정을 요하는 내용에 대하여 수량 또는 가액 양면에서 재고조사를 한 결과를 기록한 것이고, 이 표에 의하여 장부잔액을 수정하는 것이다.

장부잔액과 실제액과는 대체로 기장기술·물품관리의 불완전 또는 외부적 영향으로 인하여 일치하지 않는 경우가 간혹 있다.

따라서 재고조사표를 작성하여야 하는 목적을 살펴보면 다음과 같다.

① 장부기록의 정확성이 검증되었다 해도 그것은 계산기록에 착오가 없었다는 것이 확정된 것 뿐이고 반드시 그 기록이 기업재산의 사실을 진실하게 표시하고 있다고는 할 수 없다.

② 회계실무상 장부는 수입·지출이라는 사실을 토대로 기록하므로 때로는 기말의 장부상 자산이 아직 기록되지 않았거나 또는 기록이 되었다고 해도 자산의 멸실, 감모, 도난 등의 사정에 의해 자산의 실제와 일치되지 않는 경우가 허다하다.

③ 따라서 결산에 있어서는 자산의 실제상태를 조사하여 이를 장부기록과 대조하고 오차가 있으면 장부기록을 정정하는 동시에 오차가 발생한 원인을 구명해야 한다.

④ 또한 당해 연도의 경영상 이미 발생한 수익, 비용이면서 현실로 수입지출이 되지 않았기 때문에 아직 계상하지 않은 거래분도 있다. 이 경우에는 이의 내용을 장부에 계상하지 않으면 안된다.

재고조사표는 이러한 목적을 위해 조사한 제사실을 기재한 서류이며, 자산 및 부채에 대하여 그 소재, 종류, 수량, 가격 등을 기재한 서류로서 이는 장부기록을 수정하는 자료로 활용되는 것이다.

보통 재물조사를 필요로 하는 내용과 그 평가기준은 다음과 같다.
㉮ 유동자산인 상품·유가증권 등은 원가 또는 시가로, 외상매출금은 시가에 의한다.
㉯ 고정자산인 비품, 건물, 기계기구 등은 원가, 투자는 시가에 의한다.
㉰ 유동부채인 환시세를 적용하는 것은 시가 또는 평균가격에 의한다.
자기자본인 수익·비용의 이연 예상 등에 대하여는 후술한다.

### (3) 정산표의 작성

정산표라 함은 기말잔액시산표를 재고조사의 사항 등으로 정정하고, 이를 손익계산서와 재무상태표를 작성하는 자료로 삼기 위하여 하나의 표에 집계한 것을 말한다.

정산표는 기말에 있어서 결산재무제표의 작성을 정확하게 하기 위한 것으로서 기말수정기입의 정부(正否)를 검증하는 수단이 되는 것이다. 즉, 정산표의 작성은 결산절차에 있어서 원장의 수정기입을 하기 전에 작성하게 되는 것으로서, 이와 같은 정산표는 잔액시산표·수정기입·손익계산서·재무상태표를 일람적으로 종합하여 한 장의 표에 모으게 되는 것이다.

정산표는 장부결산을 하기 앞서서 기말잔액시산표와 결산정리사항에 의하여 작성한다. 정산표는 장부결산의 기초자료가 된다.

정산표는 결산절차의 전체를 한표에 망라하고 있기 때문에 결산을 총괄적으로 이해하는데 매우 중요한 표이다.

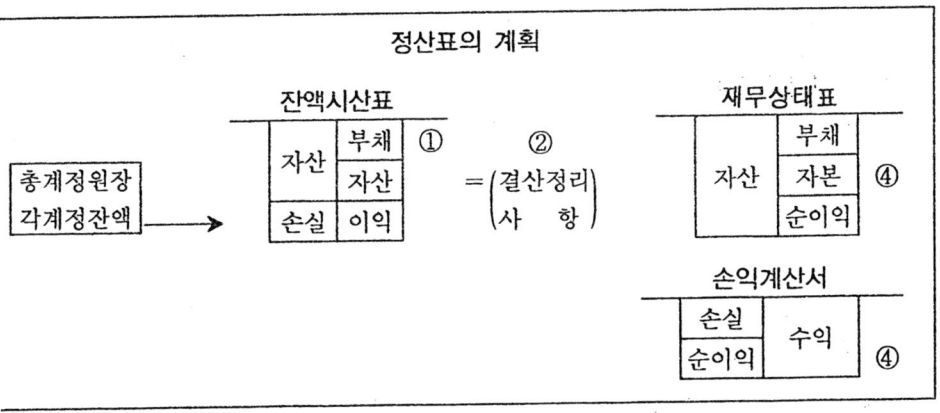

정산표는 다음의 표와 같이 잔액시산표, 손익계산서, 재무상태표를 한표에 종합한 것이다.

정 산 표

| 계정과목 | 잔액시산표 | | 정리기입 | | 손익계산서 | | 재무상태표 | |
|---|---|---|---|---|---|---|---|---|
| | 차변 | 대변 | 차변 | 대변 | 차변 | 대변 | 차변 | 대변 |
| | | | | | | | | |

정산표의 작성에 있어서는 총계정원장의 각 계좌잔액(잔액시산표) 결산정리사항 등 2가지 자료가 필요하다.

**실례** 정산표의 작성(A)

총계정원장의 각 계좌잔액(잔액시산표)과 결산정리사항은 다음과 같다. 이에 따라 정산표를 작성한다.

(1) 잔액시산표

| 차 변 | 계정과목 | 대 변 |
|---|---|---|
| 7,890 | 현금및현금성자산 | |
| 104,600 | 매 출 채 권 | |
| 300,000 | 건 물 | |
| | 매 입 채 무 | 57,990 |
| | 자 본 금 | 546,000 |
| 240,000 | 이 월 상 품 | |
| 916,000 | 매 입 | |
| | 매 출 | 1,495,000 |
| 50,000 | 보 험 료 | |
| 30,000 | 이 자 비 용 | |
| 150,000 | 급 료 | |
| 300,000 | 영 업 비 | |
| 2,098,990 | 계 | 2,098,990 |

(2) 결산정리사항

① 기말상품재고액 … 260,000원

② 매출채권의 잔액에 대하여 1%의 대손충당금을 설정하다.

③ 감가상각 … 건물 장부가액의 3%

④ 보험료 중에서 미경과분 … 30,000원

⑤ 소모품재고액(영업비로서 처리한 것) … 25,000원

## 〈해설〉

### (1) 결산수정분개
결산수정분개는 다음과 같다.

① 상품의 재고

| | | | | |
|---|---|---|---|---|
| (차) 매　입 | 240,000 | (대) 이월상품 | 240,000 |
| 　　이월상품 | 260,000 | 　　매　입 | 260,000 |

② 대손충당금 전입

| | | | | |
|---|---|---|---|---|
| (차) 대손충당금 | 1,046 | (대) 매 출 채 권 | 1,046 |

104,600×0.01 = 1,046

③ 건물 등의 감가상각

| | | | | |
|---|---|---|---|---|
| (차) 감가상각비 | 9,000 | (대) 건　물 | 9,000 |
| | | (또는 건물감가상각누계액) | 9,000 |

300,000×0.03 = 9,000

④ 보험료의 미경과분

| | | | | |
|---|---|---|---|---|
| (차) 선급비용 | 30,000 | (대) 보 험 료 | 30,000 |

⑤ 소모품의 재고액

| | | | | |
|---|---|---|---|---|
| (차) 저 장 품 | 25,000 | (대) 영 업 비 | 25,000 |

### (2) 기재의 순서

① 결산수정분개는 정산표의 「수정기입」란에 기재한다.

② 「수정기입」란의 기입이 끝나면 차변, 대변의 합계액을 산출하여 대차가 일치하는지의 여부를 확인한다.

③ 「시산표」란 「수정기입」란에 대하여 「손익계산서」란, 「재무상태표」란 가운데 어느하나에 모든 계정과목을 분류하여 기입한다.

④ 「손익계산서」 및 「재무상태표」란과의 합계액을 산출한다. 각각 대차 일치하지 않는 차액이 당기순이익인 것이다.

정　산　표

| 계정과목 | 시 산 표 | | 수정기입 | | 손익계산서 | | 재무상태표 | |
|---|---|---|---|---|---|---|---|---|
| | 차변 | 대변 | 차변 | 대변 | 차변 | 대변 | 차변 | 대변 |
| 현금및현금성자산 | 7,890 | | | | | | 7,890 | |

| 계정과목 | 잔액시산표 차변 | 잔액시산표 대변 | 정리기입 차변 | 정리기입 대변 | 손익계산서 차변 | 손익계산서 대변 | 재무상태표 차변 | 재무상태표 대변 |
|---|---|---|---|---|---|---|---|---|
| 매 출 채 권 | 104,600 | | | | | | 104,600 | |
| 건 물 | 300,000 | | | (3)9,000 | | | 291,000 | |
| 매 입 채 무 | | 57,990 | | | | | | 57,990 |
| 자 본 금 | | 546,000 | | | | | | 546,000 |
| 이 월 상 품 | 240,000 | | (1)260,000 | (1)240,000 | | | 260,000 | |
| 매 입 | 916,500 | | (1)240,000 | (1)260,000 | 896,500 | | | |
| 매 출 | | 1,495,000 | | | | 1,495,000 | | |
| 보 험 료 | 50,000 | | | (4)30,000 | 20,000 | | | |
| 이 자 비 용 | 30,000 | 1,495,000 | | | 30,000 | | | |
| 급 료 | 150,000 | | | | 150,000 | | | |
| 영 업 비 | 300,000 | | | (5)25,000 | 275,000 | | | |
|  | 2,098,990 | 2,098,990 | | | | | | |
| 대 손 충 당 금 | | | (2)1,046 | (2)1,046 | | 1,046 | | 1,046 |
| 감 가 상 각 비 | | | (3)9,000 | | 9,000 | | | |
| 미경과보험료 | | | (4)30,000 | | | | 30,000 | |
| 저 장 품 | | | (5)25,000 | | | | 25,000 | |
| 당 기 순 이 익 | | | | | 113,454 | | | 113,454 |
|  | | | 565,046 | 565,046 | 1,495,000 | 1,495,000 | 718,490 | 718,490 |

**실력** 정산표의 작성(B)

(1) 제계정잔액

| | | | | | |
|---|---|---|---|---|---|
| 현금및현금성자산 | 50,800 | 당 좌 예 금 | 177,100 | 매 출 채 권 | 121,300 |
| 유 가 증 권 | 58,000 | 이 월 상 품 | 85,400 | 비 품 | 133,000 |
| 차 입 금 | 130,000 | 자 본 금 | 362,500 | 매 입 | 304,200 |
| 급 료 | 49,700 | 이 자 비 용 | 5,390 | 매 출 | 476,000 |
| 대 손 충 당 금 | 1,890 | 외 상 매 입 금 | 95,300 | 영 업 비 | 82,000 |

(2) 결산수정사항

① 상품재고액 ················································ 125,000원
② 비품감가상각 ············································ 13,300원
③ 대손충당금 ················································ 외상매출금잔액의 2%로 정정
④ 영업비중의 보험료 ···································· 미경과분 4,000원

《해설》

① 정산표 작성을 생략한다.(설례:정산표의 작성(A) 참조하여 각자 작성해 보도록 한다)

② 당기순이익은 64,474원이다.

**(실력) 정산표의 작성(C)**

### (1) 원장계정잔액

| | | | | | |
|---|---:|---|---:|---|---:|
| 현금및현금성자산 | 27,500 | 현금및현금성자산(당좌예금) | 103,000 | 유가증권 | 456,000 |
| 매출채권(받을어음) | 570,000 | 매입채무(지급어음) | 360,000 | 매출채권(외상매출금) | 932,000 |
| 매입채무(외상매입금) | 482,500 | 대손충당금 | 16,500 | 가수금 | 500,000 |
| 가지급금 | 320,000 | 판매비 | 150,000 | 이월상품 | 605,000 |
| 비품 | 520,000 | 감가상각누계액 | 156,000 | 차입금 | 300,000 |
| 자본금 | 1,920,000 | 급료 | 100,000 | 매입 | 4,240,000 |
| 매출 | 4,450,000 | 이자비용(이자할인료) | 19,000 | 소모품비 | 76,000 |
| 보험료 | 16,500 | 잡비 | 50,000 | | |

### (2) 결산수정사항

① 기말상품재고액 953,000원
② 비품감가상각원가의 10%
③ 대손충당금은 외상매출금잔액의 5%로 설정한다.
④ 보험료미경과분 7,500원
⑤ 이자미지급액 5,000원
⑥ 가수금, 가지급금의 내용은 다음과 같다. 이를 적정한 과목으로 정리한다.

〈가수금〉
① 거래처 A상점으로부터의 외상매출금 입금 480,000원
② 종업원급여의 원천징수세액예수분 20,000원

〈가지급금〉
① 창고공사의 선급금 300,000원
② 판매원의 여비선급금(출장원은 귀점하고 과부족 없음) 20,000원

《해설》
(1) 정산표를 생략한다.(설례:정산표의 작성(A) 참조하여 각자 작성해 보도록 한다)
(2) 정산표 중의 재무상태표가 다음과 같이 되면 정당한 것이다.

## 재 무 상 태 표
### 유가증권계정

| | | | |
|---|---:|---|---:|
| 현금및현금성자산 | 130,500 | 매 입 채 무 | 842,500 |
| 유 가 증 권 | 456,000 | 대 손 충 당 금 | 22,600 |
| 매 출 채 권 | 1,022,000 | 감가상각누계액 | 208,000 |
| 상 품 | 953,000 | 차 입 금 | 300,000 |
| 비 품 | 520,000 | 예 수 금 | 20,000 |
| 미경과보험료 | 7,500 | 자 본 금 | 1,920,000 |
| 건설중인자산 | 300,000 | 미 지 급 이 자 | 5,000 |
| | | 당 기 순 이 익 | 70,900 |
| | 3,389,000 | | 3,389,000 |

(3) 수정기입란의 분개는 다음과 같다.

| | | | | | |
|---|---|---:|---|---|---:|
| ① | (차) 매 입 | 605,000 | (대) | 이 월 상 품 | 605,000 |
| ② | (차) 이 월 상 품 | 953,000 | (대) | 매 입 | 953,000 |
| ③ | (차) 대 손 금 | 6,100 | (대) | 대손충당금 | 6,100 |
| ④ | (차) 미경과보험료 | 7,500 | (대) | 보 험 료 | 7,500 |
| ⑤ | (차) 이 자 비 용 | 5,000 | (대) | 미지급이자 | 5,000 |
| ⑥ | (차) 가 수 금 | 500,000 | (대) | 매 출 채 권 | 480,000 |
| | | | | 예 수 금 | 20,000 |
| ⑦ | (차) 건설중인자산 | 300,000 | (대) | 가 지 급 금 | 320,000 |
| | 판 매 비 | 20,000 | | | |

**[실례]** 정산표의 완성(D)

(1) 다음의 손익계산서와 재무상태표로 정산표를 완성하다.

(2) 이 문제는 정산표의 구조나 작성방법을 충분히 이해하고 있지 않으면 완성하기가 매우 어렵다.

(3) 설례 : 정산표의 작성(A)의 경우를 참조하여 작성한다.

## 손 익 계 산 서

| | | | |
|---|---:|---|---:|
| 기초이월액 | 200,000 | 매 출 액 | 2,600,000 |
| 매 입 액 | 1,730,000 | 기말재고액 | 270,000 |
| 급 료 | 540,000 | 수입수수료 | 52,000 |
| 보 험 료 | 9,000 | 이 자 수 익 | 2,000 |
| 이 자 비 용 | 13,000 | | |

|  |  |  |  |
|---|---:|---|---:|
| 영　업　　비 | 110,000 | | |
| 대 손 충 당 금 | 5,000 | | |
| 감 가 상 각 비 | 15,000 | | |
| 당 기 순 이 익 | 302,000 | | |
| | 3,389,000 | | 3,389,000 |

재무상태표

|  |  |  |  |
|---|---:|---|---:|
| 현금및현금성자산 | 290,000 | 대 손 충 당 금 | 13,000 |
| 유 가 증 권 | 50,000 | 감가상각누계액 | 55,000 |
| 매 출 채 권 | 260,000 | 매 입 채 무 | 100,000 |
| 건　　　　물 | 300,000 | 자 본 금 | 700,000 |
| 이 월 상 품 | 270,000 | 미 지 급 이 자 | 4,000 |
| 미경과보험료 | 3,000 | 당 기 순 이 익 | 302,000 |
| 미 수 이 자 | 1,000 | | |
| | 1,174,000 | | 1,174,000 |

《해설》

(1) 「수정기입」란의 기입

| | | | | | |
|---|---|---|---:|---|---:|
| ① | (차) | 매　　　　　입 | 200,000 | (대) 이 월 상 품 | 200,000 |
| | | 이 월 상 품 | 270,000 | 　　　매　　　입 | 270,000 |
| ② | (차) | 대　손　금 | 5,000 | (대) 대 손 충 당 금 | 5,000 |
| ③ | (차) | 감 가 상 각 비 | 15,000 | (대) 감가상각누계액 | 15,000 |
| ④ | (차) | 미경과보험료 | 3,000 | (대) 보 험 료 | 3,000 |
| ⑤ | (차) | 이 자 비 용 | 4,000 | (대) 미 지 급 이 자 | 4,000 |
| ⑥ | (차) | 미 수 이 자 | 1,000 | (대) 이 자 수 익 | 1,000 |

유가증권계정

|  |  |  |  |
|---|---:|---|---:|
| 현 금 예 금 | 290,000 | 대 손 충 당 금 | 8,000 |
| 유 가 증 권 | 50,000 | 감가상각누계액 | 40,000 |
| 매 출 채 권 | 260,000 | 매 입 채 무 | 100,000 |
| 건　　　　물 | 300,000 | 자 본 금 | 700,000 |
| 이 월 상 품 | 200,000 | 매　　　　출 | 2,600,000 |
| 매　　　　입 | 1,730,000 | 수 입 수 수 료 | 52,000 |
| 급　　　　료 | 540,000 | 이 자 수 익 | 1,000 |
| 보　　험　　료 | 12,000 | | |

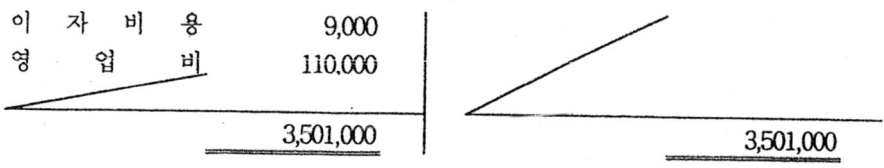

## 3. 결산본절차

결산본절차는 첫째 결산정리사항의 기입, 둘째 비용 및 수익항목의 손익계정으로서 대체, 셋째 자산, 부채 및 자본계정의 정리 마감, 넷째 총계정원장과 보조장부의 마감 및 차기이월 등의 기입을 해야 한다.

결산본절차는 재물조사표에 의하여 총계정원장과 보조부의 기록을 수정하는 절차이다. 이를 결산조정정리라 한다.

결산조정은 기중 거래기입 후 결산기말에 결산분개에 의하여 각 보조장의 계정을 수정처리하여 이를 집계함으로써 총계정원장도 수정기입하게 된다.

### (1) 결산조정 절차의 순서

본 절차는 다음의 순서에 의하여 진행하게 된다.

① 잔액증명서를 징취하여 예금·차입금·할인어음잔액 등의 검증을 한다.

② 검수증, 청구서, 출고표에 의하여 외상매출금·미수입금·외상매입금·미지급금 등을 계상한다.

③ 재고조사표에 의하여 재고자산의 장부잔액에 대한 평가손실을 계상한다.

④ 고정자산의 감가상각비계산을 확정하고 계정처리를 한다.

⑤ 가지급금·가수금의 내용을 검토한 후 정산절차를 진행하고 정규의 과목에 대체한다.

⑥ 선급비용·미지급비용·미수수익·선수수익을 발생주의로 포착하여 계정처리를 한다.

⑦ 신주발행비·연구개발비·사채발행비 등 무형자산의 신규계상과 당기상각액의 계정처리를 한다.

⑧ 퇴직급여충당금·대손충당금 등 각 충당금의 신규계상과 보전의 계정처리를 한다.

이상의 계정처리를 한 후에 각 계정계좌를 순차적으로 마감하고, 결산정리전 시산표에 연속하여 수정분개의 대차기입을 하고 결산정리후 시산표를 작성한다. 이렇게 하여 결산수치가 확정된다.

## (2) 결산조정사항

### (가) 재고자산의 결산조정과 정리

① 재고자산에서 발생한 재고감모손은 당기의 매출원가에 산입하던지 아니면 영업외비용으로 계상하는 기장을 한다.

　　(차) 재고감모손　　　　×××　　(대) 상품(제품)　　　　×××

② 재고자산의 기말평가방법을 저가주의로 채택하는 경우의 평가손은 영업외비용에 계상하는 기장을 한다.

　　(차) 재고평가손　　　　×××　　(대) 상품(제품)　　　　×××

③ 당기매출손익을 다음 산식에 따라 계산하는데 필요한 기장을 한다.

---
순매출액 - 매출원가 = 매출이익
기초이월액 + 순매입액 - 기말재고액 = 매출원가
---

　　(차) 매출원가　　　　×××　　(대) 상품(제품)　　　　×××

### (나) 고정자산의 감가상각비계상

고정자산에 투하한 원시투자가격의 일부를 당기손익계산상의 비용으로 할당하기 위해 감가상각의 기장을 한다.

기장방법에는 직접법과 간접법이 있으며, 상각액의 계산방법은 현행 세법에서는 다음과 같이 규정하고 있다.

① 건축물과 무형자산 ·························· 정액법
② 건축물 외의 유형자산 ·························· 정률법 또는 정액법
③ 광업권 ·························· 생산량비례법 또는 정액법
④ 광업용 유형자산 ·························· 생산량비례법·정률법 또는 정액법

을 적용하도록 규정하고 있다.

그리고 감가상각비의 기장방법에는 앞에서 설명한 바와 같이 직접법과 간접법이 있는데 이중 간접법에 의하는 것이 일반적이다. 이에 대한 기장방법을 예시하면 다음과 같다. 그러나 이 경우 무형자산에 대한 감가상각비의 계산은 정액법에 의하며 그 기장방법은 직접법에 의하여 처리한다.

㉠ 직접법

　　(차) 감가상각비　　　100,000　　(대) 기　　계　　　100,000

(차) 임 차 료　　　　×××　　(대) 미지급비용　　　×××
　④ 미수수익의 처리
　당기의 수익으로 발생한 것이 확실하나 결산일까지 수입되지 않았기 때문에 아직 기장되지 않은 미수이자, 미수수수료, 미수임대료 등은 수익으로 계상하는 동시에 예상자산으로 계상한다. 이 경우는 수입이 확실한 것에 한한다.
　　　(차) 미수수익　　　　×××　　(대) 이자수익　　　　×××
　⑤ 미사용소모품등의 처리
　사업연도 중 구입하여 소모품비등 손비로 처리한 소모품이나 내용연수 1년미만의 공구 등에 대한 기말현재 미사용분을 조사하여 다음과 같이 처리하여야 한다. 일반적으로 기중 최종월에 구입한 것중 미사용분이 많이 있다.
　　　(차) 저장품(소모품)　　×××　　(대) 소모품비　　　　×××

(바) 법인세 등의 정리
　법인세등 계정은 법인세, 지방소득세소득분 또는 지급하여야 할 세액을 기록하는 계정이다.
　그러므로 기말시산표의 잔액은 기중에 납부한 법인세액(중간예납세액과 원천징수된 세액)이다. 그러나 기말결산에 있어서는 당해 기간에 부담하여야 하는 법인세, 지방소득세 소득분을 계산처리하여야 하므로 장부상의 손익에 세무조정을 하여 법인소득을 계산하고 이에 대한 법인세액을 계산하여 기납부된 세액을 차감한 세액을 다음과 같이 분개한다.
　　　(차) 법 인 세 법 등　　×××　　(대) 미 지 급 법 인 세　×××
　그리고 지방소득세 소득분도 이상의 요령에 의하여 계상하는데 이렇게 하여 처리된 법인세 등 계정은 당해 사업연도에 부담하여야 할 법인세와 지방소득세 소득분의 총합계액이 되는 것이다.
　그러므로 당해 사업연도 이전에 부담하여야 할 세액 예컨대 조사결정 등에 따른 고지세액의 경우와는 다르다.

### (3) 손익계정의 집합
　결산조정을 마치면 수익계정과 비용계정 등의 손익계정은 하나의 손익계정을 설정하여 이에 대체집합시켜 당기 순손익을 산출한다.

이렇게 해서 계산한 손익계정의 대차차액은 당기순손익으로서 미처분이익잉여금 또는 미처리결손금계정에 대체한다.

### (4) 자산·부채·자본계정의 총괄

자산·부채·자본계정의 마감기입과 개시기입의 방법에는 대륙식과 영미식의 2종류가 있다.

① 대륙식 마감법

㉮ 마감잔액계정을 설정하고 모든 자산·부채·자본계정을 분개에 의하여 이 계정에 대체함으로써 계정전부를 마감한다.(결산)

㉯ 마감잔액계정에 기입된 자산·부채·자본의 각 계정을 개시잔액계정을 상대로 분개에 의하여 차기개시기입을 한다.(신연도 개시)

② 영미식 마감법

자본·부채·자본의 제계정을 분개에 의하지 아니하고 그대로 당해계정 계좌에서 대차의 차액을 적은 편에 주서(朱書)하고 다음으로 차기개시기입은 주서한 금액과 동액으로 주서한 것과 반대편에 흑서(黑書)한다.

## 4. 결산후절차

결산후절차는 첫째 손익계산서의 작성, 둘째 재무상태표의 작성, 셋째 재무제표부속명세서의 작성, 넷째 이익잉여금처분계산서의 작성 등을 해야 한다.

본절차에 의한 장부결산의 결과로 기업의 경영성과와 재정상태를 인식하는 자료를 얻게 되는데 이를 종합하여 일목요연하게 기업의 이해관계자에게 보고하는 결산보고서인 손익계산서와 재무상태표를 작성하게 된다. 이 결산보고서는 재무제표와 기타결산보고에 관한 부속서류를 포함하여 작성하는 것이다.

### (1) 기업회계기준상의 재무제표

현행 기업회계기준에서는 재무제표의 범위를 다음과 같이 규정하고 있다.

① 재무상태표
② 손익계산서
③ 이익잉여금처분계산서 또는 결손금처리계산서
④ 각 부속명세서
⑤ 현금흐름표

### (2) 상법상의 재무제표

상법에서는 주주총회에 제출할 서류로 재산목록, 재무상태표, 영업보고서, 손익계산서 및 준비금과 이익이나 이자의 배당에 관한 의안 등을 요구하고 있다. 여기서 기업회계기준과 비교하면 재무상태표와 손익계산서는 서로 입장을 같이하고 있으며 이익이나 이자의 배당에 관한 의안은 그 명칭은 서로 다르지만 이익잉여금처분계산서 또는 결손금처리계산서와 동일한 것이다.

그러나 상법상의 재산목록, 영업보고서와 기업회계기준상의 부속명세서는 서로 다르게 정하고 있으나 재산목록과 부속명세서는 그 내용면에서 크게 다를 바 없다. 다만 영업보고서는 상법상 주주총회에 제출하는 보고서이기는 하나 회계적인 측면에서는 그다지 큰 역할을 하지 않는다.

### (3) 세법상의 재무제표

현행 법인세법에서는 법인세의 과세표준의 신고시에 그 신고서에 다음의 서류를 첨부하도록 하고 있다.

① 기업회계기준을 준용하여 작성한 재무상태표·손익계산서 및 이익잉여금처분(결손금처리)계산서
② 세무조정계산서
③ 현금흐름표

또한 신고서를 제출함에 있어서는 이상의 서류 중 ① 및 ②의 서류를 첨부하지 아니한 경우에는 이를 법에 의한 신고로 보지 아니한다(법인세법 제60조 제5항)라고 규정하고 있다.

〈표 1〉

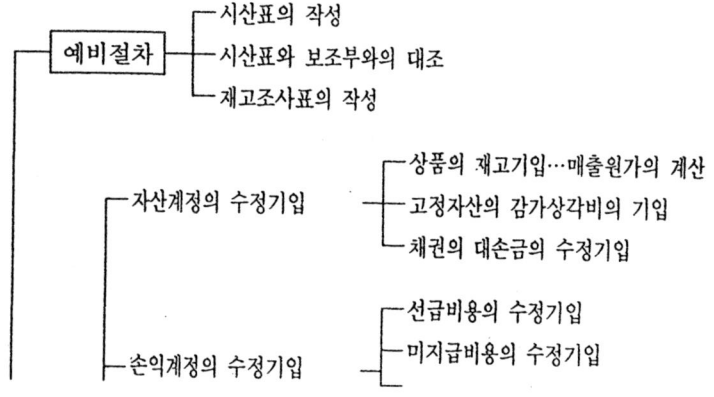

# 제14편
# 회사회계에 대한 연습문제

# [ 설 립 ]

**<문제>** 다음에 대한 거래를 계산하라.

**[문 1]**

(1) 회사를 설립함에 있어서 발행하는 주식총수 200,000주, 모두 액면 보통주로 하여 1주의 액면 550원, 발행가액 500원, 그 중 발기인의 인수 주수 4,000주, 나머지 16,000주에 대해서는 주주를 모집하였다.

각 응모자별로 청약증거금으로서 1주당 500원, 합계 10,000,000원의 납을 받았기 때문에 모집을 마가감하고 주식배정을 끝냈다.

(2) 회사가 성립되어 이사에게 사무인게가 실시되어 이사는 발기인으로부터 재산을 인계받아 별도예금에서 당좌예금으로 대체하였다.

<해답>

① (차) 별 단 예 금　10,000,000
　　　　　　　　　　　　　　(대) 주식청약증거금　10,000,000

※ 발기인의 회계기록으로서 계산된다..

② (차) 주식청약증거금　10,000,000
　　　　　　　　　　　　　　(대) 자 본 금　10,000,000

　(차) 당 좌 예 금　10,000,000
　　　　　　　　　　　　　　(대) 별 단 예 금　10,000,000

※ ① 별단예금계정은 불입취급은행에서의 예금명이다.
　② 모집설립에 있어서는 발기인 이외의 자로부터 주식청약을 받을 때에는 주식청약증을 첨부하여 청약증거금을 징수하는 것이 ○우리나라의 관습이다.
　　실무상 발행가액 전액을 청약증거금으로 징수함으로 납입 해태에 따른 실권(失權)은 없으며, 납입기일에는 발기인의 인수액만 납입하여 그 밖의 것들의 납입은 납입기일f전에 완료하고 있다.
　③ 설립시의 회사가 실시하는 회계처리는 다음과 같은 분개이면 좋다.
　　(차) 당좌예금　10,000,000
　　　　　　　　　　　　(대) 자 본 금　10,000,000

**[문2]**
(1) 설립시에 발기인의 1인이 인수금액 500,000원의 건물(감정평가액 500,000원)을 출자하였다.
(2) 회사성립 후에 그 대산을 회사에 인계하였다.

① (차) 건　　　물　500,000
　　　　　　　　　　　(대) 주 식 인 수　500,000
② (차) 주 식 인 수
　　　　　　　　　　　(대) 자 본 금　500,000

※ 현물출자 재산의 인계는 소유권 이전의 등기사무에 선행되어 이루어진다.

# [ 증 자 ]

**[문제 1]**
(1) 부산상선주식회사는 액면보통주(1주의 액면500원) 40,000주를 1주 600원으로 발행하여 전주인수완료와 더불어 납입 되었다.
(2) 장유상사(주)는 수권주수100,000주, 기발행필 주식수 50,000주, 자본금 25,000,000원, 자본준비금 1,500,000원이다. 이사회는 주식배정에 따른 증자를 결정하였다. 발행주식수 10,000주 모두가 액면보통주로 1주의 주금은 500원이었고, 발행가액은 500원이다. 이 중에서 1주당 100원은 자본준비금을 이에 충당시키기로 하였으며, 유상납입은 모두 기일까지 납입 되었다. 이에 따라 자본금계정의 대체처리가 이루어 졌다.
(3) 태양상사(주)는 이사회에서 자본준비금 2,000,000원을 자본전입하여 202x9월30일 현재의 주주에 대하여 소유주식 1주당 0.1주의 주식의 무상교부를 결정하였다.
또한 1주가 되지 않는 단주가 100주 생겼기 때문에 이것을 일괄매각하여 그 대금을 단주주에게 분배하였다. 매각대금은 1주당 600원이었다.

&lt;해답&gt;

(1) <납입기일>
　　(차) 별 단 예 금　24,000,000
　　　　　　　　　　　　　　(대) 주식청약증거금　24,000,000
　　<자본금계정대체>
　　(차) 주식청약증거금　24,000,000
　　　　　　　　　　　　　　(대) 자　본　금　20,000,000
　　　　　　　　　　　　　　　　주식발행초과금　4,000,000
　　(차) 당 좌 예 금　24,000,000
　　　　　　　　　　　　　　(대) 별 단 예 금　24,000,000

(2) [납입기일]
　　(차) 별 단 예 금　4,000,000
　　　　　　　　　　　　　　(대) 주식청약증거금　4,000,000
　　<자본계정대체>
　　(차) 자 본 준 비 금　1,000,000
　　　　　주식청약증거금　4,000,000
　　　　　　　　　　　　　　(대) 자　본　금　5,000,000
　　(차) 당 좌 예 금　4,000,000
　　　　　　　　　　　　　　(대) 별 단 예 금　4,000,000

(3) [본준비금의 자본전입에 관한 분개]
　　(차) 자 본 준 비 금　2,000,000
　　　　　　　　　　　　　　(대) 자　본　금　2,000,000
　　[단주의 매각처분과 단주주에의 분배에 관한 분개]
　　<매각시>
　　(차) 현금및현금성자산　60,000
　　　　　　　　　　　　　　(대) 가　수　금　60,000
　　<분배시>
　　(차) 가　수　금　60,000
　　　　(또는 주주예금)
　　　　　　　　　　　　　　(대) 현금및현금성자산　60,000

## [문2] 증자와 감자에 대하여 논하라.

< 유사제목 > · 실질적증자와 형식적 증자의 종류 및 차이에 대하여 설명하라.
· 실질적 감자와 형식적 감자의 종류 및 차이를 논하라.

**[point]**

수권자본제도에 따라 회사설립 후 설비의 확장, 운전자금부족의 보충, 단기 차입금 등 부채의 반제를 목적으로 신주식을 하는 경우 증자라 하며, 회사의 과잉자본을 주주에게 반환, 기업의 결손을 보전할 목적으로 발행주식을 감소시키는 것을 감자라 한다.

증자하는 방법에는 발행주식의 납입 유상교부로 기업의 순자산이 증가하는 실질적 증자와 준비금의 자본전입, 재평가 적립금의 자본전입, 주식배당 등 무상교부로 기업의 순자산이 감소하는 형식적 감자가 있다.

감자하는 방법으로는 기업의 발행주식에 대한 주금의 환급, 주식의 매입소각, 자기주식의 취득에 따른 순자산이 감소하는 실질적 감자와 주금의 절사, 주식의 합병 등으로 순자산이 감소하지 않는 형식적 감자가 있다.

---

### [증자]

### 1. 증자의 의의

회사의 설립 후 신주발행에 따른 불입 (유상증자)·흡수합병·준비금의 자본추가·주식배당 및 전환사채의 전환 등에 따라서 자본금의 액을 증가하는 것이다.

신주를 발행하여 주주 또는 주주 이외의 자로부터 현금및현금성자산의 불입을 받는 것을 유상증자라고 한다. 유상증자는 상법상 통상의 신주발행이라 하고, 일반적으로 증자라고 하면 이를 의미하고 있다.

증자는 주주의 이해에 영향을 주는 바가 크기 때문에 상법상 많은 규제를 받고, 유가증권신고서 또는 유가증권통지서의 기획재정부장관에의 제출이나 공인회계사에 의한 법정감사가 필요한 경우도 았다.

통상 증자에는 신주의 발행이 따르는데 현행 상법에서는 법정준비금의 자본추가에 있어서는 신주의 발행을 수반하지 않는 경우도 인정하고 있다. 그리고 증자와 현금의 조달과는 반드시 결부되지 않는다. 즉 , 준비금의 자본추가주식배당전환사채의 전환은 현금의 조달이 없어도 자본구성시정을 위하여 신주의 발행이 가능하다.

### 2. 실질적 증자

신주를 발행함에 있어서 그 발행주식의 납입금을 받아 순자산이 증가하는 경우의 유상교부로서 사업확장자금·유동자금·차입금 등의 반제자금 등을 조달하기 위한 것으로 그 출자는 금전 또는 자산으로 이루어 진다.

[사례]
    신주 10,000주(1주액면 @ 5,000)를 액면가액대로 발행하고 대금은 즉시 당좌예금하다.

    (차) 현금및현금성자산    50,000,000
        (당좌예금)
                                    (대) 자본금    50,000,000

## 3. 형식적 증자

신주를 발행함에 있어서 납입금을 받지않고 순자산이 증가히지 아니하는 경우의 무상교부로서 준비금의 자본전입·재평가적립금의 자본전입·주식배당·전환주식 등의 방법으로 행하여진다.

### (1) 법적준비금의 자본전입

법적준비금이란 자본의 결손보존을 위하여 상법의 규정에 따라 적립한 이익준비금과 자본준비금을 말한다.(상법 §458  §§459)

이와 같은 법정준비금은 결손도전 이외에 자본전입을 인정하고 신주를 발행하여 구주주에게 주식수에 응하여 무상교부함으로써 그 금액만큼 준비금이 감소하는 동시에 자본금이 증가하게 된다.

[사례]
    자본준비금 100,000,000원을 자본금에 전입하다.

    (차)  자본준비금   100,000,000
                                    (대) 자 본 금   100,000,000

### (2) 재평가적립금의 자본전입

자산을 재평가한 결과 발생하는 재평가차액 중 재평가의 납부 자본전입재평가일 이후 재무상태표상의 이월결손금환율조정계정상의 금액과의 상계한 잔액, 즉 재평가적립금을 이사회의 결의에 따라 자본으로 전입시키는 경우, 이에 따른 주식을 일시 또는 분할발행하며, 신주발행가액의 일부를 무상 또는 유상으로 발행할 수도 있다.

[사례]
    증자에 있어서 재평가적립금 70,000,000원을 자본에 전입하고 구주 1주에 대하여 신주 1주를 교부하도데 유상 3할, 무상7할로 하여 금액의 납입을 마치고 은행에 당좌예입하다.

    (차)  재 평 가 적 립 금     70,000,000
         현금및현금성자산       30,000,000

　　　　　당좌예금)
　　　　　　　　　　　　　　　　　대) 자 본 금　100,000,000

(3) 주식배당에 따른 자본전입

　기업의 이익을 주주에게 배당함에 있어 현금대신 자기회사의 신주식을 발행하여 교부하는 경우를 주식배당이라 하며, 현금배당의 경우는 이익을 자본금에 대체할 뿐 자본의 감소가 없으므로 이익이 자본화 된다.

　그러나 우리 나라는 이 제도를 인정하지 않고 있다. 따라서 실무에서는 일단 배당금을 지급한 것으로 하고, 그 지급한 배당금을 신주납입금으로 다시 받아들이는 현금납입의 형태를 취하고 있다.

**[사례]**────────────────────────────────────────
자본금 100,000,000원인 A회사가 현금배당 대신에 10%의 주식배당을 하다.
────────────────────────────────────────

　　　(차)　미처분이익잉여금　　10,000,000
　　　　　（미지급배당금）　　　10,000,000
　　　　　（현금및현금성자산）　10,000,000
　　　　　　　　　(대) 미 지 급 배 당 금　10,000,000
　　　　　　　　　　　현금및현금성자산　　10,000.000
　　　　　　　　　　　자　　본　　금　　　10,000,000

(4) 전환주식

　전환주식이란 미리 정하여진 전환율로 전환기간 중에 주주의 선택에 따라서 당해 회사의 타주식에 전환할 수 있는 권리가 인정되고 있는 주식을 말한다.

　전환권은 그 소유자의 자유의사에 따라 일정한 조건하에 그 소유증권을 다른 종류의 증권과 교환할 수 있는 권리이다. 일반적으로 전환은 원금에 대한 안전성이 높고, 수익성·투기성이적은 상위증권(Senior Securities)에서 안전성이 낮고 수익성·투기성이 높은 하위증권 (Junior Securities)으로 이루어 지는데전환주로서는 우선주가 보통주에로 전환권을 가지는 것이 보통이다. 이를 특히 전환우선주(Convertible Preferred Stock) 부른다.

① 전환권의 행사에 따라 발행되는 증권의 종류

전환주는 전환우선주가 일반적이다. 따라서 전환권의 행사에 의하여 우선주와 교환으로 보통주가 발행되는 것이 보통이다. 그리고 보통주 이외의 전환은 사채나, 타회사의 제증권으로의 전환 등이 고려된다.

② 전환가격 및 전환비율

　보통주로 전환하는 방법으로 전환가격에 의하는 경우와 전환비율에 의하는 경우가 있다.

　　㉮ 전환가격 ; 이것은 주식의 액면가액이기초가 된다. 여기에는 전한주식의 액

면가액과 전환에 의하여 발행되는 주식의 액면가액을 동등한 것으로 보고 등가 전환하는 경우, 예컨대 1,000원액면의 우선주 1주를 500원 액면의 보통주 2주로 전환하는 것이다. 그리고 어느 한편주식의 액면가액을 기초로 하여 상대의 주식가격을 규정하는 경우, 예컨대 1,100원의 우선주 1주가 보통주 1주1,000원꼴로 전환한다. 이 경우 우선주 11주가 보통주10주와 교환되는 셈이 된다.

㉯ 전환비율 ; 이것은 전환함에 있어 주수를 얼마로 결정하는가의 비율로 표시하는 것이다. 이 방법은 양편 또는 한편의 주식이 무액면주인때에 이용된다. 이는 우선주는 보통주 몇주로 전환 한다는 식으로 규정된다.

이와 같은 전환가격과 전환비율에 대한 인정형태는 2종으로 나누어진다. 하나는 전환권의 유효기간을 통하여 전환가격 및 비율이 일정한 것 또 하나는 전환권의 유효기간이 경과함에 따라 전환가격 및 비율이 변경되는 것인데, 후자에 있어서는 전환권의 유효기간 중 후기가 됨에 따라 전환가격과 그 비율이 높아지는 것이 보통이다. 즉, 보통주의 가격이 상대적으로 높아진다. 이는 전환권의 조기행사를 독촉하는 의도에서 나온 것이며, 기업자본구조의 조기적 단순화를 목적으로 한 것이다.

③ 전환기간

전환권의 유효기간 설정에 있어서는 다음의 몇가지 형태가 고려된다.

㉮ 전환주 발행일에서부터 영구적으로 유효가간을 두는 경우

㉯ 전환주식발행일에서 그후 일정기간 즉, 2년에서 5년간 유효기간을 설정하는 경우

㉰ 전환주 발행 후 일정기간 경과한 다음에 영구적으로 유효기간을 가지는 것

㉱ 전환주 발행 후 일정기간 경과한 다음에 영구적으로 유효기간을 가지는 것

㉲ 전환주 발행 후 일정기간 경과한 다음 일정기간(5 10년)에 한해서 유효기간으로 정하는 경우

④ 그 밖의 전환조건

㉮ 전환시에 있어서 회사혼수에 대한 요구

㉯ 전환에 따르는 주주수익의 혼수(watering)의 억제 및 제한을 위한 제조건

㉰ 전환에 의해서 발행된 주식의 액면가치가 변동된 때의 전환권의 처치

㉱ 전환권을 회수하는 이사회의 권한 등이 있다.

이들중에사 ㉰㉱는 전환권의 가치의감소에대한 보호규정이므로 중요하다.

[ 감 자 ]

1. 감자의 의의

주식회사나 유한회사에 있어서 회사를 설립한 후 법적절에 따라서 자본

금을 감소하는 것을 말한다. 자본감소의 약칭이다.

# [ 사 채 ]

**[문1]**-------------------------------------------------------------
(회계기간 1월1일 ~12월31일

(1) 2021년1월1일 발행의 사채액면총액 2,000,000원(기한 5년, 이자율 8%)년2회(6월말,12월말), 발행가격1좌 100원당 95원. 2023년 6월30일사채액면총액 1,000,000원을 시장에서 매입상환 하였다. 매입가격은 시장에서 97원이었고, 경과이자 40원과 더불어 수표로 지급하였다.

(2) 2023년12월31일결산시 처리
-------------------------------------------------------------

<해답>

(1) (발행시)
(차)  현금및현금성자산    1,900,000
     사채할인발행차금      100,000
                    (대) 사      채 2,000,000

<매입상환>
(차) 사       채   1,000,000
                    (대) 현금및현금성자산   970,000
                         사채할인발행차금    25,000
                         사 채 상 환 익      5,000
(차) 사 채 이 자       40,000
                    (대) 현금및현금성자산    40,000

# [전환사채]

**[문2]**-------------------------------------------------------------
(1) 서울판매주식회사는 2022년4월1일에 전환사채를 발행하기로 하였다. 발행총액10,000,000원, 발행가격100원, 년리 6%(9월말, 3월말의2회지급), 전환비율은 액

면보통주1주당 사채 5좌의 등가전환이다. 취급은행에서 전액인수납입필의 통지를 받았다. 또한 사채발행비60,000원을 수표로 지급하였다.

(2) 2023년6월30일에 전환사채2,000,000원의전환사채가 있어 전환을 하였다.

<해답>
(1)　(차)현금및현금성자산　10,000,000
　　　　　　　　　　(대) 전　환　사　채　10,000,000
　　　(차) 사 채 발 행 비　60,000
　　　　　　　　　　(대) 현금및현금성자산　60,000
(2)　(차) 전　환　사　채　2,000,000
　　　　　　　　　　(대) 자　본　금　2,000,000

[문3]

(1) 전환사채액면총액20,000,000원을 발행하였다. 발행가격은 1좌100원당 100원, 이자율 년 6%, 년 1회 6월말, 전환가격 200원, 전액의 인수납입 이 이루어 졌다. 따라서 납입금의 당좌예금계좌에 신입증거금은 전환사채계정으로 대체된다.

(2) 20××년4월1일 8,000,000원의 전환청구가 이루어져 그에 따라서 액면보통주(1주 50원) 40,000주의 교부를 실시 하였다.

<해답>
(1) (차) 전환사채청약증거금　20,000,000
　　　　　　　　(대) 전환사채　20,000,000
　　(차) 당좌예금　20,000,000
　　　　　　　　(대) 별단예금　20,000,000

(2) (차) 전환사채　8,000,000
　　　　　　　　(대) 자 본 금　2,000,000
　　　　　　　　　　자본준비금　6,000,000
　　　　　　　　　(주식발행초과금)

# [합병]

**[문제1]** 합병에 대하여 논하라

&lt;유사제목&gt; · 우리나라 상법상의 합병에 대한 규정을 설명하라
· 합병의 본질에 대한 지분공동계산설과 매입설을 비교논평하라
· 합병에 대한 회계처리를 적절히 행하지 못한 경우 어떠한 사태가 되리라고 생각하는지 논평하라.

## 1. 합병의 의의

합병이란 상법의 규정에 따라 맺어지는 계약에 따라 2개 이상의 회사가 하나의 회사로 합동하는 것을 말한다.

합병은 당해회사의 전부 또는 일부가 해산하여 그 권리와 의무가 존속하는 회사 또는 신설회사에 포괄적으로 이전하는 효과를 수반한다.

합병에 따라 회사의 일방이 소멸하고, 다른 편이 소멸하는 회사를 수용하는 경우를 흡수합병이라 하고, 당해 회사의 전부가 소멸하여 신회사를 설립하는 경우를 신설합병이라 부른다.

절차가 용이한 점에서 실제로는 흡수합병을 하는 경우가 많다. 흡수합병에 있어서는 증자에 따른 신주발행에 관한 회계처리에 따라서 합병차손금,준비금의 인계, 자기주식 등의 사항에 대하여 특수한 회계처리가 필요하다

## 저자 박 영 준(朴英俊)

**\* 학력 및 경력**
- 서울대학교 상과대학 상학과 졸업(제20회)
- 서울대학교 경영대학원 경영학석사(제1회)
- 청주대학교대학원 경제학박사
- 공인회계사 개업(제373호), 세무사 개업(제358호)
- 광주지방국세청, 서울지방국세청 국세심사위원(국세청장임명)
- 대한상공회의소, 세무상담역(1987~2001) 경영지도위원
- 언론중재위원회 중재위원 겸 감사(문공부장관임명)
- 지방세 과세표준 심의위원회 위원(행정자치부장관임명)
- 세제발전심의위원회 심의위원(재정경제부장관임명)
- 한국조세연구원 자문위원(한국조세연구원장위촉)
- 한국공인회계사회 부회장(조세담당)
- 한국공인회계사회 국세연구위원회 위원장
- 한국상장회사 협의회 감사·회계·세무 자문위원
- 現 예일회계법인 상임고문/공인회계사
- 現 예일컨설팅그룹 회장/경제학박사

**\* 강의**
- 단국대학교, 서울여자대학교, 성균관대학교 강사(재무행정, 회계학, 경영정책)
- 세무공무원 교육원 강사(세무회계, 상법)
- 공인회계사 시험 출제위원(1차, 2차, 3차, 세법) (재경부)
- 홍익대학교 법경대학 겸임교수(조세법학)
- 세무사시험 출제위원(2차 세법)(국세청)
- 경희대학교 경영대학원 강사(경영조세)
- 경원대학교 겸임교수(세법)
- 건국대학교 행정대학원 겸임교수(회계이론, 법인세론, 세무소사론, 세무회계론)
- 국세공무원 교육원(서장급 전문 관리자 과정)강사(법인세법 및 판례 분석)

**\* 저서** : 경영과 세무, 세무신고와 신청, 어음의 실무와 회계, 경리·회계실무, 계정과목대계 현금예금, 회계·세무사전, 한영·영한 회계사전

---

## 회사의법적구조와회계처리

www.intax.co.kr

2024년 1월 10일 인쇄
2024년 1월 18일 발행

저　자 : 박 영 준
발 행 인 : 김 종 달
발 행 처 : **(주)조세신보사**
주　소 : 서울특별시 서대문구 충정로 38-14
전　화 : (02) 779-7800
팩　스 : (02) 779-6900
등　록 : 제2-4693호

| 저자권소유 |
|---|
| 복 제 |
| 불 허 |

ISBN 978-89-91303-93-5

정가 : 65,000원

파본은 교환하여 드립니다.